高等职业教育经管通识课程精品系列教材

经济学基础

主　编　张　庆　陈昊平　杨媛媛
副主编　李思维　王福荣　程天一
主　审　王永莲

北京理工大学出版社
BEIJING INSTITUTE OF TECHNOLOGY PRESS

内 容 简 介

《经济学基础》在充分考虑高职高专财经类专业学生学习背景的基础上，以"必需、够用"为尺度，形成有自己特色的体系结构，较为全面地阐述了微观经济学和宏观经济学的基本原理和运用，力求做到通俗易读，学以致用。

本教材通过案例导入，引起学生的兴趣，用现实生活中通俗易懂的例子去佐证、阐释理论，强化了学生对理论的理解和掌握。每章中还有相关链接、延伸阅读、二维码知识链接等，扩充学习知识点。在每章末尾有本章小结，附有练习题，以帮助读者检验学习效果。

本教材坚决贯彻习近平总书记"全程育人、全方位育人"的教育理念，将爱国教育、新时代中国特色社会主义思想等思政内容融入教材章节体系当中。结合新时代中国特色社会主义建设实践，帮助学生形成崇高的理想信念、弘扬伟大的爱国精神、树立正确的人生观和价值观。

本教材理论体系完整，内容简明扼要，通俗易懂，既可作为高职高专财经类专业学生学习经济学的教材，也可供从事经济理论研究、管理和决策的人士自学参考之用，还可作为经济学爱好者的入门读物。

图书在版编目（CIP）数据

经济学基础／张庆，陈昊平，杨媛媛主编．—北京：北京理工大学出版社，2021.4
ISBN 978 - 7 - 5682 - 9430 - 0

Ⅰ.①经…　Ⅱ.①张…　②陈…　③杨…　Ⅲ.①经济学 - 高等学校 - 教材　Ⅳ.①F0

中国版本图书馆 CIP 数据核字（2021）第 001708 号

出版发行／北京理工大学出版社有限责任公司
社　　　址／北京市海淀区中关村南大街 5 号
邮　　　编／100081
电　　　话／（010）68914775（总编室）
　　　　　　（010）82562903（教材售后服务热线）
　　　　　　（010）68948351（其他图书服务热线）
网　　　址／http：//www.bitpress.com.cn
经　　　销／全国各地新华书店
印　　　刷／唐山富达印务有限公司
开　　　本／787 毫米×1092 毫米　1/16
印　　　张／18.5
字　　　数／480 千字
版　　　次／2021 年 4 月第 1 版　2021 年 4 月第 1 次印刷
定　　　价／49.80 元

责任编辑／李　薇
文案编辑／王晓莉
责任校对／周瑞红
责任印制／施胜娟

前　言

教材是教学过程的重要载体，加强教材建设是深化职业教育教学改革的有效途径，也是推进人才培养模式改革的重要条件，对促进现代职业教育体系建设、切实提高职业教育人才培养质量具有十分重要的作用。

经济学已经形成完整的理论体系和丰富的思想内容，是从事现代经济管理和决策工作必须掌握的基本理论，学习和掌握其基本的原理和方法，将为以后深入学习其他经济理论打下基础。因而，"经济学基础"成为所有财经类专业学生必须学习和掌握的基础课程。

本教材在充分考虑高职高专财经类专业学生学习背景的基础上，借鉴国外经济学教科书的体系和特点，减少了复杂的图形、数学公式，增加了丰富的案例、阅读资料等，削弱了教材的理论性，强化了教材的趣味性及可读性，有利于激发学生的兴趣，提高学习效果。本教材理论体系完整，内容简明扼要，通俗易懂，既可作为高职高专财经类专业学生的教材，也可供从事经济理论研究、管理和决策的人士参考，还可作为经济学爱好者的入门读物。

本教材在遵循完整的经济学基本体系的基础上，突出针对性和实用性。在每章开始，通过导入案例引起学生的兴趣。在一些重要原理讲解之后附有案例分析，用现实生活中通俗易懂的事例去佐证、阐释理论，强化学生对理论的理解和掌握。每章中还有相关链接、延伸阅读等，有利于扩充知识点。每章章末有本章小结，附有练习题，以帮助读者检验学习效果。为保证理论体系的完整性，本教材保留了部分难度较大的知识点，教师可根据情况选讲或不讲。

本教材以"必须、够用"为尺度，形成有自己特色的体系结构，比较全面地介绍了经济学理论，主要内容包括：导论、均衡价格理论、消费者行为理论、生产与成本理论、市场结构与厂商行为理论、市场失灵、分配理论、国民收入核算理论、国民收入决定理论、失业与通货膨胀理论、宏观经济政策、开放经济理论。

本教材坚决贯彻"全程育人、全方位育人"的教育理念，融入爱国教育、中国特色社会主义理论等思政内容。在每章开始，明确章节德育目标，在理论阐述过程中以"课程思政导读"的形式融入课程思政内容，结合中国特色社会主义建设实践，帮助学生形成崇高的理想信念、培养伟大的爱国精神、树立正确的人生观和价值观。

本教材由陕西工业职业技术学院张庆副教授、陈昊平副教授、杨媛媛副教授担任主编；陕西工业职业技术学院李思维老师、程天一老师，陕西财经职业技术学院王福荣老师担任副主编，陕西工业职业技术学院王永莲教授担任主审。陈昊平负责编写团队的组织，张庆负责大纲的拟定、初稿的修改和总纂统稿和定稿。撰写具体分工如下：第一章由陈昊平执笔；第二章、第三章、第十一章由张庆执笔；第四章、第五章由杨媛媛执笔；第六章、第七章由王福荣执笔；第八章、第九章、第十章由李思维执笔；第十二章由程天一执笔。

本教材在编写过程中参考了大量的书籍、论文及其他资料，引用了许多专家学者的著作和研究成果，通过网络搜集和引用了大量的资料，不能一一指出其出处，在此谨对相关资料作者一并致谢！

由于编写时间仓促及编者水平有限，加之在编写过程中，为适应高职高专人才培养模式和教学模式，对教材内容及编写模式进行了改革和创新，难免有一些疏漏和不成熟之处，恳请读者批评指正，以期不断改进。谢谢！

编　者
2020 年 9 月

目　　录

第一章

带你步入经济学殿堂——经济学导论

知识目标

1. 掌握经济学、稀缺性、选择、资源配置等基本概念。
2. 了解经济学的内容及西方经济学的演变。
3. 理解经济学的基本问题和资源配置的基本方式。
4. 初步掌握微观经济学和宏观经济学的主要内容。

能力目标

1. 能够运用稀缺性、选择、机会成本等基本概念简单解释一些生活现象。
2. 能够简要说明西方经济学在我国的发展过程。
3. 能够区别微观经济学与宏观经济学的基本研究方向与内容。

德育目标

1. 理解西方经济学的学科属性，以及其对我国发展中国特色社会主义市场经济的参考和借鉴意义。
2. 正确理解"理性人假设"，了解"人性假设"和"人性判断"的区别，将个人追求与社会价值认可相结合。

学习建议

本章主要从整体上概括经济学的内容、基本问题及演变过程，重点是经济学相关的基本概念，建议学习时间为 4~6 课时。

导入案例

经济学——让你的生活更快乐!

尽管我们在日常生活中时常会有意无意地运用一些经济学知识,比如在市场上买东西,喜欢与商贩讨价还价;到银行存钱,要决定存定期还是活期。大到国家也一样,国家有钱了,是去消费还是投资呢?在面临通货膨胀和失业的时候,到底先解决哪个问题呢?在包括经济学初学者在内的大多数人看来,经济学既枯燥又乏味,充满了统计数字和专业术语,而且经济学总是与货币有割舍不断的联系,因此,人们普遍认为经济学的主题是货币。其实,经济学真正的主题是理性,其深刻的内涵就是人们理性地采取行动的事实。经济学是理解人们行为的方法,它假设每个人不仅有自己的目标,而且会主动选择正确的方式来实现这些目标。这种假设虽然未必总是正确的,但在这样的假设下发展出来的经济学,不仅能够指导我们的日常生活,而且其本身也由于充满了理性而足以娱人心智。

经济学是一种致用之学,能够增加人们关于人类社会的知识,能够帮助人在更多地理解人类行为的基础之上做出正确的决策。如果对经济学知识缺乏基本的了解,就容易在处理日常事务时理性不足,给自己的生活平添许多不必要的烦扰。比如,我们常常烦恼别人挣得比自己多,总觉得自己得到的比应得的少。而经济学却认为,别人比自己挣得多是正常的,自己得到的就是应得的。我们之所以在生活中遇到这样那样的烦扰,主要还是因为对经济学有一些误解。"供给""需求""价格""效率""竞争"等都是大家非常熟悉的经济学词汇,而且意思也是显而易见的,因此,很多时候,似乎人人都是经济学家。人们不敢随便在一个物理学家或数学家面前班门弄斧,但在一个经济学家面前,谁都可以就车价跌了该高兴还是该郁闷等问题随意发表自己的见解。其实,经济学中有许多内容并不是人们想象的那么简单。在经济学领域,要想从"我听说过"进入"我懂得"的境界并不是轻而易举的事情。

经济学会为你打开一扇窗,让你做生活的智者!如果不推开经济学这扇窗户的话,你将无法真实地了解世界。因此,掌握一些正确的经济学知识,更加理性地面对日常生活的各种琐事,小到油盐酱醋,大到谈婚论嫁,可以减少生活中的诸多郁闷和不快,多一些开心,多一些欢笑!

每个人都应该明白这样一个道理:生活不是为了挣钱,挣钱只是为了更好地生活。一个人若想生活得更幸福和快乐,最大化地让自己感到满足,就需要考虑时间的分配——多少时间用于挣钱,多少时间用来休闲;考虑为什么我们这样做而不那样做,为什么我们总是面临选择,而我们又该如何选择才能够实现目标,获得人生的快乐。不仅如此,在我们赖以生存的地球上,资源的有限性和人类的欲望的无限性之间的矛盾始终困扰着我们,如何合理地配置和利用有限的资源,就成为人类社会永恒的主题。经济学正是为了解决这一问题而产生的。什么是经济学?经济学包括哪些主要内容?它的发展历史如何?这些就是本章所要回答的问题。

第一节 什么是经济学?

"经济"一词源于希腊语,由"家庭"和"管理"两个词逐渐演变而来。古代的奴隶制经济以家庭为基本的生产单位,而规模较大的奴隶主庄园往往役使成百上千的奴隶进行劳动,由此产生了最初的经济学。其主要内容是探讨奴隶制经济应如何组织生产、管理奴隶,以增加具有实用价值的财富总量。

我国古代汉语中的"经济"一词，具有"经邦济世，经国济民"的含义，即治理国家、拯救庶民的意思，与西方语言中的"经济"不同。19世纪后半期，日本学者翻译西方著作时，借用了古代汉语中的"经济"这个词。后来，我国学者在翻译西方著作时，也逐渐采用了"经济"这一译法。

一、经济学的含义

人类自诞生以来，就一直为经济问题所困扰，生存与发展始终是困扰人们的两大基本问题。诸多经济问题，究其根源，主要在于：资源总是有限的！一方面，人类的欲望几乎是无限的，而世界赋予我们的资源却相对有限；另一方面，由于自然或社会各方面的原因，即使是那些非常有限的资源，也会因各种原因，或者没有得到合理的配置，或者没有得到充分的利用。因此，合理配置和有效利用有限资源，就成为人类社会永恒的问题，也成为人类社会最核心的问题之一。而经济学正是为解决这一核心的永恒问题而产生的。

对于经济学，不同的人有着不同的理解：有人说经济学就是研究怎样花钱、如何消费；有人认为经济学是研究经邦济世的大学问；有人认为经济学研究致富之路；有人认为经济学研究生产关系；还有人认为经济学无非是一些自命为经济学家的人的智力游戏，或是对人们的经济活动的一种描述。

关于经济学，一种比较流行的定义是：经济学是研究对各种稀缺资源在可供选择的用途中进行配置的科学，其目标是有效地配置稀缺资源以生产商品或提供劳务，并在现在或将来把它们合理地分配给社会成员或集团以供消费。

综上所述，可以把经济学含义简单表述为：研究如何实现稀缺资源的最佳配置以使人类的需要得到最大限度满足的科学。

相关链接

人人都是经济学家

每个人都可以说是"经济学家"，因为人天生就会计算。计算什么呢？计算收益与成本。比如说，星期六是加班挣钱，还是在家休息或出门观光？是多花点时间和精力做一顿丰盛的晚餐，还是买点方便面应付了事以节省时间？是自己做家务还是请保姆？是从政还是经商？应该说，人们每天、每时、每刻都在进行分析、计算、比较并做出选择。之所以这样选择而不是那样选择，是因为人们通过计算后觉得这样选择更划算。学习经济学，能够激发我们对现实生活的关注，有助于了解我们所生活的世界。

案例分析

吃饭的学问

饭桌上有菜A、菜B两个菜，假定第一、二、三、四、五、六次连续吃菜A的效用分别是10、9、8、7、6、5，第一、二、三、四、五、六次连续吃菜B的效用分别是7、6、5、4、3、2，只准夹5次，怎么吃菜才能吃得最满意？

案例分析

和谁结婚

假设 A、B、C、D 四人的年龄和收入见表 1-1，不考虑法律、道德等因素，一个 22 岁的姑娘应该和 A、B、C、D 中的哪一位结婚？

表 1-1　A、B、C、D 四人的年龄和收入

项　目	A	B	C	D
年龄/岁	22	30	25	30
收入/元	100 000	100 000	500 000	500 000

二、经济学相关的基本概念

(一) 资源的稀缺性——经济问题的根源

由于经济问题主要源于人类社会必然面临的永恒问题——稀缺性，那么，要认识和了解经济学，就必须先了解稀缺性。没有稀缺性，就没有经济学存在的理由和必要。稀缺性是关于经济学研究对象的基础性概念，是指相对于人类无限的欲望而言，生产经济物品所需要的资源总是不足的，这种资源的相对有限性就是稀缺性。这里所说的稀缺性不是指资源绝对数量的多少，而是指相对于人类无限的欲望而言，再多的资源也是稀缺的。稀缺性是人类社会面临的永恒问题。这就是说，稀缺性的存在是绝对的。它存在于人类历史的各个时期和一切社会。

关于人的欲望无限性的问题，西方经济学家认为它不属于经济学研究的范围，因而只假定存在这一事实。人的欲望具有无限增长的趋势，而为了满足这种需要，就要生产更多的物品，提供更多的劳务，因而需要更多的资源。但在一定时期内，可用于生产物品和提供劳务的资源与人们的欲望相比总是远远不够的，这就是稀缺性。

西方经济学认为，每个经济社会的经济问题都来源于一个基本的经济事实或矛盾，即人类需要的无限性和满足需要的资源的稀缺性。正是由于这个基本矛盾，才产生了社会的基本经济问题，产生了研究经济问题的经济学。从根本上说，经济学就是与稀缺性进行斗争的一门学问。

相关链接

中国自然资源的相对稀缺性

中国自然资源的相对稀缺指数如图 1-1 所示。从图 1-1 可以看出，无论是储存性资源（可耗竭资源）还是流动性资源（可再生资源），中国都面临着资源紧缺的问题。其中，仅核能资源能达到世界平均水平，而铝土矿、石油、镍、铜、森林、铁、煤炭和水资源的相对稀缺程度最为严重，耕地资源也不容乐观。

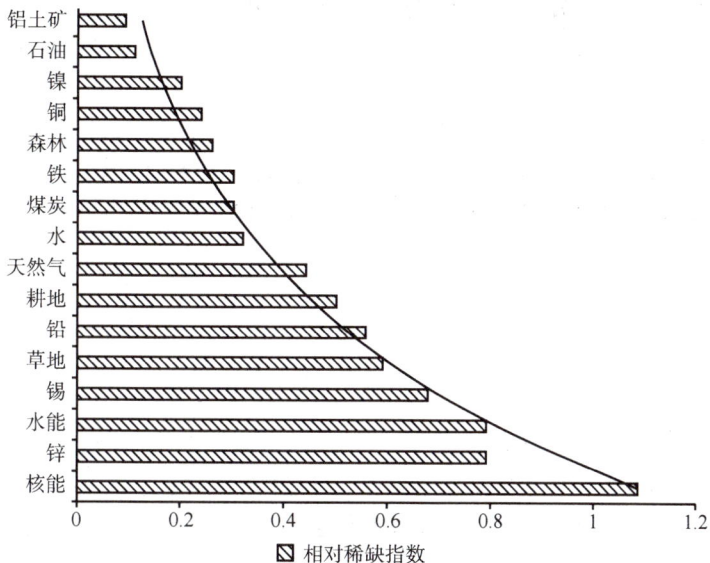

图 1 - 1　中国自然资源的相对稀缺指数
（资料来源：联合国粮农组织统计数据库）

（二）自由物品和经济物品

根据资源稀缺与否和满足需要的程度不同，物品可分为自由物品和经济物品两大类。

自由物品是指不受限制或不付代价就可以任意取用的物品。相对于人们的需要来说，自由物品是丰富的，人们可以随心所欲地消费这种物品而不会影响他人的享用，最典型的自由物品是空气和阳光。在阳光明媚、空气清新的地区，阳光和空气是取之不尽、用之不竭的，没有人会争取多一点阳光、多一点空气。

经济物品是指那些用稀缺资源生产出来的、相对于人们的需要来说是有限的的物品。黄金白银、葡萄美酒、鲍参翅肚、水果蔬菜、衣食住行等，都是经济物品。相对于个人和社会来说，此类物品无法以充足的数量满足人们现有的需要，必须节约使用。经济物品之所以稀缺，根源在于用来生产物品的资源是稀缺的。

（三）机会成本

由于稀缺性的存在，人们必须对现有资源的使用取向做出选择。正如哈姆雷特的一句名言："生存还是死亡，这是一个问题。"哈姆雷特面临着生存和死亡的选择。在实际生活当中，我们也面临众多的选择，比如，应当买房还是买车？大学毕业后应当读研究生还是直接参加工作？而任何选择，一方面可以带来某种结果，另一方面也会产生一定的成本。如果选择的结果是生产某种有价值的商品，那么为了生产这些商品就必须放弃生产其他商品。换句话说，任何选择都是有代价的。在经济学中，这种代价由机会成本进行衡量。

所谓机会成本，是指因选择而放弃的其他机会所产生的潜在的最高收益，也就是在两种以上的事物之间进行选择时，人们做出一项决策而放弃的另外多项决策中的潜在最高收益。机会成本是经济学的十大原理之一，是一个非常有用的概念，有助于我们在选择中做出理性的决策。

例如，某人拥有100万元资金，他可以把这100万元资金用于3种不同的用途：开商店可获利 20 万元，开饭店可获利 25 万元，投资房地产可获利 30 万元。如果他决定把 100 万元投资房地产，在所放弃的用途中，最好的是开饭店，可以获利 25 万元，这就是他选择投资房地产的机会成本。

需要注意的是，机会成本不同于实际成本，不是做出某项选择时实际支付的费用或损失，只是一种观念上的支出或损失。如果资源只有一种用途，就不存在机会成本；当一种资源有多种用途时，机会成本是做出一种选择时，放弃的其他若干种可能收益中最大的那个。

🔒 案例分析

农民的投资决策

农民可以选择养猪、养鸭和养鸡其中的一种，假设收益分别为：养猪可以获得 9 万元，养鸡可以获得 7 万元，养鸭可以获得 8 万元。选择投资养猪就不能选择养其他家禽，养猪的机会成本就是放弃的选择中收益最高的那个。那么养猪的机会成本是 8 万元，养鸡的机会成本为 9 万元，养鸭的机会成本也为 9 万元。

🔒 案例分析

上大学值吗？——上大学的机会成本

中国现阶段一名大学生上四年大学的会计成本主要是大学学费、书费和生活费，按照现行价格标准，假定一个普通家庭培养一名大学生的这三项费用总计 4 万元。大学生如果不上学去工作，按照现行劳动力价格标准假如也是 4 万元，那么上大学四年的机会成本就是 4 万元。因此，大学生上大学的经济学概念的成本是 8 万元。这还不算家长为了让孩子接受最好的教育从小学到中学的择校费等费用。

上大学成本如此之高，为什么家长还选择让孩子上大学？因为这种选择符合经济学理论中的收益最大化原则。我们算一下上大学与不上大学的孩子一生的成本与收益。假定：不上大学从 18 岁工作到 60 岁，共 42 年，平均年收入是 1.5 万元，共 63 万元；大学毕业后从 22 岁工作到 60 岁，共 38 年，平均年收入是 3 万元，共 114 万元，减去上大学的经济学成本 8 万，剩下 106 万元，与不上大学相比多得 43 万元的收入。这还没考虑高学历所带来的名誉、地位等其他效应。所以，选择上大学肯定更加理性。

但对一些特殊的人，情况就不一样了。比如，篮球明星为什么不选择上大学而选择去 NBA 打球？如果他在高中毕业后去打篮球，每年可收入 200 万元。这样，他上四年大学的机会成本就是 800 万元，远高于一名大学生一生的收入。更何况他在 NBA 每年年薪有四五千万美元，还有拍广告所得到的广告费等。因此，有这种天赋的青年，即使学校提供全额奖学金也不去上大学（一定要退役后才去上大学）。这就是把机会成本作为上大学的代价，不上大学的决策就是正确的。可见，机会成本这个概念在我们日常生活的决策中是十分重要的。

思考：用学过的理论分析你自己上大学的成本。

（四）生产可能性曲线

虽然一个社会可以生产成千上万种物品，提供各种劳务，但由于受到资源和可供利用的技术的限制，它无法生产想拥有的一切东西。生产可能性曲线描述了这种限制。

　　所谓生产可能性曲线，是指在既定资源和生产技术条件下，一个社会充分利用现有经济资源所能生产的最大限度的产品组合的集合（曲线）。由于整个社会的经济资源有限，当这些资源都被充分利用时，增加一定量的一种产品的生产，就必须放弃一定量的另一种产品的生产。整个社会生产的选择过程形成了一系列产品的不同产量组合，这些所有不同产量的组合就构成了生产可能性曲线。

　　我们假设一个社会只生产两种物品——黄油和面包。那么，无论是将社会所有的资源都用于生产面包还是生产黄油，每年生产的数量都会有一个最大值。利用现有的资源和技术，每年最多能够生产的黄油是150万吨（表1-2中的可能性A），每年能够生产的面包最大数量是5 000万吨（表1-2中的可能性F），这是两种极端的情况。多数情况下，要么是多生产一些面包，放弃一些黄油的生产；要么是多生产一些黄油，放弃一些面包的生产。生产可能性的具体情况见表1-2。

表1-2　黄油和面包的生产可能性

生产可能性	面包/万吨	黄油/万吨
A	0	150
B	1 000	140
C	2 000	120
D	3 000	90
E	4 000	50
F	5 000	0

　　我们还可以用图形来描述该社会的生产可能性边界，如图1-2所示。在图1-2中，横轴表示面包，纵轴表示黄油。点F表示只生产面包不生产黄油的极端情况，而点A则表示只生产黄油不生产面包的极端情况。生产边界以外的点S表示不可能即无法达到的情况，而点G则代表无效率的生产情况，即表示某些资源和技术没有得到充分利用，有效率的生产情况必然是在生产可能性边界上。点A向点F移动，意味着在资源和技术既定的条件下，如果要增加面包的生产，就必须减少黄油的生产。

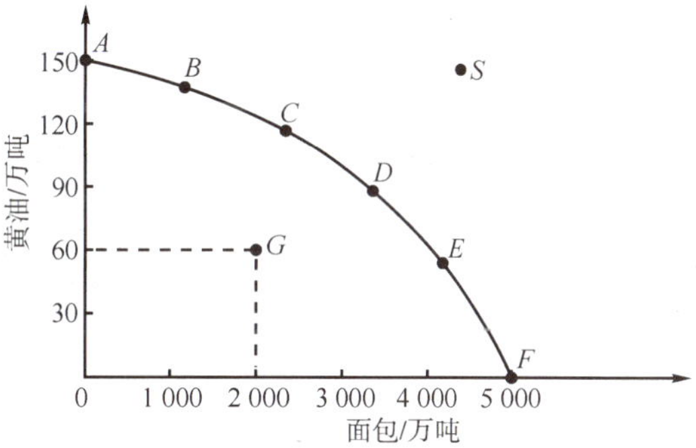

图1-2　黄油和面包的生产可能性边界

三、经济学的基本问题

　　在资源稀缺性存在的情况下，必须考虑社会如何将稀缺性的、竞争性的和生产性的资源在现在和将来、在生产各种商品和提供各种劳务之间做出选择，也就是人们要做出究竟该生产多少黄油和多少面包的决策。在某种意义上说，经济学就是一门关于如何在给定的约束条件下做出最佳选择的学问。著名经济学家约瑟夫·斯蒂格利茨把选择概括为四个方面，也就是资源配置要解决的四大基本经济问题。

延伸阅读

斯蒂格利茨与《经济学》

约瑟夫·斯蒂格利茨（Joseph Eugene Stiglitz），美国经济学家，1943 年出生于印第安纳州的加里市，这个小城还诞生了一位当代最伟大的经济学家——保罗·萨缪尔森。1964 年，斯蒂格利茨获阿墨斯特学院学士学位；1967 年，在麻省理工学院获哲学博士学位。1970 年，年仅 26 岁的斯蒂格利茨被耶鲁大学聘为经济学正教授。3 年后，他被选为计量经济学会的会员，这是一个经济学家所能获得的最高荣誉之一。1988 年，斯蒂格利茨成为美国国家科学院院士。他先后工作过的大学包括：耶鲁大学（1970—1974 年）、斯坦福大学（1974—1976 年）、牛津大学（1976—1979 年）、普林斯顿大学（1979—1988 年）、斯坦福大学（1988—2001 年）、哥伦比亚大学（2001 年至今）、北京大学（长江学者、讲座教授）。

1979 年，斯蒂格利茨获得了美国经济学会两年一度的约翰·贝茨·克拉克奖，该奖项用于表彰对经济学做出杰出贡献的 40 岁以下经济学家；2001 年获得诺贝尔经济学奖；现任美国布鲁金斯学会高级研究员、哥伦比亚大学教授、英国曼彻斯特大学布鲁克斯世界贫困研究所主席。

斯蒂格利茨为经济学的一个重要分支——信息经济学的创立做出了重大贡献。他所倡导的一些前沿理论，如逆向选择和道德风险，已成为经济学家和政策制定者的标准工具。他还是世界上公共部门经济学领域最著名的专家。他所著的教材《经济学》在 1993 年首次出版后，一版再版，被公认为是世界上最通行的、最经典的经济学教材之一，成为继萨缪尔森的《经济学》、曼昆的《经济学原理》之后西方又一本具有里程碑意义的经济学入门教科书。

（一）生产什么，生产多少？

这个问题实质上包括了生产什么品种、生产多少、什么时间生产以及什么地点生产四个方面的问题。资源的有限性决定了不能生产人们所需要的所有产品，而必须有所取舍。用黄油与面包的例子来说，就是生产黄油还是生产面包；或者生产多少黄油、多少面包，即在黄油与面包的各种可能性组合中选择哪一种。如果黄油生产得过少，而生产的面包滚滚而来，那么，这个社会肯定不可能长期维持下去。

（二）如何生产？

一个经济系统必须决定采用什么样的生产方法或资源配置方式来生产预期水平和构成的产品。如何生产包括四个方面的问题：其一，由谁来生产；其二，用什么资源生产；其三，用什么技术生产；其四，用什么样的组织形式生产，即怎样生产。如何生产实际就是如何对各种生产要素进行组合，是多用资本、少用劳动，用资本密集型方法来生产，还是少用资本、多用劳动，用劳动密集型方法来生产。不同的方法尽管可以达到相同的产量，但经济效益是不相同的。

（三）为谁生产？

为谁生产？换而言之，谁来享受经济活动的成果？或者，用正规的经济学语言来说，是指生产出来的产品和财富如何在社会成员之间进行分配。如黄油与面包按什么原则分配给社会各阶层与各个成员，谁得什么？得多少？为什么穷人仅有一点点，而富人却拥有太多？这种分配是公平的吗？

（四）谁做出经济决策，依据什么程序？

这实际上是资源配置方式的问题。不同国家以及同一个国家的不同时期，资源配置方式会有很大差异。到目前为止，现代社会主要有以下三种资源配置方式。

1. 完全自由市场经济配置方式

完全自由市场经济配置方式即政府不对经济施加任何影响，资源完全由市场机制自由配置。这是资源配置的一种极端情况。在这种资源配置体制下，资源配置、产品分配以及生产组织方式的选择完全由市场价格来调节。在完全自由市场经济体制下的三个经济问题，即生产什么，生产多少；如何生产；为谁生产，完全是由市场决定的。但是，市场经济也不是万能的，市场机制也有缺陷，也存在"市场失灵"的现象。

2. 完全指令计划经济配置方式

完全指令计划经济配置方式即通过政府权力对所有资源进行配置的方式，又称计划经济方式。这是资源配置的又一极端形式。在这种资源配置体制下，所有经济问题的解决完全依赖于各级政府的指令，国家和各级政府拥有全部资源，控制着所有资源的价格。在计划经济体制下，生产什么，生产多少；如何生产；为谁生产，完全是由政府决定的。在生产力不发达的情况下，计划经济有其必然性和优越性，可以集中有限的资源实现既定的经济发展目标。但在生产力越来越发达以后，计划经济就无法有效地进行资源配置了。

3. 混合经济配置方式

纯粹的市场经济和计划经济各有利弊，事实上，世界上各国的资源配置都是二者的有机结合。在混合经济配置方式下，解决经济中的基本问题就要靠市场机制和政府宏观调控共同作用。大众化商品的资源配置主要靠市场来调整，其价格和交易数量也主要由市场供求关系来决定，同时，政府要通过法律、财政、货币等政策手段对资源配置的状况实施监督和调节。关系国计民生的特殊资源的配置和商品分配，则主要依靠政府的指令进行调节，并在一定范围内有限地引入市场竞争机制。

四、经济学体系

西方经济学根据它所研究的具体对象、范围的不同，可以分为微观经济学和宏观经济学。

（一）微观经济学

1. 含义

微观经济学就是以单个经济单位为研究对象，通过研究构成整个经济制度的单个经济单位的经济行为和相应的经济变量单项数值的决定，来说明价格机制如何解决社会资源的配置问题。这些单位有作为消费决策单位的家庭、作为生产决策单位的厂商和资源所有者。

2. 主要内容

（1）均衡价格理论。均衡价格理论也称价格理论，它研究商品的价格如何决定，以及价格如何调节整个经济的运行。这一部分是微观经济学的中心，其他内容都是围绕这一中心而展开的。

（2）消费者行为理论。消费者行为理论研究消费者如何把有限的收入分配于各种物品的消费上，以实现效用最大化。这一部分是对决定价格的因素之一——需求所作的进一步解释。

（3）生产理论。生产理论研究生产者如何把有限的资源用于各种物品的生产上，成本、价格和产量是如何决定的，如何取得最大利润。这一部分包括研究生产要素与产量之间的关系的生产理论，研究成本与收益的成本与收益理论，以及研究不同市场条件下厂商行为的厂商理论。

（4）分配理论。分配理论研究收入如何在不同生产要素的所有者之间进行分配等问题，也就是产品按什么原则分配给社会各集团与个人，即工资、利息、地租和利润是如何决定的。这一部分是运用价格理论来说明为谁生产的问题。

（5）市场失灵与微观经济政策。虽然市场机制能使社会资源得到有效配置，但实际上，市场机制并不是万能的，市场也会"失灵"，所以，就需要相应的微观经济政策。

（6）一般均衡理论与福利经济学。一般均衡理论与福利经济学研究社会资源配置最优化的实现，以及社会经济福利的实现等问题。由于篇幅所限，本书对这部分内容不详细叙述。

此外，现代微观经济学还包括更为广泛的内容。产权经济学、时间经济学、家庭经济学、人力资本理论等，都是在微观经济学基本理论的基础上发展起来的。

由于这些决策是在市场上或通过市场进行的，各种商品和劳务的市场价格及其变动对各个单位的经济决策会产生决定性的影响，所以，微观经济学可以说是主要研究市场的价格机制、供求机制和竞争机制的作用，通过分析各种商品市场和要素市场的价格决定过程，考察各种经济变量之间的关系和相互影响，找到实现稀缺资源最佳配置的方法和途径。

（二）宏观经济学

1. 含义

宏观经济学就是以整个国民经济为研究对象，通过研究经济中各有关总量的决定及其变化、相互之间的关系和相互作用，诸如国民收入、就业、总产量、经济增长、周期波动、一般物价水平的变化，以及政府的财政、货币、收入政策对整个国民经济的影响等，来说明资源如何得到充分利用。

宏观经济学所要解决的是经济稳定和经济增长问题，主要研究整个经济的价格和产出水平的决定过程，分析经济不稳定的原因，探索实现整个社会生产能力长期稳定增长的方法和途径。

2. 主要内容

（1）国民收入决定理论。国民收入决定理论就是从总需求和总供给的角度出发，分析国民收入决定及其变动的规律，介绍国民收入的核算方式等。国民收入决定理论是宏观经济学的中心理论，其他理论都围绕着这一理论展开。

（2）失业与通货膨胀理论。失业与通货膨胀是各国经济中最主要的问题。宏观经济学把失业、通货膨胀和国民收入联系起来，分析其原因及相互关系，以便找出解决这两个问题的方法。

（3）经济周期与经济增长理论。经济周期与经济增长理论主要分析国民收入短期波动的原因、长期增长的源泉等问题，以期使经济长期、稳定地发展。

（4）宏观经济政策。宏观经济学是为国家干预经济服务的，宏观经济理论要为这种干预提供理论依据，而宏观经济政策则要为这种干预提供具体的措施。

（5）开放经济理论。开放经济理论主要分析一国国民收入的决定与变动如何影响他国，以及如何受到他国的影响，同时分析开放经济下一国经济的调节问题。由于篇幅所限，本书对这部分内容不详细叙述。

（三）微观经济学和宏观经济学之间的关系

微观经济学和宏观经济学的目标都是实现稀缺资源的节省和提高经济效率，达到社会福利最大化。二者的区别主要在于观察同一事物的角度不同：微观经济学是由下而上的视角，而宏观经济学则是由上而下的视角。在微观经济学中，总产量、价格总水平、总就业量被作为已知变量看待，侧重于用个量分析方法分析单个经济单位的经济行为。而宏观经济学研究的对象正是微观经济学假定不变的经济总量，在分析方法上侧重于总量分析。因此，宏观经济学和微观经济学的研究对象，就好像森林和树木。宏观经济学研究一片森林的构成、性质和变化，而不考虑一棵棵树木；而微观经济学则是考察森林中个别树木的性质和特点，在考察时以森林的状态不变为假定前提。如果要对整片森林有充分的认识，则这两方面研究缺一不可。

相关链接

微观经济学与宏观经济学

微观经济学研究家庭和企业如何做出决策，以及它们在某个市场上的相互交易。宏观经济学研究整体经济现象。微观经济学家可以研究租金控制对住房的影响，外国竞争对本国汽车行业的影响，或者接受义务教育对工人收入的影响。宏观经济学家可以研究政府借债的影响，失业率随时间推移的变动，提高生活水平的不同政策。

微观经济学和宏观经济学是密切相关的。生活中有很多事例在微观的角度看是正确的，但从整体角度看就是不合理的。比如，在看足球赛时，一个球迷站起来能够看得更清楚，但每个人都这样的话，结果是每个人都看不清楚。由于整体经济的变动产生于百万个人的决策，所以，不考虑相关的微观经济决策而去理解宏观经济的发展是不可能的。再如，宏观经济学家可以从个人所得税减少对整个物品与劳务生产的影响进行分析。为了分析这个问题，他必须考虑所得税减少如何影响家庭把多少钱用于物品与劳务的决策。又如，失业现象严重时，作为个人，除了一些佼佼者能谋到职业外，总有人没有就业岗位，厂商也不能无效率地吸收工人，所以失业问题是宏观问题，解决就业是政府的责任。

尽管微观经济学与宏观经济学之间存在固有的关系，但这两个领域仍然是不同的。在经济学中，也和在生物学中一样，从最小的单位开始并向上发展看来是自然而然的，但这样做既无必要，也并不总是最好的方法。由于微观经济学和宏观经济学探讨不同的问题，所以，它们有时采用不同的方法，并通常分设微观经济学和宏观经济学两门课程。

虽然西方经济学强调微观经济学和宏观经济学之间的联系，但目前西方经济学理论体系中的矛盾、不一致性也是相当明显的。首先，微观经济分析是以价格理论为核心展开的，而宏观经济分析是以收入决定理论为核心展开的，这两个核心理论没有内在联系。其次，这两个组成部分的结论是互相矛盾和互相否定的。微观经济学强调通过市场价格机制自发地调节经济活动，可以达到社会福利最大化，因此，政府对经济的过分干预是不必要的；宏观经济学强调国家对经济生活的直接干预，否则，自发的市场调节不能有效运转。最后，微观经济学的理论基础是以马歇尔为代表的新古典经济学，其核心是市场有效性和自由放任；宏观经济学的理论基础是凯恩斯主义经济学，其核心是市场失效和国家干预。

第二节　经济学的发展

在西方，因为经济学是为解决"合理配置和有效利用有限资源"这一人类核心的永恒问题而产生的，所以它被称为"社会科学的皇后"，也有"最古老的艺术、最新颖的科学"之美誉。称之为"皇后"，表明了经济学在整个社会科学体系中的"身价"和"地位"；称之为"最古老的艺术"，是由于经济活动和对经济问题的思考同人类文明的演变是同步进行的；称之为"最新颖的科学"，说明经济学本身是不断更新、不断变革的，就像人类经济文明在不断进步一样，经济学一天也没有停止过自身的发展。

经济学的产生，最早可以追溯到17世纪重商主义的创立，其发展主要经历了重商主义、古典政治经济学、新古典经济学、凯恩斯主义经济学和当代经济学流派五个阶段。

一、重商主义

重商主义存在于在15世纪下半叶至17世纪下半叶，当时英、法等国占统治地位。大多数经济学家认为，重商主义是最早出现的经济学。其早期代表人物有英国的威廉·斯塔福、约翰·海尔斯，法国的安托万·德·蒙克莱田（其代表作是《献给国王和王太后的政治经济学》）；晚期代表人物是托马斯·孟，其代表作是《英国得自对外贸易的财富》。

重商主义认为，金银是唯一的财富，政府应该采取各种措施增加出口，减少进口，以保证本国财富的增加。因此，他们主张国家政府干预经济，把国家一切经济活动统统归结为攫取金银。

可以这样认为，重商主义盛行于资本主义生产方式的形成与确立时期，是在资本原始积累时期产生的代表商业资产阶级利益的一种经济学说和政策体系，仅以粗浅的现实主义总结了商业资本的实践经验。但是，与现代经济学不同，重商主义的研究仅仅停留在流通领域，其主要内容也只是一些政策主张，尚未形成完整的、系统的理论体系。有些学者认为，严格地讲，重商主义只能说是经济学的萌芽阶段，其发展时期只能算是经济理论的史前时期，真正的经济科学只有在从流通领域进入生产领域才算形成。

延伸阅读

早期重商主义和晚期重商主义

重商主义的发展经历了早期重商主义和晚期重商主义两个阶段。

早期重商主义产生于15—16世纪中叶，以货币差额论为中心（即重金主义），强调少买，代表人物为英国的威廉·斯塔福。早期重商主义者主张采取行政手段，禁止货币输出，反对商品输入，以贮藏尽量多的货币。一些国家还要求外国人来本国进行交易时，必须将其销售货物的全部款项用于购买本国货物或在本国花掉。

晚期重商主义主要存在于16世纪下半叶到17世纪，其中心思想是贸易差额论，强调多卖，代表人物为托马斯·孟。他认为，对外贸易必须做到商品的输出总值大于输入总值，即卖给外国人的商品总值应大于购买他们商品的总值，以增加货币流入量。16世纪下半叶，西欧各国力图通过实施奖励出口、限制进口，即奖出限入的政策措施，保证对外贸易出超，以达到金银流入的目的。

二、古典政治经济学

随着资本主义经济的发展，从17世纪下半叶开始，在英、法等国逐渐形成一种反对重商主义的干涉主义的社会经济思潮，强调从生产领域来研究财富增长，主张自由放任。英、法两国一大批优秀的思想家、哲学家、医生和商人，如威廉·配第、约翰·洛克、大卫·休谟、弗朗斯瓦·魁奈等人开始有目的地探索资本主义市场经济发展的规律，寻求对经济现象的理论与解释。他们的理论发现和观点被汇集到亚当·斯密的《国民财富的性质和原因的研究》（简称《国富论》）中，形成第一个完整、系统的经济理论体系。

延伸阅读

亚当·斯密与《国富论》

亚当·斯密（1723—1790），18 世纪英国著名的经济学家和伦理学家，经济学的主要创立者，1723 年出生在苏格兰的克科底，青年时就读于牛津大学。1751—1764 年，亚当·斯密在格拉斯哥大学担任哲学教授，在此期间，他于 1759 年发表了第一部著作《道德情操论》，确立了他在知识界的威望。在 1776 年发表的伟大著作《国民财富的性质和原因的研究》（简称《国富论》），使他在余生中享受着荣誉和爱戴，世人尊称其为"现代经济学之父"和"自由企业的守护神"。1790 年 7 月 17 日，亚当·斯密在苏格兰爱丁堡去世。

亚当·斯密于 1768 年开始着手著述《国富论》，该书 1776 年 3 月出版。《国富论》是使经济学成为一门独立学科的奠基之作，为经济学确定了完整的架构，它的哲学基础是《道德情操论》中所谓的自然秩序、经济人和看不见的手。

《国富论》的基本思想是：财富的源泉是劳动，任何生产部门的劳动都创造财富。增加财富的方法有两种：一是提高专业工人的劳动生产率，为此就要分工；二是增加生产工人的人数，为此必须增加资本。

《国富论》共分五篇。

第一篇论劳动生产力进步的原因，兼论劳动产品在不同阶级人民之间自然分配的顺序，共 11 章。本部分从一开始就研究了分工，并从分工的前提和后果的角度研究了交换、货币、工资、利润和地租。

第二篇论资财的性质、积累和用途，共 5 章，阐述资本的性质、构成、用途和积累资本的条件，以及生产劳动和非生产劳动的区别，借贷、工业、商业资本的区别。

第三篇论不同国家财富的不同发展，共 4 章，实际上是经济发展史，主要介绍当时各国普遍重视城市工商业、轻视农业的原因。

第四篇论政治经济学体系，共 9 章，实际上是经济学说史，主要列举和分析不同国家在不同阶段的各种经济理论，着重批判重商主义和重农主义。

第五篇论君主或国家的收入，共 3 章；研究国家的财政收入，属财政学；主要内容是分析国家收入的使用方式，是为全民服务还是只为少数人服务，如果是为全民服务有多少种开支项目，各有什么优缺点；为什么当代政府都有赤字和国债，这些赤字和国债对真实财富的影响等。

在亚当·斯密之后，大卫·李嘉图于 1817 年出版的《政治经济学及赋税原理》进一步发展和完善了劳动价值论、比较优势理论等相关理论，最终完成了具有古典意义的政治经济学。

总的来看，古典政治经济学的研究特点是：把经济制度本质的分析与既定制度下经济运行过程数量的分析结合起来。古典政治经济学代表了一个半世纪内一大批学者研究经济现象和经济规律的总汇，不仅探索了资本主义生产方式的内部联系，从经济学发展的历史角度来看，它之所以被称为"古典"，也在于它是整个经济学发展的基础和出发点。

在大卫·李嘉图之后，古典学派的研究特点发生了改变，在法国以让·巴蒂斯特·萨伊为代表，在英国则以约翰·穆勒为代表，对经济制度的本质不再研究，而只研究既定制度下资源配置的运行机制。

延伸阅读

萨伊与萨伊定律

让·巴蒂斯特·萨伊（Jean Baptiste Say，1767—1832），法国资产阶级经济学家，法国资产阶级庸俗政治经济学的创始人，是继亚当·斯密、大卫·李嘉图古典经济学派兴起之后的又一位经济学伟人，最主要的著作是1803年出版的《政治经济学概论》。

萨依定律（Say's Law），也称萨依市场定律（Say's Law of Market）。在《政治经济学概论》中，萨伊论述了"供给创造其自身的需求"这一经济学中著名的萨伊定律的核心思想，主要说明，在资本主义的经济社会中一般不会发生任何生产过剩的危机，更不可能出现就业不足。他建立了政治经济学的"三分法"，把政治经济学划分为财富的生产、财富的分配和财富的消费三部分。同时，萨伊提出效用价值论，认为生产只创造效用（物品满足人类需要的内在力量），物品的效用是物品价值的基础，劳动、资本、土地（自然力）共同创造了产品的效用，从而创造了产品的价值。萨伊在效用价值论的基础上阐明分配，认为资本、土地如同劳动一样能创造效用，具有创造价值的能力，因此，也具有创造收入的能力。他据此断言工资、利息、地租分别来源于劳动、资本、土地：劳动—工资、资本—利息、土地—地租，这就是"三位一体"公式。利润则被看作企业家才能的报酬，否定资本主义剥削。

与大卫·李嘉图同时代的让·巴蒂斯特·萨伊和托马斯·罗伯特·马尔萨斯被认为抛弃了劳动价值理论，发展了亚当·斯密等人的资产阶级古典经济学中的庸俗成分，而成为早期庸俗经济学的代表人物。萨伊定律在当时就遭到西斯蒙第和马克思等人的反对，但在凯恩斯革命以前，一直为西方的主流接受。

三、新古典经济学

到19世纪70年代，由于自然科学的发展和影响，数量分析特别是边际增量分析、统计方法和均衡概念等逐渐被应用到经济研究上来。于是，经济学又发生了一次重大变革，这次变革在西方被称为"边际革命"。其代表人物为奥地利的门格尔、英国的杰文斯和法国的瓦尔拉斯。他们抛弃了从生产、成本和供给等方面对价值分析的所谓英国古典经济学传统，主要侧重于从欲望、需求和效用方面来分析价值，并把这种分析与边际原理结合起来。

英国剑桥学派的著名经济学家阿尔弗雷德·马歇尔（代表作《经济学原理》）（图1-3）在英国传统经济学三要素之一的生产成本价值论的基础上，通过需求曲线和供给曲线相结合的方式，吸收和综合19世纪末风靡一时的边际效用论，建立了一个折中式的经济理论体系，这个经济理论体系被称为"新古典经济学"。

新古典经济学的基本特点是：建立在人与物的关系及物对人的满足的基础上，采取一系列极端假设，在远离现实世界的条件下，把注意力集中到既定制度下资源配置过程及其变量的研究。在否认经济危机和资本主义剥削关系的基础上，把市场经济关系变成由符号和公式所组成的数学模型，用精密的数学逻辑证明资

A.马歇尔

图1-3 阿尔弗雷德·马歇尔及其代表作《经济学原理》

本主义自由竞争的市场经济可以自动实现均衡和使社会福利最大化。在边际革命以后的西方主流经济学，完全抛弃了经济制度本质的分析，专门注重对既定制度下的资源配置过程进行宏观和微观分析。

📖 **延伸阅读**

经济学中的几个古典经济学

1. 古典经济学

古典经济学一般指从 1750 年到 1875 年这一段时间的英国古典经济学，分析了自由竞争的市场机制，将其看作一只"看不见的手"支配着社会经济活动；反对国家干预经济生活，提出自由放任原则；分析了国民财富增长的条件、促进或阻碍国民财富增长的原因。其杰出代表和理论体系的创立者是亚当·斯密。

2. 新古典经济学

新古典经济学是 19 世纪 70 年代由边际革命开始形成的一种经济学流派。它在继承古典经济学经济自由主义的同时，以边际效用价值论代替了古典经济学的劳动价值论，用以需求为核心的分析代替了古典经济学以供给为核心的分析。新古典经济学形成之后，代替了古典经济学成为当时经济理论的主流。

3. 新新古典经济学

新新古典经济学是对新古典经济学进行细化，于 20 世纪 70 年代形成的学派，其理论框架由理性预期假说和自然失业率假说组成。该学派主张市场经济能自动解决失业、不景气等问题，而政府主导的稳定政策没有任何效果。

4. 新兴古典经济学

自 20 世纪 80 年代以后，以澳大利亚华人经济学家杨小凯为代表的一批经济学家，用非线性规划和其他非古典数学规划方法，将被新古典经济学遗弃的古典经济学中关于分工和专业化的精彩经济思想，变成决策和均衡模型，掀起一股用现代分析工具复活古典经济学的思潮。

四、凯恩斯主义经济学

在 1929—1933 年，爆发了一场空前严重的世界经济危机。这场大危机不仅猛烈地动摇了资本主义统治的政治和经济基础，而且宣告了新古典经济学的破产。因为按照这种学说，这一类危机是根本不可能存在的，新古典经济学家既无法提出"诊断"，也不能给出"药方"，经济学陷入一片混乱和危机中。正是在这种情况下，经济学界出现了"凯恩斯革命"。

📖 **延伸阅读**

凯恩斯

约翰·梅纳德·凯恩斯（John Maynard Keynes，1883—1946），英国经济学家，1883 年 6 月生于英格兰的剑桥，14 岁以奖学金入伊顿公学主修数学，曾获托姆林奖金（Tomline Prize）；毕业后，以数学及古典文学奖学金入学剑桥大学国王学院；1905 年毕业，获剑桥文学硕士学位。之后又滞留剑桥一年，师从马歇和庇古攻读经济学。

作为现代西方经济学最有影响力的经济学家之一，他创立的宏观经济学与弗洛伊德所创的精神分析法和爱因斯坦发现的相对论一起并称为 20 世纪人类知识界的"三大革命"。因其深厚的学术造诣，曾长期担任《经济学杂志》主编和英国皇家经济学会会长，1929 年被选为英国科学院院士，1942 年晋封为勋爵，1946 年被剑桥大学授予科学博士学位。

凯恩斯不仅是经济学理论上的天才，而且还是位大胆的实践者。凯恩斯不但开辟了宏观经济学的研究阵地，还担任过大学司库和剑桥大学学监、政府官员和顾问等。凯恩斯还是一位富有的投资者。凯恩斯的经济理论影响了几代人，在如今的经济政策制定中仍然具有举足轻重的地位。

凯恩斯是活跃于 20 世纪上半叶西方学术、思想和政治舞台的著名经济学家、哲学家和政治家，也是 20 世纪西方资本主义世界应付内外危机、实现国家和社会治理的政策和思想传统的根本转换的枢纽型人物。凯恩斯因开创了经济学的"凯恩斯革命"而称著于世，被后人称为"宏观经济学之父""资本主义的救世主"。在 20 世纪 30 年代，凯恩斯发起了一场导致经济学研究范式和研究领域根本转变的革命（即著名的"凯恩斯革命"）。在 40 年代的第二次世界大战后期及战后初期，凯恩斯参与了国际货币基金组织、国际复兴开发银行（即世界银行）和关贸总协定（世界贸易组织的前身）等机构（它们构成了所谓的"华盛顿体系"）的组建工作，是当今世界经济秩序的主要奠基人之一。1998 年的美国经济学会年会上，在 150 名经济学家的投票中，凯恩斯被评为"20 世纪最有影响力的经济学家"（弗里德曼排名第二）。

1936 年 2 月 4 日，凯恩斯的代表作《就业、利息和货币通论》（*The General Theory of Employment, Interest and Money*，简称《通论》，"凯恩斯革命"的核心文献）的出版，在大危机后惊魂未定的西方世界引起轰动。西方学者对此评论道："凯恩斯是在致命危机威胁资本主义世界时挽救和巩固了这个社会。"有的学者把凯恩斯的理论比作"与哥白尼在天文学上、达尔文在生物学上、爱因斯坦在物理学上一样的革命"。

凯恩斯的成就与他的背景和个性有关，凯恩斯的父亲（内维尔）是剑桥经济学家和逻辑学家，母亲（佛萝伦丝）也是剑桥毕业生，曾任剑桥市长。

凯恩斯根据 20 世纪 30 年代大危机和大萧条的情况，于 1936 年出版了他的代表作《就业、利息和货币通论》，对传统理论和政策提出了全面的挑战和批判。凯恩斯以有效需求不足论、三个基本心理规律和小于充分就业的均衡理论，否定了传统经济学市场供求自动调节论的主要理论支柱——萨伊定律，证明了资本主义的常态是总需求不足和小于充分就业均衡，而自由市场经济的自发调节又无法改变这种均衡常态，因此，必须依靠政府干预经济才能克服市场自发调节的不足，来实现理想的充分就业均衡。

凯恩斯建立了一个以国家干预为中心，以解决资本主义经济危机与失业问题为目标的完整的理论体系，为资本主义国家的经济干预政策提供了理论依据。与新古典经济学主张完美的市场机制和不要政府干预不同，凯恩斯公开宣称，资本主义市场制度是有缺陷的，只有国家直接干预经济，资本主义才可以渐臻完善。他希望国家多负起直接投资之责，国家必须调节经济，必须用改变租税体系、限制利率以及其他方法，指导消费倾向和吸引投资。

《就业、利息和货币通论》出版后，许多经济学家放弃了传统的观点，追随凯恩斯，对凯恩斯的有效需求理论进行注释、补充和发展，形成了一套完整的宏观经理理论体系。特别是萨缪尔森打出了"新古典派综合"的旗号，把马歇尔的微观分析与凯恩斯的宏观分析拼凑在一起，以政府的需求管理弥补市场机构的缺陷，以市场机制作用来调节稀缺资源的配置，从而完成了经济学说史上的第三次大综合。

延伸阅读

萨缪尔森与《经济学》

保罗·萨缪尔森（Paul A. Samuelson，1915—2009），1915年生于美国印第安纳州加里市的一个波兰犹太移民家庭，1923年搬到芝加哥居住，1935年获芝加哥大学文学学士学位，1936年获芝加哥大学文学硕士学位，1941年获哈佛大学理学博士学位。在哈佛就读期间，师从约瑟夫·熊彼特、华西里·列昂惕夫、哥特弗里德·哈伯勒和有"美国的凯恩斯"之称的阿尔文·汉森研究经济学。萨缪尔森出身于经济学世家，其兄弟罗伯特·萨默斯、妹妹安妮塔·萨默斯、侄子拉里·萨默斯均为经济学家，另一位侄子则是大名鼎鼎的美国财政部部长劳伦斯·萨默斯。

萨缪尔森一直在麻省理工学院任经济学教授，是麻省理工学院研究生部的创始人。1970年，55岁的萨缪尔森成为第一个获得诺贝尔经济学奖的美国人。他发展了数理和动态经济理论，是当代凯恩斯主义的集大成者及经济学的最后一个通才。其研究内容涉及经济学各个领域，如一般均衡论、福利经济学、国际贸易理论等，是世界上罕见的多能学者。萨缪尔森首次将数学分析方法引入经济学，帮助在经济困境中上台的肯尼迪政府制定了著名的"肯尼迪减税方案"。萨缪尔森的经典著作《经济学》，据报道以40多种语言在全球销售超过1 000万册，是全世界最畅销的教科书，影响了一代又一代人。也正是这本著作，将西方经济学理论第一次系统地带进中国，并使这种思考方式和视野在中国落地生根。

从历史角度看，里程碑式的经济学教科书在几十年内长盛不衰的情况并不罕见。1776年"经济学之父"亚当·斯密的《国富论》问世以来，西方经济学界已经产生了三部公认的里程碑之作。第一部是1848年约翰·穆勒的《政治经济学原理》，该书多次重版，成为19世纪后半叶英语世界必读的经济学教科书。第二部是1890年阿尔弗雷德·马歇尔的《经济学原理》，该书一直被奉为西方经济学界的"圣经"。1948年出现第三部"集大成"之作，即保罗·萨缪尔森的《经济学》。

第二次世界大战以后，几乎所有的发达资本主义国家都奉行凯恩斯主义经济学，按照"凯恩斯方式"来管理经济。凯恩斯主义经济学成为西方的主流经济学，西方国家进入了"凯恩斯时代"。但是，推行凯恩斯主义的结果，却改变了凯恩斯主义发生作用的某些条件。20世纪60年代以后，资本主义世界出现了大量失业与通货膨胀并存的"停滞膨胀"，这种情况标志着凯恩斯主义的失灵。于是，在当今的经济学界形成了众多经济思潮和流派纷争的局面。

五、当代经济学流派

当代经济学的基本状况是流派林立、群雄纷争。但是，由于凯恩斯革命以及凯恩斯主义对战后资本主义国家所产生的重大影响，实际上可以根据对凯恩斯主义的态度，把当代经济学的众多流派分为三种。

1. 支持或追随凯恩斯主义的流派

这一流派主要包括：新古典综合学派（也被称为后凯恩斯主流经济学），代表人物为阿尔文·

汉森、保罗·萨缪尔森；新剑桥学派，代表人物是琼·罗宾逊；新凯恩斯主义，代表人物是约瑟夫·斯蒂格利茨。这几个流派的共同特点是主张国家干预，但在国家干预的方式等方面则存在着不同的意见，例如，新剑桥学派主张国家要干预经济，但应该放在分配领域。

2. 与凯恩斯主义相对立的流派（又称自由主义经济学）

这一流派主要包括：货币学派，代表人物是米尔顿·弗里德曼；理性预期学派，代表人物是罗伯特·卢卡斯；供给学派，代表人物是阿瑟·拉弗；新制度经济学派，代表人物为罗纳德·哈里·科斯；公共选择学派，代表人物是詹姆斯·布坎南等。这些流派的共同特点是反对国家过多干预经济生活，主张在不同程度上加强市场机制的作用。

3. 既不同于凯恩斯主义经济学各理论流派，也不同于自由主义经济学各理论流派的非主流经济学派

这一流派主要包括：瑞典学派，代表人物是约瑟夫·熊彼特；罗斯托的经济成长阶段理论；激进政治经济学派等。

课程思政导读

中国经济学的创新发展与历史使命

中华人民共和国成立70年来，我国经济发展取得举世瞩目的伟大成就，社会生产力、综合国力、人民生活水平都实现了历史性跨越。我国经济建设的成功实践，大大推动了经济学研究与理论创新。回顾70年来中国经济学的发展历程，总结成功经验，探索未来发展走向，既是服务国家重大发展战略的必然要求，也是新时代中国经济学创新发展并加快构建中国特色社会主义政治经济学的客观需要。

一、中国经济学理论创新成果丰硕

经济理论本质上是实践的理论，实践是经济学创新发展的不竭源泉。70年来，我国经济学的创新发展与社会主义经济建设实践良性互动、相得益彰，在有力促进社会主义现代化建设的同时，推出了众多经济学理论创新成果，大大丰富了世界经济学思想宝库。中国经济学理论创新成果非常丰富，这里仅列出四项重要成果。

1. 推动经济学"术语的革命"

恩格斯指出："一门科学提出的每一种新见解都包含这门科学的术语的革命。"经济学创新发展，也是从新范畴、新概念等"术语的革命"开始的。在中华人民共和国成立70年来，特别是改革开放以来的社会主义经济建设实践中，形成了一批既能反映中国经验又具有经济学一般价值的新概念、新范畴，如社会主义初级阶段、社会主义市场经济、社会主义基本经济制度和分配制度、新发展理念、供给侧结构性改革、高质量发展、现代化经济体系等。这些概念和范畴得到学界普遍认同，成为经济学创新发展的重要内容和坚实基础。随着我国经济发展进入新时代，从我国经济高质量发展实践中涌现出的新概念、新范畴会越来越多，这必将大大加快中国经济学创新脚步。

2. 创造性提出并丰富发展社会主义市场经济理论

中华人民共和国成立以来，我国经济体制经历了传统计划经济，计划经济为主、市场调节为辅，公有制基础上的有计划的商品经济等发展阶段，直到党的十四大明确提出建立社会主义市场经济体制的目标。从此，坚持社会主义市场经济改革方向、建立健全社会主义市场经济体制，成为我国经济体制改革最重要的实践问题和经济学创新发展最重要的理论问题。改革开放以来

的经济发展实践表明，社会主义市场经济体制既超越了传统计划经济体制，也超越了资本主义市场经济体制。它从我国实际出发，在实践探索中找到一条把社会主义基本制度与市场经济有机结合起来的新路。在这一过程中，社会主义市场经济理论逐渐发展完善，形成了一系列重要理论成果：发展社会主义市场经济，把社会主义基本制度与市场经济有机结合起来；经济体制改革是全面深化改革的重点，核心问题是处理好政府与市场的关系，使市场在资源配置中起决定性作用，更好发挥政府作用；科学的宏观调控、有效的政府治理，是发挥社会主义市场经济体制优势的内在要求；坚持党的领导，发挥党总揽全局、协调各方的领导核心作用是我国社会主义市场经济体制的一个重要特征；等等。

3. 超越西方经济学对政府与市场关系的传统认知

政府与市场关系是经济学理论研究的一个核心问题。西方经济学认为，政府与市场关系是二元对立、相互替代、此消彼长的，政府只能被动和有限地发挥作用。我国改革开放以来的经济发展实践证明，把"看不见的手"和"看得见的手"都用好，才能形成市场作用和政府作用有机统一、相互补充、相互协调、相互促进的格局，兼顾效率和公平，推动经济社会持续健康发展。在实践和理论探索中，我们既努力实现市场作用和政府作用有机统一、相互促进，又强调政府对市场的顶层设计和有效监管，使市场在资源配置中起决定性作用，更好发挥政府作用，保证政府能够弥补市场失灵、开展有效市场建设、克服市场运行的自发性与盲目性，从而突破了西方经济学200多年来形成的政府与市场二元对立观，有力推动了经济学创新发展。

4. 突破对发展经济学和国际贸易理论的传统认知

比较优势理论和要素禀赋理论是西方经济学框架下促进发展中国家发展和制定国际贸易规则的理论基础。但是，如果完全遵循这些理论，就会使发展中国家被锁定在全球产业链、价值链的中低端，发展中国家与发达国家的发展差距就不可能缩小，世界经济的长期繁荣发展也无法实现。有鉴于此，我国经济学学者对发展经济学进行反思与重构，提出成功的经济体应同时拥有有效的市场和有为的政府。对于一个经济体而言，要素禀赋在一个时点是给定的，但它可以随着时间推移发生变化，从而使比较优势发生改变。有效的市场是各种要素的价格能够充分反映其相对稀缺性的市场，是按照比较优势发展经济的制度前提。有为的政府能够在一国要素禀赋发生变化时因势利导，促进产业的潜在比较优势变成竞争优势，从而打破"低端锁定"，在市场竞争的基础上积小胜为大胜，逐步缩小同发达国家的差距，进而实现对发达国家的追赶。我国学者还将我们党提出的"共商共建共享"全球治理观运用于国际贸易理论，提出在国际贸易中应当遵循共商共建共享原则：共商是为了最大限度凝聚国际共识，达成合作；共建是为了在共商基础上建立更为公平的国际分工秩序，最大限度消除传统国际贸易理论中蕴藏的贸易不平等；共享是为了在共商共建基础上增强发展中国家的内生动力、激发其发展潜力。这些理论成果不仅是对发展经济学和传统国际贸易理论的突破，而且为促进发展中国家发展、促进世界共同繁荣做出了中国学术贡献。

二、加快构建中国特色社会主义政治经济学

经济学是一门研究经济活动、总结经济规律的学科，其创新发展通常是服务于国家发展战略的。中国特色社会主义进入新时代，中国经济学创新发展必须更好服务于实现"两个一百年"奋斗目标和中华民族伟大复兴的中国梦。目前，我国经济学创新发展的基础还比较薄弱，对重大现实问题的研究也不够深入，一些学者习惯于从西方经济学理论框架出发来分析研究我国经济现实问题，经济学发展还不能充分满足新时代我国经济高质量发展的要求。因此，着力解决我国经济学创新发展所面临的突出问题，加快构建中国特色社会主义政治经济学理论体系，更好服务于国家发展战略，满足经济高质量发展的时代要求，是新时代中国经济学创新发展面临的紧

迫任务和历史使命。

坚持以马克思主义为指导。马克思主义是我们立党立国的根本指导思想，习近平新时代中国特色社会主义思想是马克思主义中国化最新成果，是当代中国马克思主义、21世纪马克思主义，是党和国家必须长期坚持的指导思想。构建中国特色社会主义政治经济学必须坚持以习近平新时代中国特色社会主义思想为指导，着力对中国道路、中国经验、中国方案做出政治经济学的理论概括、抽象和升华，努力从中提炼出具有学理性的理论创新成果，推动中国特色社会主义政治经济学朝着体系化、规律化、学科化方向发展。

加强对社会主义现代化建设实践经验的总结。当前，我国经济发展已由高速增长阶段转向高质量发展阶段。我国经济学创新发展既进入了更加广阔的天地，也面临新的更高要求。构建中国特色社会主义政治经济学，应紧扣我国社会主要矛盾变化，主动服务国家发展战略，积极回应重大理论问题和实践课题，加强对改革开放和社会主义现代化建设实践经验的说明、阐释、总结、概括，并将其上升为系统化的经济理论学说，努力实现中国特色社会主义政治经济学研究同新时代经济高质量发展实践良性互动，为我国经济高质量发展提供理论指导，为发展中国家实现更好发展提供有益借鉴。

不断汲取中华优秀传统经济思想精华。中华优秀传统文化蕴含着博大精深的经济思想，如《盐铁论》等古代典籍中蕴含的许多经济思想与现代经济学不谋而合。构建中国特色社会主义政治经济学，需要不断汲取中华优秀传统经济思想的精华，推动中华优秀传统经济思想实现创造性转化、创新性发展，使之成为中国特色社会主义政治经济学发展的宝贵资源。

吸收借鉴现代西方经济学的有益成果。习近平同志指出，"马克思、恩格斯在建立自己理论体系的过程中就大量吸收借鉴了前人创造的成果。对现代社会科学积累的有益知识体系，运用的模型推演、数量分析等有效手段，我们也可以用，而且应该好好用。需要注意的是，在采用这些知识和方法时不要忘了老祖宗，不要失去了科学判断力"。现代西方经济学的一些理论观点和学术成果，可以成为中国特色社会主义政治经济学的有益借鉴。但我们在吸收借鉴时要有分析、有鉴别，既不能采取一概排斥的态度，也不能生搬硬套、不加分析地把国外学术思想和学术方法奉为圭臬。应以我国实际为研究起点，提出具有主体性、原创性的理论观点，构建中国特色社会主义政治经济学学科体系、学术体系、话语体系。

（资料来源：周文. 中国经济学的创新发展与历史使命 [N]. 人民日报, 2019 - 06 - 24.）

本章小结

本章主要讲授经济学的含义、经济学基本问题、经济学体系，以及西方经济学的发展演变历史。通过学习，学生应掌握经济学的概念、稀缺性、机会成本以及资源配置等，熟悉经济学的内容及经济学的由来和演变，能够明确经济学对个人、企业和政府的意义，知道为什么要学习经济学以及应该以怎样的态度去学习经济学。

关键概念

经济学　稀缺性　机会成本　生产可能性曲线　微观经济学　宏观经济学　重商主义　凯恩斯主义经济学

思维导图

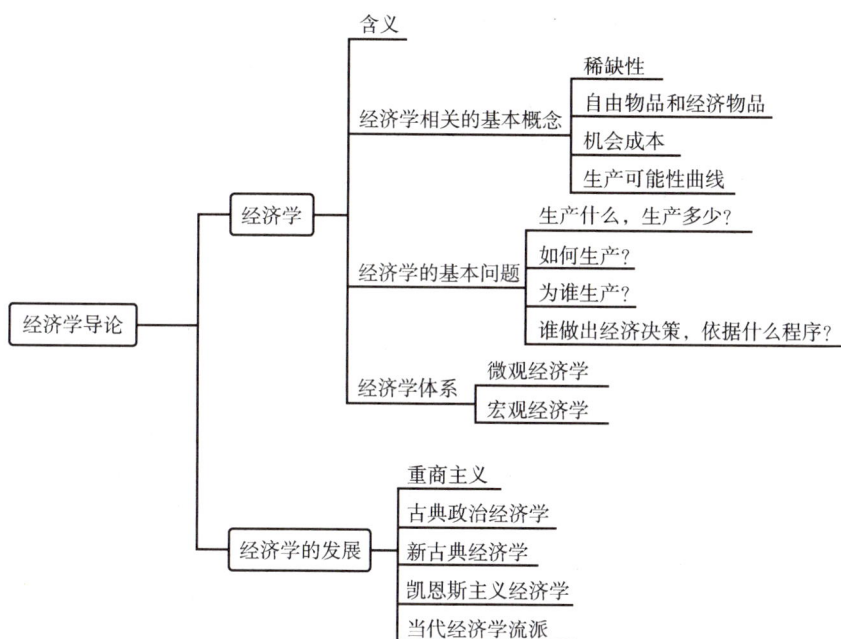

复习思考题

一、名词解释

经济学　稀缺性　机会成本　生产可能性边界　微观经济学　宏观经济学

二、选择题

1. 资源的稀缺性是指（　　　）。

A. 世界上的资源最终会因为人们生产更多的物品而消耗完

B. 相对人们无穷的欲望而言，资源总是不足的

C. 生产某种物品所需要的资源的绝对数量较少

D. 以上均不正确

2. 如果一国在生产可能性曲线内部生产，则（　　　）。

A. 只能通过减少一种商品的生产来增加另一种商品的生产

B. 是高效率的生产

C. 资源被平均分配给所有商品的生产

D. 有些资源被闲置

3. 经济学产生的原因是（　　　）。

A. 生产的需要
B. 欲望满足的需要

C. 稀缺性的存在与选择的必要
D. 选择的需要

4. 微观经济学要解决的问题是（　　　）。

A. 资源利用
B. 资源配置

C. 单个经济单位利益的最大化
D. 整个经济利益的最大化

5.《就业、利息和货币通论》的作者是（　　）。

A. 亚当·斯密　　　　　　　　　　　B. 大卫·李嘉图

C. 约翰·梅纳德·凯恩斯　　　　　　D. 保罗·萨缪尔森

6. 下列问题中不属于宏观经济学研究内容的是（　　）。

A. 橘子汁价格下降的原因　　　　　　B. 物价水平下降的原因

C. 政府预算赤字对通货膨胀的影响　　D. 国民生产总值的决定

7. 宏观经济学中心理论是（　　）。

A. 失业与通货膨胀理论　　　　　　　B. 经济周期与经济增长理论

C. 价格理论　　　　　　　　　　　　D. 国民收入决定理论

8. 研究个别居民与厂商决策的经济学称为（　　）。

A. 微观经济学　　　　　　　　　　　B. 宏观经济学

C. 实证经济学　　　　　　　　　　　D. 规范经济学

9. 以下问题中，（　　）不是微观经济学所考察的问题。

A. 一个厂商的产出水平　　　　　　　B. 社会失业率的上升或下降

C. 联邦货物税的高税率对货物销售的影响　　D. 某一行业中雇用工人的数量

10. 经济学的基本问题是（　　）。

A. 生产什么，生产多少？　　　　　　B. 如何生产？

C. 为谁生产？　　　　　　　　　　　D. 谁做出经济决策，依据什么程序？

三、问答题

1. 经济学的基本问题有哪些？

2. 微观经济学和宏观经济学的研究内容各有哪些？

3. 什么是机会成本？谈谈你对机会成本的看法。

4. 谈谈你学习经济学的几个理由。

四、阅读材料

历届诺贝尔经济学奖得主及其学术成就

诺贝尔经济学奖（The Nobel Economics Prize），全称是"纪念阿尔弗雷德·诺贝尔瑞典银行经济学奖"（The Bank of Sweden Prize in Economic Sciences in Memory of Alfred Nobel），通常称为"诺贝尔经济学奖"，也称"瑞典银行经济学奖"。

诺贝尔经济学奖不属于诺贝尔遗嘱中所提到的五大奖励领域之一，而是由瑞典银行在1968年为纪念诺贝尔而增设的，其评选标准与其他奖项相同，获奖者由瑞典皇家科学院评选。1969年（该银行的300周年庆典）第一次颁奖，由挪威人拉格纳·弗里希和荷兰人简·丁伯根共同获得。

与诺贝尔奖其他奖项不同，考虑到经济学理论对社会产生的影响往往滞后，诺贝尔经济学奖颁发往往在得奖者提出重大经济理论之后的数年、十几年甚至几十年。每年12月10日，诺贝尔经济学奖颁奖仪式在瑞典首都斯德哥尔摩举行，瑞典国王亲自向经济学奖获得者颁发获奖证书、金质奖章和奖金支票。诺贝尔经济学奖可以颁发给单个人，也可以由两三人分享，其主要目的是表彰获奖者在宏观经济学、微观经济学、新的经济分析方法等领域所做的贡献。1969—2018年的历届诺贝尔经济学奖得主简况见表1-3。

表1-3 历届诺贝尔经济学奖得主简况（1969—2018年）

年份	得　主	获奖时国籍	学术（获奖）成就
1969	拉格纳·弗里希	挪威	发展了动态模型来分析经济进程。前者是经济计量学的奠基人，后者是经济计量学模式建造者之父
	简·丁伯根	荷兰	
1970	保罗·萨缪尔森	美国	发展了数理和动态经济理论，将经济科学提高到新水平。其研究涉及经济学的全部领域
1971	西蒙·库兹列茨	乌克兰人，美国籍	在研究人口发展趋势及人口结构对经济增长和收入分配关系方面做出了巨大贡献
1972	肯尼斯·约瑟夫·阿罗	美国	深入研究了经济均衡理论和福利理论
	约翰·希克斯	英国	
1973	瓦西里·列昂惕夫	苏联人，美国籍	发展了投入产出方法，该方法在许多重要的经济问题中得到运用
1974	纲纳·缪达尔	瑞典	深入研究了货币理论和经济波动，并深入分析了经济、社会和制度现象的互相依赖
	弗里德里希·哈耶克	奥地利人，英国籍	
1975	列奥尼德·康托洛维奇	苏联	康托洛维奇创立享誉全球的线形规划要点，库普曼斯将数理统计学成功运用于经济计量学，对资源最优分配理论做出贡献
	佳林·库普曼斯	美国	
1976	米尔顿·弗里德曼	美国	创立了货币主义理论，提出了永久性收入假说
1977	詹姆斯·爱德华·米德	英国	对国际贸易理论和国际资本流动做了开创性研究
	戈特哈德·贝蒂·俄林	瑞典	
1978	赫伯特·亚·西蒙	美国	对经济组织内的决策程序进行了开创性研究，这一基本理论被公认为关于公司企业实际决策的新创见解
1979	威廉·阿瑟·刘易斯	英国人，美国籍	刘易斯在发展经济学方面颇有建树，提出了二元经济模型和进出口交换比价模型。舒尔茨在经济发展方面做出了开创性研究，深入研究了发展中国家在发展经济中应特别考虑的问题
	西奥多·舒尔茨	美国	
1980	劳伦斯·罗·克莱因	美国	以经济学说为基础，根据现实经济中实有数据所做的经验性估计，建立起经济体制的数学模型
1981	詹姆士·托宾	美国	阐述和发展了凯恩斯的系列理论及财政与货币政策的宏观模型，对金融市场及相关的支出决定、就业、产品和价格等方面的分析做出了重要贡献

续表

年份	得 主	获奖时国籍	学术（获奖）成就
1982	乔治·斯蒂格勒	美国	在产业结构、市场的作用和公共经济法规的作用与影响方面做出创造性贡献
1983	杰拉德·德布鲁	法国人，美国籍	概括了帕累托最优理论，创立了相关商品的经济与社会均衡的存在定理
1984	理查德·约翰·斯通	英国	被喻为"国民经济统计之父"，在国民账户体系的发展中做出了奠基性贡献，极大地改进了经济实践分析的基础
1985	弗兰科·莫迪利安尼	意大利	首次提出储蓄的生命周期假设，这一假设在研究家庭和企业储蓄中得到广泛应用
1986	詹姆斯·布坎南	美国	将政治决策的分析同经济理论结合起来，使经济分析扩大和应用到社会、政治法规的选择，为经济和政治决策理论建立了契约和制度的基础
1987	罗伯特·索洛	美国	对经济增长理论做出贡献，提出长期的经济增长主要依靠技术进步，而不是依靠资本和劳动力的投入
1988	莫里斯·阿莱斯	法国	在市场理论及资源有效利用方面做出了开创性贡献，对一般均衡理论重新做了系统阐述
1989	特里夫·哈维默	挪威	阐明了经济计量学的概率论基础并对联立经济结构进行了分析，建立了现代经济计量学的基础性指导原则
1990	威廉·夏普 默顿·米勒 哈里·马科维茨	美国	对金融经济学理论做出了先驱性贡献
1991	罗纳德·哈里·科斯	英国	揭示并澄清了经济制度结构及函数中交易费用和产权的重要性
1992	加里·贝克尔	美国	将微观经济学的理论扩展到对人类行为的分析上，包括非市场经济行为
1993	道格拉斯·诺斯 罗伯特·福格尔	美国	诺斯建立了包括产权理论、国家理论和意识形态理论在内的"制度变迁理论"。福格尔用经济史的新理论及数理工具重新诠释了过去的经济发展过程

续表

年份	得　主	获奖时国籍	学术（获奖）成就
1994	约翰·福布斯·纳什	美国	这三位数学家在非合作博弈的均衡分析理论方面做出了开创性的贡献，对博弈论和经济学产生了重大影响
	约翰·海萨尼		
	莱因哈德·泽尔腾	德国	
1995	小罗伯特·卢卡斯	美国	倡导和发展了理性预期与宏观经济学研究的运用理论，深化了人们对经济政策的理解，并对经济周期理论提出了独到的见解
1996	詹姆斯·莫里斯	英国	前者在信息经济学理论领域做出了重大贡献，尤其是对不对称信息条件下的经济激励理论的论述。后者在信息经济学、激励理论、博弈论等方面都做出了重大贡献
	威廉·维克瑞	美国	
1997	迈伦·斯科尔斯	美国	前者给出了著名的布莱克－斯科尔斯期权定价公式，该法则已成为金融机构涉及金融新产品的思想方法。后者对布莱克－斯科尔斯公式所依赖的假设条件做了进一步减弱，在许多方面对其做了推广
	罗伯特·默顿		
1998	阿马蒂亚·森	印度	对福利经济学几个重大问题做出了贡献，包括对社会选择理论、福利和贫穷标准的定义、匮乏的研究等做出精辟论述
1999	罗伯特·蒙代尔	加拿大	对不同汇率制度下的货币与财政政策以及最优货币区域进行了深入分析
2000	詹姆斯·赫克曼	美国	在微观计量经济学领域，发展了广泛用于个体和家庭行为实证分析的理论和方法
	丹尼尔·麦克法登		
2001	乔治·阿克尔洛夫	美国	为不对称信息市场的一般理论奠定了基石。他们的贡献来自现代信息经济学的核心部分
	迈克尔·斯彭斯		
	约瑟夫·斯蒂格利茨		
2002	丹尼尔·卡尼曼	美国	前者把心理学分析法与经济学研究结合在一起，为创立新的经济学研究领域奠定了基础。后者开创了一系列实验法，为通过实验室进行可靠的经济学研究确定了标准
	弗农·史密斯		
2003	罗伯特·恩格尔	美国	用随着时间变化的易变性和共同趋势两种新方法分析经济时间数列，从而给经济学研究和经济发展带来巨大影响
	克莱夫·格兰杰	英国	

续表

年份	得主	获奖时国籍	学术（获奖）成就
2004	芬恩·基德兰德	挪威	研究有关宏观经济政策的时间一致性难题和商业周期的影响因素
	爱德华·普雷斯科特	美国	
2005	罗伯特·奥曼	美国	通过博弈论分析加强了对冲突和合作的理解，被广泛应用在解释社会中不同性质的冲突、贸易纠纷、价格之争以及寻求长期合作的模式等科学领域
	托马斯·谢林		
2006	埃德蒙·菲尔普斯	美国	在加深人们对通货膨胀和失业预期关系的理解方面做出了巨大贡献
2007	莱昂尼德·赫维奇	美国	奠定了机制设计理论的基础
	埃里克·马斯金		
	罗杰·梅尔森		
2008	保罗·克鲁格曼	美国	在分析国际贸易模式和经济活动的地域等方面做出了巨大的贡献
2009	奥利弗·威廉姆森	美国	前者在对经济治理的分析，特别是对公司的经济治理边界的分析方面做出了贡献。后者在对经济管理方面的分析，特别是对公共资源管理上的分析做出了贡献
	埃莉诺·奥斯特罗姆		
2010	彼得·戴蒙德	美国	对存在摩擦情况的市场进行分析，提出了市场失效理论，建立的模型有助于人们理解政府监管及经济政策以怎样的方式影响失业率、职位空缺及工资变动
	戴尔·莫滕森	美国	
	克里斯托弗·皮萨里德斯	塞浦路斯	
2011	克里斯托弗·西姆斯	美国	其研究成果解答了许多有关经济政策与宏观经济变量之间的关系问题，已成为宏观经济分析的必要工具
	托马斯·萨金特		
2012	阿尔文·罗斯	美国	在稳定分配理论和市场设计的实践等方面做出了突出贡献
	罗伊德·沙普利		
2013	尤金·法玛	美国	对资产价格的实证分析
	拉尔斯·彼得·汉森		
	罗伯特·席勒		
2014	让·梯若尔	法国	对市场力量和监管的分析

续表

年份	得　主	获奖时国籍	学术（获奖）成就
2015	安格斯·迪顿	英国	对消费、贫困和福利的分析
2016	奥利弗·哈特 本特·霍姆斯特罗姆	美国	在契约理论方面的贡献
2017	理查德·塞勒	美国	将心理上的现实假设纳入经济决策分析中，展示了这些人格特质如何系统地影响个人决策以及市场成果
2018	保罗·罗默 威廉·诺德豪斯	美国	在创新、气候和经济增长方面研究做出了杰出贡献，设计了一系列方法来解决我们时代最基本和最紧迫的问题——如何创造长期可持续的经济增长

第二章

谁在操纵物价——均衡价格理论

知识目标

1. 掌握需求与供给的概念。
2. 理解需求量变动与需求变动之间的差别。
3. 掌握影响需求与供给的因素。
4. 掌握均衡价格的形成过程。
5. 理解需求与供给的变动对均衡价格的影响。
6. 掌握需求价格弹性的概念。
7. 理解"薄利多销"与"谷贱伤农"。

能力目标

1. 能够根据需求、供给变动的条件进行简单的市场环境分析。
2. 能够运用均衡价格理论分析和解释市场价格、市场规模变化等经济现象。
3. 能够根据均衡价格理论及弹性理论分析和解释相关经济现象。

德育目标

1. 理解我国实施供给侧结构性改革的意义，树立全局意识。
2. 培养节约意识、环保意识、绿色消费意识。
3. 理解农产品支持价格的基本目的与农民收益的保护，深刻领会我国经济发展的大局观，培养爱国情怀。

学习建议

本章的中心理论是均衡价格的形成与波动问题，以及弹性因素的影响。建议学习时间为6～8课时。

"猫爪杯"，挠得你心痒痒？

连星巴克都没有想到，一次常规的推广，却打造了一个爆款。

都说春运是一票难求，然而这几天，让很多人没想到的是，一款杯子也引发了抢购热，甚至到了"一杯难求"的地步。这到底是怎样的一款商品？

有人在店门口支起帐篷，彻夜等候；有人为了抢杯子冲进店里，不慎把整排马克杯撞倒；还有人因排队引发纠纷，大打出手。这几天，一款外形可爱的"猫爪杯"，着实闹出了不小的动静。2019年，知名连锁咖啡公司星巴克，推出了樱花系列星杯，其中一款"猫爪杯"（见图2-1）格外受到青睐。不仅线下门店被抢购，线上销售也火爆异常。2月28日下午3点，星巴克在

图 2-1　猫爪杯

其天猫官方旗舰店上线预售樱花系列商品"猫爪杯"，预售开始仅5秒钟，这款单价199元的杯子，1 000个就售罄。也许是没有料到市场的反应如此火爆，随后，星巴克调整了原定于3月2日至3日在星巴克天猫旗舰店各售出1 000个猫爪杯的计划，在3月1日提前于网络平台售出最后3 000个"猫爪杯"，同样也是上架即售罄。

而在某互联网购物平台上，原价199元的这款杯子已经被炒到了数百元甚至千元不等。对于这样"一杯难求"的盛况，有人说，杯子确实可爱，也有人表示看不懂。

如果说数码产品引发抢购热还可以理解的话，那么一个杯子引发如此戏剧性的抢购，确实让人有些意外。是跟风还是商品本身确实有它的独特之处呢？

值得注意的是，星巴克此次发布了多款春季樱花系列新品，但唯独"猫爪杯"风头无二。小巧的杯型、粉嫩的杯壁、注入牛奶后的可爱猫爪，戳中了不少网友的少女心。有评论认为，"猫爪杯"受宠，实际上与"宅文化"的兴起密不可分。除了产品设计本身讨巧外，有人还注意到，"猫爪杯"的爆款之路，离不开网络的助推。早在产品还未正式发售时，微博、抖音、小红书上就有网友分享过这款杯子。随后，排队买杯子，甚至为了抢购大打出手的新闻，开始登上热搜。

一款杯子就这样成了"网红"，而加入排队大军的，又有几个是"真爱粉"？排队效应助推的"网红"商品，并不少见。这两年火爆朋友圈的喜茶、鹿角巷、脏脏包，几乎都是因排队者众而成为话题。

（资料来源：视界网，2019-03-04.）

在第一章中，我们已经对经济学有了简单的认识，并且了解了经济学家如何运用模型来预测人类行为。在本章，我们将研究需求和供给。它们是经济学中最为有力的工具，我们将运用这个工具解释价格是如何决定的。

第一节　需求理论

在市场体系中，消费者最终决定了购买什么产品，但什么因素影响消费者做出购买决策？当然，有很多因素会影响消费者购买特定产品的意愿。例如，当你购买薯片时，零用钱的多少、薯片的口味、购买的其他零食的数量等会对这次购买产生影响。不过，一种决定因素起着中心作用——物品的价格。

需求定理

一、需求定理

需求是指消费者在某一特定的时期内，在每一价格水平时愿意并且能够购买的商品量。

应注意的是，需求是购买欲望和支付能力的统一，两者缺一不可。因此，需求必须同时具备两个条件：其一是消费者的购买意愿；其二是消费者的购买能力。仅有第一个条件，只能被看成是欲望和需要，而不是需求。例如，某一消费者很想购买一辆宝马车，但他的收入很低，除了日常支出之外，他所有的储蓄无法达到宝马车的价格水平，在不存在借贷的条件下，无法形成对宝马车的需求。同样，消费者仅有购买能力但无购买意愿的话，也不能称为需求。

那么，你购买的薯片和薯片的价格之间存在着什么关系呢？我们不妨想象，如果每包薯片的价格上升到8元，你会少买一些薯片，转而去买锅巴；如果每包薯片的价格下降至2元，你会多买一些。由于需求量随着价格的上升而减少，随着价格的下降而增加，所以我们说，需求量与价格负相关。

因此，需求定理就是在其他条件不变的情况下，一种商品的需求量与其自身价格之间呈反方向变动关系，即需求量随着商品自身价格的上升而减少，随着商品自身价格的下降而增加。

相关链接

需求定理的例外

是否存在这样一种商品，价格越高人们购买得越多？事实上，需求定理的例外存在两种情况。

第一，炫耀性商品，其价格与需求量同方向变化。比如，高档首饰、豪华汽车、奢侈品牌等，只有高价才能显示拥有者的社会地位，低价大众化之后，高档消费人群的需求量反而下降。

另外一种商品是"吉芬商品"。1845年爱尔兰发生大灾荒，英国学者罗伯特·吉芬观察到一个现象：当土豆价格上涨的时候，人们消费更多的土豆。这个现象就是著名的"吉芬反论"或者"吉芬矛盾"，土豆这种商品就被称为"吉芬商品"。

二、需求表和需求曲线

我们可以用不同的价格来重新解释上面的一个问题，表2-1显示了小明在不同的价格上愿意购买薯片的数量。这是一个需求表，即一个表示在其他影响因素不变的情况下，一种物品价格与其需求量之间关系的表格。图2-2用图形表明了表2-1的数字说明的需求定理。根据习惯，薯片的价格在纵轴，而薯片的需求量在横轴。把价格与需求量联系在一起的向右下方倾斜的曲线被称为需求曲线。

表2-1 薯片的需求表

薯片的价格/元	薯片的需求量/包
0	10
2	8
4	6
6	4
8	2
10	0

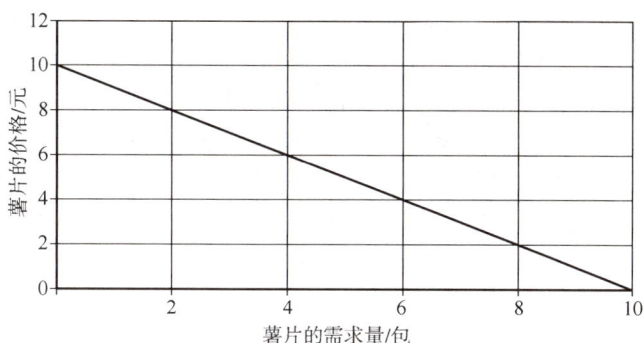

图 2 - 2 薯片的需求曲线

三、个人需求与市场需求

图 2 - 2 显示了单个人的需求曲线。为了分析市场是如何运作的，我们需要确定市场需求，市场需求是所有消费者对某种物品或劳务的需求总和。

通常，我们所说的市场至少包含一座城市某种商品的所有消费者，甚至可能包括全世界所有消费者。为了简单起见，假设薯片市场由小明和小伟两个消费者组成，表 2 - 2 表示小明和小伟两人对薯片的需求。在任何一种价格时，小明的需求表告诉我们他购买了多少薯片，而小伟的需求表告诉我们他购买了多少薯片。市场需求就是这两个人需求的总和。

表 2 - 2 薯片的个人需求与市场需求

薯片的价格/元	小明/包	小伟/包	市场/包
0	10	9	19
2	8	7	15
4	6	5	11
6	4	3	7
8	2	1	3
10	0	0	0

图 2 - 3 表示了对应表 2 - 2 的需求曲线。我们把单个消费者的需求曲线水平相加得出市场的需求曲线。市场的需求曲线表示在影响消费者购买的其他因素保持不变的情况下，一种物品的总需求是如何随着价格发生变动的。

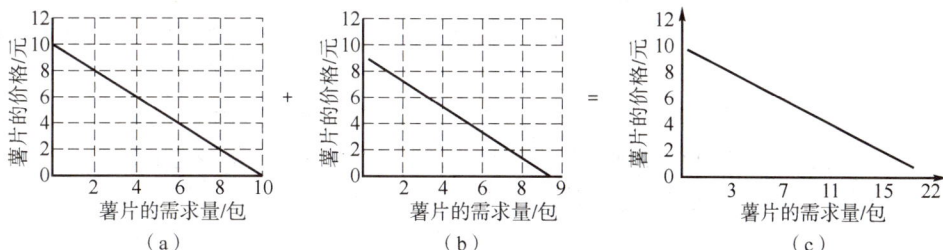

图 2 - 3 薯片的个人需求与市场需求曲线
(a) 小明的需求曲线；(b) 小伟的需求曲线；(c) 市场的需求曲线

四、需求曲线的移动

需求定理有一个非常重要的假设：在其他条件不变的情况下，在任何一种既定的价格下人们购买薯片的数量。如果我们让一个价格以外的、可能影响消费者购买薯片意愿的变量发生了改变，会有什么样的结果？例如，假设专家指出长期在看电视时大量食用薯片有可能会造成胆结石，这便减少了薯片的需求。在任何一个既定的薯片价格基础上，买者所购买的薯片数量减少，薯片的需求曲线就会移动。图2-4显示了需求曲线的移动。在任意一个价格水平基础上，需求增加，需求曲线向右移动；需求减少，需求曲线向左移动。许多价格之外的变量会影响市场的需求，下面五个是最重要的。

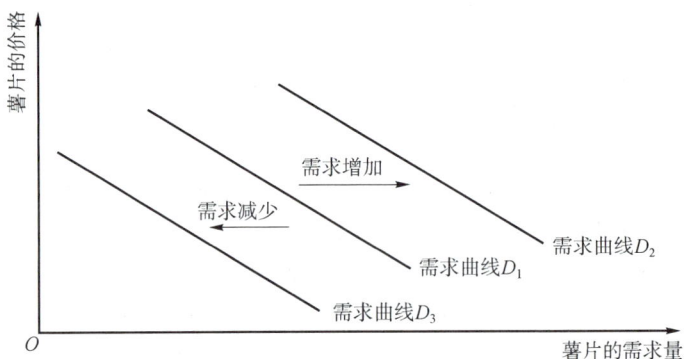

图2-4　需求曲线的移动

（一）相关产品价格

1. 替代品的价格

如果锅巴的价格下降，需求定理告诉我们，锅巴的需求量会增加，人们会增加锅巴的购买。同时，人们也许会减少薯片的购买，因为看电视的时候，它们都属于休闲的小食品。这种满足相同欲望的商品，我们称为替代品。如果两种商品互为替代品，其中一种商品买得越多，另外一种商品就买得越少。替代品的价格上升会导致产品的需求曲线向右移，即在任何一个既定价格水平基础上，人们愿意购买的本产品数量增加了。同理，替代品的价格下降会导致产品的需求曲线向左移，即在任何一个既定的价格水平基础上，人们愿意购买的本产品数量减少了。现实当中这种替代品的例子很多，例如热狗与汉堡、茶叶与咖啡、磁带和CD等。

替代品

2. 互补品的价格

如果番茄酱的价格下降了，根据需求定理，人们将购买更多的番茄酱。但是在这种情况下，人们将买更多的薯片，因为薯片和番茄酱是一起吃的。我们把这种一起使用从而满足人们某种需求的商品称为互补品。如果两种商品互为互补品，其中一种买得越多，另外一种也会买得越多。互补品的价格下降会导致产品的需求曲线向右移，即在价格既定的条件下，人们愿意购买的本产品数量增加了；互补品的价格上升会导致产品的需求曲线向左移，即在价格既定的条件下，人们愿意购买本产品的数量减少了。现实当中这种互补品的例子也很多，例如，计算机和软件、羽毛球和羽毛球拍等。

互补品

案例分析

超市为什么需要了解互补品和替代品

超市里出售的货物品类很多，以薯片为例，各种各样的包装、各种各样的品牌、各种各样的口味让人眼花缭乱。与此同时，超市每年还在不断地往货架上增加新的货物品种并撤下一些旧的货物品种。那么超市在做这些活动的时候是如何决策的呢？

克里斯托夫·唐是加州大学洛杉矶分校安德森管理研究生学院的教授。在接受《巴尔的摩太阳报》采访时，唐指出，超市不一定要从货架上撤下销售最缓慢的货物，但一定要考虑货物之间的替代关系，特别是要考虑撤下的货物与其他货物之间是替代品还是互补品。唐认为，超市如果把销售缓慢的能够被另一种商品替代的商品撤下，情况会得到改善。

超市不仅仅在上下架商品时考虑商品的替代关系和互补关系，在商品陈列时同样也会考虑。例如，有互补关系的商品，为了方便顾客购买就不会隔得太远，具有这种关系的商品有时也称作关联商品。

（二）收入

如果这个月你的零用钱增加了，你对薯片的需求会产生什么样的变化呢？很可能的情况是需求增加。因为较高的收入，意味着你可以在某些物品，甚至大多数物品上多支出一些。这时，需求曲线向右移。收入增加后需求量增加、收入减少后需求量减少的产品是正常品。生活中大部分商品是正常品，收入增加，对这些商品的需求量也增加。

但并不是所有商品都是正常品。当收入增加时，商品的需求量反而减少，这种商品称为劣等品。例如公交汽车，当你的收入增加之后，你可以有更多的出行选择，如乘坐出租车、自己购买一辆车，这时乘坐公交车的需求量减少，需求曲线随着收入的增加向左移。

在这里需要注意的是，劣等品并不意味着商品的质量低劣，而是因为随着收入的增加而对这种商品的需求减少。

（三）偏好

偏好是包罗万象的，它指可能影响消费者购买产品决定的主管因素。如果你喜欢薯片，那么你会多买一些。一般来说，偏好提升，需求曲线向右移；偏好降低，需求曲线向左移。

（四）预期未来价格

如果有足够的消费者确信下个月薯片的价格会下降，那么薯片现在的需求量会减少，因为人们不太愿意用今天的价格达成交易，他们会推迟购买。

（五）买者数量

由于市场需求曲线是由个人需求曲线推导出来的，所以市场需求取决于买者的人数，在关于市场需求的推导过程中，我们假设市场上只有小明和小伟两个消费者，如果再加入第三个、第四个……每一个价格时市场的需求量都会增加，需求曲线向右移。表2-3总结了导致市场需求曲线移动的变量，显示了各变量增加所导致的需求曲线的移动，这些变量分别减少会导致需求曲线向相反的方向移动。

表 2 - 3　导致市场需求曲线移动的变量

变量值增加	需求曲线移动方向	原　　因
替代品价格	向右移	消费者购买的替代品减少，该产品的购买增加
互补品价格	向左移	消费者购买的互补品减少，该产品的购买减少
收入（正常品）	向右移	消费者把较高收入中的一部分用于购买该产品
收入（劣等品）	向左移	消费者收入增加，减少此类商品的消费
偏好	向右移	消费者在每一个价格水平上更喜欢这类产品
预期未来价格	向右移	消费者现在购买更多的产品而规避未来的涨价
买者数量	向右移	消费者的数量增加，导致需求量增加

五、需求函数

影响需求的因素是多种多样的，有些因素主要影响需求欲望（如消费者偏好和消费者对未来价格的预期），有些因素主要影响需求能力（如消费者收入水平）。这些因素共同决定了需求。

如果将影响需求的各种因素作为自变量，把需求作为因变量，则可以用函数关系表示影响需求的因素与需求之间的关系，这种函数关系称为需求函数。若以 D 代表某种商品的需求，P 代表商品自身的价格，P_r 代表相关商品的价格，Y 代表收入，T 代表消费偏好，P_e 代表消费者价格预期，Y_e 代表消费者收入预期，则需求函数可以写为：

$$D = f(P, P_r, Y, T, P_e, Y_e, \cdots)$$

如果假设其他条件不变，只考虑需求量与价格之间的关系，把商品自身的价格作为影响需求的唯一因素，以 P 代表价格，就可以把需求函数写为：

$$D = f(P) = a - bP$$

式中，常数 a 表示当 $P = 0$ 时的需求量；$-b$ 为斜率，表示当 P 发生微小变化时引起需求曲线 D 的反方向变化。

六、需求的变动与需求量的变动

在经济分析中，特别要注意区分需求的变动与需求量的变动。

需求的变动是指当除了产品价格之外的影响消费者购买这种产品意愿的其他因素中的一个发生变化时，需求曲线会出现移动。例如，当你的收入增加了，你在薯片每个价格上都能够购买更多的产品，表现为需求曲线整体向右移动，即需求增加。

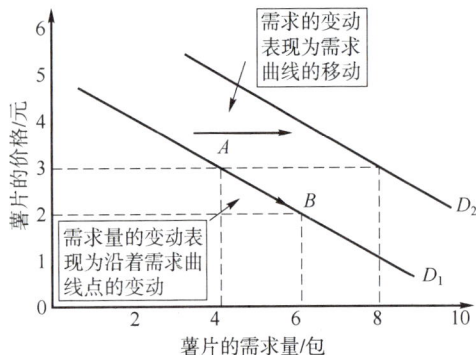

需求量的变动是指产品因价格变化导致的在其他条件不变的情况下，商品自身价格变动所引起的需求量的变动。需求量的变动表现为同一条需求曲线上的移动。图 2 - 5 揭示了这个重要的区别。如果薯片的价格从 3 元下降到 2 元，需求量会沿着需求曲线 D 从点 A 移动到点 B，即从 4 包增加到 6 包。如果收入增加，导致需求曲线向右移，

图 2 - 5　需求的变动和需求量的变动

从 D_1 移动到 D_2，导致薯片在每包 3 元的价格上需求量从 4 包增加到 8 包。

案例分析

北京市将控制需求应对交通拥堵

人"三高"了不好受，城市患"三高"也难受。北京交通"三高"显著。小汽车从300万辆到400万辆，东京实现这一变化用了12年，北京仅用了2年7个月。专家分析，造成这一局面的主要原因是本市购买车辆的门槛低、小汽车使用成本低、绿色出行意识低、替代出行方式服务水平低等"四低"。世界上很多国家首都面临同样的问题，同时也采取了很多措施，例如，在伦敦，进入市中心须另交税；在里斯本，车进入市中心须交拥堵税；在新加坡，则有市区收费及购车申请。这些措施抬高了开车出行的费用，表现如图2-6（a）需求曲线 D 上点的移动。

同时，北京市人大常委会听取了市规委关于《北京城市总体规划（2004—2020年）》实施情况评估工作的报告。市规委主任黄艳在报告中提及交通问题时表示，本市将优化供给和控制需求并举，采取更加有效的综合措施，积极应对交通拥堵问题。结合北京当前的交通情况，优化交通供给不仅包括发展轨道交通、公交、道路等交通设施，更重要的是要对交通出行结构进行优化。通过提高公共交通服务水平、扩大覆盖范围，吸引更多市民乘坐公交出行，从而提高公交出行比例，优化交通出行结构。从控制需求角度来看，通过加强交通规划和城市规划的衔接，可以对交通的刚性需求进行调整，如在轨道交通沿线新建高密度小区，尽可能缩短市民从住所到工作场所的距离。这种政策如图2-6（b）所示，使得需求曲线 D 向左移。

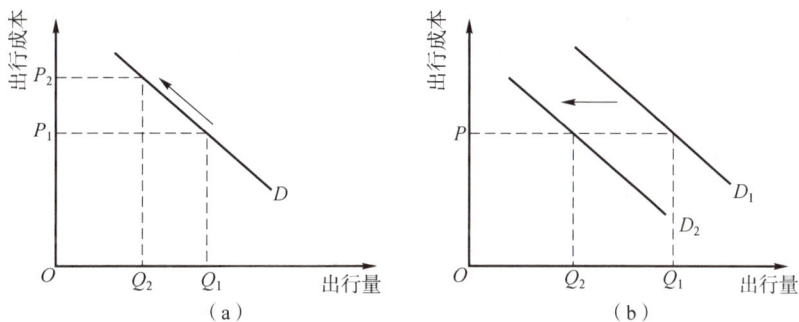

图 2-6　缓解交通拥堵的方法
（a）抬高出行的价格；（b）改变出行的需求

第二节　供给理论

现在我们转向市场的另一方，考察卖者的行为。供给是一个和需求相对的概念，是卖者愿意并且能够销售的数量。有许多决定供给的因素，但在我们的分析当中，价格仍为决定的因素。

一、供给定理

供给是指生产者（企业）在某一特定时期内，在每一价格水平时愿意并且能够供应的某种商品量。

供给要具备两个条件：一是生产者有供给意愿；二是生产者具备供给能力。　供给定理仅具备供给意愿而不具备供给能力，不能形成真正的供给；同样，只具备供给能力而不具备供给意愿，也无法形成供给。

那么，薯片的卖者贩卖薯片的数量和薯片的价格存在什么样的关系呢？当薯片的价格提高时，出售薯片是有利可图的，因此，供给量也会增大，薯片的卖者供给时间更长，生产工具更多，并且可能雇用更多的工人。相反，薯片价格下降、经营不太有利时，卖者会减少供给。甚至当价格很低时，卖者会停止供给。我们把这种在其他条件不变时，一种物品的价格和供给量的正比例关系称为供给定理。

表2-4表示了一个薯片卖者在各种薯片价格时的供给量。随着价格上升，卖者供给的数量越来越多。这个表被称为供给表，表明了在影响卖者出售商品的其他条件保持不变的情况下，价格和供给量之间的关系。图2-7用图形表示了表2-4中的数字，把价格和供给量联系在一起的曲线称为供给曲线。供给曲线向右上方倾斜，表示在其他条件不变的情况下，价格和供给量成正比例关系。

表2-4 薯片的供给表

薯片的价格/元	薯片的供给量/包
0	0
2	2
4	4
6	6
8	8
10	10

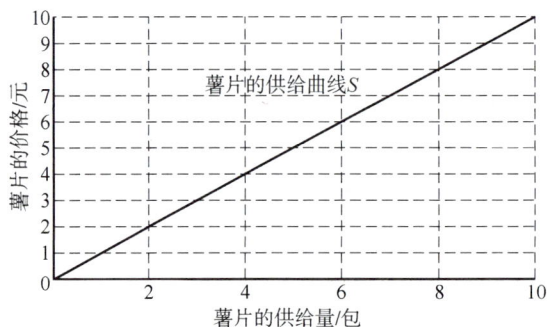

图2-7 薯片的供给曲线

相关链接

供给定理的例外

是否存在供给量不随价格变化，或者价格越高反而供给数量越少的商品呢？

某些特殊商品的确是这样的。比如，古董、字画等供给量一定的商品，价格再涨，供给量始终保持不变。

其次还有劳动力供给。当工资提高时，劳动者愿意提供的劳动时间增加，但当工资上涨到一定程度时，较高的工资使劳动者更倾向于闲暇，并且用较少的时间赚钱，劳动供给量减少。

二、市场供给与个人供给

正如市场需求是个人需求的总和一样，要构建市场供给曲线，我们同样把各个薯片的卖者在不同价格上所供给的薯片数量加总在一起。

表2-5表示了老张和老李两个生产者的供给及市场供给表，老张的供给表告诉我们老张供给多少薯片，老李的供给表告诉我们老李供给多少薯片。假设市场上只有这两个供给者，市场供给就是这两个人供给的总和。

表2-5　薯片的个人供给与市场供给

薯片的价格	老张的供给量/包	老李的供给量/包	市场供给量/包
0	0	0	0
2	2	1	3
4	4	3	7
6	6	5	11
8	8	7	15
10	10	9	19

图2-8表示对应表2-5的供给曲线。和需求曲线一样，我们水平地加总个人供给曲线，得出市场供给曲线。市场供给曲线表示了一种物品的总供给量如何随价格的变化而变化。

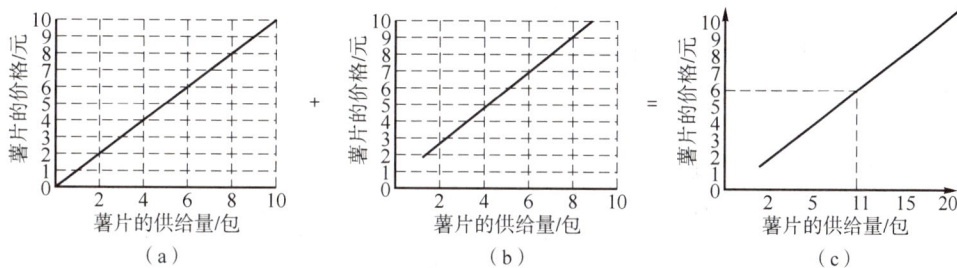

图2-8　薯片的个人供给曲线与市场供给曲线
（a）老张的供给曲线；（b）老李的供给曲线；（c）市场供给曲线

三、供给曲线的移动

薯片的供给曲线告诉我们，在其他条件不变的情况下，在任何一种既定的价格下卖者卖出薯片的数量。如果让一个价格以外的、可能影响卖者卖出薯片意愿的变量发生了改变，会有什么样的结果？例如，假设科学家称发明了一种新型炸薯片机器，使得薯片生产效率提高了2倍。那么作为一个卖者，生产效率提高意味着生产成本减少，从而在任何一个既定的薯片价格基础上，卖者所卖出的薯片数量会增加，薯片的供给曲线会移动。

图2-9显示了供给曲线的移动。在任意一个价格水平基础上，供给增加，供给曲线向右移；同理，在任意一个价格水平基础上，供给减少，供给曲线向左移动。

许多价格以外的因素会影响供给，以下四个是最重要的因素。

图2-9　供给曲线的移动

（一）投入品价格

最有可能导致产品供给曲线发生变化的因素是投入品价格，例如，为生产薯片，卖者需要各种投入：马铃薯粉、精炼植物油、各种口味的调味料、生产的厂房、工人等。当这些投入品中的一种或者集中价格上升，生产薯片的成本上升，企业提供的薯片就会减少，供给曲线向左移。相反，投入品价格下降，生产成本降低，企业提供的薯片就会增加，供给曲线向右移。

（二）技术

生产要素既定时，生产技术的提高会使资源得到更充分的利用，从而导致供给增加。所以，在生产中提高技术是重要的。例如，当产煤技术由手工操作转向机械操作时，煤炭的供给就会增加。此外，新能源、新材料的发现会突破传统能源和材料对生产的局限，从而使相应产品的供给增加。

（三）预期未来价格

企业现在的薯片供给量还取决于对未来的预期，例如，如果企业预期将来的薯片价格会高于现在的价格，它就会减少现在的供给而产生增加将来供给的动机。

（四）卖者数量

市场的卖者数量变化也会改变供给。当新企业进入市场时，供给曲线向右移动，表示在任意一个既定的薯片价格水平基础上，市场上提供的薯片数量增加了。当现有的企业离开或者退出时，供给曲线向左移。

表 2-6 总结了导致市场曲线发生移动的变量，显示了各变量的值分别增加所导致的供给曲线的移动方向。这些变量减少会导致供给曲线向相反的方向移动。

表 2-6　导致市场供给曲线移动的变量

变量值增加	供给曲线移动方向	原　因
投入品价格	向左移	原材料价格上涨
技术	向右移	成本下降
预期未来价格	向左移	现在销售减少，而在未来高价时获利
卖者数量	向右移	更多的企业导致每一价格水平基础上供给量增加

四、供给函数

如果把影响供给的各种因素作为自变量，把供给作为因变量，则可以用函数关系来表示影响供给的因素与供给之间的关系，这种函数关系被称为供给函数。以 S 表示供给，以 P 表示商品自身的价格，F_p 表示生产要素的价格，F_q 表示生产要素的数量，T 表示技术，P_e 表示价格预期，则供给函数可以写为：

$$S = f(P, F_p, F_q, T, P_e, \cdots)$$

假设其他条件不变，只考虑供给量与价格之间的关系，即把商品自身的价格作为影响供给的唯一因素，以 P 代表价格，则供给函数可以写为：

$$S = f(P) = -c + dP$$

式中，常数 c 表示当 $P=0$ 时的供给量，d 表示供给曲线相对于价格轴的斜率。

五、供给的变动和供给量的变动

前面提到，理解需求的变动和需求量的变动之间的区别很重要。同样，理解供给的变动与供给量的变动也非常重要。

如果除产品价格之外的影响供给量的变量发生变化，我们称为供给的变动，表现为供给曲线的整体移动；供给量的变动是指由于价格因素发生变化而导致供给数量的变化，表现为同一条曲线上的上下移动。图 2-10 揭示了这个重要的区别。如果薯片的价格从 2 元上升到 3 元，供给量结果将沿着供给曲线 S_1 从点 A 移动到点 B，即供给量从 8 包增加到 10 包。再假设生产薯片的投入品价格下降，企业成本降低，卖者在每一个价格上都供给更多的产品，那么供给曲线向右移，表现为供给曲线从 S_1 移动到 S_2，薯片在 3 元的

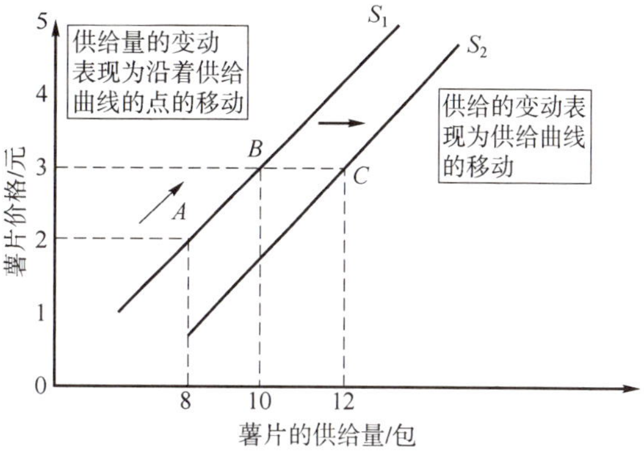

图 2-10　供给的变动与供给量的变动

价格上从点 B 移动到点 C，即供给量从 10 包增加到 12 包。

课程思政导读

供给侧结构性改革

2019 年 3 月 5 日，国务院总理李克强在发布的 2019 年国务院政府工作报告中提出，过去一年，深化供给侧结构性改革，实体经济活力不断释放。

供给侧结构性改革，就是从提高供给质量出发，用改革的办法推进结构调整，矫正要素配置扭曲，扩大有效供给，提高供给结构对需求变化的适应性和灵活性，提高全要素生产率，更好满足广大人民群众的需要，促进经济社会持续健康发展。

供给侧结构性改革，就是用增量改革促进存量调整，在增加投资的过程中优化投资结构、产业结构，开源疏流，在经济可持续高速增长的基础上实现经济可持续发展与人民生活水平不断提高；就是优化产权结构，国进民进，政府宏观调控与民间活力相互促进；就是优化投融资结构，促进资源整合，实现资源优化配置与优化再生；就是优化产业结构、提高产业质量，优化产品结构、提升产品质量；就是优化分配结构，实现公平分配，使消费成为生产力；就是优化流通结构，节省交易成本，提高有效经济总量；就是优化消费结构，实现消费品不断升级，不断提高人民生活品质，实现创新、协调、绿色、开放、共享的发展。

2019 年 1 月至 11 月，高技术产业投资同比增长 14.1%，快于全部投资 8.9 个百分点；社会领域投资同比增长 12.6%，快于全部投资 7.4 个百分点；生态保护和环境治理业、环境监测及治理服务投资同比分别增长 36.3%、30.6%，分别快于全部投资 31.1、25.4 个百分点。

2019 年前三季度，最终消费支出增长对经济增长的贡献率达 60.5%。在全部居民最终消费支出中，服务消费占比为 50.6%，比上年同期提高 0.7 个百分点，旅游、文化娱乐等领域蓬勃发展，新产品增长势头强劲，11 月份的智能手表、3D 打印设备产量的增长都在一倍以上。

2019 年 1 月至 10 月，规模以上战略性新兴服务业、高技术服务业和科技服务业的增速，分别快于全部规模以上服务业 2.9、2.4 和 2.3 个百分点。

一个个成色十足的数据,既有量的增长,更有质的提升,既是供给侧结构性改革砥砺奋进的成绩单,更是中国经济行稳致远的底气和信心所在。

(资料来源:百度百科"供给侧结构性改革";新浪财经,供给侧结构性改革继续深化丨"回眸2019·展望2020"特稿,2020-01-04.)

第三节 均衡价格

在熟悉了需求和供给两种市场的力量之后,我们把它们结合起来,看看它们如何共同作用影响市场。

一、均衡和均衡价格

在经济学中,均衡是指经济中各种对立的、变动着的力量处于一种力量相当、相对静止、暂时稳定的状态。在均衡价格时,买者愿意并且能够购买的物品数量正好与卖者愿意并且能够卖出的数量相等。在这个价格时,市场上的每一个人都得到了满足,买者买到了想要买的所有东西,卖者卖出了想要卖的所有东西。

市场均衡

图2-11中,我们把薯片的市场需求曲线 D 和市场供给曲线 S 放在了一起。请注意,需求曲线和供给曲线相交到了一点。这一点被称为市场的均衡,这两条曲线相交时的价格被称为均衡价格,而相交时的数量被称为均衡数量。在这里,薯片的均衡价格是3元,均衡数量是6包。

对均衡价格的理解应注意三点。

第一,均衡价格就是由于需求与供给两种力量的作用,使价格处于一种相对静止、不再变动的状态。

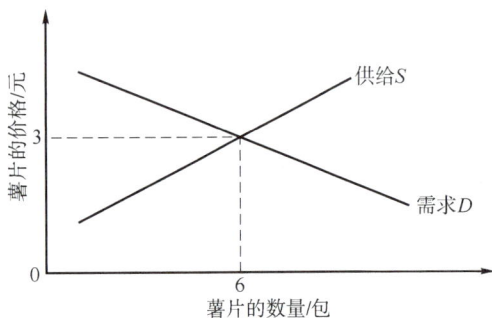

图2-11 市场均衡

第二,决定均衡价格的是需求和供给。在完全竞争市场上,只有需求与供给决定价格,它们就像一把剪刀的两个边一样,不分主次。因此,需求与供给的变动都会影响均衡价格。

第三,市场上各种商品的均衡价格是最后的结果,其形成是在市场的背后进行的。

当市场供求实现均衡时,消费者愿意支付的价格——需求价格,与生产者愿意接受的价格——供给价格相等,消费者愿意而且能够购买的需求量与生产者愿意而且能够提供的供给量也相等。处于这种均衡状态的市场,称为市场处于出清状态。

二、均衡价格的形成

均衡价格是由需求和供给两种力量共同作用达到的相对静止不再变动的状态,为了说明原因,我们接着考虑当市场价格不等于均衡价格时会出现什么情况。

首先,如果市场价格高于均衡价格,如图2-12(a)所示,当市场价格为3.5元时,高于市场的均衡价格3元,在这个价格上,卖者发现薯片的价格增加了,他们更加倾向于多卖出一些薯片(8包),而这时薯片的买者发现薯片的价格上涨,他们会减少薯片的购买,薯片的需求量降低到4包,最终薯片的卖者发现,他们的货柜里装满了越来越多想卖却卖不出去的薯片。这种状态被称为物品的过剩,或者称超额供给。面对过剩商品,卖者的反应是降低其价格。价格降低,需求量增加,供给量减少,一直下降到达到市场均衡位置。

如果市场价格低于均衡价格,如图2-12(b)所示,当市场价格为2.5元时,低于市场价格3元，较低的价格使买者想要购买更多的薯片，甚至出现排起长队购买现有薯片的机会，由于太多的买者抢购太少的商品，卖者可以做出的反应是提高自己的价格而不会降低销售量。这个状态被称作短缺。随着价格逐渐上升，需求量减少，供给量增加，市场又一次向均衡变动。

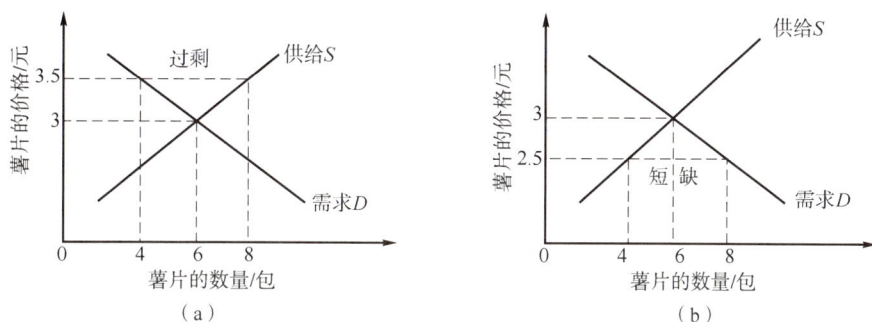

图 2 – 12　非均衡的市场
（a）超额供给；（b）超额需求

因此，许多的买者和卖者的活动自发地把市场价格推向均衡价格。一旦市场价格达到均衡，买者和卖者都得到满足，也就不存在价格上涨或者下降的压力。在大多数市场上，由于价格最终会变动到均衡价格，过剩与短缺都是暂时的。这种现象也被称作供求定理。供求定理包括以下内容。

（1）需求的增加引起均衡价格上升，需求的减少引起均衡价格下降。

（2）需求的增加引起均衡数量增加，需求的减少引起均衡数量减少。

（3）供给的增加引起均衡价格下降，供给的减少引起均衡价格上升。

（4）供给的增加引起均衡数量增加，供给的减少引起均衡数量减少。

上述结论同样可以用数学模型求得。根据需求曲线和供给曲线的一般函数形式，再加一个均衡方程式，即构成一个完全竞争市场模型的基本方程：

$$\begin{cases} D = f(P) = a - bP \\ S = f(P) = -c + dP \\ D = S \end{cases}$$

例如，假设薯片的供给函数为：$S = -400 + 200P$。

需求函数为：$D = 800 - 100P$。

求得市场均衡价格 $D = S$ 时均衡价格 $P = 4$；将 $P = 4$ 代入供给方程或者需求方程得到均衡数量 $Q = 400$。

三、均衡价格的变动

需求和供给在市场上相互作用决定了产品的均衡价格和均衡数量。同时，有若干因素会导致需求曲线的移动，还有若干因素会导致供给曲线的移动。当需求曲线或者供给曲线发生移动时，市场上的均衡就变了。下面讨论需求曲线或者供给曲线发生移动时如何影响市场的均衡价格和数量。

（一）供给曲线的移动对均衡价格的影响

假设，科学家发明了一种新的土豆培育技术，使土豆的产量增加，价格下降。这个事件如何影响薯片市场呢？

首先，需求没有变化，因为薯片成本的下降并未直接影响人们购买薯片的数量。

其次，成本上升，使得供给曲线向右移，如图 2 - 13 所示，供给曲线由 S_1 移动到 S_2，供给增加了。这种移动表明，在每种价格时，薯片的供给量都增加了。

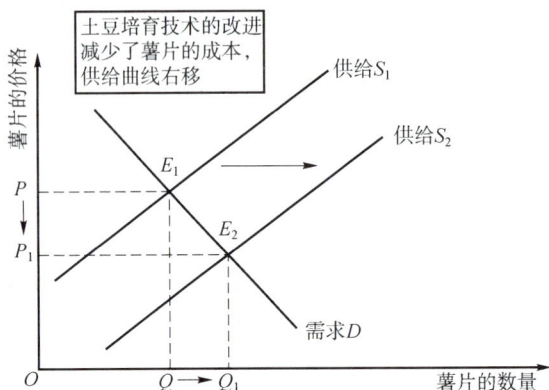

图 2 - 13 供给增加对均衡价格的影响

最后，分析新的均衡点。如图 2 - 13 所示，由于供给曲线由 S_1 移动到 S_2，而需求曲线并未发生变化，所以，薯片市场的均衡点由原来的 E_1 移动到了 E_2。比较这两个均衡点，我们发现，由于土豆的价格下降，在薯片市场上，薯片的价格下降了，销售量增加了。

（二）需求曲线的移动对均衡价格的影响

假如，科学家指出长期大量食用薯片有可能会造成胆结石。这个发现将如何影响薯片市场呢？

首先，这个发现通过影响人们对薯片的偏好而影响需求曲线。也就是说，这个发现改变了人们在任何一种既定价格时购买薯片的数量。供给曲线不变，因为这个发现并不直接影响企业。

其次，由于这个发现降低了人们对薯片的偏爱程度，所以，薯片的需求曲线向左移。图 2 - 14 表示随着需求曲线从 D_1 移动到 D_2，需求减少了。

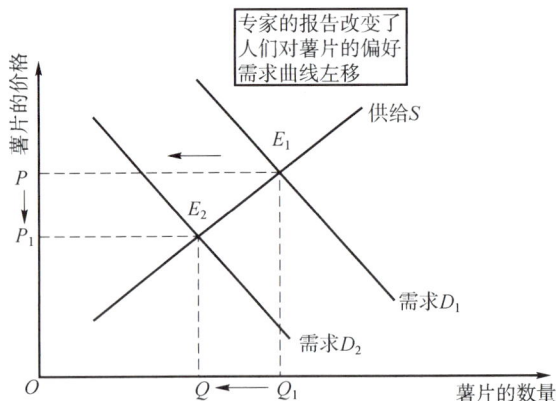

图 2 - 14 需求减少对均衡价格的影响

最后，分析新的均衡点。如图 2 - 14 所示，由于需求曲线由 D_1 移动到 D_2，而供给曲线并未发生变化，所以，薯片市场的均衡点由原来的 E_1 移动到 E_2。比较这两个均衡点，我们发现，由于专家的报告，在薯片市场上，薯片的价格下降了，销售量减少了。

（三）供给曲线和需求曲线同时变动对均衡的影响

现在，假设专家的报告和土豆的增产发生在同一时期。这两件事情的结合，如何影响薯片市场呢？同样，我们也分三步进行分析。

首先，我们确定，两条曲线由于这两个事件都会发生移动。土豆价格下降改变了薯片的成本；而专家的报告改变了人们的偏好。

其次，这两条曲线移动的方向和我们前面分析的移动方向相同：需求曲线向左移，供给曲线向右移。图2－15说明了这些移动。

如图2－15所示，两条曲线都发生移动时，会引起两种结果，这取决于供给和需求移动的相对大小。在这两种情况下，价格均下降。在图2－15（a）中，需求减少的幅度不大，而供给增加的幅度很高，这时，均衡数量增加了。在图2－15（b）中，需求大幅度减少，而供给增加的幅度很小，这时，均衡数量减少了。因此，这些情况都会降低薯片的价格，但对薯片销售量的影响是不确定的。

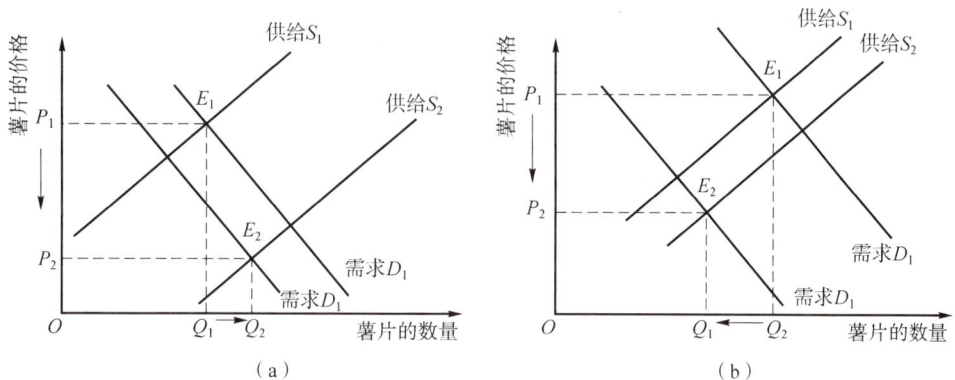

图2－15 供给和需求的移动对均衡的影响
（a）价格下降，数量增加；（b）价格下降，数量减少

从以上分析中可以看到，一般来说，在分析一个事件如何影响一个市场时，我们按照三个步骤进行：第一，确定该事件使供给曲线移动还是需求曲线移动，或者在一些情况下，使得两条曲线都移动；第二，确定曲线是向左移动还是向右移动；第三，用供求图来比较原来的均衡点和新均衡点，分析新的价格和均衡数量。

📖 延伸阅读

如何消灭高利贷？

高利贷在中国和外国被反了几千年，但是从来都反不掉，它顽强地存在着。当今中国经济面临通货膨胀的难题，在不得不收缩资金供应的背景下，中小企业获得资金格外困难。它们很难从大的国家银行获得贷款，只能乞求于民间借贷。而民间借贷多半是高利贷，这加重了中小企业的资金负担，极不利于它们的发展。因此，消灭高利贷成为更迫切的问题。

我们从来都认为，放高利贷是一种剥削，因为放款人不劳而获，借款人背负沉重的利息负担。借款人辛辛苦苦赚的钱被无端地扣除一部分，显然很不公平。但是我们也应该从另一个角度想一想，如果没有人放高利贷，急于用钱的人告贷无门，岂不是更加困难，至于说放款人不劳而获，是一种剥削，那么整个金融业都是不劳而获的。他们是不是也在剥削？现代的金融业利润非常丰厚，每年赚的钱是天文数字。如果他们没有创造财富，所赚的钱全都是剥削来的。果真如此的话，全部金融业都应该立刻关门，免得危害社会，侵犯了别人的利益。所以金融业是否创造财富？它所赚的钱是否正当？事关金融业的存废，也和解决高利贷的问题直接相关。如果高利贷也创造了财富，那就不是剥削，反而值得鼓励。

市场上常用拍卖的方式提高物的使用价值。比如，现在规定土地的使用一定要经过公开拍卖，避免用在欠合适的用途。如果资金的使用也采取拍卖的方式，资金的供给方可以举办拍卖，比如把十万元使用一年的权力拍卖，谁出的利息率最高就给谁使用，结果一定是发生高利贷。可见，高利贷是有效利用资金的方式。大家对拍卖这种方式并没有异议，这是市场配置资源的方式。这样，我们对高利贷就有了新的看法。

高利贷的错是在利息率太高，而不是资金的高效配置。如果能将高利贷的利息率降下来，它的坏处就避免了。所以对待高利贷的方针不是消灭它，而是降低它的利息率。从经济学来讲，利息率是使用资金的价格，价格高是因为供不应求，所以降低利息率的方法是增加资金的供应。这里讲的是增加高利贷的资金供应，不是一般的资金供应。过去反高利贷失败的原因就在于不是增加高利贷的供应，而是处处给它限制，不让它发生。结果是事与愿违，由于高利贷供给减少，利息率越来越高。所以，消灭高利贷的方法恰好是提倡高利贷，让大家都去放高利贷。由于供给增加，利息率必定下降，高利贷的危害就避免了。

大家都去放高利贷，有没有可能？从资金的数量来看完全可能。中国居民有几十万亿的储蓄存款，现在的利息率低于通货膨胀率，事实上每时每刻都在损失财富。让他们去放高利贷，获得正常的利息率，他们肯定很愿意。之所以大家没有去放高利贷，有三点原因：一是认为这样做不道德；二是不知道谁愿意借高利贷；三是怕信用不可靠，借钱不还。

通过本文的分析，应该认识到，放高利贷不但不是剥削，而且利国利民，非常值得鼓励。第一点原因可以消除。第二条是信息不畅通，现在有了互联网，这个问题可以解决了。只要在特定的微博上发一条消息，供需就能够沟通。真正成为问题的是第三条，怕借钱的人不还。事实上，根据许多经验，这种情况发生得很少。大量民间借贷的坏账率只有百分之一二，远比我们设想得低。

（资料来源：金融时报中文网，2011 - 09 - 30.）

第四节　弹性理论

设想，你是一个种植小麦的农民，你的所有收入来自种植小麦，所以，你尽了最大努力来提高土地的生产率。你知道，你的小麦种得越多，收成之后卖得也就越多，而收入也就会越高。

相关链接

谷贱伤农

"万盛米行"的河埠船头，横七竖八停泊着乡村里出来的敞口船。船里装载的是新米，把船身压得很低。齐船舷的菜叶和垃圾给白腻的泡沫包围着，一漾一漾地，填没了这船和那船之间的空隙。那些戴旧毡帽的以为今年天照应，雨水调匀，小虫子也不来作梗，一亩田多收了三五斗，该得透一透气了。

哪知"哪里有跌得这样厉害的！""还是不要粜的好，我们摇回去放在家里吧！"

先生冷笑着，"你们不粜，人家就饿死了吗？"各处地方多的是洋米、洋面，我们同行公议，这两天的价钱是糙米五块，谷三块。载在敞口船里的米总得粜出；米行里有的是洋钱，而破布袄的空口袋里正需要洋钱。在柜台前逬裂了希望的肥皂泡，赶走了入秋以来望着沉重的稻穗所感到的快乐。第二天又有一批敞口船来到这里停泊。镇上便表演着同样的故事。

——叶圣陶《多收了三五斗》

谷贱伤农，指粮价过低，使农民受到损害。出自《汉书·食货志上》："籴甚贵，伤民；甚贱，伤农。民伤则离散，农伤则国贫。"可见，谷贱伤农已是几千年的老问题了。

如果有一年，风调雨顺，你种植的小麦乃至全国小麦普遍增产10%。这种现象会使你的经济条件变好还是变坏呢？为了分析这个问题，经济学家提出了一个新的工具：弹性。弹性是衡量买者与卖者对市场变动反应大小的指标，可以更加精确地分析供给与需求。当研究某个事件或政策如何影响一个市场时，我们不仅可以讨论影响的方向，而且可以运用弹性的概念讨论影响的大小。

一、弹性与需求价格弹性

"弹性"是一个物理学名词，指一物体对外部力量的反应程度。比如，一个受你手指压力而发生形变的弹簧，对你手指的反应程度，这我们就称之为弹性。同样，在经济学中，弹性是指经济变量之间存在函数关系时，因变量对自变量变化的反应程度。

弹性

需求定理表明，一种物品的价格下降时需求量增加，提价会减少需求量，而关键问题在于：价格升降带来的需求量的变化到底有多大？经济学家利用需求价格弹性来解释这一问题。

需求价格弹性指价格变动的百分比所引起的需求量变动的百分比，即需求量变动对价格变动的反应程度。

二、需求价格弹性的影响因素

如果一种物品的需求量对价格变化的反应大，也就是说，价格变动一点点，需求量就大幅度变化，可以说，这种物品的需求是富有弹性的；相反，如果一种物品的需求量对价格变动的反应小，可以说这种物品是缺乏弹性的。一般来说，影响需求价格弹性的因素主要有以下几种。

需求价格弹性

（一）消费者对某种商品的需求程度

消费者对某种商品的需求程度即该商品对于消费者生活的重要程度。一般来说，消费者对生活必需品的需求强度大且稳定，所以生活必需品的需求价格弹性较小，而且，越是生活必需品，其需求价格弹性就越小。例如，粮食、蔬菜这类生活必需品的弹性一般较小，属于需求缺乏弹性的商品。相反，消费者对奢侈品的需求强度较小且不稳定，所以奢侈品的需求弹性较大。例如，到国外旅行这类消费的需求弹性一般较大，属于需求富有弹性的商品。

（二）商品的可替代性

一般说来，一种商品的可替代品越多，相近程度越高，则该商品的需求价格弹性往往越大；反之，则该商品的需求价格弹性往往越小。例如，在苹果市场，当富士苹果的价格上升时，消费者就会减少对富士苹果的需求量，增加对相近的替代品如秦冠苹果的购买。这样，富士苹果的需求弹性就比较大。又如，食盐没有很好的替代品，所以，食盐价格的变化所引起的需求量的变化几乎等于零，它的需求价格弹性是极小的。

（三）商品用途的广泛性

一般来说，一种商品的用途越是广泛，其需求弹性就越大；相反，一种商品的用途越是狭窄，则其需求弹性也就越小。这是因为，一种商品的用途越多，消费者的需求量在这些用途之间进行调整的余地就越大，需求量做出反应的幅度也就越大。例如，在美国，电力的用途很广，需求价格弹性较大，而小麦的需求价格缺乏弹性与它的用途比较窄有关。

（四）商品的消费支出在消费者预算总支出中所占的比重

消费者在某商品上的消费支出占其预算总支出的比重越大，该商品的需求价格弹性可能越大；反之则越小。例如，火柴、盐、铅笔、肥皂等商品的需求价格弹性就是比较小的，因为消费者每月在这些商品上的支出比重很小，因而往往不太重视这类商品的价格变化。

（五）所考察的消费者调节需求量的时间

一般说来，所考察的消费者调节需求量的时间越长，则需求价格弹性就可能越大。因为消费者在决定减少或停止对价格上升的某种商品的购买之前，一般需要花费时间去寻找和了解该商品的可替代品。例如，当石油价格上升时，消费者在短期内不会较大幅度地减少需求量。但在长期内，消费者可能找到替代品，于是，石油价格上升会导致石油的需求量较大幅度地下降。

在以上五种影响需求价格弹性的因素中，最重要的就是消费者对某种商品的需求程度、商品的可替代性和商品的消费支出在消费者预算总支出中所占的比重。某种商品的需求弹性到底有多大，是由上述因素综合决定的，不能只考虑其中一种因素。而且，商品的需求弹性也会因时期、消费者收入水平和地区的不同而不同。

三、需求价格弹性的计算

我们在一般意义上讨论了需求价格弹性，现在要进行更精确的衡量。经济学家用需求量变动的百分比除以价格变动的百分比来计算需求价格弹性，即：

$$需求价格弹性 = -\frac{需求量变动的百分比}{价格变动的百分比}$$

$$E_d = -\frac{\Delta Q/Q}{\Delta P/P} = -\frac{\Delta Q}{\Delta P} \cdot \frac{P}{Q}$$

式中，E_d 表示需求价格弹性的弹性系数，P 表示价格，ΔP 表示价格的变动量，$\Delta P/P$ 表示价格变动的百分比，Q 表示需求量，ΔQ 表示需求的变动量，$\Delta Q/Q$ 表示需求量变动的百分比。值得注意的是式中的负号，由于需求量与价格呈反方向变动，所以需求价格弹性系数为负值。但为了便于比较，一般在公式前面加一个负号，以使需求的价格弹性为正值。

例如，假如薯片的价格上升了10%，使你购买薯片的数量减少了20%，则需求价格弹性为：

$$需求价格弹性 = -\frac{-20\%}{10\%} = 2$$

这说明薯片的需求价格弹性是2，反映了需求量变动是价格变动的2倍。

延伸阅读

弧弹性和点弹性

1. 弧弹性

如果你想计算一条需求曲线上两点之间的需求价格弹性，你将很快注意到一个令人苦恼的问题：从点 A 到点 B 的弹性似乎与从点 B 到点 A 的弹性不同。

例如，当某商品价格从 5 元降为 4 元时，需求量从 10 个单位增加到 20 个单位，因此，需求价格弹性为：

$$需求价格弹性 = -\frac{(20-10)/10}{(4-5)/5} = 5$$

如果换一个角度，当某种商品价格从4元上升到5元时，需求量从20个单位减少到10个单位。因此，需求价格弹性为：

$$需求价格弹性 = -\frac{(10-20)/20}{(5-4)/4} = 2$$

这两种计算结果是不一致的。实际上，从需求曲线上的点 A 到点 B，价格的变动与需求量的变动是相同的。但根据需求价格弹性公式，价格下降与价格上升时计算出的弹性系数却不相同。其原因在于计算价格变动和需求量变动时所用的分母不一致，也就是由于 P 和 Q 所取的基数值不相同，故计算出的变动百分比就不一样。为了消除这种不一致，在计算需求弹性时，一般地，价格和需求量都取变动前后的平均值。这样，以 P_1 代表变动前的价格，P_2 代表变动后的价格，Q_1 代表变动前的需求量，Q_2 代表变动后的需求量，则需求价格弹性的公式就是：

$$E_d = -\frac{(Q_2-Q_1)/[(Q_2+Q_1)/2]}{(P_2-P_1)/[(P_2+P_1)/2]}$$

这时，点 A 到点 B 之间的需求价格弹性就是：

$$需求价格弹性 = -\frac{(10-20)/[(10+20)/2]}{(5-4)/[(5+4)/2]} = 3$$

也就是说，无论该种商品价格上升或下降，需求价格弹性都是3。

这种计算需求价格弹性的方法称为中点法，用这种方法计算出的需求曲线上 AB 之间的需求价格弹性称为弧弹性。

2. 点弹性

点弹性是指需求曲线上某一点的弹性，它是价格变动无限小时所引起的需求量变动的反应程度。如前已述，计算弹性系数的一般公式为：

$$E_d = -\frac{\Delta Q/Q}{\Delta P/P} = \frac{\Delta Q}{\Delta P} \cdot \frac{P}{Q}$$

当价格变动无限小时，即 $\Delta P \to 0$ 时，上式可以写为：

$$E_d = -\lim_{\Delta P \to 0} \frac{\Delta Q}{\Delta P} \cdot \frac{P}{Q} = \frac{\mathrm{d}Q}{\mathrm{d}P} \cdot \frac{P}{Q}$$

这就是计算点弹性的公式。由于价格与需求量呈反方向变化，所以 $\frac{\mathrm{d}Q}{\mathrm{d}P}$ 为负数，上式可以写为：

$$E_d = -\frac{\mathrm{d}Q}{\mathrm{d}P} \cdot \frac{P}{Q}$$

设某种商品的需求函数为 $Q = f(P) = 20 - 2P$，则：

$$E_d = -\frac{\mathrm{d}Q}{\mathrm{d}P} \cdot \frac{P}{Q} = -(-2) \cdot \frac{P}{Q} = 2 \cdot \frac{P}{Q}$$

当价格 $P = 4$ 时，$Q = 20 - 2 \times 4 = 12$，因此，这一点的点弹性为：

$$E_d = 2 \cdot \frac{P}{Q} = 2 \times \frac{4}{12} = 0.75$$

四、需求价格弹性的分类

需求的价格弹性告诉我们，当商品的价格变动1%时，需求量的变动究竟有多大。在现实中，我们观察到，各种商品的需求价格弹性并不一样。有的商品需求价格弹性较大，而有的商品需求价格弹性则较小，因此，根据各种商品需求价格弹性的大小，可以把需求价格弹性分为五类。

（一）需求完全无弹性

需求完全无弹性即 $E_d = 0$。在这种情况下，无论价格如何变动，需求量都不会变动。例如，糖尿病患者对胰岛素这种药品的需求，因为胰岛素是糖尿病患者维持生命所必需的，无论其价格如何变动，需求量也不会变。所以，胰岛素的需求弹性为零。这时的需求曲线是一条与横轴垂直的线，如图 2 – 16（a）所示。

（二）需求有无限弹性

需求有无限弹性即 $E_d \to \infty$。在这种情况下，当价格既定时，需求量是无限的。例如，银行以某一固定价格收购黄金，无论有多少黄金，都可以按这一价格收购，则银行对黄金的需求有无限弹性。这时的需求曲线是一条与横轴平行的线，如图 2 – 16（b）所示。

（三）单位需求弹性

单位需求弹性即 $E_d = 1$。这是一种巧合的情况。在这种情况下，需求量变动的比率与价格变动的比率正好相等。这时的需求曲线是一条正双曲线，如图 2 – 16（c）所示。

以上三种情况都是需求价格弹性的特例，在现实生活中是很少的。现实生活中常见的是以下两种情况。

（四）需求缺乏弹性

需求缺乏弹性即 $0 < E_d < 1$。在这种情况下，需求量变动的比率小于价格变动比率，即需求量对于价格变动的反应不敏感。生活必需品中，粮食、蔬菜等都属于这种情况。这时的需求曲线是一条比较陡峭的曲线，如图 2 – 16（d）所示。

（五）需求富有弹性

需求富有弹性即 $E_d > 1$。在这种情况下，需求量变动的比率大于价格变动的比率。此时的需求量对于价格变动的反应是比较敏感的。一些奢侈品，如保健品、汽车、珠宝、国外旅游等，均属于这种情况。这时的需求曲线是一条比较平坦的曲线，如图 2 – 16（e）所示。

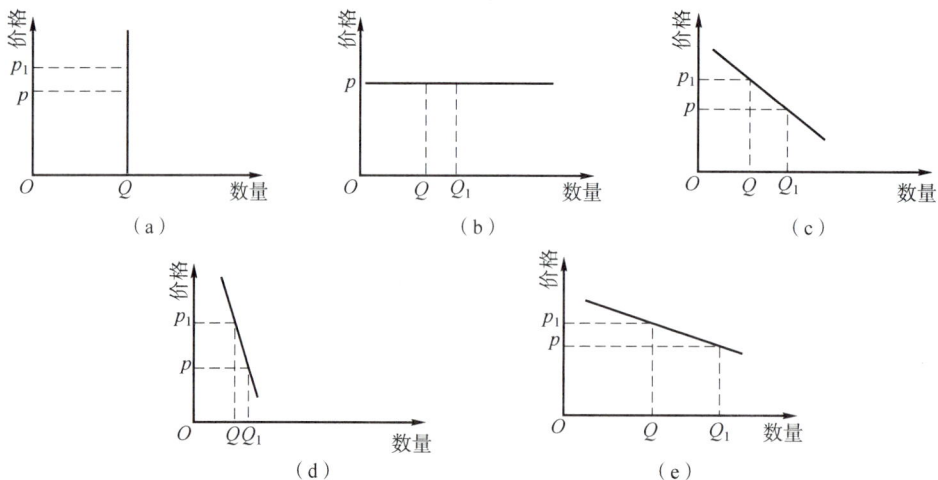

图 2 – 16　不同需求弹性的需求曲线
（a）需求完全无弹性；（b）需求有无限弹性；（c）单位需求弹性；
（d）需求缺乏弹性；（e）需求富有弹性

五、需求价格弹性与总收益

薄利多销

谷贱伤农

当研究市场的供给或需求变动时，我们经常考虑一个变量总收益，即卖者出售一定数量商品所得到的全部收入，亦即销售量与价格的乘积。如果以 TR 代表总收益，Q 代表销售量，P 代表价格，则有：

$$TR = P \cdot Q$$

我们可以像图 2－17 那样用图形表示总收益。需求曲线下面矩形的高是 P，宽是 Q。这个阴影部分方块的面积 $P \cdot Q$ 就是总收益。图 2－17 中，$P = 4$ 元，$Q = 100$，总收益是 400 元。

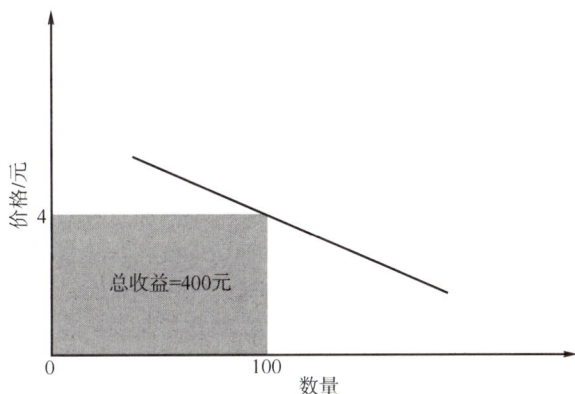

图 2－17　总收益

总收益的大小如何沿着需求曲线变化？答案取决于需求的价格弹性。

如果某种商品的需求是缺乏弹性的，那么，当该商品的价格下降时，其需求量（销售量）增加的幅度小于价格下降的幅度，所以总收益会减少；而当该商品的价格上升时，需求量（销售量）减少的幅度小于价格上升的幅度，总收益会增加。如图 2－18 所示，价格从 3 元下降到 1 元，使需求量从 80 增加到 100，但是总收益却从 240 元降低到 100 元。这是由于商品缺乏弹性（如农产品），价格下降引起的 Q 的增加幅度小于价格 P 下降的幅度，从而使总收益下降。这也是"谷贱伤农"的原因。

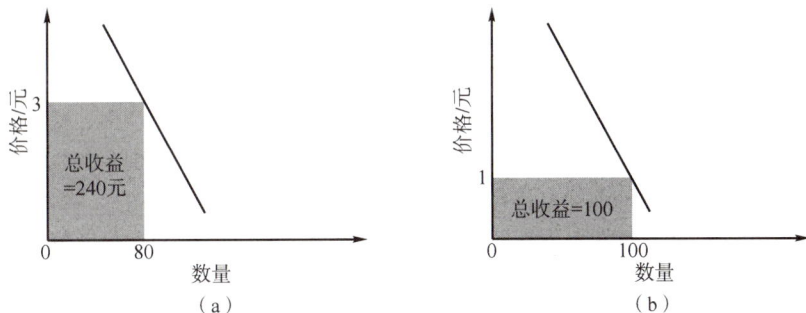

图 2－18　缺乏弹性的商品价格变动总收益的变化
（a）价格为 3 元时的总收益；（b）价格为 1 元时的总收益

如果某种商品的需求是富有弹性的，例如，在图 2－19 中，价格从 5 元下降到 4 元，需求量从 100 增加到 200，因此，总收益从 500 元增加到 800 元，看似价格下降影响了卖者的利益，实际上，卖者的总收益却提高了，这是由于商品的需求是富有弹性的，商品价格 P 下降的幅度小于商品数量 Q 增加的幅度，所以总收益增加了。这也就是一般所说的"薄利多销"。

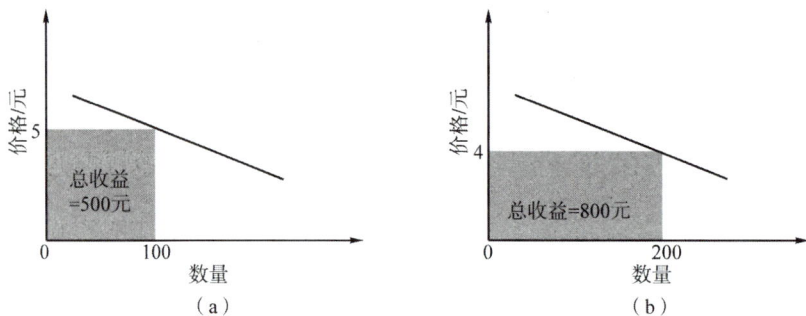

图 2-19 富有弹性的商品价格变动总收益的变化
（a）价格为 5 元时的总收益；（b）价格为 4 元时的总收益

在此，我们总结需求价格弹性和总收益之间的一般规律。
（1）当需求缺乏弹性（需求价格弹性小于 1）时，价格和总收益呈同方向变动。
（2）当需求富有弹性（需求价格弹性大于 1）时，价格和总收益呈反方向变动。
（3）如果需求是单位弹性（需求价格弹性正好等于 1），当价格变动时，总收益不变。

六、其他需求弹性

（一）需求收入弹性

需求收入弹性是一种物品消费量对消费者收入的反应程度，用需求量变动的百分比除以收入变动的百分比来计算，即：

$$需求收入弹性 = \frac{需求量变动的百分比}{收入变动的百分比}$$

前面提到，正常品是当收入提高时需求量增加，由于需求量与收入呈同方向变动，所以正常品的需求收入弹性为正数。劣等品则是当收入提高时需求量反而降低，如公共汽车，由于需求量与收入是反方向变动的，所以劣等品的需求收入弹性为负数。

🖌️ **延伸阅读**

恩格尔定律

19 世纪，德国统计学家恩格尔根据他对德国某些地区消费统计资料的研究，提出了一个定理：随着家庭收入的增加，食物开支在全部支出中所占的比例会越来越小。这就是恩格尔定律。恩格尔定律也可以用恩格尔系数来表示。恩格尔系数是指用于食物的支出与全部支出之比。用公式表示为：

$$恩格尔系数 = \frac{食物支出}{全部支出}$$

恩格尔系数反映了一国或一个家庭的富裕程度与生活水平的高低。一般来说，恩格尔系数越高，即食物支出在全部支出中所占的比重越高，那么用于其他方面，如医疗、住房、精神享受、奢侈品等的支出就会较少，则富裕程度和生活水平越低；反之，则说明富裕程度和生活水平越高。一般把恩格尔系数在 0.5 之下作为生活达到富裕水平的标准。恩格尔定律说明生活必需品

（食物）的收入弹性较小。

（二）需求交叉弹性

需求交叉弹性用于衡量当一种物品的价格变动时，另外一种物品的需求量如何变动。可以用物品1的需求变动的百分比除以物品2的价格变动的百分比来计算需求交叉弹性，即：

$$需求交叉弹性 = \frac{物品1需求量变动的百分比}{物品2价格变动的百分比}$$

需求交叉弹性是正数还是负数，取决于这两种商品是替代品还是互补品。如果是互补品，那就意味着物品1的需求量和物品2的价格呈反方向变动，例如，羽毛球的价格上升，人们购买羽毛球拍的数量减少，那么这两种物品的需求交叉弹性为负数。如果两种物品是替代品，那么意味着物品1的需求量和物品2的价格成正方向变动。例如，当薯片的价格上升时，锅巴的需求量增加，那么这两种物品的需求交叉弹性为正数。

案例分析

农业的丰收对农民来说是个好消息吗？

现在，让我们回到本节开头的那个问题。当全国都风调雨顺致使全国小麦普遍增产10%（或者你也可以考虑，新型杂交种子的应用，使得小麦产量普遍提高），这时小麦市场会发生什么样的变化？

我们结合供给曲线、需求曲线的移动以及弹性理论来回答这个问题。首先，风调雨顺影响到了小麦的供给还是小麦的需求？其次，供给曲线或者需求曲线向左还是右移动？最后分析新的均衡点。

小麦供给增加对均衡的影响如图2-20所示。首先，风调雨顺影响到了小麦的供给，使得供给曲线向右从 S_1 移动到 S_2；同时，并没有直接影响到消费者，所以需求曲线 D 不变。供给曲线的移动使均衡点从原来的 E_1 移动到现在的 E_2，均衡价格从 P_1 下降到 P_2，均衡数量从 Q_1 增加到 Q_2。也就是说，风调雨顺使得小麦市场上的交易量增加了，但是，价格却下降了。

那么我们接着分析一个问题，小麦的供给者——农民的状况怎么样？我们从农民的总收益 $P \cdot Q$ 入手。风调雨顺的天气使销售量 Q 增加了，但同时，价格 P 却降低了。那么，现在关键的问题就在于：价格降低的幅度和销售量增加的幅度哪个大？

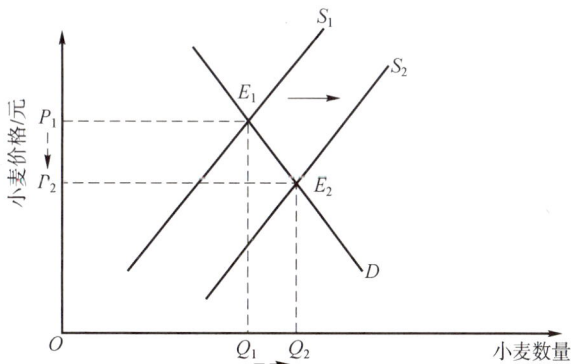

图2-20 小麦供给增加对均衡的影响

这时，要注意一点，小麦是生活必需品，而且少有替代品，所以需求缺乏弹性，我们画了一条比较陡直的需求曲线，如图2-20所示，从图上能直观地看到，缺乏弹性的商品，价格下降的幅度要大于需求量增加的幅度，即需求缺乏弹性的商品，总收益和价格成正方向变动。所以，小麦价格下降了，总收益也就减少了。

课程思政导读

李克强主持召开国务院常务会议：多措并举
抓好农业生产、稳定农民收益

国务院总理李克强 2020 年 2 月 18 日主持召开国务院常务会议，部署不误农时切实抓好春季农业生产；决定阶段性减免企业社保费和实施企业缓缴住房公积金政策，多措并举，稳企业稳就业。

会议指出，要贯彻党中央、国务院要求，统筹抓好疫情防控和经济社会发展。当前农时不等人，要压实地方属地责任，抓好抓细春季农业生产，保障夏粮丰收。一是分类细化农村疫情防控科学指导，引导支持从南到北抓紧做好春耕备耕，加强越冬作物田间管理。推动种子、化肥、农药、饲料等农资企业加快复工复产，建立农资点对点保供运输绿色通道。今年稻谷最低收购价保持稳定，视情况可适当提高。鼓励有条件的地区恢复双季稻。二是抓好畜禽生产。对重点地区损失较大的家禽养殖场户给予延长还贷期限、放宽贷款担保等政策支持。推动屠宰企业与养殖场户对接。加快恢复生猪生产，将养殖场户贷款贴息补助范围由年出栏 5 000 头以上调整为 500 头以上。增加冻猪肉国家收储。三是加强重大病虫害防治，强化监测，做好各项应对准备。强化高致病性禽流感、非洲猪瘟等重大动物疫病防控。

会议强调，当前统筹做好疫情防控和经济社会发展工作，一项迫切任务是稳就业。稳就业就必须稳企业。会议确定，一是阶段性减免企业养老、失业、工伤保险单位缴费，以减轻疫情对企业特别是中小微企业的影响，使企业恢复生产后有一个缓冲期。除湖北外各省份，从 2 月到 6 月可对中小微企业免征上述三项费用，从 2 月到 4 月可对大型企业减半征收；湖北省从 2 月到 6 月可对各类参保企业实行免征。同时，6 月底前，企业可申请缓缴住房公积金，在此期间对职工因受疫情影响未能正常还款的公积金贷款，不作逾期处理。实施上述政策，充分考虑了社会保险基金结余等情况，可以确保养老金等各项社保待遇按时足额发放。二是突出抓好稳就业这一"六稳"的首要任务。抓紧出台科学分类、切合实际的复工复产防疫指南，指导各地合理确定复工复产条件，取消不必要的保证金。加快落实已出台的财税、金融等支持政策。有针对性做好重点群体就业工作。通过跨区域点对点劳务协作等有序组织农民工返岗，除疫情严重和扩散风险高的地区外，对限制劳动者返岗的不合理规定要坚决纠正。结合脱贫攻坚和当地建设等支持农民工就地就近就业。抓紧制定高校毕业生延期录用报到方案，加大网上招聘力度。支持企业适应群众线上消费需求，增加灵活就业岗位。个体工商户是重要就业主体，要抓紧研究出台支持政策。三是保障失业人员基本生活。及时将受疫情影响的就业困难人员纳入就业援助范围，确保失业保险待遇按时足额发放。支持疫情严重地区开发临时公益性岗位，运用失业保险基金向失业人员发放失业补助金。

（资料来源：中国政府网，2020 - 02 - 18.）

本章小结

微观经济学要阐明价格是如何配置资源、如何调节经济的。因此，价格理论是微观经济学的核心内容。在市场经济中，价格是由供求关系决定的，所以，需求与供给是本章最重要的两个概念。本章主要介绍需求、供给及均衡价格的决定，以及价格变动与需求量或供给量变动之间的关系，这种关系就是弹性理论的内容。弹性理论是价格理论的重要组成部分，也是供求分析的工具之一。

关键概念

　　需求　供给　需求量的变动与需求的变动　均衡价格　均衡价格的形成过程 需求价格弹性 弹性与总收益

思维导图

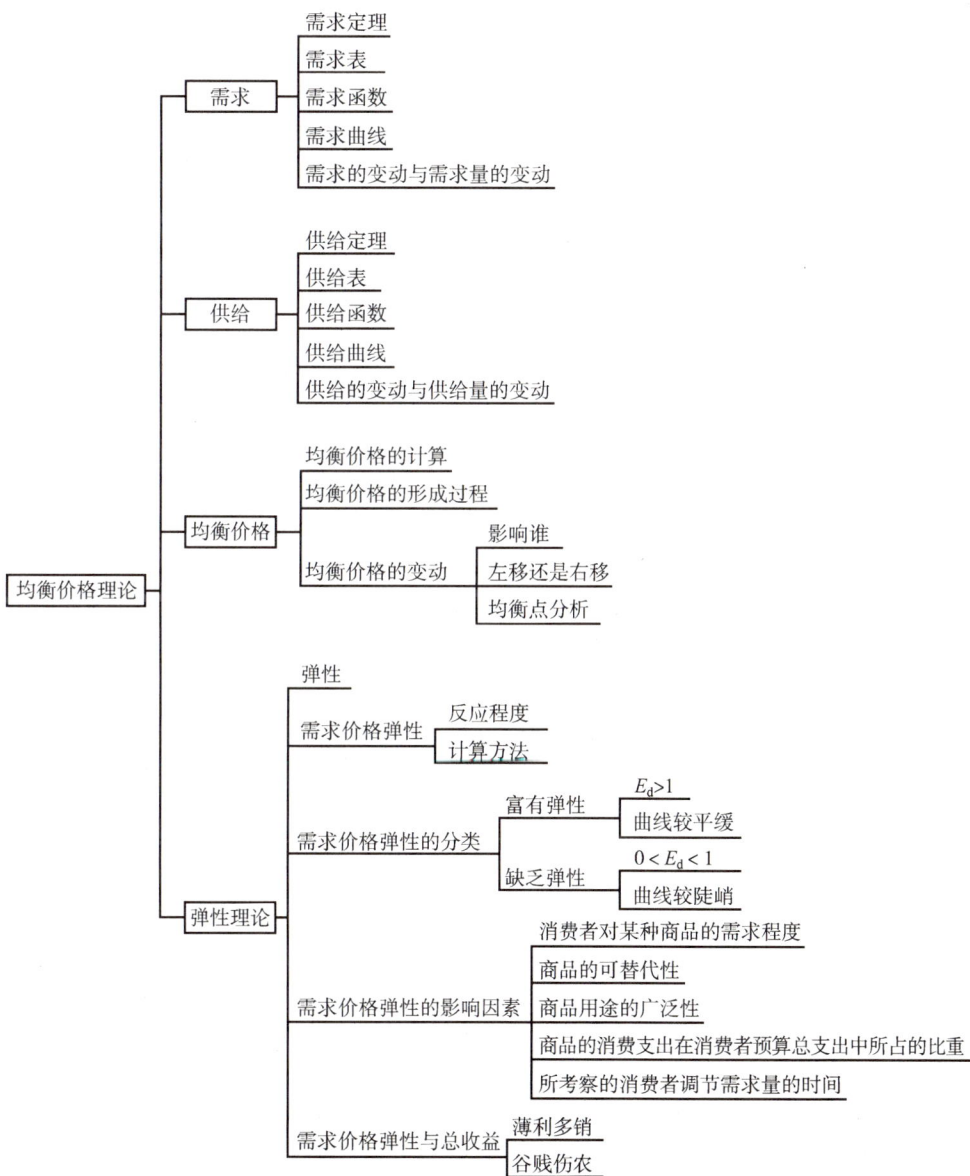

复习思考题

一、名词解释

需求　供给　均衡价格　需求定律　供给定律　弹性　需求价格弹性

二、选择题

1. 如果一种商品的价格与另一种商品的需求量呈同方向变动，则称这种商品是（　　）。

A. 互补品　　　　　　B. 独立无关的商品　　C. 替代品　　　　　　D. 劣等品

2. 保持所有其他因素不变，某种商品的价格下降，将导致（　　）。

A. 需求增加　　　　　B. 需求减少　　　　　C. 需求量增加　　　　D. 需求量减少

3. 消费者预期某物品未来价格要上升，则当前对该物品的需求会（　　）。

A. 减少　　　　　　　B. 增加　　　　　　　C. 不变　　　　　　　D. 上述三种都有可能

4. 如果商品 A 和商品 B 是互为替代的，则 A 的价格下降将造成（　　）。

A. A 的需求曲线向右移　　　　　　　　　B. A 的需求曲线向左移

C. B 的需求曲线向右移　　　　　　　　　D. B 的需求曲线向左移

5. 一个商品价格下降对其互补品最直接的影响是（　　）。

A. 互补品的需求曲线向右移动　　　　　　B. 互补品的需求曲线向左移动

C. 互补品的供给曲线向右移动　　　　　　D. 互补品的价格上升

6. 建筑工人的工资提高将使（　　）。

A. 房屋供给曲线左移并使房屋价格上升　　B. 房屋供给曲线右移并使房屋价格下降

C. 房屋需求曲线左移并使房屋价格下降　　D. 房屋需求曲线右移并使房屋价格上升

7. 均衡价格随着（　　）。

A. 需求和供给的增加而上升　　　　　　　B. 需求和供给的减少而上升

C. 需求的减少和供给的增加而上升　　　　D. 需求的增加和供给的减少而上升

8. 如果某商品需求富有弹性，则价格上升会使该商品的（　　）。

A. 销售收益增加　　　　　　　　　　　　B. 销售收益不变

C. 销售收益下降　　　　　　　　　　　　D. 销售收益可能增加也可能下降

9. 如果某商品的需求收入弹性小于 1，则该商品是（　　）。

A. 必需品　　　　　　B. 低廉品　　　　　　C. 奢侈品　　　　　　D. 中型商品

10. 某种蛋糕的价格为 20 元/千克，该蛋糕的需求价格弹性为 1.5，为了使该商品的需求量提高 30%，应采取（　　）。

A. 蛋糕价格上涨 20%　　　　　　　　　　B. 蛋糕价格下降 20%

C. 蛋糕价格上涨 25%　　　　　　　　　　D. 蛋糕价格下降 25%

三、问答题

1. 需求量的变动和需求的变动有何区别与联系？

2. 均衡价格是如何形成的？

3. 影响需求价格弹性的因素有哪些？

四、计算题

已知某一时期内某商品的需求函数为 $Q_d = 50 - 5P$，供给函数为 $Q_s = -10 + 5P$。

（1）求均衡价格 P_e 和均衡数量 Q_e。

（2）假定供给函数不变，由于消费者收入水平提高，需求函数变为 $Q_d = 60 - 5P$。求出相应的均衡价格 P_e 和均衡数量 Q_e。

（3）假定需求函数不变，由于生产技术水平提高，使供给函数变为 $Q_s = -5 + 5P$。求出相应的均衡价格 P_e 和均衡数量 Q_e。

五、阅读材料

蛛网理论

蛛网理论是 20 世纪 30 年代出现的一种关于动态均衡分析的微观经济学理论，它运用弹性理论来考察某些产品（特别是农产品）的价格波动对其下一个周期产量（供给量）的影响。蛛网理论说明，在时间发生变化的情况下，均衡值的变动过程及其重新均衡所需的条件。

以生猪为例，由于生产者从仔猪开始饲养到出栏可供销售需要经历一定的时间（例如 6 个月），生产者是依据本期的生猪市场价格（即目前市场上生猪价格）来确定下期生产量的，所以猪肉产品的价格与供给量之间的关系可以概括为：本期供给量决定本期价格，而本期价格决定下期供给量。目前市场的供求是影响目前价格的首要因素，而目前市场价格是影响生产者进行下期生产决策的首要原因。所以产量对价格的反应是滞后的，而价格对产量的反应是即时的，这种价格与供给量的关系符合农产品的生产与供求行为。可以用函数形式表现这种关系：

$$S_t = f(P_{t-1})$$
$$P_t = g(S_t, D_t)$$

式中，S_t 表示 t 期的供给量；P_{t-1} 表示（$t-1$）期的价格；P_t 表示 t 期的价格，D_t 表示 t 期的需求量。

在完全竞争的条件下，随着供给与需求弹性大小的不同，产量 S_t 与价格 P_t 的确定出现了不同的状态。供给与需求弹性的大小分为三种情况：供给弹性小于需求弹性，供给弹性大于需求弹性，供给弹性等于需求弹性。

1. 供给弹性小于需求弹性

供给弹性小于需求弹性，即 $E_s < E_d$。这种情况意味着价格变动引起供给量的变动要小于需求量的变动。此种状况下，价格变动在时间序列中对供给量的影响递减，价格与供给量的波动也会越来越弱，最后趋向均衡水平，所呈现的是收敛型蛛网，如图 2 – 21 所示。

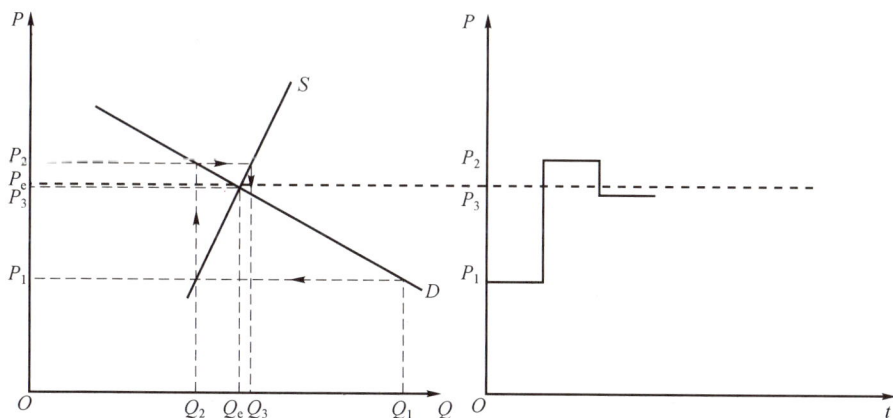

图 2 – 21　收敛型蛛网

在供给弹性小于需求弹性的情况下，供给曲线的斜率大于需求曲线的斜率，生产量为 Q_1 时，价格为 P_1，当价格为 P_1 时，第二期产量为 Q_2，当产量为第二期 Q_2 时，第二期价格为 P_2，依此类推，最终均衡价格为 P_e，均衡数量为 Q_e。

在图 2 – 21 中，假定初始产量为 Q_1，这一供给量大于均衡产量决定初始价格为 P_1，较低的

初始价格 P_1 决定第二期的产量为小于均衡产量的 Q_2，第二期产量小于均衡产量使第二期的价格为 P_2，它高于均衡价格。较高的第二期价格 P_2 使第三期的产量增加到 Q_3，又大于均衡产量 Q_e，如此循环运行，直至价格趋近于均衡价格，供求最终相等，停止波动。

因此，在供给弹性小于需求弹性的情况下，价格和产量的变动在时间序列中是逐渐向均衡点收敛的，此称为收敛型蛛网。

2. 供给弹性大于需求弹性

供给弹性大于需求弹性时，价格变动引起的供给量的变动大于需求量的变动。由于本期的产量仍决定本期的价格，而本期价格决定下期产量，所以在时间序列中，产量与价格两个变量仍相互影响，只不过价格变动对产量的影响逐渐扩大，所呈现的是发散型蛛网，如图 2-22 所示。

如图 2-22 中所示，初始产量为 Q_1，本期产量决定本期价格，则第一期价格为 P_1，而本期价格决定下期产量，则第二期的产量为 Q_2，以此类推，产量与价格的波动越来越大，均衡难以形成。价格与产量的变动在时间序列中呈发散型，越来越偏离均衡点，这种情况称为发散型蛛网。

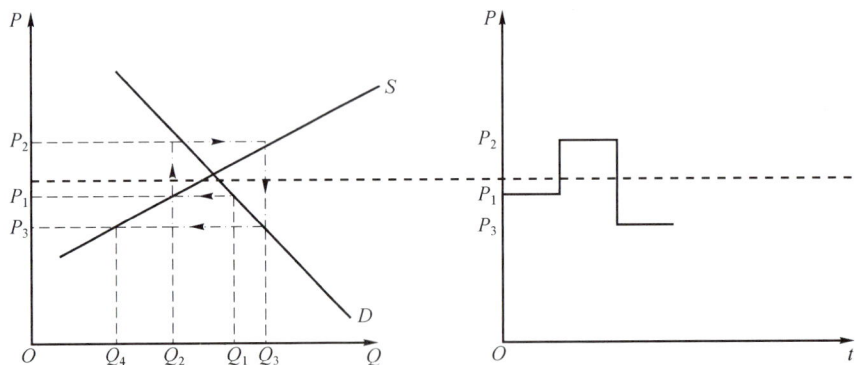

图 2-22　发散型蛛网

3. 供给弹性等于需求弹性

供给弹性等于需求弹性时，价格变动对需求量和供给量的影响是等同的。价格、产量的相互关系仍如前所述。在变动的时间序列中，价格对产量的影响程度始终如一，价格和产量的循环出现相同的情况，所呈现的是封闭型蛛网，如图 2-23 所示。

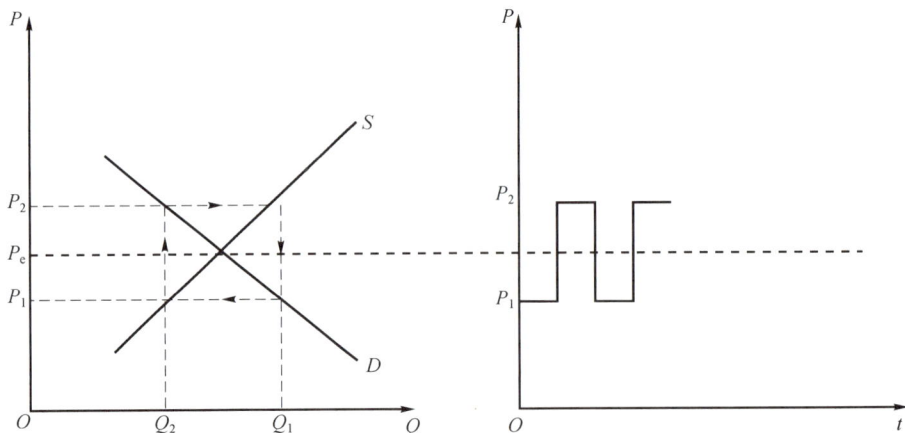

图 2-23　封闭型蛛网

如图 2 – 23 所示，当初始产量为 Q_1 时，第一期价格为 P_1，因本期价格影响下期产量，则第二期产量缩减为 Q_2，第二期价格则为 P_2，由于供求弹性相等，第三期的产量仍为 Q_1，如同第一期产量，价格也出现循环。产量与价格的波动始终如一，既不发散也不收敛，这种蛛网称为封闭型蛛网。

蛛网理论最适合解释农产品的供求状况及价格的基本走势，以及农户对未来农产品的供给。在营销活动的优化中，重点强调信息的流通性，以及市场建设的规范性，使供给与需求达到平衡，从而走出蛛网困境。

第三章
学会理性消费——消费者行为理论

学习目标

1. 掌握效用的含义。
2. 理解基数效用与序数效用之间的差别。
3. 掌握总效用、边际效用的含义以及它们之间的关系。
4. 掌握边际效用递减规律。
5. 理解消费者均衡。

能力目标

1. 能够运用总效用与边际效用理论对现实现象进行解释。
2. 能够运用无差异曲线与预算线进行均衡分析。
3. 能够运用效用理论解释名人代言效应。

德育目标

1. 树立勤俭节约的思想，拒绝非理性消费，不虚荣，不盲目追求奢侈品，具有良好消费习惯。
2. 树立正确消费观，远离"校园贷"，摒弃一切消费恶习。

学习建议

本章的中心理论是消费者均衡理论，以及相应的基数、序数效用理论。建议学习时间为4～6课时。

导入案例

名人代言效应

吴磊是谁？游戏迷可能立刻脱口而出：这不是《穿越火线》里面的轮椅少年陆小北吗！如果还在迷茫的话，那么《琅琊榜》里面冷酷帅气的飞流呢？哦，原来是他啊！其实1999年出生的吴磊，已经是一名名副其实的"老演员"了。2002年，3岁的吴磊就获邀接了脑白金广告，接下来更是一发而不可收，黄金搭档、可爱多、读书郎，等等，短时间内就拍摄了超过50部的广告。

其实，企业请名人代言广告是很普遍的现象，无论是耐克、阿迪达斯所聘请的运动明星，抑或是快消品聘请的流量明星，名人代言已经成为企业宣传惯用的手段。那么，企业请名人代言的目的何在呢？显然，企业希望通过名人代言的广告提升其产品的销售额。但为什么只要名人代言的产品，消费者就会购买甚至买得更多呢？

企业做广告已经有好几个世纪的历史了。Josiah Wedgwood 是18世纪英国的餐具制造商，他可能是启用名人代言广告的鼻祖了。他以较低的价格向当时的上层人士出售制作精美的陶瓷用品，希望这些销售的社会效应帮助企业打开大众消费市场。1886年，药剂师 John Styth Pemberton 在美国佐治亚州的亚特兰大创立了可口可乐公司。1891年，Asa G. Candler 收购了可口可乐公司，从此，可口可乐开始走向世界。公司刚成立时，可口可乐主要产品是药店出售的苏打水。可口可乐公司在报纸、杂志、广告牌和日历上做的广告往往是正在开怀畅饮的年轻漂亮的女士，并没有强调可乐的味道或产品本身的其他特性。一位商业历史学家评论到，这些年轻的广告女士很好地展现了女性气质。年轻的女性希望能够像广告里的女人一样；而年轻的男人则希望与这样的女性约会，而这些女性在畅饮可口可乐。

通过前面的学习，我们知道，经济学家通常假设人的行为是理性的和自利的。在解释消费者行为时，这一假设意味着，在收入等条件不变的情况下，消费者将尽可能满足自己的偏好。对于消费者来说，要知道在某些情况下做出的决策是否最佳，本身就是一件非常困难的事情，我们将提出预算线和无差异曲线来描述这样的决策，考察消费者的决策行为，考察消费者是如何在不同产品之间做出购买选择的。

第一节　效用概述

一、效用的概念

消费任意一种商品或者商品组合所得到的满足感，最终取决于消费者的偏好，"萝卜青菜，各有所爱"正说明了这一点。同样，经济学家也不会对人们的偏好做出进一步解释。假设作为一名运动爱好者，你在购买运动饮料的时候选择了佳得乐，而没有购买红牛，那么可以这样说，你从喝佳得乐中获得了更多的快乐和满足。

效用概念

效用是指消费者在消费商品时所感受到的满足程度。一种商品对消费者是否具有效用和效用的大小，取决于消费者是否有消费这种商品的欲望和欲望的大小，以及这种商品是否具有满足消费者欲望的能力。

效用与人的欲望是联系在一起的，它是消费者对商品满足自己欲望能力的一种主观评价，是一种心理感受。因此，一种商品的效用大小，因人、因时、因地而异。例如，在烈日炎炎的沙漠中，水比电视机有更大的效用；而当你坐在家中欣赏 NBA 篮球比赛时，通常电视机比水有更大的效用。

这里，我们要注意效用与使用价值的区别。使用价值是物品本身所具有的属性，是由物品本身的物理或化学性质所决定的。使用价值是客观存在的，不以人的感受为转移。例如，香烟无论对吸烟者还是不吸烟者，都具有使用价值。但对于不吸烟者或者反烟者，香烟便失去了效用。效用强调了消费者对某种物品带来的满足程度的主观性。当然，效用取决于使用价值，但在研究消费者行为时，我们强调的是效用的主观性。

相关链接

效用与"朝三暮四"

《庄子·齐物论》中提到，宋国有一个养猴的老人，喜欢猴子，把它们成群养着。他可以理解猴子的意思，猴子也可以理解老人的心意。养猴的老人宁可减少他的家人的食物也要去满足猴子的需求。然而过了不久，他家里的粮食缺乏了，他想限定猴子的食物数量，但又怕猴子不顺从自己，就先对猴子说："给你们橡木果实，早上三颗然后晚上四颗，够吗？"猴子们都站了起来，并且十分恼怒。见到这样的情形，他又说："这样吧，给你们早上四个，晚上三个，总行了吧？"猴子听了都非常高兴。

早上三颗晚上四颗，或者早上四颗晚上三颗。看似一模一样的分配方式，聪明的猴子告诉你，这是不一样的，早上四颗橡树果实带来的心理满足程度——效用水平，要高得多。

二、基数效用论与序数效用论

效用是用来表示消费者在消费商品时所感受到的满足程度，于是便产生了对这种满足程度即效用大小的度量问题。在这一问题上，西方经济学家先后提出了基数效用和序数效用的概念，并在此基础上形成了分析消费者行为的两种理论：基数效用论和序数效用论。

（一）基数效用论的基本观点

基数效用论由威廉姆·杰文斯、卡尔·门格尔和里昂·瓦尔拉斯提出，基本观点是：效用是可以计量并加总求和的，因此，效用的大小可以用基数（1，2，3，…）来表示，正如长度单位可以用米来表示一样。

所谓效用可以计量，就是指消费者消费某一物品所得到的满足程度可以用效用单位来衡量。例如，可以说消费者吃一块巧克力所得到的满足程度是 5 个效用单位等。

所谓效用可以加总求和，是指消费者消费几种物品所得到的满足程度可以加总而得到总效用。例如，某消费者吃一块巧克力所得到的满足程度是 5 个效用单位，听一张音乐光碟所得到的满足程度是 6 个效用单位，这样，消费者消费这两种物品所得到的总的满足程度就是 11 个效用单位。根据这种理论，可以用具体的数字来研究消费者效用最大化问题。

19 世纪 20 年代初期，西方经济学家普遍采用基数效用的概念。基数效用论采用边际效用分析方法来分析消费者行为。

（二）序数效用论的基本观点

序数效用论由维尔弗雷多·帕累托提出，约翰·希克斯对其做了发展。序数效用论的基本观点是：效用作为一种心理现象无法计量，也不能加总求和，只能表示满足程度的高低与顺序，因此，效用只能用序数（第一、第二、第三、……）来表示。仍然用上面的例子，消费者要回答的是哪一种消费带来的满足感排第一、哪一种消费带来的满足感排第二。

20 世纪 30 年代，序数效用的概念为大多数经济学家所使用。序数效用论采用无差异曲线的分析方法考察消费者行为。在现代微观经济学里，经常使用的是序数效用的概念。

延伸阅读

边际革命

边际效用论的先驱者是德国经济学家戈森（1810—1858）。1854 年他出版了《人类交换诸法则及人类行为的规范》一书。在此书中，他从研究消费者行为出发，探讨消费和需求的规律。他认为，人类行为的目的在于追求最大限度的享乐和尽可能避免痛苦。追求享乐的行为通常受两个规律的支配：第一个规律是"边际效用递减规律"，即随着某种需要的满足，消费者所感觉到的享乐程度递减，直到最后出现感受上的饱和状态；第二个规律是"边际效用相等规律"，即在边际效用递减规律的作用下，一个人如果要从一定量的财货中得到最大限度的满足，就必须把它在不同用途间进行分配，而分配的方式必须使每一种用途上的财货的边际效用相等。这就是经济学史上著名的"戈森两大定律"。戈森定律在戈森生前并没有引起西方学者的重视。

戈森以后，奥地利经济学家门格尔（1840—1921）于 1871 年出版了《国民经济学原理》，英国的杰文斯（1835—1882）于 1871 年出版了《政治经济学理论》，法国的瓦尔拉（1834—1910）于 1874 年出版了《纯粹政治经济学纲要》。这三人在戈森定律的基础上同时明确提出了以边际效用价值论为核心的经济学理论。因此，他们被认为是"边际革命"的奠基者。其中，奥地利的门格尔以维也纳大学为中心培养了一些学生和追随者，逐渐形成一个学派，影响最大，被称为"奥国学派"或"维也纳学派"。杰文斯和瓦尔拉则把数学方法引入经济学，成为数理学派的先驱。美国的克拉克则提出以边际生产率论为基础的国民财富分配理论，成为 20 世纪初美国最著名的经济学家。

奥国学派从研究消费者行为出发，探讨消费和需求的规律。他们认为，经济就是消费，消费是目的，生产不过是满足人们消费欲望的一种手段。门格尔说，经济学的任务就是研究"人类为满足欲望而展开其预筹活动的条件"。针对古典学派认为的生产的三项费用决定价值的理论，奥国学派认为，价值起源于效用，消费者购买商品是为了获得效用和欲望的满足。因此，决定商品价值的既不是劳动，也不是生产费用，而是商品的边际效用。一个商品是否具有价值，不取决于生产它时花费了多少劳动和生产费用，而取决于在市场上消费者的选择和对其边际效用的评价，取决于消费者是否愿意为它付钱和愿意付多少钱。如果一个商品没有消费者需要它，没人愿为它付钱，那么不论生产它时花费了多少劳动和费用，它都是没有价值的。这样，奥国学派就提出了一套与古典学派完全不同的经济理论。英国经济学家罗尔在评论"边际革命"时指出："古典主义强调生产、供给和成本，现代学说关心的主要是消费、需求和效用，边际效用概念的引入实现了这种重点的转移。从那时起，它便几乎以无上的权威统治着学术思想。"

应该指出，"边际革命"的历史功绩在于它强调了盲目生产并不一定能创造社会财富和价值，生产必须符合消费者的需要。生产出的产品是否具有价值，是否成为财富，最终取决于市场上消费者的评价和选择。也正是由于此，消费者开始被尊为"上帝"。这是"边际革命"在经济思想的重大影响。

（资料来源：薛治龙. 微观经济学 [M]. 北京：经济管理出版社，2009.）

课程思政导读

人民日报：盲目追奢是一种病

人云亦云的"品牌崇拜"、随波逐流的模仿跟风，说到底还是内心缺乏恒定的价值观支撑。更深层次的心理密码，恐怕是对物质主义、消费主义的崇拜，对个人奋斗、理想抱负的放弃。

诚然，爱美之心人皆有之。国家走过艰苦奋斗的革命岁月，穿越一穷二白的建设年代，繁荣的经济、充裕的物质如今成为青年与生俱来的"基础设施"。在这个崇尚个性的时代，在经济许可范围内适度消费无可厚非，但如果是打肿脸充胖子，硬着头皮买奢侈品，使自己成为入不敷出的"月光一族"，是不是有点太过分了？尤其是想想含辛茹苦的父母，就更觉得不对了。

其实，购买奢侈品出现年轻化趋势，攀比心理是重要原因。有的年轻人用省吃俭用攒下的薪水去购买价值不菲的名牌包，然后提着名包去挤公交车，为的不过是在周围人眼中展示一下"我也是奢侈品消费圈里的一员"；也有一些刚刚工作的年轻人每月花几千元去买名牌化妆品，尽管每天起早贪黑、早出晚归，根本没有时间使用，也不过暗示自己也是顶级消费阶层中的一员。然而，慕虚名而处实祸，人前风光而人后受罪，真的值得吗？

人云亦云的"品牌崇拜"，随波逐流的模仿跟风，说到底还是内心缺乏恒定的价值观支撑。这既是一种异化变形的消费观念，也代表着一些年轻人渴望通过物质标签获得身份认同的心理。

人当少年，应该有超越物质的追求，有出离当下的抱负，有实现自我的梦想。名牌包垒不出通往未来的阶梯，名牌表无法记录梦想的时间，流连于这些东西就难免玩物丧志、迷失自我。比尔·盖茨从两个人的小公司打造称霸全球的软件帝国，乔布斯风靡全球的苹果则从地下车库开始起步，这些关于奋斗、打拼与创新的故事，才应该是青年的主旋律。对青年人自己来说，涌动着奋斗激情的青春，不是更值得追求和拥有吗？

（资料来源：潘跃. 盲目追奢是一种病 [N]. 人民日报，2014-11-25.）

第二节　基数效用论

一、总效用和边际效用

为了更准确地描述消费者行为，我们先想象一个场景。假如，你的朋友邀请你去他的家中做客，晚饭提供包子，而且你非常饿。在这种情况下，你可能会从吃的第一个包子中得到很大的满足感。假设这种满足感是可以度量的，其值等于10。在吃了第一个包子后，你决定吃第二个，因为你不再那么饿了，所以从吃第二个包子而获得满足感肯定小于吃第一个包子，假设其值等于8。如果继续吃，每多吃一个包子给你带来的满足感会越来越少。

基数效用论

总效用是指从消费一定量的某种物品中所得到的总的满足程度。在例子中，就是你吃完的每一个包子给你带来效用的总和（10+8+……）。边际效用是指某种物品的消费量每增加一个单位所增加的满足程度。

　　边际分析方法是最基本的分析方法之一。"边际"考虑的不是你如何在中餐和西餐之间选择，而是是否再多吃一个包子；或者当考试临近的时候你是否多花一小时复习功课而不去看电视。西方经济学家用"边际变动"这个术语来描述对现有行动的微小增量调整。"边际"指"边缘"，因此，边际变动是围绕你所做的事的边缘进行调整的。

🔒 案例分析

是否该给这位乘客打折

　　假设一架有 200 个座位的飞机，横跨两省的飞行成本是 10 万元。这样，每个座位的平均成本为 500（100 000÷200）元。或许你会得到这样的答案，航空公司的票价绝不能低于 500 元。但实际上，航空公司考虑的是边际量。设想，这架飞机马上起飞，但飞机上仍然有 10 个空位，这时登机口有一位乘客愿意支付 300 元买一张票。航空公司该卖给他吗？

　　事实上，当然应该。如果飞机上有空位，多增加一位乘客，增加的成本是微乎其微的。虽然一位乘客飞行的平均成本是 500 元，但是空座位上多增加一位乘客，增加的成本仅仅是一瓶矿泉水，或者提供的免费快餐。

　　可以用表 3-1 来说明总效用和边际效用的关系。总效用和边际效用分别如图 3-1 和图 3-2 所示。在图 3-1 中，横轴代表商品的消费量，纵轴代表总效用，TU 代表总效用曲线。图 3-2 中，横轴代表商品的消费量，纵代表边际效用，MU 为边际效用曲线。

表 3-1　某商品的效用表

商品数量	总效用	边际效用
0	0	—
1	10	10
2	18	8
3	24	6
4	28	4
5	30	2
6	30	0
7	28	-2

　　从表 3-1 和图 3-1 中可以看出，当消费一个单位的商品时，总效用为 10 个效用单位。由没有消费商品到消费一个单位的商品，消费量增加了一个单位，效用增加了 10 个效用单位，所以，边际效用是 10 个效用单位。当消费两个单位的商品时，总效用是 18 个效用单位，由消费一个单位的商品到消费两个单位的商品，消费量增加了一个单位，效用从 10 个单位增加到 18 个效用单位，所以边际效用为 8 个效用单位。以此类推，当消费 7 个单位的商品时，总效用为 28 个效用单位，而边际效用为 -2 个效用单位，即消费第 7 个单位的商品所带来的是负效用。由此可以看出，当边际效用为正数时，总效用是增加的；当边际效用为零时，总效用达到最大；当边际效用为负数时，总效用减少。

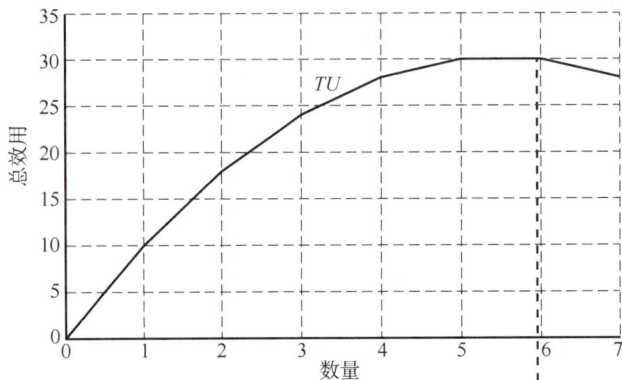

图3-1 总效用

图 3-2 边际效用

二、边际效用递减规律

从表3-1和图3-2中还可以看出，边际效用是递减的。这种情况普遍存在于一切物品的消费中，所以被称为边际效用递减规律。这一规律可以表述为：在一定时间内，在其他商品的消费数量保持不变的条件下，随着消费者对某种商品消费量的增加，消费者从该商品连续增加的每一消费单元中所得到的效用

边际效用
递减规律

增量，即边际效用是递减的。通常被用来体现该规律的例子如下：一个人在饥饿的时候，吃第一个包子的效用是很大的；以后，随着这个人所吃的包子数量的连续增加，虽然总效用是不断增加的，但每一个包子所带来的效用增量即边际效用是递减的；当他完全吃饱的时候，包子的总效用达到最大值，而边际效用却降为零；如果他还继续吃包子，就会感到不适，这意味着包子的边际效用进一步降为负值，总效用也开始下降。

边际效用递减规律可以用以下两个理由来解释。

（1）生理或心理的原因。消费一种物品的数量越多，即某种刺激的反复使人生理上的满足或心理上的反应减少，满足程度就会降低。我们在连续消费同一种物品时，都会有这种感觉。

（2）物品本身用途的多样性。每一种物品都有多种用途，这些用途的重要性不同。消费者总是先把物品用于最重要的用途，而后用于次要的用途。当他有若干这种物品时，把第一单位用于最重要的用途，其边际效用就大，把第二单位用于次重要的用途，其边际效用就小了。以此顺序用下去，用途越来越不重要，边际效用就递减了。例如，某消费者有 3 块巧克力，他把第一块用于最重要的充饥（满足生理需要），把第二块用于赠送朋友（满足爱的需要），把第三块用于

赐予（满足自我实现中对善的追求）。这三块巧克力的重要性是不同的，因而其边际效用也就不同。由此看来，边际效用递减规律是符合实际情况的。

案例分析

我应该拆掉去年的圣诞树吗?

亲爱的经济学家：

自年初以来，我的计划不停被打断，因此一直没机会拆掉圣诞树。到如今，我是应该在今年剩下的时间里都把这棵树留着，还是立刻动手拆掉它?

亲爱的D·西雅图：

我们每个人都会时不时地拖着一些事情不办。例如，我在去年春季就收到了你的电子邮件。如果在这过程中，你已经解决了自己的困境，那么请原谅我，不过，有可能我的回答仍然有用。

我觉得我们可以按照以下思路来假定一个效用函数，在圣诞节期间有一棵圣诞树可以带来正的效用，但随着时间流逝，边际效用会递减。过了一段时间后，边际效用就为负了：这棵树变成了令人恼火的东西，既没有使用价值，又不能做装饰。

鉴于吝啬在经济学模型中是一种美德，我们假定，如果这棵圣诞树（假设是塑料的）挺过了一年，在来年圣诞节，它的存在不会像旧闻那样，而是会像以前一样受欢迎。同时假定，把树装饰起来和拆掉都会带来负效用（尽管就我的经验来看，情况未必会这样）。

所有这些简化的假设会导致人们偏向于不拆掉树。尽管如此，用一些数字例证进行计算后的结果表明，几乎在所有情况下，拆掉树都会使你的经济情况变好。即便是现在（12月初），我也会建议你拆掉你的节日植物装饰，享受圣诞节前夜辞旧迎新的那份激动。

如果那棵树还没拆掉，我会觉得你的问题比低级成本效益分析要更加严重：这是将短期内的棘手行动往后推的严重倾向。我们已经发明了一种办法来处理这种问题，它的名字叫作新年决心书。

（资料来源：金融时报中文网，2011 - 02 - 11.）

延伸阅读

货币的边际效用

基数效用论者认为，货币如同商品一样，也具有效用。消费者用货币购买商品，就是用货币的效用去交换商品的效用。商品的边际效用递减规律对于货币也同样适用。对于一个消费者来说，随着其货币收入的不断增加，货币的边际效用是递减的。这就是说，随着某消费者货币收入的逐步增加，每增加一元钱给该消费者所带来的边际效用是越来越小的。

但是，在分析边际消费者行为时，基数效用论者又通常假定货币的边际效用是不变的。根据基数效用论者的解释，在一般情况下，单位商品的价格只占消费者总货币收入量中的很小部分，所以，当消费者对某种商品的购买量发生很小的变化时，其所支出货币的边际效用的变化是非常小的。这种微小的货币的边际效用的变化，可以略去不计。这样，货币的边际效用便是一个不变的常数。

三、消费者均衡

消费者均衡所研究的是消费者在收入既定的情况下，如何实现效用最大化的问题。这里的均衡是指消费者实现最大效用时，既不想再增加也不想再减少任何商品的购买数量的一种相对静止的状态。

（一）消费者均衡的假设条件

在研究消费者均衡时，我们做以下假设。

（1）消费者的偏好是既定的。也就是说，消费者对各种物品的效用与边际效用的评价是既定的，不会发生变动。

（2）消费者的收入是既定的，每1元货币的边际效用对消费者来说都是相同的。换句话说，由于货币收入是有限的，货币可以购买一切物品，所以货币的边际效用不存在递减问题。

（3）物品的价格是既定的。

消费者均衡正是要说明在这些假设条件之下，消费者如何把有限的收入分配于各种物品的购买与消费上，以获得最大效用。

（二）消费者均衡的条件

在运用边际效用分析方法来说明消费者均衡时，消费者均衡的条件是：如果消费者的货币收入水平是固定的，市场上各种商品的价格是已知的，那么，消费者应该使自己所购买的各种商品的边际效用与价格之比相等，或者说，消费者应使自己花费在各种商品上的最后一元钱所带来的边际效用相等。

假设消费者的收入为 M，他购买并消费 X 与 Y 两种物品，X 与 Y 的价格分别为 P_X 与 P_Y，购买的数量分别为 Q_X 与 Q_Y，所带来的边际效用分别为 MU_X 与 MU_Y，每一单位货币的边际效用 MU_m。这样，在购买两种商品情况下的消费者效用最大化的消费者均衡条件可写为：

$$P_X \cdot Q_X + P_Y \cdot Q_Y = M \tag{3-1}$$

$$\frac{MU_X}{P_X} = \frac{MU_Y}{P_Y} = MU_m \tag{3-2}$$

上述式（3-1）是限制条件，说明收入是既定的，购买 X 与 Y 物品的支出不能超过收入，也不能小于收入。超过收入的购买是无法实现的，而小于收入的购买也达不到既定收入时的效用最大化。式（3-2）是在限制条件下消费者实现效用最大化的条件，即所购买的 X 与 Y 物品带来的边际效用与其价格之比相等。也就是说，每一单位货币不论用于购买 X 商品，还是购买 Y 商品，所得到的边际效用都相等。

假定消费者用既定的收入购买几种商品；P_1，P_2，P_3，$\cdots$，P_n 分别为几种商品的既定价格；Q_1，Q_2，Q_3，$\cdots$，Q_n 分别表示几种商品的数量；MU_1，MU_2，MU_3，$\cdots$，MU_n 分别表示几种商品的边际效用，则可以把消费者均衡的条件写为：

$$P_1 \cdot Q_1 + P_2 \cdot Q_2 + P_3 \cdot Q_3 + \cdots + P_n \cdot Q_n = M \tag{3-3}$$

$$\frac{MU_1}{P_1} = \frac{MU_2}{P_2} = \frac{MU_3}{P_3} = \cdots = \frac{MU_n}{P_n} = MU_m \tag{3-4}$$

式（3-3）是限制条件，式（3-4）是消费者均衡的条件。式（3-4）表示消费者应选择最优的商品组合，使自己花费在各种商品上的最后一元钱所带来的边际效用相等，且等于货币的边际效用。

延伸阅读

社会因素对决策的影响

社会学家和心理学家一直认为，一些社会因素，如文化、习俗和宗教在解释消费者行为时也十分重要。而传统上，经济学家认为，这些因素都不是很重要。但是，近些年来，一些经济学家已经开始研究这些社会因素对消费者行为的影响。

例如，看起来人们在消费他们认为更加流行的产品时，所获得的效用将会更大。正如经济学家加里·贝克尔和凯文·墨菲指出的：毒品、犯罪活动、打保龄球、拥有一块劳力士手表、在工作中穿着便装、保持环境卫生的整洁带来的效用取决于你的朋友和邻居是否吸毒、实施犯罪活动、打保龄球、拥有劳力士手表、在工作中穿着便装、保持环境卫生整洁。

这种理由可以帮助解释即使两个餐馆提供实际上完全相同的食品和服务，也可能一家生意火爆、一家门庭冷落。人们去哪家餐馆就餐不但取决于基本的食物和服务，很大程度上还取决于餐馆的知名度。在名气大的餐馆吃饭可以提高消费者效用，因为他们认为在名气大的餐馆吃饭可以显示出自己的新潮和富有。只要消费行为是在公共场合发生的，许多消费者就会将其购买行为建立在其他消费者购买行为基础上。这样的例子包括在餐馆就餐、参加运动项目、穿着衣服、佩戴首饰、买车等。在这些例子中，购买某件商品的决策部分取决于该商品的特征，部分取决于有多少人购买了该种物品。

案例分析

为什么钻石比水贵

亚当·斯密曾在《国富论》中写道："没有什么东西比水更有用，但它几乎不能够买任何东西……相反，一块钻石有很小的使用价值，但是通过交换可以得到大量的其他商品。"一吨水才几块钱，而成千上万吨的水才换得的一颗钻石，除了能让人炫耀财富外，几乎没有什么用途。但为什么水的用途大而价格低，钻石用途小却价值大呢？这就是著名的"钻石与水悖论"，也就是"价值悖论"。

这的确是一个"悖论"！水的使用价值大却不值钱，而钻石没有多少使用价值，却价值连城。

经济学家约翰·劳认为，水之所以用途大、价值小，是因为世上水的数量远远超过对它的需求；而用途小的钻石之所以价值大，是因为世上钻石的数量太少，不能满足人们对它的需求。正像俗话所说的那样，物以稀为贵。约翰·劳的观点是以数量与需求的关系来判断物品价值的。

经济学家马歇尔则用供求均衡来解释这一"谜团"。他认为，人们对水所愿支付的价格，由于水的供应量极其充足，而仅能保持在一个较低的水平；可是，钻石的供应量却非常少，而需要的人又多，所以，想得到它的人，就必须付出超出众人的价格。

这些解释不无一定的道理，让我们再来看看西方边际学派如何用边际效用来说明价值悖论。

由于水的数量一般来说是取之不尽的，而人对水的需要总是有一定的限度，不可能无休止。就拿喝水来说，随着人的肚子逐渐鼓胀起来，最后一单位水对他来说就变成可喝可不喝的了，也就是说，最后一单位水对人增加的效用也就很小。西方边际学派认为，边际效用决定商品的价值，边际效用小，其价值也小。而钻石的数量相对于人的需求来说却少得可怜，因此，它的边际效用很大，于是价值也大。这就足以解释"钻石与水悖论"了。

因此，我们也可以用边际效用解释生活中的其他一些常见现象：某些物品虽然使用价值大，但是廉价；而另一些物品虽然使用价值不大，却很昂贵。

课程思政导读

人民日报：校园不容助奢"贷款"

教育部办公厅日前下发通知，要求各地各高校利用秋季开学前后一段时间，集中开展校园不良网贷风险警示教育工作，防止"校园贷"改头换面、卷土重来。

不少家长拍手称赞：这个预防针打得好！

贷款不是不可以进校园，关键要看进来干什么。有的学子，家境贫寒，无力完成学业，有银行提供低息或无息贷款，帮助他解决生活困难，缓解家庭压力，毕业后找到工作再还。这样的贷款称赞还来不及呢。可是，那些"校园贷"助的不是学，助的是奢！它鼓励大学生超前消费、过度消费。背课本哪里用得着LV包？上自习何必非骑高档单车？它助长的是不受控制的欲望和虚荣攀比，把同学们的价值观都扭曲了。

同时，"校园贷"也不是提款机。花钱一时爽，花过费思量。驴打滚、利滚利，欠债跟头上顶着山似的，还有心学习？那边还一天逼得比一天紧，又是威胁广发短信通知父母亲朋，又是堵宿舍堵教室门，那日子还能过吗？关键是办这种贷款的人，视法律如儿戏，发放贷款时又骗又哄，甚至要求以裸照做抵押，等催还款时也不择手段，强迫、殴打，甚至更不堪的方法都有，一旦掉进这个火坑，无论是对家庭还是对个人，都是极大的伤害。

刚迈进大学校门的同学，其实刚成年不久，有些甚至年龄更小。在高中时，学习压力大而且目标很单一，生活相对简单。升入大学后，高考的压力再也没有了，离就业、考研还远，目标也变得多元、模糊了，大学教授通常也不会像中学老师那样指导同学们如何生活，故而很多人无力抵抗诱惑、完成自控。对此，管理部门和学校应该及时介入。前一段时期重点打击这种"校园贷"，取得了很好的成果；过了风头，"校园贷"又想换个马甲再来，还得接着打击。学校离同学们最近，也就更加有呵护责任。班主任或辅导员应该开展这方面的预防工作，班级里谁突然奢侈起来，或者整天愁眉不展、心事重重，要及早发现、及早帮助。

传记作家茨威格有句名言广为流传：所有命运的馈赠，早已暗中标好了价格。把"校园贷"当命运的馈赠的同学，你不知道将来的价格有多高、代价有多大。赶紧擦亮眼睛、提高警惕，别往坑里跳啊！

（资料来源：许丹旸. 校园不容助奢"贷款"［N］. 人民日报，2018－09－13.）

第三节　序数效用论

当你走进商店时，你会遇见成千上万种可以买的物品。当然，由于你的财力是有限的，你不能买你想买的一切东西。因此，你考虑各种供销售的物品的 序数效用
价格，并在你的财力既定时购买最适合你需要和合意的一组物品。序数效用论者用无差异曲线和预算线解释人们在收入既定的条件下是如何做出选择的。

一、偏好

所谓偏好，就是爱好或喜欢的意思。譬如你是一名消费者，在既定的价格水平之下，你购买不同组合的两种商品，比如不同组合的汉堡和可乐，消费者可以自己判断到底是喜欢 2 个汉堡、1 听可乐这种商品组合，还是喜欢 1 个汉堡、2 听可乐的商品组合，如表 3 - 2 所示。假设，消费者必须在下面两种消费组合中做出选择。

表 3 - 2　消费者的两种消费组合

消费组合 A	消费组合 B
2 个汉堡、1 听可乐	1 个汉堡、2 听可乐

消费者可能存在 3 种判断。
（1）消费者更喜欢 A 组合。
（2）消费者更喜欢 B 组合。
（3）消费者觉得 A 组合与 B 组合都喜欢，它们之间差别不大。

二、无差异曲线

就像上文所提到的，如果两种组合同样适合他的偏好，我们说，消费者在这两种组合之间是无差异的。

（一）无差异曲线含义

无差异曲线表示能够给消费者带来相同效用的消费组合。现实中，消费者可以在很多的商品组合中进行选择，为了简单起见，我们假设目前只存在两种商品或者服务。

无差异曲线

图 3 - 3 给出了某位消费者对汉堡和可乐的偏好（无差异曲线表示）。在这个例子中，无差异曲线表示使消费者同样满足的汉堡和可乐的组合。

从图 3 - 3 中可以看出，消费者在 A、B 和 C 的组合中是无差异的，因为它们都在同一条曲线上。毫不奇怪，如果消费者消费的汉堡减少了，比如说从点 A 到点 B，可乐消费的增加必然可以使他感到同样幸福。如果汉堡的消费再减少，比如从点 B 到点 C，可乐的消费量还会增加。

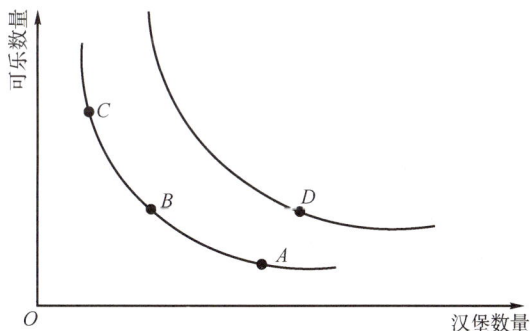

图 3 - 3　无差异曲线

消费者的无差异曲线给出了消费者偏好的完整排序。这就是说，我们可以用无差异曲线来给任意两种物品的组合排序。例如，无差异曲线告诉我们，消费者对点 D 的偏好大于点 A，因为点 D 所在的无差异曲线大于点 A。然而，这个结论可能是显而易见的，因为点 D 向消费者提供了更多的可乐和更多的汉堡。无差异曲线还告诉我们，消费者对点 D 的偏好大于点 C，因为点 D 在更高的无差异曲线上。尽管点 D 时的可乐比点 C 少，但它有额外的汉堡，足以使消费者更偏好它。通过找出更高无差异曲线上的一点，我们可以用无差异曲线束来给出任何可乐和汉堡的组合排序。

（二）无差异曲线的特征

1. 对较高无差异曲线的偏好大于较低无差异曲线

消费者通常对东西多的偏好大于东西少。这种对更大数量的偏好反映在无差异曲线上，正如图 3-3 所示，更高的无差异曲线所代表的物品量多于较低的无差异曲线。因此，消费者偏好较高的无差异曲线。

2. 无差异曲线向右下方倾斜

无差异曲线的斜率反映了消费者愿意用一种物品替代另一种物品的比率。在大多数情况下，消费者两种物品都喜欢。因此，如果要减少一种物品的量，为了使消费者同样幸福，就必须增加另一种物品的量。由于这个原因，大多数无差异曲线向右下方倾斜。

3. 无差异曲线不相交

为了说明这一点是正确的，假设两条无差异曲线相交，如图 3-4 所示。这样，由于点 A 和点 B 在同一条无差异曲线上，两点能使消费者同样满足。此外，由于点 B 与点 C 在同一条无差异曲线上，这两点也能使消费者同样幸福。但这些结论意味着，尽管点 C 两种物品都更多，但点 A 与点 C 能使消费者同样幸福。这就与消费者对更多两种物品的偏好大于较少两种物品的假设相矛盾。因此，无差异曲线不能相交。

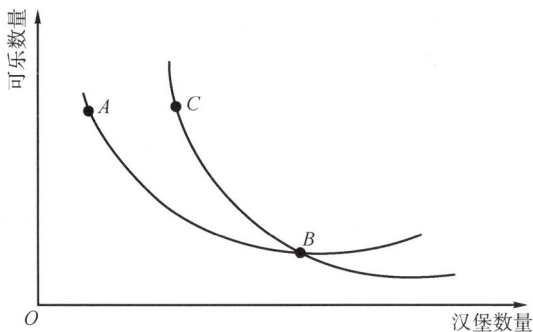

图 3-4　无差异曲线相交

4. 无差异曲线凸向原点

无差异曲线凸向原点即无差异曲线的斜率的绝对值是递减的。为什么无差异曲线具有凸向原点的特征呢？这取决于商品的边际替代率递减规律。边际替代率是一个十分重要的概念，我们在后面详细介绍。

（三）两种极端的无差异曲线

无差异曲线告诉我们消费者用一种物品交换另一种物品的意愿。当物品很容易相互替代时，无差异曲线不太凸向原点；当物品难以替代时，无差异曲线非常凸向原点。为了说明这种情况的正确性，我们考虑极端的情况。

1. 完全替代品

假设某人向你提供 10 元和 5 元的组合。你将对这不同的组合如何排序呢？

很可能的情况是，你只关心每种组合的总货币价值。如果是这样的话，你就会根据 10 元数量加 2 倍的 5 元数量来判断一种组合。换句话说，无论组合中的 10 元和 5 元有多少，你总愿意用 10 元换 2 个 5 元。你在 10 元和 5 元之间的边际替代率是一个不变的数字 2。

我们可以用图 3-5（a）中的无差异曲线表示你对 10 元的偏好和对 5 元的偏好，由于边际替代率是不变的，无差异曲线是一条直线。在这种极端的情况下，这两种物品是完全替代品。

2. 完全互补品

现在假设某人向你提供了一些鞋的组合。一些鞋适于你的左脚，另一些鞋适于你的右脚。你对这些不同的组合如何排序呢？

在这种情况下，你只关心鞋的对数。换句话说，你根据从这些鞋中配成的对数来判断组合。5 只左脚鞋和 7 只右脚鞋的组合只有 5 对。如果不同时给左脚鞋，多给一只右脚鞋没有价值。

我们可以用图 3–5（b）的无差异曲线来代表你对右脚鞋和左脚鞋的偏好，在这种情况下，5 只左脚鞋和 5 只右脚鞋与 5 只左脚鞋和 7 只右脚鞋的组合是同样的，它也与 7 只左脚鞋和 5 只右脚鞋的组合相同，因此，无差异曲线是直角形。在这种极端的情况下，这两种物品是完全互补品。

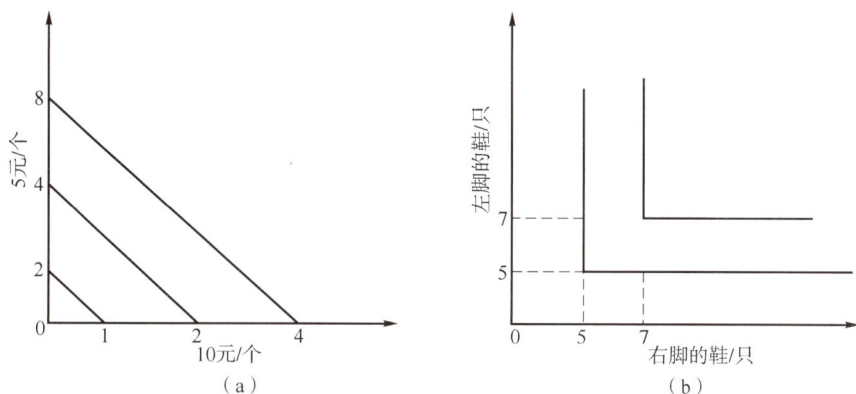

图 3–5　完全替代品和完全互补品的无差异曲线

（a）完全替代品；（b）完全互利品

当然，在现实世界中，大多数物品既不是完全替代品（像 10 元和 5 元），又不是完全互补品（像右脚鞋与左脚鞋），更典型的情况是，无差异曲线凸向原点，但不像直角形那样凸向原点。

三、边际替代率

（一）边际替代率含义及公式

边际替代率是指在保持效用水平不变的前提下，消费者增加一单位某种商品的消费数量时所需要放弃的另一种商品的消费数量。

以 ΔX 代表 X 商品的增加量，ΔY 代表 Y 商品的减少量，MRS 代表以 X 商品代替 Y 商品的边际替代率，则边际替代率的公式是：

$$MRS_{XY} = \frac{\Delta Y}{\Delta X} \qquad (3–5)$$

边际替代率

例如，增加 2 听可乐、减少 1 个汉堡，则以可乐代替汉堡的边际替代率为 0.5。应该注意的是，在维持效用水平不变时，增加一种商品的消费必然要减少另一种商品的消费。因此，边际替代率应该是负值。无差异曲线的斜率就是边际替代率，无差异曲线向右下方倾斜，就表明边际替代率为负值。但为方便起见，我们一般用其绝对值。

（二）边际替代率递减规律

某两种商品的边际替代率如表 3–3 所示，我们首先来计算以 X 商品代替 Y 商品的边际替代率。

表 3 – 3   某两种商品的边际替代率

变动情况	ΔX	ΔY	MRS_{XY}
$a - b$	5	12	2.4
$b - c$	5	5	1
$c - d$	5	3	0.6
$d - e$	5	2	0.4
$e - f$	5	1	0.2

在表 3 – 3 中，ΔX 是 X 商品的增加量，ΔY 是 Y 商品的减少量，MRS_{XY} 应该是负值。边际替代率递减是指边际替代率的绝对值在减少。从表 3 – 3 中可以看出，MRS_{XY} 从 2.4 一直下降到 0.2。经济学家认为，这种情况存在于任何两种商品的替代中，称为边际替代率递减规律。

具体地说，商品的边际替代率递减规律是指，在维持效用水平不变的前提下，随着一种商品消费数量的连续增加，消费者为得到每一单位的这种商品所需要放弃的另一种商品的消费数量是递减的。

边际替代率递减的原因是，随着 X 商品的增加，它的边际效用在递减；随着 Y 商品的减少，它的边际效用在递增。这样，每增加一定数量的 X 商品，其所能代替的 Y 商品的数量就越来越少，即 X 商品以同样的数量增加时，所减少的 Y 商品的数量会越来越少，或者说，在 $MRS_{XY} = \dfrac{\Delta Y}{\Delta X}$ 这个公式中，当分母 ΔX 不变时，分子 ΔY 在不断减少，从而导致分数值减少。

边际替代率递减实际上是用无差异曲线的形式来表述边际效用递减规律。从以上的解释可以看出，边际替代率递减正是由于随某商品数量的增加，其边际效用在减少。

四、预算线

大多数人喜欢增加所消费物品的数量和质量，比如享受更长的假期、开更豪华的车，或者在更好的餐馆吃饭。人们之所以消费的比他们愿意的少，是因为受到收入的约束或限制。

预算线

（一）预算线含义

预算线又称消费可能线或价格线，它表明在消费者收入与商品价格既定的条件下，消费者的全部收入所能购买到的两种商品的各种组合。

预算线表明了消费者消费行为的限制条件。这种限制就是购买物品所花的钱不能大于收入，也不能小于收入。大于收入是在收入既定条件下无法实现的，小于收入则无法实现效用最大化。假设这两种商品分别为 X 和 Y，则这种限制条件可以写为：

$$M = P_X \cdot Q_X + P_Y \cdot Q_Y \qquad (3 - 6)$$

上式也可以写为

$$Q_Y = \frac{M}{P_Y} - \frac{P_X}{P_Y} \cdot Q_X \qquad (3 - 7)$$

这是一个直线方程式，其斜率为 $-\dfrac{P_X}{P_Y}$。

为了使事情简单，我们还是考察上文提到的两种产品：汉堡和可乐。

假设消费者每月有 1 000 元收入，而且他把每个月的全部收入用于购买可乐和汉堡。一听可乐的价格是 2 元，而一个汉堡的价格是 10 元。表 3 –4 表示消费者可以购买的可乐和汉堡中的组合中的一些（即消费者预算结束）。该表的第一个组合表示，如果消费者把全部收入用于购买汉堡，他一个月可以吃100个汉堡，但他就根本不能买一点可乐。接下来展示了另一种可能的消费组合：90个汉堡和50听可乐。以此类推，表中的每种消费组合花费正好是1 000元。

表3－4　消费者预算约束

可乐/听	可乐支出/元	汉堡/个	汉堡支出/元	总支出/元
0	0	100	1 000	1 000
50	100	90	900	1 000
100	200	80	800	1 000
150	300	70	700	1 000
200	400	60	600	1 000
250	500	50	500	1 000
300	600	40	400	1 000
350	700	30	300	1 000
400	800	20	200	1 000
450	900	10	100	1 000
500	1 000	0	0	1 000

图3－6为消费者的预算约束线。纵轴代表可乐的数量，横轴代表汉堡数量。这个图上标出3个点：在点 A，消费者不买可乐而消费100个汉堡；在点 B 消费者不买汉堡而消费500听可乐；在点 C，消费者买50个汉堡和250听可乐。点 C 正好是线 AB 的中点，在这一点上消费者支出在可乐和汉堡上的钱相同（500元）。当然，这只是消费者可以选择的可乐和汉堡组合中的3种。线 AB 上所有各点都是可能的，这条线被称为预算约束线，表示消费者可以买得起的消费组合。在这种情况下，它表示消费者在可乐和汉堡之间的交替关系。

（二）预算线的变动

预算线的变动可以归纳为以下四种情况。

第一种情况是，两种商品的价格不变，消费者的收入发生改变。这时，相应的预算线的位置会发生平移。例如，你的月收入从1 000元增加到2 000元，预算线向右上方平行移动；相反，如果月收入从1 000元降低到500元，预算线向左平移。此时，消费者收入变化引起预算线变动情况如图3－7所示。在图3－7中，AB 是原来的预算线，当收入增加时，向右上方平行移动到 A_1B_1，当收入减少时，则向左下方平行移动到 A_2B_2。

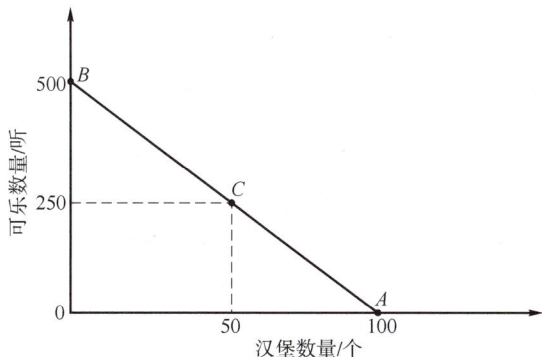

图3－6　消费者的预算约束线

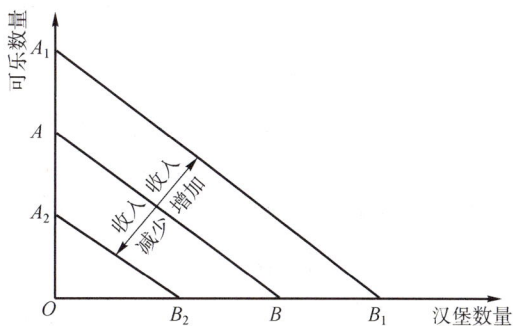

图3－7　消费者收入变化引起预算线变动

第二种情况是，消费者的收入不变，两种商品的价格同比例、同方向发生变化，这时相应的预算线的位置也会发生平移。

第三种情况是，商品 X 的价格发生变化，商品 Y 的价格和消费者的收入保持不变。这时，预算线的斜率会发生变化，预算线的横截距也会发生变化，但是纵截距保持不变。如图 3-8 所示，消费者的收入与可乐的价格不变，而汉堡价格下降，则预算线由 AB 移动至 AB_1。

第四种情况是，消费者的收入与两种商品的价格都同比例、同方向发生变化，这时预算线不发生变化。因为此时预算线的斜率

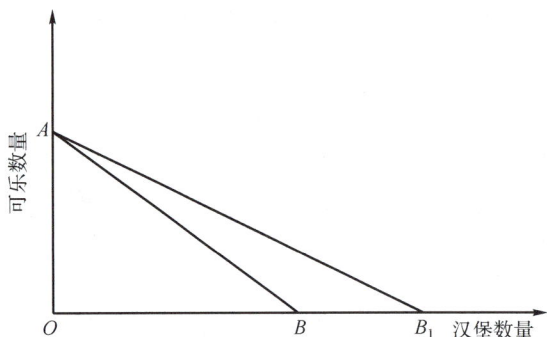

图 3-8　消费者收入变化引起预算线变动

以及预算线的横截距和纵截距都不会发生变化。

五、消费者均衡

（一）消费者均衡含义

再来看看可乐与汉堡的例子。消费者想得到可乐和汉堡最好的可能组合，也就是在最高可能无差异曲线上的组合。但消费者还必须达到或低于他的预算约束线，预算约束线衡量他可以得到的总收入。

消费者均衡可用图 3-9 说明。图 3-9 表示消费者的预算约束线和他许多无差异曲线中的三条。消费者可以达到的最高无差异曲线（图 3-9 中的 I_2）是只与预算约束线相切的无差异曲线。这条无差异曲线与预算约束线相切的一点被称为最优点。消费者会更偏爱点 A，但他负担不起，因为在他的预算约束线之外。消费者可以负担起点 B，但这一点在较低的无差异曲线上，因此，给消费者带来的满足程度低。最优点代表消费者可以得到的可乐和汉堡最好的消费组合。

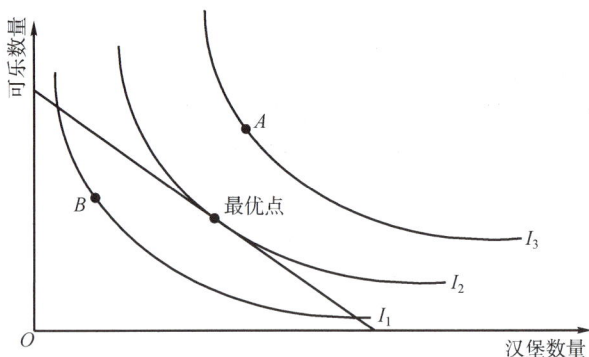

图 3-9　消费者均衡

要注意的是，在最优时，无差异曲线的斜率等于预算约束线的斜率，也就是说，无差异曲线与预算约束线相切。无差异曲线的斜率是可乐和汉堡之间的边际替代率，而预算约束线的斜率是可乐和汉堡的相对价格。因此，消费者选择的两种物品组合使边际替代率等于相对价格。

（二）影响消费者均衡的因素

1. 价格变化

如果汉堡的价格从 10 元 1 个降到 5 元 1 个，那么消费者均衡将发生什么样的变化呢？价格

变化与消费者均衡如图 3 – 10 所示。首先，我们要弄清汉堡价格下降如何影响预算线，在图 3 – 10 中，当汉堡价格为 10 元/个时，我们最多购买 100 个汉堡，而当汉堡价格下降到 5 元/个后，我们可以最多购买 200 个汉堡，于是，预算约束线的端点从 B 移动到 B_1，代表可以购买更多的汉堡。

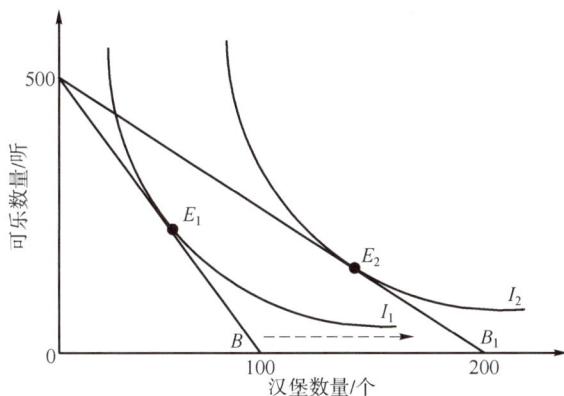

图 3 – 10　价格变化与消费者均衡

当预算约束线外旋之后，与较高的无差异曲线相切，表示可以购买一些原来无法支付的商品组合，如图 3 – 10 所示，在新的均衡点 E_2 上有更多的汉堡，低价格增加了我们的购买机会。

但是要指出的是，预算线外旋之后如何改变两种商品的消费取决于消费者的偏好。也就是说，当汉堡价格下降之后，我们能够支付起原来不能支付的商品组合。但是，是汉堡多一些还是可乐多一些，还要取决于消费者的偏好。

2. 收入变动

（1）正常品。假设收入增加了，在更高收入时，消费者买得起更多的两种物品。因此，收入增加使预算约束线向外移动，如图 3 – 11 所示。由于两种物品的相对价格并没有变，新预算约束线的斜率与原来预算约束线的一样。这就是说，收入增加引起预算约束线平行移动。预算约束的扩大使消费者选择更多的可乐和汉堡的组合。换句话说，消费者现在可以达到更高的无差异曲线。在预算约束线的移动和用无差异曲线代表的消费者偏好既定时，消费者的最优点从标有"原来最优"的点移动到标有"新最优"的点。

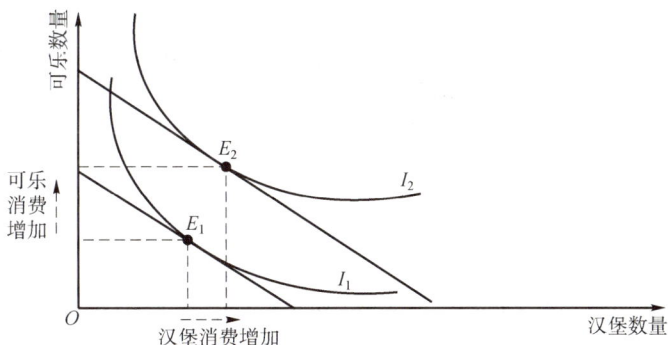

图 3 – 11　正常的收入增加使预算约束线向外移动

（2）劣等品。我们在第二章中接触过一种商品：当人们的收入提高时，对此类商品的消费反而减少，这类商品可称为劣等品。那么假设，可乐对于我们来说是劣等品，当消费者收入提高后，会发生什么样的变化呢？当消费者的收入提高到新均衡时，汉堡的消费量提高了，可乐的消费量减少了，如图 3 – 12 所示。

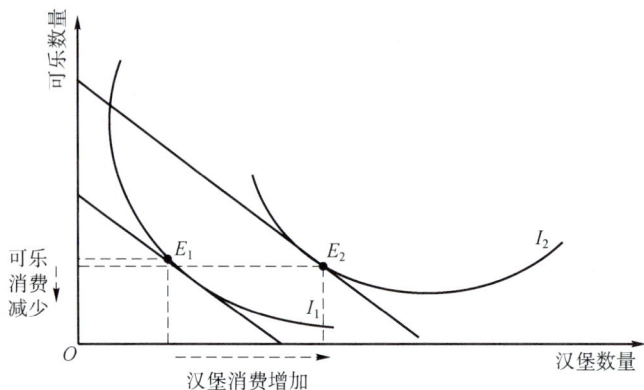

图 3 - 12 劣等品收入变化与消费者均衡

本章小结

本章主要讲授了消费者是如何做出消费决定的。基数效用论认为效用可以用数字来表示，并利用边际效用递减规律来解释消费者均衡。序数效用论则通过消费者的预算线和无差异曲线来解释预算既定的情况下消费者如何做出最优选择。

关键概念

效用　基数效用　序数效用　边际效用　边际效用递减规律　预算线　无差异曲线　消费者均衡

思维导图

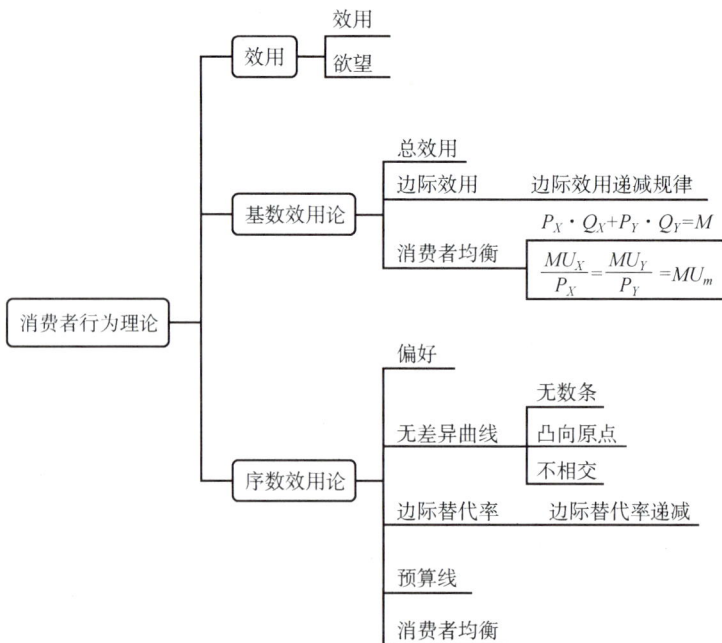

复习思考题

一、名词解释

基数效用论　序数效用论　总效用　边际效用　无差异曲线　预算线

二、选择题

1. 一个消费者想要一单位 X 商品甚于想要一单位 Y 商品，原因是（　　　）。

A. 商品 X 有更多效用 　　　　　　　　B. 商品 X 价格更低

C. 商品 X 紧缺 　　　　　　　　　　　D. 商品 X 是满足精神需要的

2. 总效用达到顶点时，（　　　）。

A. 边际效用曲线达到最大 　　　　　　B. 边际效用为零

C. 边际效用为正 　　　　　　　　　　D. 边际效用为负

3. 对于一种商品，消费者想要的已经都有了，这时（　　　）。

A. 边际效用最大　　B. 边际效用为零　　C. 总效用为零　　D. 边际效用为负

4. 无差异曲线的形状取决于（　　　）。

A. 消费者偏好　　　B. 消费者收入　　　C. 商品价格　　　D. 消费者效用水平

5. 某个消费者的无差异曲线有无数条，这是因为（　　　）。

A. 收入有时高、有时低 　　　　　　　B. 欲望是无限的

C. 消费者人数无限 　　　　　　　　　D. 商品数量无限

6. 无差异曲线为斜率不变的直线，表示相结合的两种商品是（　　　）。

A. 可以替代的　　　B. 完全替代的　　　C. 互补的　　　　D. 完全互补的

7. 同一条无差异曲线上不同的点表示（　　　）。

A. 效用水平相同，所消费两种商品组合比例相同

B. 效用水平相同，所消费两种商品组合比例不同

C. 效用水平不同，所消费两种商品组合比例相同

D. 效用水平不同，所消费两种商品组合比例不同

8. 预算线反映了（　　　）。

A. 消费者收入约束　　B. 消费者偏好　　　C. 消费者人数　　　D. 货币购买能力

9. 在消费者均衡点上，无差异曲线的斜率（　　　）。

A. 大于预算线的斜率

B. 等于预算线的斜率

C. 小于预算线的斜率

D. 有可能大于，也有可能等于或者小于预算线的斜率

10. 已知消费者收入是 100 元，商品 X 的价格是 10 元，商品 Y 的价格是 3 元，假定消费者打算购买 7 单位 X 和 10 单位 Y，这时，商品 X 和商品 Y 的边际效用分别是 50 和 18。如果要获得最大效用，消费者应该（　　　）。

A. 停止购买 　　　　　　　　　　　　B. 增加 X 的购买量，减少 Y 的购买量

C. 减少 X 的购买量，增加 Y 的购买量　D. 同时增加 X 和 Y 的购买量

三、问答题

1. 解释边际效用递减规律。

2. 什么是无差异曲线？无差异曲线有哪些特征？

3. 简述序数效用论的消费者均衡的过程。

四、案例分析

设计新的汽车

如果你是一家汽车公司的经理，那么你将如何决定什么时候推出新型车？该投资多少钱用于款式的重新设计？你或许知道，一辆汽车受到人们关注的两大特性是款式设计（例如设计和内部特点）和性能（例如汽油里程数和驾驶性能）。一辆汽车，它的款式设计越好，性能越佳，其需求量就越大。然而，重新设计款式，提高汽车的性能，都是要花钱的。在一辆汽车里，你应该增加多少特性呢？问题的答案取决于生产成本，也取决于消费者对汽车特性的偏好。

图 3 - 13（b）显示了消费者偏好的两个特性描述，图 3 - 13（a）所示的是一部分人偏好性能，而不是款式，他们愿意放弃相当的款式造型以换取更好的性能。将这些偏好与图 3 - 13（b）所示的另一部分人的偏好比较一下，后者偏好款式而不是性能，他们愿意为获得更新颖的款式而容忍低效的汽油里程数或稍差的驾驶性能。在人群中哪个偏好组别占了多数？知道这一点有助于汽车公司的经理做出战略性的生产决策。判断这一情况的途径之一是对人们进行调查，就款式和性能不同组合的几种汽车询问每个被调查者的偏好。另一种途径是从统计上分析消费者以往购买不同款式和性能的汽车的数量，将不同汽车的售价和汽车的特性水平联系起来，从而判断不同组别的消费者赋予每一特性的相对价值。上述两种途径都可以帮助人们判断最大的消费者组别是更看重性能［如图 3 - 13（a）所示］还是更看重款式［如图 3 - 13（b）所示］；还有，每组中的消费者在多大程度上愿意放弃一种特性以换取另一种特性。

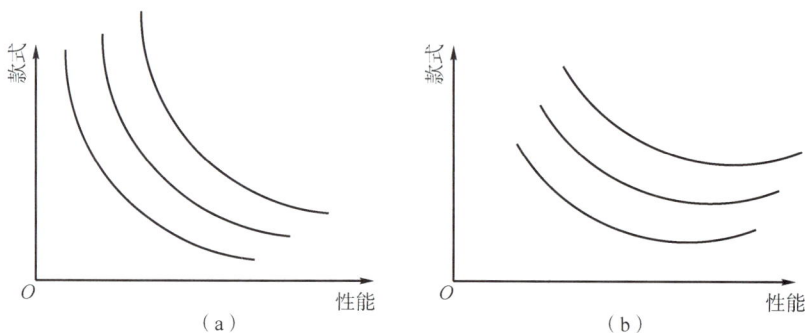

图 3 - 13　消费者对样式和性能的不同偏好
（a）偏好性能；（b）消费者偏好的两个特性描述

有关美国汽车需求的一项新近研究表明，在以往的二十来年里，绝大多数消费者偏好的是款式而不是性能。该研究将 1977—1991 年在美国销售的所有汽车，从超小型车到豪华的跑车，分成 9 个市场类别。在每一个类别中，款式变化的程度用指数来表示，从 1（没有可见的外部变化，如本田雅阁 1991 年车型）到 5（整个金属薄板的变化，如别克世纪 1989 年车型），再到 9（一个全新的车身，尺寸有变化，后轮驱动改为前轮驱动，如雪佛兰嘉奖 1980 年车型）。该研究发现，重视款式变化的公司的发展快于那些重视性能的公司的发展，特别是那些经过款式革新的汽车，其销量远超那些没有经过这类革新的汽车。款式的重要性有助于解释在美国的日本进口车份额不断增加的情况。美国国产车的销量年增 1.3%，而进口车的销量年增 6.4%。就平均而言，在所有的国产美国车中，每年只有 15% 有大的款式变化，而所有进口车的这一数字为23.4%。显然，款式变化（伴随着性能和可靠性的提高）促进了进口车的销量增长。这对欧洲共同市场来说颇具意义，如果欧洲人像美国人那样对待款式变化，日本人对欧洲市场的渗透在未来的十年后就会增强。

对于消费者选择的分析使我们明白，汽车消费者对组别的不同偏好可以怎样影响其购买决定。我们考虑两个消费者组别，每个组别想花 10 000 元用于汽车的款式和性能（其余的钱可以用在此处不予讨论的其他汽车特性上），但对于款式和性能，每个组别有不同的偏好。

图 3 - 14 显示了每个组别中的个人所面临的购车预算约束。第一组别，其偏好类似于图 3 - 13（a）所示的偏好，在性能和款式中偏好前者。通过在一条典型个人的无差异曲线和预算约束线之间寻找相切点，我们发现，这一组别的消费者偏好这样一种汽车：其性能值 7 000 元、款式值 3 000 元；而第二组别的消费者偏好性能值 2 500 元、款式值 7 500 元的汽车。

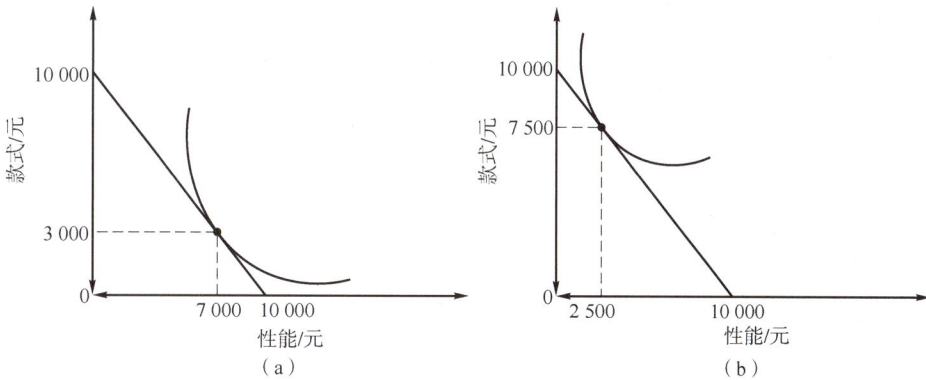

图 3 - 14　消费者对样式和性能的选择
（a）偏好性能；（b）偏好款式

在获悉组别偏好的情况下，一家汽车公司就可以设计产品、制订销售计划了。一个具有潜在盈利的选择是，制造这样一种车型，它注重款式的程度略低于图 3 - 14（b）中个人所偏好的程度，但远高于图 3 - 14（a）中个人所偏好的程度，以吸引这两组人。第二个选择是，生产较多的注重款式的汽车，生产少量的注重性能的汽车。这两种选择都是上述对购车偏好分析的结果。

第四章

怎样才算真正盈利——生产与成本理论

知识目标

1. 了解生产和生产函数的基本概念。
2. 掌握一种生产要素的合理投入。
3. 了解生产要素最佳组合的原则。
4. 了解短期成本的构成和变动特点。
5. 掌握利润最大化的原则。

能力目标

1. 能够根据需求、供给变动的条件进行简单的市场环境分析。
2. 能够运用均衡价格理论分析和解释市场价格、市场规模变化等经济现象。
3. 能够根据均衡价格理论及弹性理论分析和解释相关经济现象。

德育目标

1. 理解我国现行的分配原则，了解社会主义社会的经济规律和社会主义制度的优越性。
2. 能够根据成本理论做出正确的就业选择、职业选择和恋爱选择。
3. 树立责任意识、职业道德观念、节约观念、环保意识和绿色观念。

学习建议

本章重点掌握生产者行为，即厂商作为经济人，为实现利润最大化，是怎样以最小的成本获得最大的产量，如何以最优要素组合进行生产。建议学习时间为 4~6 课时。

导入案例

从世界 500 强榜单看中国经济韧性

2020 年 8 月 10 日《财富》世界 500 强排行榜揭晓，在这个被视为全球最权威的企业排行榜中，中国上榜公司数量连续增长，从 2001 年 12 家，增长到 2020 年的 133 家（包括香港和台湾）。尤其中国内地和中国香港上榜公司数量实现了历史性跨越——上榜数量达到 124 家，历史上第一次超过美国，再一次向世界展示了中国所创造的经济成长奇迹。

中国企业实力和规模的持续走强，离不开中国持续不断地深化改革和扩大开放，更彰显了中国经济发展的强劲韧性和活力。榜单之外，今年以来，疫情"黑天鹅"席卷全球，世界经济受到巨大冲击，中国经济发展面临的不稳定性、不确定性明显增大。但中国依然率先控制住国内疫情，全面推进复工复产复商复市，二季度 GDP 增速"转正"，同比增长 3.2%，是首个由负转正的主要经济体。中国人民银行行长接受媒体采访时明确表示，总体来看，中国经济潜力大、韧性足的特点并没有改变，下半年我国经济增长将延续复苏的态势，全年有望实现正增长。面对疫情带来的巨大冲击，中国对外开放的节奏和步伐仍在不断加快，《海南自由贸易港建设总体方案》正式印发，2020 年版外商投资准入负面清单进一步缩减等一系列举措，展现了中国不断分享发展机遇，以自身发展带动世界经济复苏的巨大潜力。但就中国企业而言，站在世界舞台上依然需要清醒认识到外部环境的复杂性和不确定性。去年 5 月，美国将华为列入"实体清单"。另一方面，虽然中国上榜企业数量位列第一，但盈利水平仍然较低，品牌的国际影响力也仍有较大提升空间。据《财富》杂志数据，2019 年，上榜的 124 家中国内地和中国香港企业平均利润不到 36 亿美元，约为美国企业的一半，也低于全球 500 家大公司平均利润 41 亿美元。如何从做大到做强，成为中国企业面临的新挑战。不过，我们坚信，长风破浪，终会有时。世界已经看到了《财富》500 强榜单里蕴蓄的中国经济的新能量。伴随中国经济底气和韧性的日益彰显，中国企业在世界舞台上也必将"直挂云帆济沧海"，实现从"量变"到"质变"的跨越式发展。

（资料来源：每经网，2020 - 08 - 10.）

第一节 生产和生产函数

一、生产和生产函数概述

（一）生产

生产是对各种生产要素进行组合以制成产品的行为。在生产中，厂商要投入各种生产要素并生产出产品。所以，生产也就是把投入变为产出的过程。

（二）生产要素

生产要素是指生产中所使用的各种资源，包括从事生产所必须投入的各种人力、物力、财力。这些资源一般被划分为劳动、资本、土地与企业家才能。

生产要素

1. 劳动

劳动是指人类在生产过程中提供的体力和智力的总和，可以分为智力劳动与体力劳动。劳动力是劳动者的能力，由劳动者提供，它的质和量是发展生产的决定性因素。

2. 资本

资本是指生产中所使用的资金。资本有两种形式：无形的人力资本与有形的物质资本。前者指体现在劳动者身上的身体、文化、技术状态，后者指厂房、设备、原料等资本品。在生产理论中，我们指的是物质资本。

3. 土地

土地是指生产中所使用的各种自然资源，不仅包括土地本身，还包括在自然界中所存在的一切自然资源，如海洋、矿藏、森林、湖泊等。

4. 企业家才能

企业家才能是指企业家组织建立和管理企业的能力。经济学家特别强调企业家才能，认为其是将劳动、资本、土地组织起来，使之演出有声有色的生产戏剧的关键。

生产是以上四种生产要素合作的过程，产品则是这四种生产要素共同努力的结果。

（三）生产函数

生产要素的数量与组合和它所能生产出来的产量之间存在着一定的依存关系。生产函数表示在一定时期内，在技术水平不变的情况下，生产中所使用的各种生产要素的数量与所能生产的最大产量之间的关系。任何生产函数都是以一定时期内的生产技术水平为前提条件的，一旦生产技术水平发生变化，原有的生产函数就会发生变化，形成新的生产函数。新的生产函数可能是以相同的生产要素投入量生产出更多或更少的产量，也可能是以变化了的生产要素的投入量进行生产。

以 Q 代表总产量，L、K、N、E 分别代表劳动、资本、土地、企业家才能这四种生产要素，则生产函数的一般形式为：

$$Q = f(L, K, N, E)$$

该生产函数表示在一定时期内，在既定的生产技术水平条件下，生产要素组合（L，K，N，E）所能生产的最大产量为 Q。

在分析生产要素与产量的关系时，为了简化分析，一般认为土地是固定的，企业家才能难以估算。因此，生产函数又可以写为：

$$Q = f(L, K)$$

这一函数式表明，在技术水平一定时，生产 Q 产量，需要一定数量的劳动与资本的组合。同样，生产函数也表明，在劳动与资本的数量及组合已知时，可以推算出最大产量。

生产函数所表示的生产中投入量和产出量之间的依存关系，普遍地存在于各种生产过程之中。一家工厂必然具有一个生产函数，一家饭店也是如此，甚至一所学校或医院同样会存在各自的生产函数。估算和研究生产函数，对于经济理论研究和生产实践都具有一定意义。

（四）技术系数

在不同行业的生产中，各种生产要素的配合比例是不同的。为生产一定数量的某种产品所需要的各种生产要素的配合比例称为技术系数。

如果生产某种产品所需要的各种生产要素的配合比例是不可能改变的，这种技术系数称为固定技术系数。这种固定技术系数的生产函数则称为固定配合比例生产函数。例如，制衣厂中工人和缝纫机的固定配合比例是 1:1，10 个工人和 10 台缝纫机配合才能使工人和机器都得到充分利用，如果将 10 个工人和 15 台机器投入生产，其效果和投入 10 个工人、10 台机器没有什么不同。

如果生产某种产品所需要的各种生产要素的配合比例是可以改变的，这种技术系数称为可变技术系数。这种可变技术系数的生产函数称为可变配合比例生产函数。一般而言，技术系数是可变的。例如，在农业中可以多用劳动、少用土地进行集约式经营，也可以少用劳动、多用土地进行粗放式经营。在工业中也有劳动密集型技术与资本密集型技术之分。在生产理论中研究的主要是技术系数可变的情况。

二、边际收益递减规律与一种生产要素的合理投入

在分析投入的生产要素与产量之间的关系时，有必要先从最简单的一种生产要素的投入开始。这里所用的是可变配合比例生产函数。我们所要研究的问题是，在其他生产要素不变的情况下，一种生产要素的增加对产量的影响，以及这种可变的生产要素的投入量以多少为宜。具体来说，我们假定资本量是不变的，只分析劳动量的增加对产量的影响，以及劳动量投入多少最为合理。这时的生产函数是：

$$Q = f(\bar{k}, L)$$

式中，$\bar{k}$ 表示资本量不变，此时的产量只取决于劳动量 L，我们要研究的是 Q 与 L 的关系，则生产函数也可以写为：

$$Q = f(L)$$

在研究这一问题时，我们必须首先了解一个重要的经济规律：边际收益递减规律。

（一）边际收益递减规律

边际收益递减规律又称收益递减规律，它的基本内容是：在技术水平不变的情况下，当把一种可变的生产要素投入其他一种或几种不变的生产要素中时，最初这种生产要素的增加会使边际产量增加，但当它的增加超过一定限度时，边际产量将递减，最终还会使总产量绝对减少。

在理解这一规律时，要注意以下几点。

（1）这一规律发生作用的前提条件是技术水平不变。技术水平不变是指生产中使用的技术没有发生重大变革。现在，技术进步的速度很快，但并不是每时都有重大的技术突破，技术进步总是间歇式进行的，只有经过一定时期的准备以后，才会有重大的进展。无论是在农业还是工业中，一种技术一旦形成，总会有一个相对稳定的时期，这一时期就可以称为技术水平不变。因此，在一定时期内，技术水平不变这一前提是可以成立的。例如，农业生产技术可以分为传统农业与现代农业。传统农业以人力和简单的工具为基本技术，现代农业则以机械化、电气化、化学化为基本技术。从传统农业变为现代农业，是技术发生了重大变化。在传统农业中，技术也有较小的变化（例如简单生产工具的改进），但在进入现代农业之前，都可称为技术水平不变。离开了技术水平不变这一前提，边际收益递减规律不能成立。

（2）这一规律所指的是生产中使用的生产要素分为可变的与不变的两类，即技术系数是可变的。边际收益递减规律研究的是把不断增加的一种可变生产要素增加到其他不变的生产要素上对产量或收益所发生的影响。这种情况也是普遍存在的。在农业中，当土地等生产要素不变时，增加施肥量；或者在工业中，当厂房、设备等生产要素不变时，增加劳动力，都属于这种情况。例如，对于 100 000 平方米麦田来说，在技术水平和其他投入不变的前提下，考虑使用化肥的效果。如果只使用 1 千克化肥，那可想而知，总产量的增加量（即边际产量）可以说是微不足道的。但随着化肥使用量的增加，其边际产量会逐步提高，直至达到最佳的效果，即最大的边际产量。但必须看到，若超过化肥的最佳使用量，继续增加化肥的使用量就会对小麦的生长带来不利影响，化肥的边际产量就会下降。过多的化肥甚至会烧死庄稼，导致负的边际产量，使总产量绝对减少。

（3）在其他生产要素不变时，增加一种生产要素所引起的产量或收益的变动可以分为三个

阶段。第一阶段是边际产量递增阶段，即这种可变生产要素的增加使边际产量（即总产量或收益）增加。这是因为在开始时，不变的生产要素没有得到充分利用，这时增加可变的生产要素可以使不变的生产要素得到充分利用，从而使边际产量递增。第二阶段是边际产量递减阶段，即这种可变生产要素的进一步增加仍可使总产量增加，但增加的比率，即增加每一单位生产要素的边际产量是递减的。这是因为，在这一阶段，不变生产要素已接近于充分利用，可变生产要素的增加已不能像第一阶段那样使产量迅速增加。第三阶段是产量绝对减少阶段，即这种可变生产要素的继续增加反而会使总产量减少。这是因为，在这一阶段，不变生产要素已经得到充分利用，若再继续增加可变生产要素，只会降低生产效率，减少总产量。例如，某制衣厂有100台缝纫机和100个工人，每个工人每天工作8小时，生产8件衣服。采取工人三班轮休、机器不停的办法，增加一个工人可多生产8件衣服，若增加100个工人，每天可增加生产衣服800件。再增加200个工人，工人总数为400人，每个工人每天只能工作6小时，生产6件衣服，每天可增加生产衣服1 200件。若再增加工人，每个工人每天的工作时间和生产数量将会更少，由于工人人数增加，管理成本也将增加，每个工人的工作效率将大大降低，一些人将无事可干，因而造成边际产量的负增长及总产量的绝对减少。边际收益递减规律是研究一种生产要素的合理投入的出发点。

相关链接

一个和尚担水吃，两个和尚抬水吃，三个和尚没水吃

边际收益递减规律是从科学实验和生产实践中得出的，在农业中的作用最明显。早在1771年，英国农学家杨格就用在若干相同的地块上施以不同量肥料的实验，证明了肥料施用量与产量增加之间存在着这种边际收益递减关系。以后，国内外学者又通过大量事实证明了这一规律。我国历史上有些地方曾在有限的土地上盲目密植，造成减产，这一事实也证明了这一规律。这一规律同样存在于其他部门。我国俗话所说的"一个和尚担水吃，两个和尚抬水吃，三个和尚没水吃"正是对边际收益递减规律的形象表述。

知识拓展

生产规模与盈亏平衡点

亚当·斯密在《国富论》中确证，分工能够提高效率。分工的前提是规模，即规模越大，分工越细，效率越高。规模经济又分为内部规模经济和外部规模经济。内部规模经济随着企业规模的扩大，单位产品成本越来越低，产出与投入的差额越来越大，企业的效益就越来越高。企业成本包括固定成本和变动成本，随着生产规模的扩大，变动成本增加而固定成本不变，单位产品成本不断下降，利润不断上升。例如卖烧饼，需要租房子、买炉子等，这些费用摊入每一个烧饼，形成烧饼的固定成本；卖烧饼需要面粉、燃料等，形成烧饼的变动成本。如果每天只卖一个烧饼，肯定亏损；假如卖100个就不再亏损，这100个就是盈亏平衡点，也就是卖烧饼的最小必要规模，卖101个就开始盈利，卖得越多利润就越高。不同的行业有不同的规模要求。生产经营规模要达到或超过盈亏平衡点，是设立企业的根本标准，也是城市服务业远比农村发达的主要原因。外部规模经济理论认为，某一行业的企业及相关部门在一个地方大规模集聚能够降低成本，提高效率，使收益递增。

（二）总产量、平均产量、边际产量

为了用边际收益递减规律说明一种生产要素的合理投入，就要进一步分析一种生产要素的增加所引起的总产量、平均产量与边际产量变动的关系。

总产量是指一定量的某种可变生产要素所生产出来的全部产量。平均产量是指平均每一单位的某种可变生产要素所生产出来的产量。边际产量是指某种可变生产要素每增加一单位所增加的总产量。

以 Q 代表某种生产要素的数量，ΔQ 代表某种生产要素的增加量，以 TP 代表总产量，AP 代表平均产量，MP 代表边际产量，则这三种产量可以分别写为：

$$TP = AP \cdot Q \tag{4-1}$$

$$AP = \frac{TP}{Q} \tag{4-2}$$

$$MP = \frac{\Delta TP}{\Delta Q} \tag{4-3}$$

假定生产某种产品时所用的生产要素是资本与劳动。其中资本是固定的，劳动是可变的。根据上述关系明确劳动投入的变化与总产量、平均产量、边际产量的关系，如表4-1所示。

表4-1　劳动投入的变化与总产量、平均产量、边际产量的关系

资本量（K）	劳动量（L）	劳动增量（ΔL）	总产量（TP）	平均产量（AP）	边际产量（MP）
10	0	0	0.0	0.00	0.0
10	1	1	6.0	6.00	6.0
10	2	1	13.5	6.75	7.5
10	3	1	21.0	7.00	7.5
10	4	1	28.0	7.00	7.0
10	5	1	34.0	6.80	6.0
10	6	1	38.0	6.30	4.0
10	7	1	38.0	5.40	4.0
10	8	37	4.6	4.00	-1.0

根据表4-1可明确总产量、边际产量、平均产量的关系，如图4-1所示。

在图4-1中，横轴代表劳动量，纵轴代表总产量、平均产量与边际产量。TP 为总产量曲线，AP 为平均产量曲线，MP 为边际产量曲线，分别表示随着劳动量的变动，总产量、平均产量与边际产量变动的趋势。根据图4-1，总产量、平均产量和边际产量之间的关系有这样几个特点。

（1）在资本量不变的情况下，随着劳动量的增加，最初总产量、平均产量和边际产量都是递增的，但各自增加到一定程度之后就分别递减。所以，总产量曲线、平均产量曲线和边际产量曲线都是先上升后下降。这反映了边

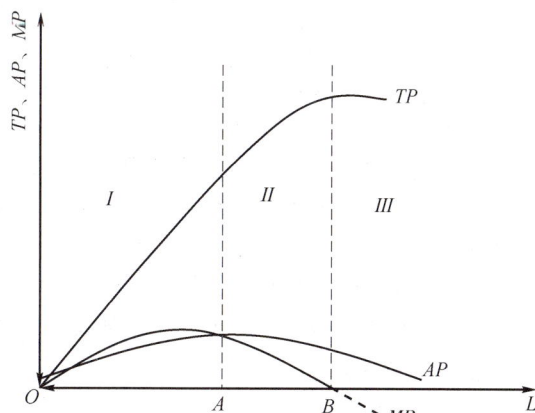

图4-1　总产量、边际产量、平均产量关系

际收益递减规律。

（2）边际产量曲线与平均产量曲线相交于平均产量曲线的最高点。在相交前，平均产量是递增的，边际产量大于平均产量（$MP > AP$）；在相交后，平均产量是递减的，边际产量小于平均产量（$MP < AP$）；在相交时，平均产量达到最大，边际产量等于平均产量（$MP = AP$）。不论是增加还是减少，边际产量的变动都快于平均产量。

（3）当边际产量增加时，总产量以递增的速度增加；当边际产量减少时，总产量以递减的速度增加。当边际产量为零时，总产量达到最大，此后，当边际产量为负数时，总产量就会绝对减少。

（三）一种生产要素的合理投入

总产量、平均产量、边际产量之间的关系反映了边际收益递减规律，我们从这种关系出发来说明一种生产要素的合理投入问题。

在确定一种生产要素的合理投入时，我们根据总产量、平均产量与边际产量的关系，把图 4 - 1 分为 3 个区域。Ⅰ区域是劳动量从零增加到点 A 的这一阶段。这时，平均产量一直在增加，且达到最大值，边际产量上升到最大值然后开始下降，且边际产量始终大于平均产量，总产量始终是增加的。说明在这一阶段，相对于不变的资本量而言，劳动量是不足的，所以劳动量的增加可以使资本得到充分利用，从而使总产量递增。由此来看，劳动量最少要增加到点 A 为止，否则资本无法得到充分利用。Ⅱ区域是劳动量从 A 增加到 B 的这一阶段。这时，平均产量开始下降，边际产量递减，平均产量大于边际产量，继续增加劳动量仍可使边际产量增加，但增加的比率是递减的。由于边际产量仍然大于零，总产量仍在增加。当劳动量增加到点 B 时，总产量可以达到最大。Ⅲ区域是劳动量增加到点 B 以后的阶段，这时，平均产量继续下降，边际产量降为负数，总产量绝对减少。由此看来，劳动量的增加超过点 B 之后是不利的。

从以上的分析可以看出，劳动量的增加应在Ⅱ区域（A—B）为宜。但应在Ⅱ区域的哪一点上呢？这就还要考虑其他因素。首先要考虑厂商的目标，如果厂商的目标是使平均产量达到最大，那么，劳动量增加到点 A 就可以了；如果厂商的目标是使总产量达到最大，那么，劳动量就可以增加到点 B。其次，如果厂商以利润最大化为目标，那就要考虑成本、产品价格等因素。因为平均产量最大时，并不一定是利润最大；总产量最大时，利润也不一定最大。劳动量增加到哪一点所达到的产量能实现利润最大化，还必须结合成本与产品价格分析。

第二节　生产要素的最佳组合

在技术系数可以变动，即两种生产要素的配合比例可以变动的情况下，这两种生产要素按什么比例配合最好呢？这就是生产要素最佳组合所要研究的问题。

生产要素的最佳组合，与消费者均衡是很相似的。消费者均衡研究消费者如何把既定的收入分配于两种产品的购买与消费上，以求达到效用的最大化；而生产要素的最佳组合，则研究生产者如何把既定的成本（即生产资源）分配于两种生产要素的购买与生产上，以达到利润的最大化。因此，研究这两个问题所用的方法也基本相同，即边际分析法与等产量分析法。本节，我们主要研究如何利用等产量分析法来解决生产要素的最佳组合问题。

一、等产量线

（一）等产量线的含义

生产理论中的等产量曲线和效用理论中的无差异曲线很相似。我们可以给等产量线下这样一个定义：等产量线是表示在技术水平不变的条件下，生产同一产量的两种生产要素投入量的所有不同组合的轨迹。

假如用资本与劳动两种生产要素进行生产，它们有 a、b、c、d 四种组合方式，这四种组合方式都可以达到相同的产量，如表 4 - 2 所示。

表 4 - 2　资本和劳动的不同组合

组合方式	资本（K）	劳动（L）
a	6	1
b	3	2
c	2	3
d	1	6

根据表 4 - 2 可绘出等产量线，如图 4 - 2 所示。图 4 - 2 的横轴 OL 代表劳动量，纵轴 OK 代表资本量，Q 为等产量线，该曲线上的任何一点都表示资本与劳动不同数量的组合，且均能生产出相等的产量。等产量线与无差异曲线虽然相似，但它所代表的是产量而不是效用水平。

（二）等产量线的特征

1. 等产量线是一条向右下方倾斜的线，其斜率为负值

斜率为负值表明，在资源与生产要素的价格既定的条件下，为了达到相同的产量，厂商在增加一种生产要素的投入时，必须减少另一种生产要素的投入。因为两种生产要素同时增加，是资源既定时无法实现的；而两种生产要素同时减少，则不能保持相等的产量。

2. 在同一坐标平面图上，可以有无数条等产量线

等产量的不同组合如图 4 - 3 所示。同一条等产量线代表相同的产量水平，不同的等产量线代表不同的产量水平。离原点越远的等产量线所代表的产量水平越高，而离原点越近的等产量线所代表的产量水平则越低。图 4 - 3 可说明这一点。

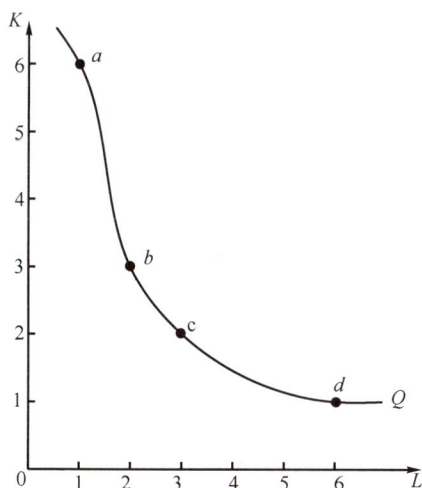

图 4 - 2　等产量线

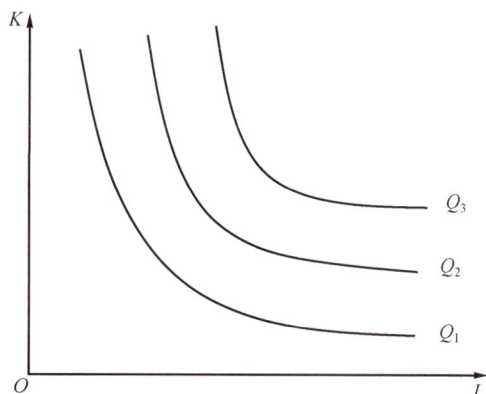

图 4 - 3　等产量的不同组合

如图 4 - 3 所示，Q_1、Q_2、Q_3 是三条不同的等产量线，它们分别代表不同的产量水平，其顺序为 $Q_1 < Q_2 < Q_3$。

3. 在同一坐标平面图上，任意两条等产量线不能相交

因为在交点上，两条等产量线代表了相同的产量水平，与第二个特征矛盾。

4. 等产量线是一条凸向原点的线

这是由边际技术替代率递减所决定的。

二、等成本线

在生产要素市场上，厂商对生产要素的购买构成了厂商的生产成本。成本问题是追求利润最大化的厂商必须考虑的一个经济问题。等成本线又称企业预算线，它表示在成本与生产要素价格既定的条件下，生产者所能购买到的两种生产要素的各种不同数量组合的轨迹。

等成本线表明了厂商进行生产的限制条件，即它购买生产要素所花的钱不能大于或小于其所拥有的货币成本。大于货币成本是无法实现生产的，小于货币成本又无法实现产量最大化。等成本线可以写为：

$$M = P_L Q_L + P_K Q_K \tag{4-4}$$

式中，M 为货币成本，P_L、P_K、Q_L、Q_K 分别为劳动与资本的价格与购买量。

上式也可以写为：

$$Q_K = \frac{M}{P_K} - \frac{P_L}{P_K} \cdot Q_L \tag{4-5}$$

这是一个直线方程式，其斜率为 $-\frac{P_L}{P_K}$。

因为 M、P_L、P_K 为既定的常数，所以，只要给出 Q_L 的值，就可以解出 Q_K。当然，给出 Q_K 的值，也可以解出 Q_L。

如果 $Q_L = 0$，则 $Q_K = \frac{M}{P_K}$；如果 $Q_K = 0$，则 $Q_L = \frac{M}{P_L}$。

假设，$M = 600$ 元，$P_L = 2$ 元，$P_K = 1$ 元，则当 $Q_L = 0$，$Q_K = 600$；当 $Q_K = 0$ 时，$Q_L = 300$。这样，就可以绘出等成本线，如图 4-4 所示。

在图 4-4 中，如果用全部货币购买劳动，则可以购买 300 单位（点 A）；如果全部用来购买资本，则可以购买 600 单位（点 B），连接点 A 和点 B 的线则为等成本线。该线上的任何一点都表示，在货币成本与生产要素价格既定的条件下，厂商能购买到的劳动与资本的最大数量的组合。例如在点 C，购买 100 单位劳动和 400 单位资本，正好用完 $600(2 \times 100 + 1 \times 400)$ 元。而等成本线以内区域中的任何一点，如点 D，表示既定的全部成本都用来购买该点的劳动和资本的组合以后还有剩余。同样，等成本线以外的区域中的任何一点，如点 E，表示用既定的全部成本购买该点的劳动和资本的组合是不够的。唯有等成本线上的点，才表示用既定的全部成本能刚好购买到劳动和资本的最大组合。

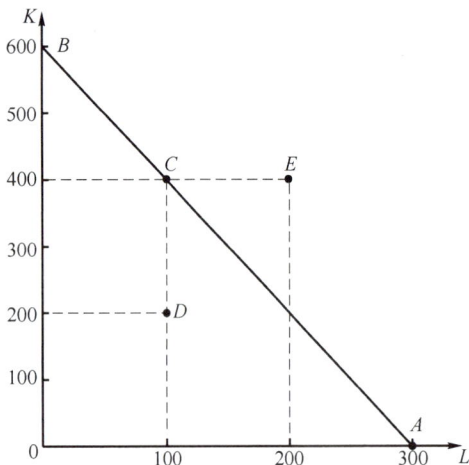

图 4-4 等成本线

如果厂商的货币成本发生变动，或者生产要素的价格同比例变动，则等成本线会平行移动。货币成本增加，等成本线向右上方平行移动；货币成本减少，等成本线向左下方平行移动，如图 4-5 所示。

在图 4-5 中，AB 是原来的等成本线。当货币成本增加时，等成本线移动至 A_1B_1；而当货币成本减少时，等成本线移动到 A_2B_2。

三、生产要素的最佳组合

在长期，所有生产要素的投入数量都是可变动的，任何一个理性的生产者都会选择最优的生产要素组合进行生产，即将等产量曲线和等成本曲线结合在一起，研究如何选择最优的生产要素组合，从而实现既定成本条件下的最大产量，或者实现既定产量条件下的最小成本。

如果把等产量线与等成本线画在同一个平面坐标图中，那么，等成本线必定与无数条等产量线中的一条相切于一点。在这个切点上，就实现了生产要素的最佳组合。生产要素最佳组合可以用图 4-6 来说明。

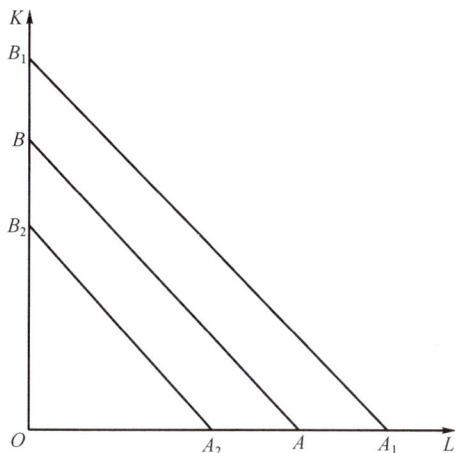

图 4-5　等成本线的移动　　　　图 4-6　生产要素最佳组合

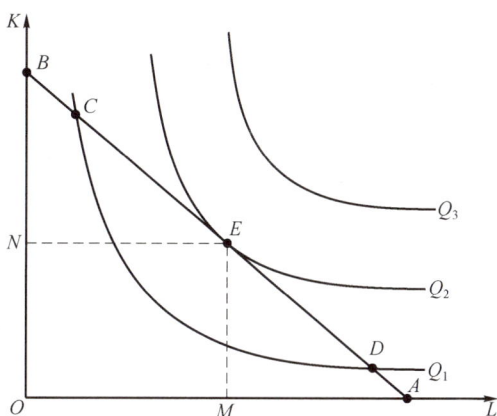

在图 4-6 中，Q_1、Q_2、Q_3 为三条等产量线，其产量大小的顺序为 $Q_1 < Q_2 < Q_3$。线 AB 为等成本线，与 Q_2 相切于点 E，这时厂商实现了生产要素的最佳组合。即在生产者的货币成本与生产要素价格既定的条件下，OM 的劳动与 ON 的资本相结合能实现利润最大化，也就是既定产量下成本最小或既定成本下产量最大。

为什么只有在点 E 时才能实现生产要素的最佳组合呢？从图 4-6 中可以看出，点 C、点 E、点 D 上都是相同的成本，这时点 C 和点 D 在 Q_1 上，而点 E 在 Q_2 上，$Q_2 > Q_1$，所以点 E 时的产量是既定成本时的最大产量。在曲线 Q_2 上产量是相同的，但除点 E 外，其他任何一种生产要素组合的点都在 AB 线之外，其成本大于点 E，是现有的货币成本无法实现的，所以点 E 时的成本是既定产量时的最小成本。

第三节　成本

一、成本

成本又称生产费用，是生产中所使用的各种生产要素的货币支出。然而，在经济学的分析中，仅从这样的角度来理解成本是不够的。为此，西方经济学家提出了机会成本、显性成本和隐性成本等概念。

（一）机会成本

机会成本并不是生产活动中的实际货币支出，但对经营与决策十分重要。分析机会成本，能够使各种生产要素用于最佳途径，做到资源的最优配置。

机会成本是做出一项决策时所放弃的其他可供选择的最好用途。对生产者来说，是指由于使用某一投入要素而必须放弃的该要素其他用途的最高代价；对要素所有者来说，则是这一要素在其他可能的机会中的最高报酬。例如，某公司使用国内生产的原油，按调拨价格计算是每吨 2 000 元，按协议价格计算是每吨 3 000 元，但如果将它用于出口，便相当于每吨 4 000 元。假如每吨 4 000 元是原油在其他可能的用途中的最高价格，则按实际付出的调拨价格或协议价格计算的是实际付出的成本，按出口价格计算的是机会成本。又如，某人大学毕业，可有两种选择：继续攻读研究生和就业。如果选择就业，他将有三个工作可供选择，年薪分别是 5 万元、6 万元和 5.5 万元。如果他选择攻读研究生，学制三年，则他放弃了年薪分别是 5 万元、6 万元和 5.5 万元的工作。在这三个工作中，年薪最高的是 6 万元。所以他选择攻读研究生的机会成本就是放弃三年可赚取 18 万元的工作机会。

机会成本

在理解"机会成本"这一概念时，要注意以下三个问题。

（1）机会成本不同于实际成本，它不是做出某项选择时实际支付的费用或损失，而是一种观念上的成本或损失。

（2）机会成本是做出一种选择时所放弃的其他若干种可能的选择中最好的一种。

（3）机会成本并不全是由个人选择引起的。其他人的选择会给你带来机会成本，你的选择也会给其他人带来机会成本。例如，当你在夜晚享受卡拉 OK 时，你所放弃的宁静就是这种享受的机会成本。这时，你还会使别人不得宁静，别人放弃的宁静就是你的这种选择给别人带来的机会成本。当然，我们一般从个人的角度出发做出某项投资或其他决策，所考虑的主要是自己的机会成本。一般所说的机会成本也是这种含义。在西方经济学中，企业的生产成本应该从机会成本的角度来理解。

在我们做出任何决策时，都要使收益大于或至少等于机会成本。如果机会成本大于收益，则这项决策从经济的观点看就是不合理的。就是说，在做出某项决策时，不能只考虑获利的情况，还要考虑机会成本，这样才能使投资最优化。例如，在决定修建一座特大型水电站时，不仅应该考虑这座水电站可以发多少电、将带来多少其他收益，还应考虑用同样的资金可以建多少座中小型水电站，这些中小型水电站能发多少电、将带来多少其他收益。后者是前者的机会成本，只有前者的收益大于后者，即修建特大型水电站的机会成本小于收益，这项投资才是有利的。否则，无论这项投资的收益有多大，从经济的角度看都是不合理的。

当然，在运用"机会成本"这一概念时要考虑以下几个条件：①有多种投资和选择的可能性；②投资或选择任何方向都不受限制。如果这两个条件不具备，机会成本这个概念也就没有用了。

相关链接

闲话读书"机会成本"

世事难两全，如果选择了从军报国之路，就不可避免地少了"相思相望不相亲，天为谁春"的烂漫。鱼与熊掌不可兼得，放弃的鱼就是你选择熊掌的代价，这在经济学中有一个概念，叫"机会成本"，即为了得到某种东西时，要放弃另外一些东西产生的最大价值。读书也有机会成本，就是因为读书被舍弃掉的那一部分价值。然而如今一些人对此往往存在认识误区，他们把升职赚钱、娱乐消费当成生活常态，把追求眼前利益当作根本目标，觉得与其花时间读书，不如花时间广交朋友、善结人缘，否则，就认为因为读书而错过了更大获益的机会。不错，读书需要较大的付出。但这又正像有人说的，不是每一次努力都会有收获，但每一次收获都必须努力。读书并不一定能让每一页书都产生看得见的价值，但要最大限度地实现人生价值，必须将书一页一页地读下去。每个人都难免要面对读书"机会成本"这一选题并做出抉择，毫无疑问的是，没有什么能够比读书获得的收益更大。古人云"书犹药也，善读之可以医愚""积财千万，无过读书"，培根说"读书给人以乐趣，给人以光彩，给人以才干"。读书是一个自然人成为社会人的基础，也是成为人才、栋梁的阶梯。读书求知是绕不过去的人生驿站，是走向人生巅峰必须攀登的路径。正是有青少年时期读书这一巨大付出，才拥有成熟时期的巨大收获。读书是汲取智慧，而释放的可能是更大的智慧。没有读书，不会有孔子、老子、庄子，不会有"唐宋八大家"，也不会有亚里士多德、欧几里得、牛顿、爱因斯坦。理解读书的"机会成本"，必须认识到，读书的价值更多的是潜在的，除了愉悦身心、开启智慧，其更大效益的形成往往在读书之后，日久天长必然"熏染成习"。读书增长知识，知识决定未来。一个人，一个团体，乃至一个民族，如果没有读书，必然没有智慧、没有活力、没有创新、没有进步。选择读书，就是选择智慧、选择进步。无论读书的"机会成本"有多大，在我们感到"本领恐慌"的时候，都应义无反顾地选择读书。

（资料来源：钟新生. 闲话读书"机会成本"［N］. 解放军报，2019-01-04.）

案例分析

机会成本

经济学是研究个人选择行为的科学，选择行为与成本大小密切相关。机会成本即为了得到某种东西而要放弃的另一些东西的最大价值，也可以理解为在面临多方案择一决策时，被舍弃的选项中的最高价值者。比如接下来的1小时，你可以用来玩手机，也可以用来看电视，或者陪女朋友逛街。如果陪女友的好处可以表示为300元，玩手机为200元，看电视100元，那么选择陪女友的机会成本为200元。既然成本是放弃的最好机会，那么至少存在两项选择，才可能存在成本，否则成本为零。从选择的角度看，过去的选择、过去的投资由于不能再次选择，因此，不再影响你将来的选择与决策。比如你买了电脑、复印机，开了一家复印店，此时只要营业收入能够超过纸张、人工等可变的开支，理性的你就应该继续营业。购买电脑与复印机的投资多少与是否继续营业无关。历史投入不影响将来选择，这个结论可以很好地用在股票上。比如你以前用10元的价格买入某只股票，过了一段时间，如果认为这只股票以后还会涨，你就持有，否则你就会卖掉。因为你预期会涨，持有股票的机会成本就是卖掉股票的收益，收益为负，持有股票代价为负，当然选择持有。如果你预期股票会跌，你持有股票的机会成本就是卖掉股票的收益，收益为正，持有股票代价为正，当然选择卖掉。许多人不懂得历史成本不影响将来选择的道理，在10元买入的股票，只有在10元以上才肯卖掉。殊不知既然股票价格低于10元了，说明你当时买入股票的理由已然不成立，你持有的股票很可能会一跌再跌，你也慢慢由小亏变大亏。

（资料来源：王兴康. 成本是放弃的最佳机会［N］. 深圳特区报. 2017-09-12.）

（二）显性成本与隐性成本

显性成本是指厂商在生产要素市场上购买或租用他人所拥有的生产要素的实际支出。因为这些成本在账目上一目了然，所以称为显性成本。显性成本包括支付给雇员的工资薪金以及购买原料、材料、燃料、动力等所支付的费用，也包括为借入资金支付的利息。总之，显性成本是所有由厂商支付并记录在账目上的支出。隐性成本是指厂商所拥有的且被用于该企业生产过程中的那些生产要素的总价格。

（三）私人成本和社会成本

私人成本是指私人厂商在生产中按市场价格支付的一切费用；社会成本是指整个社会为某一投入要素付出的成本。例如，某一化工厂在生产过程中排出的废气、废水会造成环境、空气和水源的污染，社会必须支付一笔费用来治理这些污染，以维护广大群众的身体健康，这笔费用便构成了社会成本。

二、短期成本分析

（一）短期成本

1. 短期总成本

短期总成本是指短期内厂商为生产一定数量的产品而对全部生产要素所支出的总成本。短期总成本分为固定成本与可变成本。

固定成本是指厂商在短期内必须支付的、不能调整的生产要素的费用。这种成本不随产量的变动而变动，是固定不变的。此类成本主要包括厂房和设备的折旧，以及管理人员的工资等。

可变成本是指厂商在短期内必须支付的、可以调整的生产要素的费用。这种成本随着产量的变动而变动，是可变的。此类成本主要包括原材料、燃料的支出以及生产工人的工资等。

如果以 STC 代表短期总成本，FC 代表固定成本，VC 代表可变成本，则有：

$$STC = FC + VC \tag{4-6}$$

2. 短期平均成本

短期平均成本是指短期内厂商生产每一单位产品平均所需要的生产要素的支出。短期平均成本分为平均固定成本与平均可变成本。平均固定成本是平均每单位产品所消耗的固定成本。平均可变成本是平均每单位产品所消耗的可变成本。

如果以 Q 代表产量，则有：

$$\frac{STC}{Q} = \frac{FC}{Q} + \frac{VC}{Q} \tag{4-7}$$

如果以 SAC 代表短期平均成本，AFC 代表平均固定成本，AVC 代表平均可变成本，则可把上式写为：

$$SAC = AFC + AVC \tag{4-8}$$

3. 短期边际成本

短期边际成本是指在短期内厂商每增加一单位产量所增加的总成本。如果以 SMC 代表短期边际成本，ΔQ 代表产量的增量，ΔSTC 代表短期总成本的增量，则有：

$$SMC = \frac{\Delta STC}{\Delta Q} \tag{4-9}$$

这里要注意的是，由于短期内固定成本并不随产量的变动而变动，所以，短期边际成本实际上是针对可变成本而言的。

相关链接

你会光临生意冷淡的餐馆吗？

青岛是中国著名的旅游城市，但是每年的 10 月到次年的 4 月，长达半年多的时间里，海滨的高级饭店和旅游景点生意很清淡，但是它们仍会继续经营，这是为什么？既然生意清淡，肯定已经亏本，为什么还不关门？你会说，等到夏季旺季它们又可以赚回来。是的，这是一个支持它们的希望。但是，如果淡季实在难以维持，它们也会关门，关键在于它们还没有到关门的地步。那么，什么时候必须关门呢？这就是成本分析所要得出的结论。

（二）各种短期成本的相互关系及变动规律

为了分析各类短期成本的变动规律及关系，先列出短期成本表，见表 4-3。

表 4-3　短期成本表　　　　　　　　　　　　　　　　元

产量 Q (1)	固定成本 FC (2)	可变成本 VC (3)	总成本 STC(4) = (2)+(3)	边际成本 SMC (5)	平均固定成本 AFC(6) = (2)÷(1)	平均可变成本 AVC(7) = (3)÷(1)	平均总成本 SAC(8) = (6)+(7)
0	1 200	0	1 200	—	∞	0	∞
1	1 200	600	1 800	600	1 200	600	1 800
2	1 200	800	2 000	200	600	400	1 000
3	1 200	900	2 100	100	400	300	700
4	1 200	1 050	2 250	150	300	262.5	562.5
5	1 200	1 400	2 600	350	240	280	520
6	1 200	2 100	3 300	700	200	350	550

1. 固定成本、可变成本与短期总成本

固定成本在短期内是固定不变的，它不随产量的变动而变动，即使产量为零，固定成本也仍然存在。可变成本随着产量的变动而变动，其变动的规律是：最初，当产量开始增加时，由于固定生产要素与可变生产要素的效率尚未得到充分发挥，因此，可变成本的增加率大于产量的增长率；以后，随着产量的增加，固定生产要素与可变生产要素的效率得以充分发挥，可变成本的增加率小于产量的增长率；最后，由于边际收益递减规律，可变成本的增加率大于产量的增长率。总成本是固定成本与可变成本之和。固定成本不会等于零，因此，总成本必然大于零。而且，因为总成本中包括可变成本，故总成本的变动规律与可变成本相同。可用图 4-7

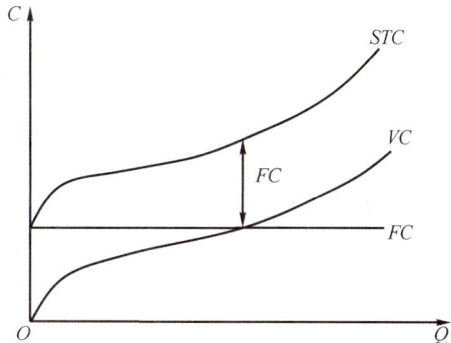

图 4-7　短期总成本、固定成本、可变成本的变动规律与关系

来说明短期总成本、固定成本、可变成本的变动规律与关系。

在图4-7中，横轴 OQ 代表产量，纵轴 OC 代表成本，FC 为固定成本曲线，它与横轴平行，表示不随产量的变动而变动。VC 为可变成本曲线，它从原点出发，表示产量为零时，可变成本也为零。该曲线向右上方倾斜，随着产量的变动而同方向变动。应该注意的是，可变成本最初比较陡峭，表示此时其增加率大于产量的增长率；然后较为平坦，表示可变成本的增加率小于产量的增长率；最后又比较陡峭，表示可变成本的增加率又大于产量的增长率。STC 为短期总成本曲线，它不从原点出发，而是从固定成本出发，表示产量为零时，总成本等于固定成本。曲线 STC 向右上方倾斜，表明总成本随产量的增加而同方向增加，其形状与曲线 VC 相同，说明总成本与可变成本的变动规律相同。曲线 STC 与曲线 VC 之间的距离为固定成本。

2. 平均固定成本、平均可变成本与短期平均成本

平均固定成本随着产量的增加而减少，这是因为短期内固定成本的总量不变，当产量增加时，分摊到每一单位产量上的固定成本就减少了。平均固定成本变动的规律是，起初，随着产量的增加，平均固定成本减少的幅度很大，以后会越来越小。

平均可变成本变动的规律是：起初，随着产量的增加，生产要素的效率逐渐得到发挥，因此平均可变成本减少；但当产量增加到一定程度以后，平均可变成本由于边际收益递减规律而逐渐增加。

短期平均成本的变动规律是由平均固定成本与平均可变成本决定的。当产量增加时，平均固定成本迅速下降，加之平均可变成本也在下降，因此短期平均成本迅速下降。以后，随着平均固定成本越来越小，它在平均成本中越来越不重要，平均成本随着平均可变成本的变动而变动，即随着产量的增加而下降，但当产量增加到一定程度以后，又随着产量的增加而增加。

平均固定成本、平均可变成本与短期平均成本的变动规律和关系可以用图4-8来说明。

在图4-8中，AFC 为平均固定成本曲线，它起先比较陡峭，说明在产量开始增加时，它下降的幅度很大；以后越来越平坦，说明当产量增加到一定程度后，随着产量的继续增加，平均固定成本下降的幅度越来越小。AVC 为平均可变成本曲线，它呈"U"字形，表明平均可变成本随着产量的增加先下降后上升。SAC 为短期平均成本曲线，它也是呈先下降后上升的"U"字形，但它开始时比平均可变成本曲线 AVC 陡峭，说明其下降的幅度比平均可变成本大。当产量增加到一定数量后，短期平均成本的形状与平均可变成本曲线基本相同，说明其变动规律类似于平均可变成本。

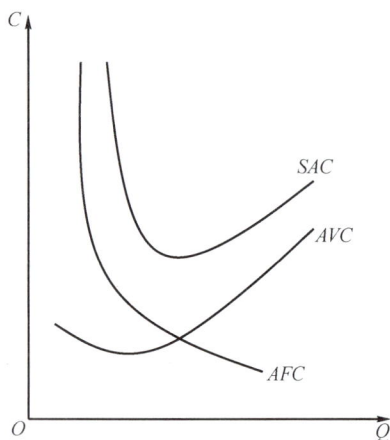

图4-8　平均固定成本、平均可变成本、短期平均成本的变动规律和关系

3. 短期边际成本、短期平均成本与平均可变成本

短期边际成本是指短期内增加一个单位产品的生产时所增加的成本。短期边际成本的变动取决于短期可变成本，因为短期内增加一个单位产品所增加的成本只是可变成本。短期边际成本的变动规律是：开始时，短期边际成本随产量的增加而减少，而当产量增加到一定程度时，短期边际成本将随着产量的增加而增加。因此，如图4-9所示，短期边际成本曲线 SMC 是一条先下降后上升的"U"形曲线。

我们用4-9来说明短期边际成本、短期平均成本与平均可变成本之间的关系。

先来看短期边际成本与平均成本的关系。从图4-9可以看出，短期边际成本曲线 SMC 与短

期平均成本曲线 SAC 相交于曲线 SAC 的最低点 N。在点 N 上，$SMC = SAC$，即短期边际成本等于短期平均成本；在点 N 左边，曲线 SAC 在曲线 SMC 之上，$SAC > SMC$，即短期边际成本小于短期平均成本；在点 N 右边，曲线 SAC 在曲线 SMC 之下，$SAC < SMC$，即短期边际成本大于短期平均成本。曲线 SMC 与曲线 SAC 相交的点 N 称为收支相抵点。这时，价格为短期平均成本，而短期平均成本又等于短期边际成本，即 $P = SMC = SAC$，故生产者的成本（包括正常利润在内）与收益相等。

短期边际成本与平均可变成本的关系和它与短期平均成本的关系相同。这就是说，曲线 SMC 与曲线 AVC 相交于曲线 AVC 的最低点 M。在点 M

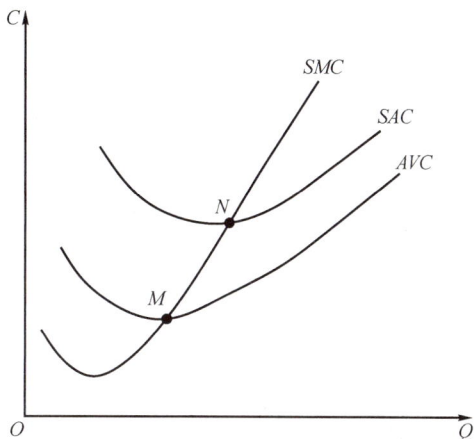

图 4-9　短期边际成本、短期平均成本与平均可变成本之间的关系

上，$SMC = AVC$，即短期边际成本等于平均可变成本；在点 M 的左边，曲线 AVC 在曲线 SMC 之上，$AVC > SMC$，即短期边际成本小于平均可变成本；在点 M 的右边，曲线 AVC 在曲线 SMC 之下，$AVC < SMC$，即短期边际成本大于平均可变成本。点 M 被称为停止营业点，即在这一点上，价格只能弥补平均可变成本。

课程思政导读

车站景点购物重复博弈论

旅途中，一不小心，就会受骗上当，故须处处设防，尤其在人来人往的车站与旅游景点须特别小心。这样的报道常常见诸报端，有青岛天价大虾事件轰动全国。一位旅客在青岛市乐凌路一家海鲜烧烤店吃饭时遇到"宰客"，该游客称点菜时已向老板确认过海捕大虾是38元一份，结果结账时变成38元一只，一盘虾要价1 500余元。此类受骗事件，人们似乎已是见怪不怪，车站码头更是常常上演类似骗局。近日，有媒体报道，杭州火车站附近买的叫花鸡，敲开泥巴只剩纸！鸡呢？尽管后来在市场监管局执法人员的协调下，店家称是错把模型鸡卖给了顾客，并愿意退一赔十。此事虽然解决，可并没有消除人们在车站容易上当的顾虑。何以如此？这就涉及市场的诚信与重复博弈论。市场是指一群具有相同需求的潜在顾客，他们愿意以某种有价值的东西来换取卖主所提供的商品或服务，这样的商品或服务是满足需求的方式。真正的市场经济是参与市场的买卖双方或者多方以自愿平等的形式进行交易，这是一种理性人的公正博弈。只有在相互信任的基础上，在双方信息对称的条件下，双方才会选择诚信合作。否则，根据自利的人性，只要符合自己利益最大化的条件，就会选择背叛和骗人。这个例子正好说明，在单次博弈中，交易双方没有理由确认交易能够保持下去，对他们而言，选择不守信是效用最大行动。因此，单次博弈中，守信行为很少见。车站与景点购物为什么容易受骗上当？虽然这里人群密集，但买卖双方大都是单次博弈，也就是一锤子买卖，加上信息不对称：卖方认为，一个匆匆赶车的旅客，不太可能因为店里货真价实再回来买一次，不太可能成为回头客，所以就想方设法蒙骗客人；许多旅客高价买了假货，也不太可能搭车赶回来讨公道，交易成本太大，只好自认倒霉。正是因为这种心理，车站景点购物的陷阱越来越多，也越来越猖狂。

（资料来源：梅松. 车站景点购物重复博弈论 [N]. 深圳特区报，2016-11-29.）

三、长期成本分析

(一) 长期总成本

1. 长期总成本的概念

长期总成本（LTC）是指在长期中，厂商在每一产量水平上通过选择最优的生产规模所能达到的最低总成本。厂商在长期内对全部生产要素投入量的调整意味着对企业生产规模的调整。也就是说，从长期看，厂商总是可以在每一产量水平上选择最优的生产规模进行生产。长期总成本函数可写成以下形式。

$$LTC = LTC(Q) \tag{4-10}$$

2. 长期总成本的构成

根据对长期总成本函数的规定，可以由短期总成本曲线出发，来推导长期总成本曲线，如图 4-10 所示。

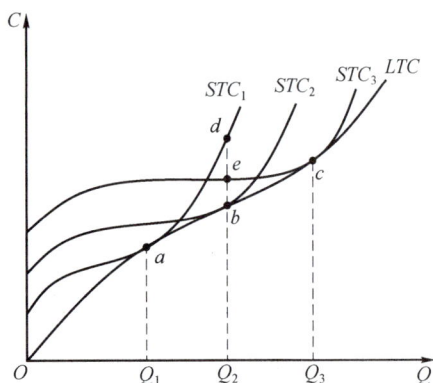

图 4-10　最优生产规模的选择和长期总成本曲线

在图 4-10 中，有三条短期总成本曲线 STC_1、STC_2 和 STC_3，分别代表三种不同的生产规模。短期成本曲线的纵截距表示相应的固定成本 FC 的数量，因此，从图中三条短期总成本曲线的纵截距可知，曲线 STC_1 所表示的固定成本小于曲线 STC_2，曲线 STC_2 所表示的固定成本又小于曲线 STC_3，而固定成本（如厂房、机器设备等）的多少往往表示生产规模的大小。因此，从三条短期总成本曲线所代表的生产规模看，曲线 STC_1 最小，曲线 STC_2 居中，曲线 STC_3 最大。

假定厂商生产的产量为 Q_2，那么，厂商应该如何调整生产要素的投入量以降低总成本呢？在短期内，厂商可能面临曲线 STC_1 所代表的过小的生产规模，或曲线 STC_3 所代表的过大的生产规模。于是，厂商只能按较高的总成本来生产产量 Q_2，即在曲线 STC_1 上的点 d 或曲线 STC_3 上的点 e 进行生产。但在长期中，情况就会发生变化。因为厂商在长期中可以变动其全部的要素投入量，选择最优的生产规模，所以，厂商必然会选择曲线 STC_2 所代表的生产规模进行生产，从而将总成本降低到它所能达到的最低水平，即厂商是在曲线 STC_2 上的点 b 进行生产的。类似地，在长期内，厂商会选择曲线 STC_1 所代表的生产规模，即在点 a 上生产 Q_1 的产量；选择曲线 STC_3 所代表的生产规模，在点 c 上生产 Q_3 的产量。这样，厂商就在每一个既定的产量水平下，实现了最低的总成本。

虽然在图 4-10 中只有三条短期总成本线，但在理论分析上，可以假定有无数条短期总成本线。这样一来，厂商可以在任何一个产量水平上找到相应的最优生产规模，把总成本降到最低水平。也就是说，可以找到无数个类似于 a、b、c 的点，这些点的轨迹就形成了图 4-10 中所示的长期总成本曲线 LTC。显然，长期总成本曲线是无数条短期总成本曲线的包络线。在这条包络线上，在连续变化的每一个产量水平上，都存在着曲线 LTC 和一条曲线 STC 相切的点，该曲线 STC 所代表的生产规模就是生产该产量的最优生产规模，该切点所对应的总成本就是生产该产量的最低总成本。所以，长期总成本曲线 LTC 表示在长期内，厂商在每一产量水平上由最优生产规模所带来的最小生产总成本。

3. 长期总成本曲线

从图 4-10 可以看出，长期总成本曲线 LTC 是从原点出发且向右上方倾斜的。它表示：当产量为零时，长期总成本为零；以后随着产量的增加，长期总成本是增加的。而且，长期总成本曲线 LTC 的斜率呈先递减后递增的趋势。

（二）长期平均成本

长期平均成本（LAC）是厂商在长期中按产量平均计算的最低总成本。长期平均成本函数可写成以下形式。

$$LAC(Q) = \frac{LTC(Q)}{Q} \tag{4-11}$$

1. 长期平均成本曲线的构成

在长期中，厂商可以根据短期平均成本来调整长期平均成本。因此，就可以由短期平均成本曲线来推导出长期平均成本曲线。最优生产规模的选择和长期平均成本曲线如图 4-11 所示。

假设厂商在短期内有三种不同的生产规模可供选择，这三种规模的短期平均成本曲线分别是图 4-11 中的曲线 SAC_1、SAC_2 和 SAC_3。

在长期中，厂商要根据产量的大小来决定最优的生产规模，其目标是使平均成本达到最低。当产量为 Q_1 时，厂商选择 SAC_1 这一规模，因为这时平均成本 C_1 是最低的；如果选择 SAC_2 这一规模，则平均成本为 C_4，C_4 大于 C_1，以此类推。当产量为 Q_2 时，则要选用 SAC_2 这一规模，这时平均成本 C_2 是最低的；当产量为 Q_3 时，则要选用 SAC_3 这一规模，这时平均成本 C_3 是最低的，等等。

在长期中，厂商要根据它所要达到的产量来调整生产规模，以使平均成本达到最低。如果短期中每个平均成本都达到了最低，那么，长期中

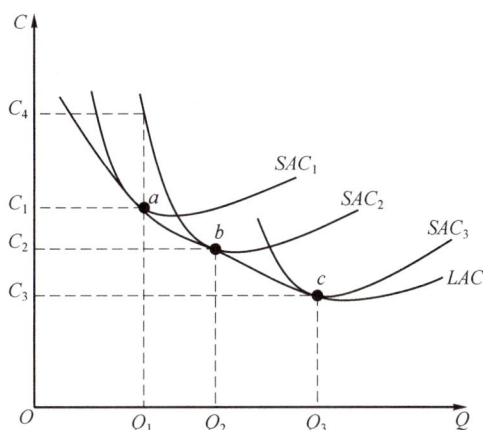

图 4-11　最优生产规模的选择和长期平均成本曲线

平均成本也就达到了最低。因此，把短期平均成本曲线 SAC_1，SAC_2，SAC_3，…的最低点 a，b，c，…连接起来，就得到了长期平均成本曲线。短期平均成本曲线是无数的，长期平均成本曲线则是一条与无数条短期平均成本曲线相切的曲线，因此，长期平均成本曲线是短期平均成本曲线的包络线，如图 4-11 中的曲线 LAC 所示。

2. 长期平均成本曲线的特征

从图 4-11 中可以看出，长期平均成本曲线 LAC 是一条先下降而后上升的"U"形曲线。这说明，长期平均成本变动的规律也是随着产量的增加先减少而后增加。这与短期平均成本相同。

但长期平均成本曲线与短期平均成本曲线也有区别。从图 4-11 中可以看出，长期平均成本曲线无论是在下降时还是在上升时都比较平坦，这说明在长期中，平均成本无论是减少还是增加都较慢。这是由于在长期中，厂商可以随时调整全部生产要素，从规模收益递增到规模收益递减有一个较长的规模收益不变阶段。而在短期中，规模收益不变的阶段很短，甚至没有。

（三）长期边际成本

长期边际成本（LMC）是指长期中增加一个单位产量所增加的最低总成本的增量。长期边际成本函数可写成以下形式。

$$LMC(Q) = \frac{\Delta LTC(Q)}{\Delta Q} \tag{4-12}$$

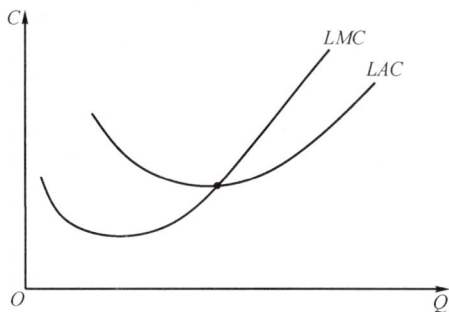

图 4 – 12　长期边际成本与
长期平均成本的关系

长期边际成本也是随着产量的增加而先减少后增加的。因此，长期边际成本曲线也是一条先下降而后上升的"U"形曲线，但它也比短期边际成本曲线要平坦一些。

长期边际成本与长期平均成本的关系和短期边际成本与短期平均成本的关系相同，即在长期平均成本下降时，长期边际成本小于长期平均成本；而在长期平均成本上升时，长期边际成本大于长期平均成本。在长期平均成本的最低点，长期边际成本等于长期平均成本。长期边际成本与长期平均成本的关系可用图 4 – 12 来说明。

在图 4 – 12 中，LMC 为长期边际成本曲线，它与长期平均成本曲线 LAC 相交于曲线 LAC 的最低点。相交之前，曲线 LAC 在曲线 LMC 之上，说明长期边际成本小于长期平均成本；相交之后，曲线 LAC 在曲线 LMC 以下，说明长期边际成本大于长期平均成本。

🔒 案例分析

大企业的低价

在现实中，有许多大大小小的企业生机勃勃地存活在市场经济的沃土里，而且每一天都有无数小企业像雨后春笋一样诞生。但是小企业并不是适合于任何行业和任何门类的。在市场中，大企业具有绝对的价格优势。比如，湖南有一家"老百姓大药房"，开业的时候对外宣称，5 000多种药品的价格将比原来国家核定的零售价降低45%，有的竟降价60%以上。一般的小药店能和它们比吗？同样地，在很多大型超市里，其商品价格的确很低，它们出售的商品甚至比其他一些商家的进货价格还要低。

小企业在价格上为什么竞争不过大企业呢？

第四节　收益和利润

厂商进行生产的目的是实现利润最大化，那么，厂商实现利润最大化的原则是什么呢？或者说，什么是厂商实现利润最大化的均衡条件？这是本节要说明的重点。

一、总收益、平均收益与边际收益

收益可以分为总收益、平均收益和边际收益。总收益是指厂商销售一定数量的产品所得到的全部收入。平均收益是指厂商销售每一单位产品平均所得到的收入。边际收益是指厂商每增加销售一单位产品所增加的收入。

以 TR 代表总收益，AR 代表平均收益，MR 代表边际收益，Q 代表销售量，ΔQ 代表销售量的增量，则总收益、平均收益与边际收益三者的关系为：

$$TR = AR \cdot Q \tag{4 – 13}$$

$$AR = \frac{TR}{Q} \tag{4 – 14}$$

$$MR = \frac{\Delta TR}{\Delta Q} \tag{4 – 15}$$

以 P 代表价格，则总收益（TR）与总产量（TP）、平均收益（AR）与平均产量（AP）、边际收益（MR）与边际产量（MP）之间的关系应该是：

$$TP \cdot P = TR \tag{4-16}$$

$$AP \cdot P = AR \tag{4-17}$$

$$MP \cdot P = MR \tag{4-18}$$

假设价格 P 不变，即不考虑价格的因素，则有：

$$TP = TR \tag{4-19}$$

$$AP = AR \tag{4-20}$$

$$MP = MR \tag{4-21}$$

由以上可以得出，总收益、平均收益、边际收益的变动规律与曲线形状和总产量、平均产量、边际产量的变动规律与曲线形状是相同的。

二、利润最大化原则

在利润最大化原则下，边际收益等于边际成本，即：

$$MR = MC \tag{4-22}$$

为什么在边际收益等于边际成本时能实现利润最大化呢？

如果边际收益大于边际成本，表明厂商每增加生产一个单位产品所增加的收益大于生产这一单位产品所增加的成本。这时，对该厂商来说，还有潜在的利润没有得到，厂商增加生产是有利的，也就是说没有达到利润最大化。

如果边际收益小于边际成本，则表明厂商每多生产一单位产品所增加的收益小于生产这一单位产品所增加的成本。这对该厂商来说会造成亏损，更谈不上利润最大化了，因此，厂商必然要减少产量。

无论边际收益是大于边际成本还是小于边际成本，厂商都要调整其产量，说明在这两种情况下都没有实现利润最大化。只有在边际收益等于边际成本时，厂商才不会调整产量，表明已把该赚的利润都赚到了，即实现了利润最大化。厂商对利润的追求要受到市场条件的限制，不可能实现无限大的利润，利润最大化的条件就是边际收益等于边际成本。厂商要根据这一原则来确定自己的产量。

我们知道，在现实经济中，市场结构是不同的。在不同的市场条件下，收益变动的规律不同，厂商对最大利润的追求要受到不同市场条件的限制。在下一章中，我们将把成本与收益结合起来，分析在不同的市场上，厂商如何根据成本与收益分析来实现自己的利润最大化。

本章小结

本章主要讲述生产函数的含义，短期分析与长期分析的区别，边际报酬递减规律，总产量、平均产量和边际产量之间的关系，生产要素的最佳投入组合，规模报酬的含义。通过研究生产成本与产量之间的关系，明确厂商各种成本的变动特点与关系、厂商收益变动特点，并结合两方面研究，分析利润最大化问题。通过学习，学生要从产量变动与成本变动的相互关系中认识各种成本的变动规律及相互关系。

关键概念

边际收益递减规律　等产量线　等成本线　机会成本　固定成本　可变成本　长期总成本

思维导图

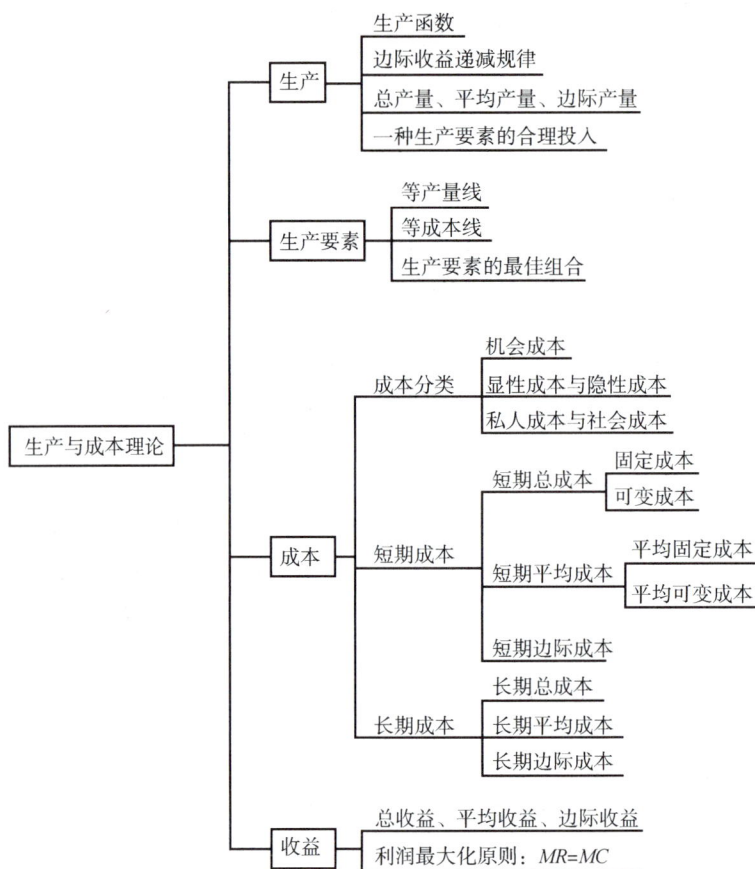

复习思考题

一、名词解释

边际收益递减规律　等产量线　等成本线　机会成本　固定成本　可变成本　长期总成本　边际收益　利润最大化

二、选择题

1. 经济学分析中所说的短期是指（　　）。

A. 一年之内　　　　　　　　　　　　B. 全部生产要素都可随时调整的时期

C. 只能根据产量调整可变成本的时期　　D. 只能根据产量调整固定成本的时期

2. 已知等成本线和等产量线既不能相交也不能相切，此时，要达到等产量曲线所表示的产出水平，应该（　　）。

A. 增加投入　　　　　　　　　　　　B. 保持原有的投入不变

C. 减少投入　　　　　　　　　　　　D. A 或 B

3. 等成本线向外平行移动，说明（　　）。

A. 成本增加了　　　　　　　　　　　B. 生产要素价格上升了

C. 产量提高了　　　　　　　　　　　D. 以上都不对

4. 等成本线平行向内移动，则（   ）。

A. 产量减少 B. 成本增加

C. 生产要素价格按相同比例提高 D. 生产要素价格按相同比例降低

5. 理性的厂商将让生产过程在（   ）进行。

A. 第一阶段 B. 第二阶段 C. 第三阶段 D. 无法确定

6. 如果一种投入要素的平均产量高于其边际产量，则（   ）。

A. 随着投入的增加，边际产量增加 B. 边际产量将向平均产量趋近

C. 随着投入的增加，平均产量一定增加 D. 平均产量将随着投入的增加而降低

7. 下列行业中，企业规模最大的应该是（   ）。

A. 食品加工业 B. 采掘业 C. 电子行业 D. 服装制造业

8. 下列项目中可称为可变成本的是（   ）。

A. 管理人员的工资 B. 生产工人的工资

C. 厂房和机器设备的折旧 D. 原材料、燃料的支出

9. 假定总产量从100单位增加到102单位，总成本从300增加到330，那么边际成本等于（   ）。

A. 30 B. 330 C. 300 D. 15

10. 等成本线和等产量线相交，那么要生产等产量线所表示的产量（   ）。

A. 应该增加成本支出 B. 不能增加成本支出

C. 应该减少成本支出 D. 不能减少成本支出

11. 随着产量的增加，短期固定成本（   ）。

A. 增加 B. 减少 C. 不变 D. 先增后减

三、判断题

1. 在农业生产中并不是越密植越好。（   ）

2. 当其他生产要素不变时，一种生产要素投入越多，则产量越高。（   ）

3. 只要边际产量不小于零，总产量就处于上升阶段。（   ）

4. 一年以内的时间是短期，一年以上的时间可视为长期。（   ）

5. 利用等产量线上任意一点所表示的生产要素组合，都可以生产出同一数量的产品。（   ）

6. 无论长期成本还是短期成本，都有不变成本和可变成本之分。（   ）

7. 总可变成本不随产量的变化而变化，即使产量为零，总可变成本也仍然存在。（   ）

8. 总固定成本随产量的变动而变动，当产量为零时，总固定成本为零。（   ）

9. 付给工人的加班费是可变成本。（   ）

10. 总成本在长期内可以分为不变成本和可变成本。（   ）

11. 边际成本曲线一定在平均可变成本曲线的最低点与它相交。（   ）

12. 只要总收益少于总成本，厂商就会停止生产。（   ）

四、问答题

1. 什么是边际收益递减规律？

2. 列图说明总产量曲线、平均产量曲线和边际产量曲线之间的关系。

3. 列图说明厂商在既定成本条件下如何实现最大产量的最优要素组合。

4. 试述短期总成本、可变成本和固定成本的变动规律及相互关系。

5. 试述短期平均成本、平均可变成本和边际成本的变动规律及相互之间的关系。

6. 试述厂商的利润最大化原则。

五、计算题

根据短期总成本、固定成本、可变成本、短期平均成本、平均固定成本、平均可变成本、短

期边际成本之间的关系，并根据表 4 - 4 中已给出的数字进行计算，并填写所有的空格。

表 4 - 4 各种成本计算

产量	固定成本/元	可变成本/元	短期总成本/元	短期边际成本	平均固定成本	平均可变成本	短期平均成本
0	120	0					
1	120		154				
2	120	63					
3	120		210				
4	120	116					
5	120		265				
6	120	180					
7	120		350				
8	120	304					
9	120		540				

第五章

都是垄断惹的祸——市场结构与厂商行为理论

知识目标

1. 掌握完全竞争市场的含义和特点。
2. 了解不完全竞争市场的含义和特点。
3. 掌握完全竞争市场的短期均衡的条件。
4. 理解对完全竞争市场和不完全竞争市场的评价。

能力目标

1. 能够根据完全竞争市场的特征进行简单的市场类型分析。
2. 能够运用厂商均衡的必要条件分析和解释短期内厂商的均衡。
3. 能够对完全竞争市场和不完全竞争市场进行评价。

德育目标

1. 理解企业在创造利润、对股东和员工承担法律责任的同时，还要承担对消费者、社区和环境的责任，还应对社会有所回报。
2. 以市场配置资源的效率为切入点，使学生树立中国特色社会主义的道路自信。
3. 在学习市场结构理论的同时，树立竞争、创新等意识。通过市场理论的学习，帮助同学们树立法治意识。市场经济是法制经济，必须在法律的框架下运行；要在市场竞争中取胜，企业必须有创新意识。

学习建议

通过本章学习，学生应了解市场经济下，不同市场结构是如何划分的、划分的依据是什么，了解完全竞争厂商短期均衡的几种情况及短期均衡和长期均衡的实现；能结合实际对完全竞争市场和不完全竞争市场的经济效率做出评价。建议学习时间为6~8课时。

导入案例

　　农民种植什么品种要看预期的种植收益，而种植收益的计算要依据预期价格，价格是反映种植收益最直观、最灵敏的指标，调整玉米种植结构最终要依据价格。价格是基础，只有玉米种植收益低于大豆、小麦等种植替代品种，农民才会调减玉米种植面积，改种其他品种。因此，调减玉米种植面积应该以价格机制为主导。

　　2015 年 7 月以来，玉米价格走出了深幅下跌过程。以黑龙江哈尔滨、吉林、长春的玉米价格为例，农户出售价格从 2 100 元/吨下跌到 2016 年 4 月的 1 700 元/吨，在预期收益下降的情况下，2016 年实现调减玉米种植面积 3 000 万亩[①]。到 2017 年 2 月，玉米价格下跌到 不足 1 200 元/吨，农业部预计玉米种植面积将继续调减 1 000 万亩。

　　2011 年之后，包括玉米在内的国际农产品价格大幅下跌，我国玉米收储价格却逐年提升。自 2013 年中期，广东港口国产玉米价格开始高于进口价格，形成较大的内外价差，2015 年玉米、高粱、大麦、DDGS、木薯等进口量总计达到 4 300 万吨，2016 年进口量为 2 700 多万吨。进口不是因为供给不足，而是因为国内玉米价格过高，与国外同类商品形成了巨大的价格差，企业出于降低产品成本的要求，转而大量进口玉米及其替代产品。在国内玉米库存数量巨大的情况下，大量进口严重影响了国内玉米去库存。

　　"保护农民利益，让农民卖个好价格"是玉米市场化改革中最大的问题。多年来，为了实现这一目标，国家花费大量的人力、物力和财力。2017 年春节前后，东北三省一区出台了针对加工企业和饲料企业的玉米收购补贴政策，虽然加快了收购进度，但是玉米价格却随之出现了反弹，而价格过度反弹将导致玉米及其替代品的进口。

　　(资料来源：期货日报，2017 - 03 - 03.)

第一节　完全竞争市场

一、完全竞争市场的含义和特征

(一) 完全竞争市场的含义

　　完全竞争市场又称纯粹竞争市场，是指不受任何人为干扰和操纵的市场。在这一市场中，既没有政府的干预，也没有厂商勾结的集体行动对市场机制作用的阻碍，市场的价格完全在自由竞争的状况下自发形成，生产要素也在市场机制的作用下自发流动。

(二) 完全竞争市场的特征

　　完全竞争市场必须具备以下特点。

1. 市场上有众多的买者和卖者

　　买者或卖者中的任何一个人或买或卖的数量，在市场份额中只占非常小的比例，以至于无法通过自己的买卖行为影响市场价格。他们中的每个人都只能被动接受市场自发形成的价格，而无法决定市场的价格，所以市场中的买者和卖者都是价格的遵从者而非价格的制定者。

---

　　① 1 亩 ≈ 666.67 平方米。

2. 产品是同质的

在完全竞争市场中，所有厂商提供的产品都是同质的、无差别的，即产品在规格型号、内在品质、外观形态、包装、服务等方面都无差别。对于消费者来讲，买哪家的产品都一样；对于厂商来讲，都不能通过自己商品的差异性来吸引消费者。

3. 生产要素可以自由流动

新厂商可以不受任何阻碍地进入或退出某一行业。各种生产要素可以在不同行业之间自由流动，也可以在不同地区之间自由流动。

4. 市场的买者和卖者都具有完全的信息

双方都能按市场价格来交易，而不存在欺诈行为。需求者不可能受骗，即以高于市场价格的价格去购买；供给者在市场价格下能够将产品全部卖掉，因而没有必要也不会以低于市场价格的价格去销售。生产要素的流动都是理性的，而不是盲目的，即要素总是从利润率低的部门流向利润率高的部门。

在现实生活中，真正能满足上述四个条件的市场是很难找到的，只有农产品等少数市场比较接近于完全竞争市场。尽管如此，对完全竞争市场的分析在市场结构理论中仍具有重要意义。因为完全竞争市场作为一种抽象的市场形态，其在运作过程中包含了所有市场运行的一些基本特点。我们对其他各类市场进行的分析，都是在对完全竞争市场分析的基础上展开的。

二、完全竞争市场条件下的需求和收益曲线

在完全竞争市场中，一个行业的需求曲线与单个厂商的需求曲线是不同的，但两者之间又有一定的联系，如图 5-1 所示。

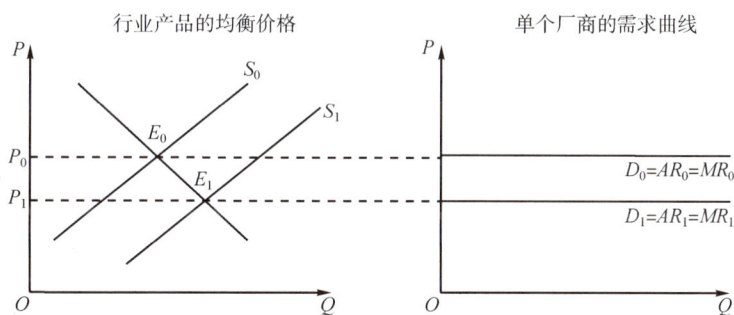

图 5-1　完全竞争市场中的均衡价格和单个厂商的需求曲线

在完全竞争市场中，市场价格仍由整个行业的供求关系决定，其供给曲线是由各个厂商在不同价格水平下所愿意提供的产量的叠加而形成的；其需求曲线同样是由各个消费者在不同价格水平下所愿意购买的数量的叠加而形成的。行业的需求曲线和供给曲线在点 E_0 相交，表明整个行业产品的市场均衡价格为 P_0。这一市场价格一旦形成，每个买者和卖者都只能被动地接受。

对于单个厂商来讲，无论出售多大数量的产品，它在整个行业的供给中也只占很小一部分，无法影响到整个行业的供给总量，因此只能按照市场价格出售产品。所以单个厂商的需求曲线是一条由整个行业的供给与需求所决定的、平行于横轴 OQ 的直线。单个厂商面临的需求曲线表明，在既定的价格下，其面临的需求是无限的，即无论生产多少产品都能按既定的市场价格顺利出售。只有当整个行业的供给总量相对于需求总量来说增加了，即市场均衡价格由 P_0 降至 P_1 时，单个厂商的需求曲线才会由 D_0 移向 D_1，这就迫使厂商按 P_1 的价格出售。

由于厂商只能按市场的既定价格来出售产品，其出售任一单位产品所带来的收益总是等于市场既定的价格，因此单个厂商的平均收益曲线与其需求曲线是重合的。同理，在完全竞争市场中，单个厂商产量的变动也无法影响到市场价格，厂商每增加销售一个单位产品所得到的收益

也始终等于市场价格，因此，在完全竞争市场中，平均收益始终等于边际收益。总之，在完全竞争市场上，单个厂商所面临的需求曲线和平均收益曲线、边际收益曲线是重合的。

三、完全竞争市场条件下的厂商均衡

（一）完全竞争市场条件下厂商的短期均衡

完全竞争市场中，厂商的均衡可以分为短期均衡和长期均衡。厂商的短期均衡是指在短期内厂商为实现利润最大或亏损最小而确定的产量。在短期内，由于时间过短，单个厂商无法变动其所有生产要素的投入来调整生产规模，或退出该行业，而只能通过变动可变要素的投入量来调整产量，以获取最大利润或把亏损降到最小限度。

然而在调整产量的过程中，成本与收益的变动是非线性的。在短期内，由于受边际收益递减规律的约束，随着产量的增加，厂商的边际成本在达到一个极小值后，会呈现递增的趋势，从而使平均成本也呈先递减，到最低点后递增的变化。但是在完全竞争市场中，单个厂商的收益曲线是一条不随产量变动、始终与横轴平行的直线。因此，随着产量的增加，边际成本曲线往往会与边际收益曲线相交。而边际成本曲线与边际收益曲线相交时所确定的产量，通常就是厂商利润最大或亏损最小时的产量。下面分别就三种情况对厂商短期均衡的条件进行具体分析。

1. 获得超额利润的厂商均衡

短期内厂商获得超额利润的均衡如图 5-2 所示，假设某厂商的边际成本曲线 MC 在点 E_1 与边际收益曲线相交，且这时的平均收益 AR 大于平均成本 AC，为实现利润最大，厂商就会将产量确定在由点 E_1 所决定的产量 Q_1 上。因为只有当产量为 Q_1 时，才符合 $MR=MC$ 的条件。

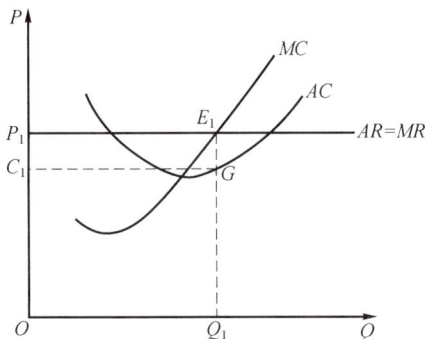

图 5-2　短期内厂商获得超额利润的均衡

从图 5-2 中可以看到，在产量为 Q_1 时，平均成本为 C_1，总成本为 $C_1 \cdot Q_1$；平均收益为 P_1，总收益为 $P_1 \cdot Q_1$，厂商的超额利润为：

$$\pi = P_1 \cdot Q_1 - C_1 \cdot Q_1 = Q_1(P_1 - C_1)$$

相当于矩形 $P_1 E_1 G C_1$ 的面积。产量如大于或小于 Q_1，则不能满足 $MR=MC$ 这个实现利润最大化的必要条件。在产量小于 Q_1 时，图 5-2 中显示厂商的边际收益 MR 大于边际成本 MC，这表明产量增加最后一个单位所带来的总收益的增加仍超过总成本的增加，总利润仍将随着产量的增加而增加。在产量大于 Q_1 时，图 5-2 中显示厂商的边际收益 MR 小于边际成本 MC，这表明产量增加最后一个单位所带来的总收益的增加小于总成本的增加，总利润呈减少的趋势。只有当产量达到 Q_1 时，总利润才能达到最大。因此，实现超额利润时，厂商均衡的必要条件是 $MR=MC$，充分条件则是 $AR>AC$。

2. 亏损最小时的厂商均衡

短期内厂商亏损最小的均衡如图 5-3 所示，假设某厂商的边际成本曲线与边际收益曲线虽然在点 E 相交，但是，无论厂商怎样调整产量，其平均成本始终都高于市场价格，即高于厂商的平均收益，显然，这时厂商会出现亏损。那么厂商是否就会停止生产呢？答案是不一定的，因为厂商是否停止生产的关键在于其平均收益是否大于平均可变成本。如果厂商的平均收益 AR 虽小于平均成本 AC，但仍大于平均可变成本 AVC，那么厂商仍将继续生产，并将产量调整到边际收益曲线 MR 与边际成本曲线 MC 的交点，这时产量为 Q_1，厂商亏损达到最小。

这是因为在短期内，厂商无法轻易地退出该行业，如果厂商停止生产，固定成本仍需继续支出，厂商的亏损相当于矩形 $CHGP_1$ 的面积。如果厂商将产量调整到 Q_1，由于这时厂商的平均收益 AR 高于平均可变成本，厂商继续生产得到的总收益高于可变要素投入的总成本，这样就能补偿一部分固定成本的支出，使亏损达到最小。从图 5-3 中可以看到，厂商停止生产的亏损为矩形 $CHGP_1$，将产量调整到 Q_1 时的亏损为矩形 P_1GEP_0，可以减少的亏损为矩形 P_0EHC。由于在点 Q_1 上，$MR = MC$，所以总收益减去可变成本的数值达到最大，亏损也就达到最小。由此可见，亏损达到最小时，厂商均衡的必要条件仍为 $MR = MC$，充分条件为 $AVC < AR < AC$。

3. 获得正常利润的均衡

如果厂商所面临的需求曲线正好与它的平均成本曲线的最低点相切，那么厂商就只能获得正常利润，如图 5-4 所示。厂商的平均成本曲线为 AC，边际成本曲线为 MC，需求曲线与平均成本曲线的最低点 A 相切，由于边际成本曲线必然穿过平均成本曲线的最低点，所以该厂商的边际收益曲线 MR 也就必然和边际成本曲线相交于点 A，点 A 决定的产量 Q 便是厂商的最佳产量。这时厂商所获得的总收益为矩形 $OPAQ$ 的面积，总成本也为矩形 $OPAQ$ 的面积，总收益等于总成本，厂商既没有超额利润，也没有亏损，只能获得正常利润。可见，只要市场价格即边际收益曲线与平均成本曲线的最低点相切，厂商就能获得正常利润。

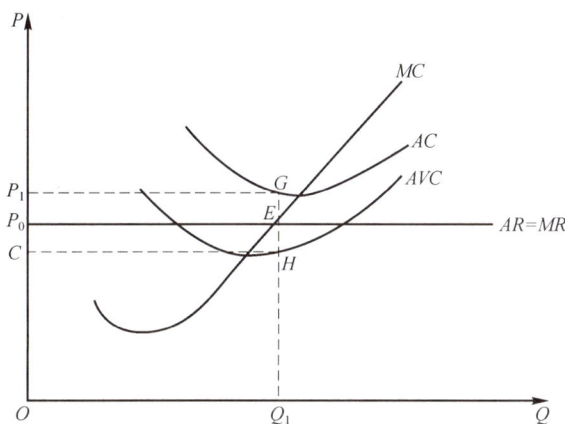

图 5-3　短期内厂商亏损最小的均衡

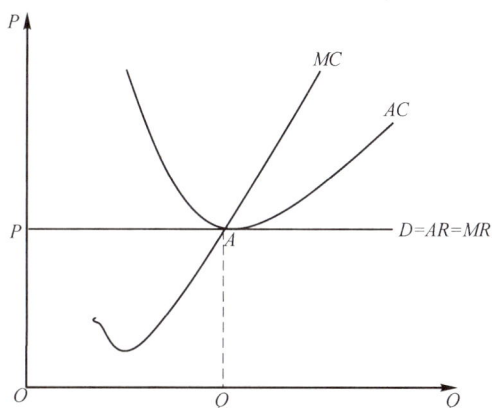

图 5-4　短期内厂商获得正常利润的均衡

（二）完全竞争条件下厂商的长期均衡

完全竞争条件下商的长期均衡可用图 5-5 来说明。在长期内，厂商有足够的时间调整全部生产要素，可以自由地进入或退出某一行业。这样，整个行业的变动就会影响市场价格，从而影响各个厂商的均衡。具体来说，当供给小于需求、价格高时，各厂商会扩大生产，其他厂商也会涌入该行业，从而使整个行业的供给增加，价格水平下降。当供给大于需求、价格低时，各厂商会减少生产，有些厂商甚至会退出该行业，从而使整个行业供给减少，价格水平上升。最终价格水平会达到使各个厂商既无超额利润也无亏损的状态。这时，整个行业的供求均衡，各厂商的产量也不再调整，于是实现了长期均衡。

图 5-5　完全竞争条件下厂商的长期均衡

从图 5-5 中看出，当实现长期均衡时，长期边际成本曲线 LMC 与长期平均成本曲线 LAC 相

交于点 A，这就说明，长期均衡的条件是：

$$MR = AR = MC = AC$$

相关链接

大型养鸡场为何竞争不过养鸡专业户？

为了实现"市长保证菜篮子"的诺言，许多大城市由政府投资修建了大型养鸡场，结果这些大型养鸡场反而竞争不过养鸡专业户或老太太，往往赔钱者多。为什么大反而不如小呢？

从经济学的角度看，这首先在于鸡蛋市场的市场结构。鸡蛋市场有四个显著的特点。第一，市场上买者和卖者都很多，没有一个买者和卖者可以影响市场价格。即使是一个大型养鸡场，在市场上占的份额也微不足道，难以通过产量来控制市场价格。用经济学术语说，每家企业都是价格接受者，只能接受整个市场供求决定的价格。第二，鸡蛋是无差别产品，企业不能以产品差别形成垄断力量。大型养鸡场的鸡蛋与老太太的鸡蛋没有什么不同，消费者也不会为大型养鸡场的鸡蛋多付钱。第三，自由进入与退出，任何一个农民都可以自由决定养鸡或不养鸡。第四，买者与卖者都了解相关信息。这些特点决定了鸡蛋市场是一个完全竞争市场，即没有任何垄断因素的市场。

在鸡蛋这样的完全竞争市场上，短期中如果供大于求，整个市场价格低，养鸡可能亏本；如果供小于求，整个市场价格高，养鸡可以赚钱。

但在长期，养鸡企业（包括农民和大型养鸡场）则要对供求做出反应，决定产量多少和进入还是退出。假设由于人们受胆固醇不利于健康这种宣传的影响而减少鸡蛋的消费，导致鸡蛋价格下降，这时养鸡企业就要做出减少产量或退出养鸡业的决策。假设由于发生鸡瘟，供给减少，价格上升，原有养鸡企业就会扩大规模，其他人也会进入该行业。在长期中，通过供求的这种调节，鸡蛋市场实现了均衡，市场需求得到满足，生产者也感到满意。这时，各养鸡企业实现成本（包括机会成本在内的经济成本）与收益相等，没有经济利润。

在完全竞争市场上，企业完全受市场支配。由于竞争激烈，成本被压得相当低。生产者要对市场供求变动及时做出反应。换言之，在企业一点也无法控制的市场上，成本压不下来或调节能力弱的企业，都难以生存下去。大型养鸡场的不利正在于压低成本和适应市场的调节能力远远不如养鸡专业户。在北京鸡蛋市场上，大型养鸡场就斗不过北京郊区和河北的农民。

四、对完全竞争市场的评价

（一）完全竞争市场是一种看配置效率的市场类型

完全竞争市场是一种竞争形式不受任何干扰、阻碍和限制的市场类型。这种市场完全由"看不见的手"进行调节，政府承担的只是"守夜人"的角色。这是一种有配置效率的市场类型，表现在以下方面。

1. 完全竞争市场可以使微观经济运行保持高效率

完全竞争市场全面排除了任何垄断和限制，完全由市场机制进行调节，因而生产效率低和无生产效率的生产者会在众多生产者的相互竞争中被迫退出市场，生产效率高的生产者则得以继续生存，同时，又有生产效率更高的生产者随时进入市场，参与市场竞争，只有生产效率更高的生产者才能在新一轮竞争中取胜。这样一来，完全竞争市场便促使生产者充分发挥自己的积极性和主动性，进行高效率的生产。

2. 完全竞争市场可以促进生产效率的提高

完全竞争市场可促使生产者以最低成本进行生产，从而推动生产率不断提高。因为在完全竞争市场条件下，每个生产者都只能是市场价格的接受者，要想使自己的利润最大化，就必须以最低的成本进行生产，即必须按照其产品平均成本处于最低点时的产量进行生产。生产者以最低的生产成本生产出最高产量的产品，就提高了资源和生产能力的利用效率，因而这种生产过程就是一种促进生产效率和生产效益不断提高的过程。

3. 完全竞争市场可以促进社会的利益

在完全竞争市场上，竞争在引导生产者追求自己利益的过程中，也有效地促进了社会的利益。这是亚当·斯密的重大发现及著名论断。他认为，市场竞争引导每个生产者不断地努力追求自己的利益，他们所考虑的并不是社会的利益，但是，由于受着"一只看不见的手"的指导，去尽力达到一个并非他本意想要达到的目的。他追求自己的利益，往往使他能比在真正出于本意的情况下更有效地促进社会的利益。例如，每个生产者都努力使其生产物品的价值达到最高，其结果必然会使社会的年收入额增加，从而促进了社会的公共利益。

4. 完全竞争市场可提高资源的配置效率

在完全竞争市场条件下，资源能不断地、自由地流向最能满足消费者需要的商品生产部门，在不断流动的过程中，资源实现了在不同用途、不同效益之间和生产过程中的不同组合之间的有效选择，从而发挥出更大的效用，大大提高了资源的配置效率。

5. 完全竞争市场有利于消费者及其消费需求满足的最大化

在完全竞争市场条件下，价格趋向等于生产成本，因而可以形成对消费者来讲最低的价格，而且完全竞争市场条件下的利润比其他非完全竞争市场条件下的利润要小。所以，消费者可以从中获得最大好处。同时，完全竞争市场还可以使消费需求的满足趋向最大化。

（二）完全竞争市场有许多缺陷

完全竞争市场也是一种具有许多缺陷的市场形式。它的主要缺陷在于以下几点。

1. 完全竞争市场在现实生活中很难出现

只有在具备了严格前提条件的情况下，完全竞争市场才能成立，因而，完全竞争市场的效率也必须在具备严格的前提条件的情况下才会实现。因此，完全竞争市场只能是西方经济学家在研究市场经济理论过程中的一种理论假设，是其进行经济分析的一种手段和方法。这样一来，没有实践意义就成了完全竞争市场最根本的缺陷。

2. 它所必需的有大量小企业存在的假设条件既不可能也不适用

在现实经济实践中，即使进入市场非常自由，由于其他各方面条件的限制和影响，进入市场的企业也不可能无限多。即使市场中已存在大量的企业，这些企业也只能是小企业。在有大量小企业的情况下，市场的商品价格就可能相对较高。

3. 容易造成资源的浪费

在完全竞争市场条件下，自由进入使效率更高、产品更能适合消费者需要的企业不断涌进市场，而那些效率低、产品已不能适应消费者需要的企业又不断地被淘汰从而退出市场。小企业在外来干扰的冲击下在竞争中失败，成为完全竞争市场条件下正常的和经常的现象。那些因在竞争中失败而退出市场的企业，其设备与劳动力在仍然可以发挥作用的情况下被迫停止使用，这样就造成了资源的浪费。

4. 完全信息的假设过于严格

一般情况下，无论是生产者还是消费者，都只能具有不完全的信息。生产者不可能完全掌握其在现实市场中的地位、将来发展的动向以及影响市场的各种因素的信息等，只能经常在信息不确定的世界中进行活动。同样，消费者也不可能全面掌握特定市场上全部产品的价格、品质等方面的情况。同时，市场信息也不可能畅通无阻而且非常准确。

尽管完全竞争市场在现实经济生活中几乎是不存在的，但是，研究完全竞争市场类型仍具有积极的意义。分析研究完全竞争的市场形式，有利于建立完全竞争市场类型的一般理论。当人们熟悉并掌握完全竞争市场的理论及特征以后，就可以用其指导自己的市场决策。例如，生产者可以在出现类似情况时（如作为价格接受者时）做出正确的产量和价格决策。更为重要的是，分析研究完全竞争市场类型，可以为分析研究其他市场类型提供借鉴。

第二节　不完全竞争市场

不完全竞争市场包括完全垄断市场、垄断竞争市场和寡头垄断市场。

一、完全垄断市场

（一）完全垄断市场的含义

垄断

完全垄断市场是与完全竞争市场截然相反的市场类型，是指一个行业提供的某种产品只有一个生产厂商，不存在丝毫竞争因素的市场结构。

（二）完全垄断市场的特征

完全垄断市场具有以下特征。

（1）单个厂商提供整个行业的全部产品，其供给等于整个行业产品的供给。

（2）垄断厂商提供的产品不能被其他产品替代，其产品的需求交叉弹性等于零，因此厂商不会受到任何竞争者的威胁。

（3）垄断厂商是产品市场价格的制定者。由于垄断厂商是产品的唯一供给者，而且面对的是众多的消费者，它可以通过供给量的调节等手段来决定市场价格，而众多消费者只能是价格的接受者。

（4）其他厂商很难进入该行业。

（5）垄断厂商价格的制定是以获取最大超额利润为目标的。

（三）完全垄断市场形成的原因

1．规模经济

因为扩大生产规模有利于先进生产技术的采用，有利于各种资源的合理利用，有利于成本的降低，有利于品牌的树立，个别厂商为了在竞争中取得优势，必然会走上生产规模扩张的道路。生产规模的扩张，必然会加剧行业内各厂商之间的竞争，竞争的结果就是使许多中小厂商破产或被吞并，最终可能在一个行业中只剩一家厂商。

2．特许专利

政府出于公共福利、财政收入或安全等方面的考虑，给予某一厂商在政府监管下独自经营某种产品的权利，例如军工、烟草、药品、酒类等行业。随着知识产权保护的加强，拥有某种知识产权的厂商也将在一定时期内阻止其他厂商的进入，从而形成垄断。

3．自然垄断

有些产业由于自然因素，需要大量的固定设备、集中的经营管理，并且其成本在很大程度上随着产量的增加而递减。例如，在铁路运输、煤气、自来水、电力、邮电等公用事业行业中，一家厂商一旦经营后，在很大程度便排斥了其他企业的进入。如果在某一地区内，让两家或三家厂商同时来经营这些行业，那么势必会造成资源的浪费。通常，地方政府都会采用相关的措施来阻止其他厂商的进入。

4. 原料和要素的垄断

当某一厂商控制了某一生产要素的供给时，就必然阻止了其他厂商的进入，从而形成垄断。例如，某一厂商控制了某种稀有金属的供给，那么其他以这种稀有金属为原材料的厂商就无法进入该行业，这个厂商就将在该行业内形成垄断。

与完全竞争市场一样，完全垄断市场在当今的市场经济制度中也几乎是不存在的，因为各国政府为防止垄断企业牟取暴利，影响技术进步，都相继通过了反托拉斯法（即反垄断法）。现在类似于完全垄断市场的行业，主要集中于公用事业行业和拥有某些特殊资源的行业。尽管如此，完全垄断市场的理论仍然是分析各种不完全竞争市场理论的重要基础。

课程思政导读

2020年上半年，我国产业用纺织品行业生产、销售、投资和进出口都保持了较高的增长速度，体现了行业强大的韧性。今年上半年，面对新冠肺炎疫情带来的严峻考验和复杂多变的国内外环境，我国产业用纺织品行业全力做好口罩、医用防护服、消毒湿巾及相关原辅材料的生产保障工作，为夺取抗击新冠肺炎疫情的阶段性胜利做出了重要贡献，带动行业总体运行积极向好。根据中国产业用纺织品行业协会（简称"中产协"）调研，上半年行业国内市场需求指数为63.5，海外市场需求指数为43.8。受访企业中，对于国内市场需求，59.4%的企业表示增长，15.2%的企业表示保持平稳，35.1%的企业认为出现不同程度的下降；对于海外市场需求，30.2%的企业表示增长，19.0%的企业表示变化不明显，超过半数的企业认为出现不同程度的萎缩。上半年，抗疫物资及相关原辅材料成为行业市场需求的主要增长点。中产协调研显示，行业上半年的生产指数为62.7，处于相对高位。根据国家统计局数据，1—5月规模以上企业非织造布的产量为202.9万吨，同比增长2.46%，在国内疫情趋于平稳的同时，非织造布的产量也逐步回归自然增长。1—5月我国出口非织造布41.2万吨，同比增长0.78%，进口非织造布6.6万吨，同比增长30.38%。固定资产投资方面，根据中产协调研，66.52%的受访企业表示在2020年有新项目投资计划。根据国家统计局数据，2020年1—5月产业用纺织品行业规模以上企业的营业收入和利润总额分别为1 039.2亿元和126.9亿元，分别同比增长13.25%和189.08%，行业的利润率为12.21%，同比增长7.43个百分点，行业的毛利润率为21.47%，比去年同期增长7.64个百分点。

（资料来源：纺织中国在线网站，2020 - 08 - 10.）

（四）完全垄断条件下厂商的需求和收益曲线

在完全垄断市场条件下，一个行业只有一家厂商，该厂商是该行业产品的唯一卖主，他所面对的则是由无数消费者组合而成的整个市场的需求。在买卖双方的对峙中，厂商具有价格的制定权，可以制定高价，也可以实行低价。消费者在买卖双方的对峙中，虽然只能被动地接受价格，但是可以在接受不同的价格时，对其购买量做出积极的反应。如果价格高，消费者购买的数量就会减少；如果价格低，消费者购买的数量就会增加。因此，垄断厂商面对着一条向右下方倾斜的需求曲线。垄断厂商的收益情况和完全竞争厂商不同，它每卖出一个单位的商品给厂商带来的收益就等于商品的单价。假设垄断厂商规定一个较高的价格，比如把单价定为10万元，此时它可以销售一个单位的产品，则总收益为10万元，平均收益也为10万元；若厂商想扩大销售量，就必须降低价格，当它把单价定为 9 万元时，销售量可达 2 个单位，此时总收益为 18 万元，平均收益为 9 万元。其价格与销售量、总收益、平均收益和边际收益的关系见表 5-1。

表 5-1　完全垄断条件下的厂商收益

价格	销售量/单位	总收益/万元	平均收益/万元	边际收益/万元
10	1	10	10	
9	2	18	9	8
8	3	24	8	6
7	4	28	7	4
6	5	30	6	2
5	6	30	5	0
4	7	28	4	-2

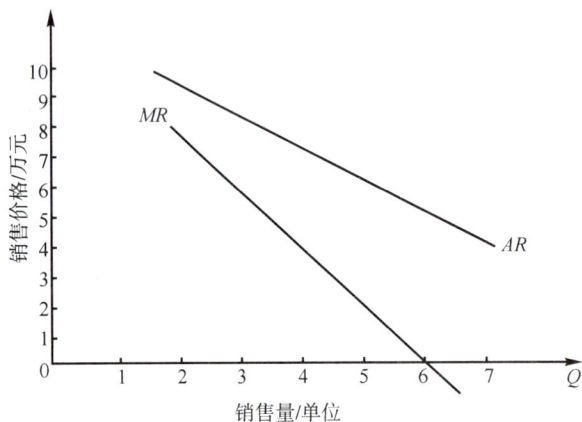

图 5-6　完全垄断厂商的平均收益和边际收益

从表 5-1 可以看出，垄断厂商销售一定数量产品所得的平均收益必然等于其销售价格，即它的平均收益曲线和需求曲线是重合的，都是一条向右下方倾斜的曲线。垄断厂商的边际收益是随着产量的增加而递减的，并且其数值小于平均收益。这是因为，边际收益是产量增加一个单位所引起的总收益的增加量，当垄断厂商增加销售量的时候，产品价格下降，从而使前面的那些单位产品的销售收入也下降了，因此边际收益的增加量要小于单位产品的卖价。换言之，当销售价格下降时，边际收益的下降速度要比平均收益的下降速度快。完全垄断厂商的平均收益和边际收益如图 5-6 所示。在图 5-6 中，垄断厂商的边际收益曲线 MR 是一条位于平均收益曲线 AR 左下方的曲线。

（五）对完全垄断市场的评价

1. 完全垄断市场有利的方面

完全垄断市场的形成是有其客观原因的，如规模经济的要求、自然垄断性行业发展的要求等。从完全垄断市场的形成原因中可以看出，这种市场类型有对社会有利的方面。

（1）具有促进资源效率提高的可能性。

规模经济是完全垄断市场形成的重要原因，完全垄断市场具有促进经济效率提高的可能性也集中地表现在规模经济上。要形成完全垄断市场，必须拥有并投入大量的固定资产和投资。只要充分发挥投入的大量固定资产和投资的效用，企业就可以进行大规模的生产，即一方面提高产品的产量，增加产品的品种，提供全部供给，这时的产量高于完全竞争市场企业的产量；另一方面通过减少资源的消耗，尽可能降低产品的成本。

（2）具有刺激创新的作用。

完全垄断市场与创新之间存在着紧密联系。专利是形成垄断的一个原因，只要创造出一种新产品、劳务或新的加工技术，获得专利，就会形成对这种产品、劳务或加工技术的垄断。同时，只有对创新进行专利保护，授予创新者以垄断权力，才能促进创新。这是因为，完全垄断市场通过专利形式给予创新者以垄断排他性的权利，使创新者在一定时期内享有其创新所带来的经济利益，从而刺激垄断者继续大量地投资于科研开发工作，这样就能促进更大范围和更高层次创新活动的开展，从而推动社会的发展。

2. 完全垄断市场不利的方面

（1）会造成市场竞争的损失。

在这种市场类型中，由于法律和自然方面的限制，完全垄断市场上的物品、劳务或资源都由一个供给者提供，新的企业无法进入市场，因而完全排除了市场竞争。完全垄断市场排除了竞争之后，垄断企业就没有了竞争压力，它无须改进生产技术，同样也可以获得高额垄断利润，这样就造成了社会竞争的一定损失，使社会在一定程度上失去了技术进步的推动力。

（2）会造成生产效率的损失。

在完全垄断市场条件下，垄断企业具有进行规模生产的条件和能力。如果垄断企业进行规模生产，就可以降低产品成本、提高产品产量，获得最佳的生产效率。这样，厂商在获得丰厚利润的同时，也促进了社会生产效率的提高。但是，垄断企业在垄断了市场供给之后，由于没有了竞争对手，仅凭提高产品价格的手段就可以获取丰厚的利润，而无须通过花费大量资金购买先进设备和技术以提高生产效率的办法来增加盈利，这样必然会造成社会生产效率的损失。

（3）会造成社会产量的损失。

在完全垄断市场条件下，由于垄断企业完全垄断了市场供给，因而垄断市场的产量低于完全竞争市场的产量。在完全竞争市场条件下，企业根据平均成本最低点所决定的产量进行生产，其社会产品产量是最优产量。但是在完全垄断市场条件下，垄断企业则是根据利润最大化原则所决定的产量进行生产，而完全垄断市场条件下利润最大化原则决定的产量只能是低产量。因为只有低产量才能在垄断市场中卖出高价格，从而获得最大利润。所以，垄断市场首先造成社会生产条件和生产能力的损失，最终造成社会产量的损失。

（4）会造成消费者福利的损失。

在完全垄断市场条件下，由于垄断企业垄断了市场供给，并凭借其垄断权力控制了价格，消费者只能被迫接受垄断企业制定的高价格，这就必然会造成消费者福利的重大损失。从实质上看，垄断企业对消费者造成的各种损失，就是垄断企业对消费者福利和权利的掠夺。同时，垄断企业对其损害消费者利益的行为很难有正确的认识，因此，政府必须采取强有力的措施进行干预。

完全垄断市场也是一种极端的市场类型，在现实经济实践中也几乎是不可能存在的。

二、垄断竞争市场

（一）垄断竞争市场的含义和特征

20 世纪 30 年代，美国经济学家爱德华·哈斯丁·张伯伦和英国经济学家琼·罗宾逊提出的垄断竞争、不完全竞争理论，在西方经济学界引起了较大的震动，并受到了普遍的重视。西方经济学家认为，现实中的大多数市场属于垄断竞争市场类型，于是，垄断竞争条件下的厂商均衡成为市场结构理论的重要组成部分。

垄断竞争市场是指许多厂商生产和销售有差别的同类产品，即垄断和竞争兼而有之的一种混合市场结构。它具有以下特征。

（1）各个厂商提供的产品既存在一定的差别，又有一定的替代性。这里所说的差别不是指不同产品的差别，而是指同类产品之间存在着某些差别。这些差别可能是产品外观形状、包装、商标等方面的不同，也可能是厂商的地理位置、服务态度的不同。当然，这些厂商生产的产品同时又是相似的，它们之间有着很大的替代性。西方经济学家认为，产品有差别则有垄断发生，差别的程度越大，垄断的程度也越大。由于各个厂商生产的是同类产品，因此，它们的产品之间又具有相当程度的替代性。产品之间的替代性又使得各厂商之间存在竞争，产品的替代性越强，竞争就越激烈。

（2）同一行业中有许多厂商，它们都会对市场价格产生一定的影响，但这种影响又是有限的。厂商们各自独立行动，并不互相勾结以控制市场价格。由于同一市场中有许多厂商，所以单个厂商的行为既不会影响市场，也不会引起其他厂商的对抗。

（3）厂商进入和退出市场比较容易。最典型的垄断竞争市场是轻工业产品市场。例如，在电视机行业中通常存在较多的厂商，各个厂商生产的电视机在外形设计、销售条件等方面存在一定的差别，每个厂商生产的电视机在消费者的心目中都占据一定的地位，这些差别是其他厂商无法替代的，于是就形成了一定程度的垄断，厂商则可以利用这种垄断地位制定价格。但与此同时，各个厂商生产的电视机又具有较强的替代性，因而它们又以价格、品质、服务等手段进行竞争，以夺取较大的市场份额。

（二）对垄断竞争市场的评价

1. 垄断竞争市场对社会经济发展的有利影响

垄断竞争市场是现实中普遍存在的一种市场类型，它对社会经济发展的有利影响表现在以下几方面。

（1）有利于消费者多样性消费需求的满足。

消费者消费选择的多样性，在生产同质产品的完全竞争市场中是无法实现的。而垄断竞争市场则会从制度上激发企业不断生产差别产品的积极性，使市场涌现出大量的有差别产品。大量有差别产品的不断涌现，为广大消费者的消费偏好和消费选择的多样化提供了丰富的物质基础，使消费者的各种消费需求不断得到满足。同时，非价格竞争构成的产品差别，能促使企业保持商业信誉，提高产品质量和服务水平，也能使消费者的消费需求得到更好的满足，从而增加消费者的福利。

（2）效率低于完全竞争市场但高于完全垄断市场。

垄断竞争市场与完全垄断市场相比，其产量水平相对较高，平均成本和价格水平相对较低，因而资源的利用水平较为充分，经济效率相对较高。而与完全竞争市场相比，垄断竞争市场的产量水平又相对较低，平均成本和价格水平相对较高，因而对资源的利用不够充分，经济效率则相对较低。这样一来，垄断竞争市场的效率处于完全垄断市场和完全竞争市场之间，即高于完全垄断市场而低于完全竞争市场。

（3）有利于企业的竞争。

在垄断竞争市场上，企业的数量多且规模较小，产品的替代性很强，因而彼此间的竞争很激烈。但是，每个企业生产的又是差别产品，这使企业有能力控制其产品的价格和产量，从而拥有一定的垄断能力。垄断竞争市场的这种特征有利于企业不断提高其竞争能力，在竞争中取胜。因此，垄断竞争企业会在激烈的竞争中通过提高产品的质量和服务水平，生产出更多与其他企业差别更大的产品来满足消费者的不同需求，吸引更多的消费者购买自己的产品，扩大自己的市场占有份额。

（4）有利于鼓励创新。

垄断竞争市场条件下，每个企业必须生产出与其他企业有区别的新产品，才能生存和发展，而差别产品的生产本身就是一个创新的过程：其一是产品设计创新，即设计或引进与其他企业有差别的新产品，如设计或引进质量更高且款式、形状、颜色等方面不同的产品；其二是服务创新，即向消费者提供与其他企业不同的服务；其三是技术创新，即采用新的生产技术生产出新产品；其四是广告宣传创新，只有与众不同的广告宣传，才能引起消费者的关注，等等。总的来看，垄断竞争市场有利于激发企业创新的积极性。

2. 垄断竞争市场对社会经济发展的不利影响

垄断竞争市场对社会经济发展的不利影响主要表现在以下几方面。

（1）不能以最佳规模进行生产。

在垄断竞争市场条件下，企业生产的产品产量低于平均总成本最低时的产量，而平均总成本则高于最低总成本，即企业不能以最佳规模进行生产。

（2）增加了产品的成本。

在垄断竞争市场条件下，企业生产出产品以后，要花费大量的资金和人力，进行广告宣传和推销活动，以引导消费者来消费这些产品。巨额的广告宣传和推销费用，最终要平均摊进每件产品的生产成本中。这样一来，就大大增加了产品的成本，消费者从产品本身获得的收益并没有随广告、推销费用投入的上升而增加。

总之，在垄断竞争市场条件下，一方面，企业不能以平均总成本最低时的产量进行生产，使产品的直接生产成本高于平均最低生产成本，造成产品的直接生产费用成本上升；另一方面，厂商需要投入大量的人力和物力进行广告宣传与推销活动，从而在较高成本的基础上又增加了广告和推销费用成本，使产品生产的平均成本大大上升。因此，消费者消费这些产品时，要比在完全竞争市场条件下支付更多的货币。

相关链接

美、日两国自主创新企业制度和市场结构

美国实行的是"自由经营""自由竞争"的自由企业制度。为数不多的垄断企业规模庞大、资本雄厚、市场占有率很高，它们以垄断财团为依托，主宰着美国经济。在市场竞争结构安排上，美国一直鼓励竞争。美国是世界上执行反垄断法最坚决的国家，企业间的横向合作联合往往为政府反托拉斯法所禁止。自1890年以来，美国政府颁布了一系列反垄断法和小企业法规，为小企业的生存和发展提供法律上的保障，并做了大量务实的工作，如成立各种小企业领导和管理机构，为小企业提供资金援助、贷款担保、市场信息和各种技术与管理知识等。美国小企业的突出特点是在发明创造和技术创新方面具有积极作用，它们往往是技术创新的源头。据统计，自20世纪初至70年代，美国科技发明的一半以上是由小企业完成的；20世纪80年代以后，大约70%的创新来自小企业。企业间激烈的竞争迫使企业不断进行新产品的开发与试制，以保持自己的领先地位。

日本作为技术引进国，注重迅速调动资源来实现技术上的突破和改进。日本的技术创新基本上是由少数大企业集团所承担的，市场结构更接近于垄断竞争的格局。这是因为，大企业集团在突破技术领先者的技术和市场障碍方面有独特的优势。首先，只有大集团才有资金实力进行高强度的投资，以尽量采用先进的技术缩小与领先者的差距。其次，大集团更有可能实现规模经济，从而使降低成本成为可能，扩张市场占有率的战略才更有可能成功。再次，大集团内企业间的交叉补贴可以使企业通过长久地维持低利润率来不断提高市场份额。日本70%的企业产权属于法人股东，以三井、三菱、住友等垄断财团为核心横向结合的企业集团基本上控制了日本经济的命脉，而多数中小企业进入这些大财团的系列化生产体系，对这些大企业存在较强的依附性和从属性。尽管近年来日本政府通过了一系列禁止垄断和保护、扶持中小企业的政策、法规，在一定程度上削弱了垄断大企业对中小企业的掠夺程度，但两者从属关系的本质并未改变。最后，日本在第二次世界大战后崛起的一些企业集团，如丰田、松下等，集中在高技术尤其是电子信息业领域内，仍旧控制着大量的中小企业。

三、寡头垄断市场

（一）寡头垄断市场的含义和特征

寡头垄断市场是指一个行业内产品供给的全部或绝大部分被少数几个大厂商所控制的一种市场。这几家大厂商彼此势均力敌，称为寡头厂商，它们之间既相互依存又存在着激烈的竞争。寡头垄断市场是一些发达资本主义国家常见的市场类型，它具有以下特征。

（1）行业内厂商数量极少，几家厂商共同供给该行业的绝大部分产品，每家厂商的产量在行业总产量中均占有较大的份额，其产量和价格的变动对整个产品市场具有较大的影响力。根据寡头垄断市场中厂商的数目，可以把寡头垄断市场分为不同的类型：如果市场中的产品供给由两家厂商垄断，称为双头垄断；如果市场中的产品供给由三家厂商所垄断，则称为三头垄断，等等。

（2）寡头厂商之间相互依存。每个寡头厂商在进行决策时，必须考虑竞争对手的反应。因为在寡头垄断市场中，寡头厂商生产的产品具有较大的替代性，而且每个寡头厂商在整个产品市场中占有的份额较大，当一家寡头厂商试图通过降价来扩大市场份额时，必然会直接影响到竞争对手的利益，从而引起对方的反应，最终使通过降价来扩大自己市场份额的目标难以实现。因此，在寡头垄断市场中，寡头厂商为了避免在竞争中两败俱伤，往往用相互勾结的方式来控制市场，彼此间的竞争集中表现为非价格竞争，例如改进产品质量、完善产品功能、提供良好的服务等。

（3）厂商不易进出。在寡头垄断市场中，厂商在规模、资金、信誉、市场、原料供给、专利等方面都具有较大的优势，在市场需求扩大有限的条件下，新厂商的进入是相当困难的。同时，原有厂商由于其生产规模的巨大投入，要想退出也不容易。

（4）产品差别可有可无。根据寡头厂商产品的差别程度，可以将寡头垄断厂商分为纯粹寡头和差别寡头两类。纯粹寡头是指寡头厂商生产的产品性质是一样的、无差别的，例如钢铁、水泥、铜、聚乙烯等行业的寡头。但是如果寡头市场产品的性质是一致的，而各寡头厂商所生产的产品存在一定差别，例如汽车、飞机、重型机械、家电等，则属于差别寡头。

🛋 课程思政导读

美国五大科技巨头亚马逊公司、脸书公司、微软公司、苹果公司和字母表公司近日公布的第二季度业绩均超出市场预期。五家科技公司公布的第二季度财报显示，亚马逊第二季度营收达到889亿美元，增长40%；净利润达到52.43亿美元，同比增长近一倍，每股盈利10.3美元。苹果公司第二季度营收近600亿美元，同比增长11%；实现净利润112.53亿美元，同比增长12%。脸书公司实现营收187亿美元，同比增长11%；净利润51.78亿美元，同比增加近98%。字母表公司实现总营收382.97亿美元，同比下降2%；净利润69.59亿美元，同比下滑30%。微软营收为380.33亿美元，同比增长13%；净利润为112.02亿美元，同比下降15%。这五家大型科技公司的每股盈利均高于市场预期。

不同于航空、汽车、能源等行业，新冠肺炎疫情发生以来，电子商务、电子游戏、网络办公等各种线上需求增加，大型科技企业业绩提升。正如微软首席执行官所说，对于拥有完整和先进技术的微软来说，应对新冠肺炎疫情大流行不是难事。疫情期间，消费者更频繁地使用电子购物平台。尽管亚马逊为防疫支出了40亿美元的成本，但利润和营收均创下新高。有调查显示，用户花费在社交媒体上的时间也普遍增加，脸书表示，每月至少使用一次WhatsApp、Instagram和Facebook的人数第二季度增加14%至31亿。同时，由于全球多个市场经济活动逐步重启，企业在线广告支出也在回升，帮助推动科技企业业绩提升。对于依赖广告收入的字母表公司来说，营收下滑30%反映出当下全球商业领域面临的困境；但字母表公司表示，第二季度后期，广告商增加在搜索业务上的支出，令公司搜索引擎业务收入同比得以持平，而谷歌云服务和其他板块营业收入则表现强劲。对于脸书来说，尽管在第二季度因言论管理不当受到不少广告商的抵制，但是广告收入仍然实现了较快增长。

（资料来源：王婧. 疫情下美科技巨头业绩超预期［N］. 经济参考报，2020 - 08 - 04.）

（二）寡头垄断市场的价格决定

寡头市场中的价格，不完全是由市场供求两股力量决定的，而是由同行业的寡头在市场上通过有形或无形的协定、默契等来共同决定的。

1. 寡头之间存在协议的价格模型——卡特尔

寡头垄断市场上存在着各种形式的联合、勾结，卡特尔是其中的一种形式。

卡特尔是指生产同类产品的若干个大厂商通过对价格、产量和市场等事项达成明确的协议而建立的组织。卡特尔的主要任务是通过一个卡特尔的管理机构来确定市场的价格和划分各自的市场，以协调各厂商的利益。

卡特尔在统一了产品价格以后，为支持这一价格，通常还分配生产限额。生产限额的分配主要有两种方法：一种是市场调节的方式，即卡持尔不明文规定各厂商的产量，但规定其销售的最低价格，通过各厂商追逐利润最大化来实现产量最优；另一种是规定限额的方法，即根据各卡特尔成员的生产规模、成员数等来规定其生产销售限额。

如果是以瓜分市场为目的建立的卡特尔，则按地区或国家来分配各厂商的市场范围，各方不得跨越所在地域来销售。

2. 寡头厂商无协议的价格决定模式——价格领导

卡特尔方式的公开勾结在某些国家被认为是非法的，这就促使寡头垄断去寻求一种非公开的、暗中默契的方式。暗中默契的主要方式是价格领导，即由行业中的一个最有支配力的大厂商制定和变动价格，其他厂商随之而定价和变动价格。

价格领导的厂商一般根据自己的实力和产销价格的均衡点，并参考其他厂商可能接受的价格来确定产品市场价格。其他厂商之所以愿意跟着定价和变动价格，主要有两方面的原因。首先，如果不跟着降价，就会失去顾客；如果不跟着涨价，就等于实际减价，这势必引起其他厂商的报复，从而引起价格大战。其次，某些厂商实力不济，领导能力较差，独自定价和变价可能有一定的市场风险，为此，一些竞争能力相对较弱的厂商，为了自身的利润，会自觉或不自觉地接受价格领导厂商的定价和变价。

价格领导的形式主要有两种。

（1）支配型厂商价格领导。一个生产规模和市场占有份额都较大，地位又比较稳固，且具有支配力的厂商，通常会充当价格领导的厂商。这种厂商之所以愿意以一种非垄断的方式——价格领导来控制市场，主要是受反托拉斯法的限制，很难凭借其实力消灭其他厂商，故只能利用自己所拥有的市场支配力，采用价格领导的方式来实现控制的目的。由于充当了价格领导，它就可以将自身企业实现利润最大化时的价格作为市场价格，以确保本企业获得最大限度的利润。其他厂商则以价格领导厂商的定价和变动价格为基础，确定自己产品的价格。

（2）调整型厂商价格领导。当若干个寡头厂商的实力势均力敌，市场份额不相上下，没有一个厂商能处于价格领导地位时，常常会出现这种情况，即由某一个厂商首先根据整个产品市场的行情提出一个市场价格，然后各个厂商对其提出的价格做出一定的反应，或稍高于这一价格，或稍低于这一价格，最后各厂商对各种定价做出一定的修正，形成一个统一的市场价格。

在寡头垄断市场中，一般很少发生价格上的竞争，即使偶然发生了价格战，也很快就会平息。寡头垄断的竞争更多地发生在非价格竞争的领域，如广告、产品的品质、服务等方面。

（三）对寡头垄断市场的评价

寡头垄断市场是由规模经济、进入障碍、竞争压力等因素共同作用而形成的。它对社会经济发展的积极影响主要表现在以下几个方面。

（1）有利于降低生产成本、提高经济效益。在寡头垄断市场中，起支配作用的是寡头垄断企业。一般来说，它们实力雄厚，生产规模较大，具备规模经济的基本条件，可以实现规模经济。随着规模经济的实现，生产成本不断下降，从而使寡头垄断企业和社会经济效益不断提高。

（2）有利于先进技术的开发利用。寡头垄断市场可以从两方面促进先进技术的开发利用。一方面，寡头垄断者具有的技术创新动机有利于先进技术的开发利用。为了在市场竞争中取胜，寡头们必须进行技术创新，以便开发新产品、提高产品质量，因而技术创新的动力必然促使寡头垄断者进行先进技术的开发利用。另一方面，寡头垄断者有经济实力进行技术创新活动，它们可以在先进技术的开发和利用方面投入大量的资金和人力，从而使技术发展得更快。寡头垄断企业可以从这两个方面着手开发利用先进的生产技术，使自己在技术方面保持垄断地位，以获得并维持高额的垄断利润。

（3）有利于提高消费者的福利。寡头垄断市场中的非价格竞争有利于从多方面提高消费者的福利。比如，产品质量和产品差别方面的竞争，可以为消费者提供更多更大的选择余地和更新更好的产品；广告竞争为消费者提供了更全面、更周到的信息服务；便捷周到的服务竞争，使消费者各种不同的需求得到更好的满足等，这些都大大提高了消费者的福利。

寡头垄断市场对社会经济的发展也有不利的影响。例如，寡头们往往会抬高市场价格。在寡头垄断市场中，少数寡头垄断企业具有支配作用，彼此之间常常出现各种形式的勾结，往往会抬高产品价格，使其维持在较高的水平上且不易变动，而这会损害消费者的利益和社会福利。再如，产品差异的存在及竞争，往往会导致大批设备提前被更新、淘汰，以及大量的物质资源、人力资源被白白地浪费。另外，大量的广告常常提供无用的和不真实的信息，欺骗消费者；有些寡头垄断企业用不计成本、不讲效果、费用昂贵的大量广告宣传和推销活动，以及为了转嫁企业失误的损失给消费者设下了许多陷阱，等等。这些都增加了产品的成本，抬高了市场价格，从而使消费者的利益和社会的经济效益受到严重的损害。

知识拓展

博弈论初探

何为博弈论？

寡头厂商要想达到垄断的结果，往往需要彼此间的合作，但这种合作往往是难以维持的。由于寡头市场上企业的数量很少，每家企业都必须按战略行事。每个寡头企业都知道，它的利润不仅仅取决于自己的力量，还取决于其他企业的产量。在做出生产决策时，寡头市场上的每个企业都必须考虑它的决策会如何影响其他寡头的生产决策。经济学家用博弈论来研究相互依存的厂商的决策行为。

在寡头市场上，厂商之间的行为是相互影响的，每个厂商都要首先推测或了解其他厂商可能对自己所要采取的某一个行动的反应，然后采取最有利于自己的行动。由于寡头市场上的每一个厂商都是这样思考和行动的，因此厂商之间的行为的相互影响和相互作用的关系就如同博弈一样。

博弈论是描述和研究行为者之间的策略相互依存和相互作用的一种决策理论。博弈论与传统微观经济学的对策理论有很大区别。在传统理论中，经济主体做出决策时并不考虑自己的选择对别人的影响，也不会考虑别人的决策对自己的影响。博弈论研究的情况则不同，下面用博弈论中的纳什均衡来说明这一点。

纳什均衡是美国数学家纳什于 1951 年总结出来的一种均衡理论。这种均衡是指参与博弈的每个人在给定其他人战略的条件下选择自己的最优战略所构成的一个战略组合。一个重要的纳什均衡被称为"囚徒困境"。这个博弈说明了维持合作的困难性，即使在合作会使所有人状况变好时，人们在生活中也往往无法相互合作。

囚徒困境是一个关于两名被警察捉住的犯罪分子的故事。我们把这两个犯人称为汤姆和杰克。警察有足够的证据证明汤姆和杰克犯有非法携带枪支的轻罪，因此每人都要在狱中度过 1 年。警察还怀疑这两名罪犯曾合伙抢劫银行，但他们缺乏有力的证据。警察在分开的屋子里审问了汤姆，"现在我们可以关你 1 年。但是，如果你承认银行抢劫案，并供出合伙者，就免除你的监禁，你可以得到自由，你的同伙将在狱中度过 20 年。但如果你们两人都承认罪行，我们就不需要你的供词，而且我们可以节省一些监禁成本，因此你只需要服 8 年监禁。"囚徒困境如图 5-7 所示。

项目		汤姆的决策	
		坦白	抵赖
杰克的决策	坦白	每人 8 年	杰克自由，汤姆 20 年
	抵赖	杰克 20 年，汤姆自由	每人 1 年

图 5-7 囚徒困境

图 5-7 表明了他们的选择。每个囚犯都有两种战略：坦白与抵赖。他们每个人的刑期取决于自己所选择的战略，以及他的犯罪同伙选择的战略。首先考虑汤姆的决策。他的推理如下："我并不知道杰克将会怎么做。如果他抵赖，我最好的战略是交代，因为我将获得自由而不是在狱中待 1 年。如果他坦白，我最好的战略仍然是坦白，因为这样我将在狱中待 8 年而非 20 年。因此，无论杰克怎么做，我选择坦白会更好。"

可以看出，无论另一个参与者采用什么战略，这是一个参与者所遵循的最好的战略。这种战略被称为优势战略。在这个例子中，坦白是汤姆的优势战略。无论杰克坦白还是抵赖，如果汤姆坦白了，他在狱中待的时间最短。

我们再来考虑杰克的决策。他面临着和汤姆同样的选择，而且，他的推理也与汤姆相似，即无论汤姆怎么做，杰克可都以通过坦白减少他待在狱中的时间。换句话说，坦白也是杰克的优势战略。最后，汤姆和杰克都坦白了，两人都要在狱中待 8 年。但从他们自身的角度来看，这是一个糟糕的结果。因为如果他们都抵赖，两人的状况都会更好些，即只会因为持有枪支而在狱中待 1 年。由于追求自己的利益，两个囚犯共同达到了使每个人的状况变得更坏的结果。

为了说明维持合作的困难性，设想在警察逮捕汤姆和杰克之前，两个罪犯做出了不坦白的承诺。显然，如果两人坚持这种协议，就会使状况变好，因为每人只需在狱中待 1 年。然而，这两个罪犯实际上没有选择抵赖，仅仅是由于他们之间没有协议吗？要知道一旦他们被分别审问，利己的逻辑就会产生作用，并迫使他们坦白。所以两个囚犯之间的合作是难以维持的，因为从个人角度看，合作是非理性的。事实上，寡头在力图达到垄断结果时的博弈也类似于两个处于两难处境的囚犯的博弈。

博弈论被应用于政治、外交、军事、经济等研究领域。近 20 年来，博弈论在经济学中得到了更广泛的运用，对寡头理论、信息经济学等方面的发展做出了重要的贡献。博弈论的应用是微观经济学的重要发展。

本章小结

本章的内容构成了市场理论。市场理论的中心问题是分析不同类型市场中商品的均衡价格和均衡产量的决定。通过本章的学习，学生应该掌握完全竞争市场条件下厂商的均衡条件；能够对不完全竞争市场条件下厂商的供给行为进行分析，对不同市场运行的效率做出评价。

关键概念

完全竞争市场　完全垄断市场　垄断竞争市场　寡头垄断市场　价格领导

思维导图

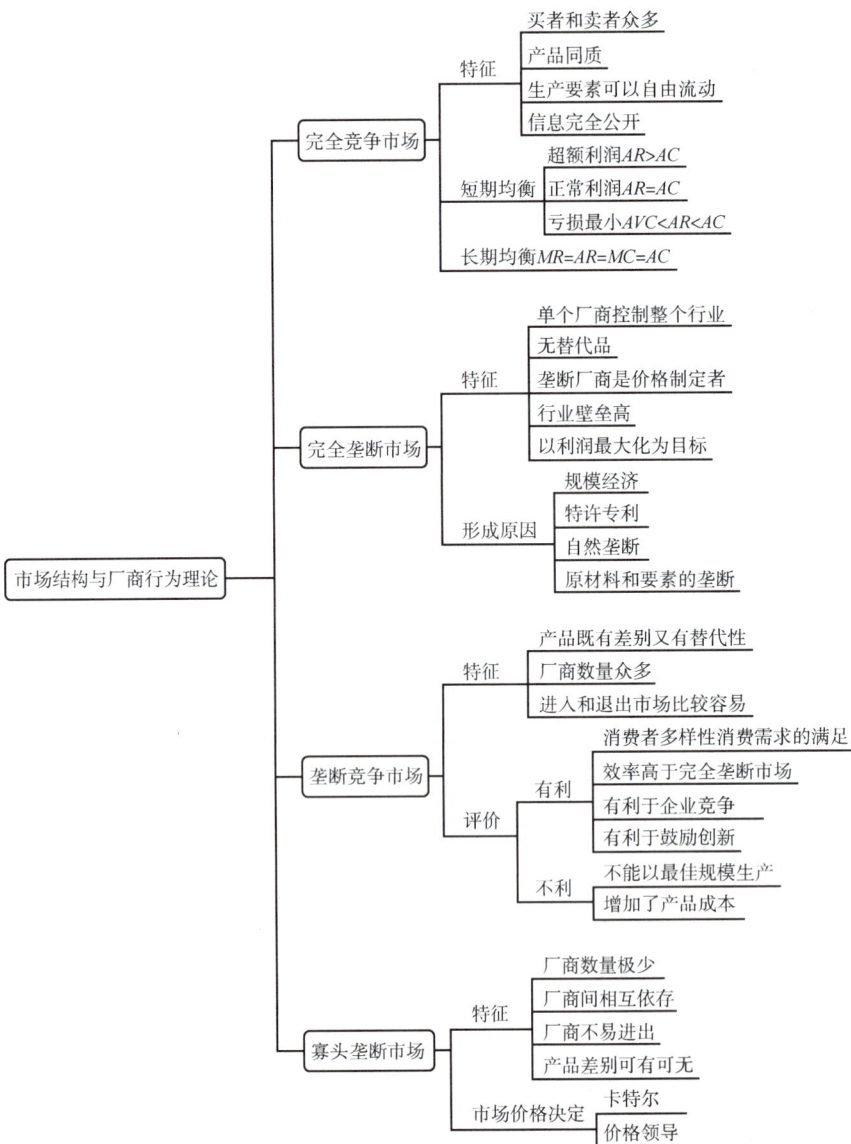

复习思考题

一、选择题

1. 完全竞争的企业不能控制（　　）。

A. 产量　　　　　　B. 成本　　　　　　C. 价格　　　　　　D. 投入品的使用

2. 如果在厂商的短期均衡产量上，AR 小于 SAC，但大于 AVC，则厂商（　　）。

A. 亏损，立即停产　　　　　　　　B. 亏损，但继续生产

C. 亏损，生产与否都可　　　　　　D. 获利，继续生产

3. 在完全竞争市场上，厂商短期均衡的条件是（　　）。

A. $P = AR$　　　　B. $P = MR$　　　　C. $P = MC$　　　　D. $P = AC$

4. 根据完全竞争市场的条件，下列（　　）行业最接近完全竞争行业

A. 自行车行业　　　B. 玉米行业　　　　C. 糖果行业　　　　D. 服装行业

5. 在垄断厂商的短期均衡时，垄断厂商可以（　　）。

A. 亏损　　　　　　　　　　　　　B. 利润为零

C. 获得利润　　　　　　　　　　　D. 以上任何一种情况都可能出现

6. 一个市场上只有一个企业，生产一种没有替代品的产品，这样的市场结构被称为（　　）。

A. 垄断竞争　　　　B. 完全垄断　　　　C. 寡头　　　　　　D. 不完全竞争

7. 对于一个垄断企业而言，它的边际收益（　　）。

A. 大于价格　　　　B. 等于价格　　　　C. 小于价格　　　　D. 曲线是水平的

8. 在垄断竞争市场中，（　　）。

A. 只有为数很少的几个厂商生产有差异的产品

B. 有许多厂商生产同质产品

C. 只有为数很少的几个厂商生产同质产品

D. 有许多厂商生产有差异的产品

9. 下列哪一个是垄断竞争行业的特征（　　）。

A. 企业规模相同，数量较少　　　　B. 不存在产品差异

C. 企业规模较大，数量很少　　　　D. 进出该行业容易

10. 完全竞争市场与垄断竞争市场的一个重要区别是（　　）。

A. 产品是否有差别　　　　　　　　B. 参与竞争的厂商数目多少

C. 长期中厂商能获得的利润大小　　D. 资源转移的灵活程度

11. 寡头厂商的产品（　　）。

A. 是同质的　　　　　　　　　　　B. 是有差异的

C. 既可以是同质的，也可以是有差异的　　D. 以上都不对

二、判断题

1. 在完全竞争市场上，任何一个厂商都可以成为价格的决定者。（　　）

2. 在完全竞争市场上，整个行业的需求曲线是一条与横轴平行的线。（　　）

3. 在完全垄断市场上，一家厂商就是一个行业。（　　）

4. 在完全垄断市场上，边际收益一定大于平均收益。（　　）

5. 完全垄断厂商拥有控制市场的权利，这意味着对于它的商品，它可以任意指定一个价格。（　　）

6. 有别的产品之间并不存在竞争。（　　）

7. 有差别存在就会有垄断。（　　　）

8. 引起垄断竞争的基本条件是产品无差别。（　　　）

9. 垄断竞争行业的基本特点是它只存在价格战争。（　　　）

10. 由于寡头之间可以进行勾结，所以，它们之间不存在竞争。（　　　）

11. 寡头厂商之间的产品都是有差异的。（　　　）

12. 垄断厂商不必像垄断竞争厂商那样采用广告策略，因为没有竞争对手。（　　　）

三、问答题

1. 为什么在完全竞争市场中，厂商不愿意在产品广告上花费任何金钱？

2. 列图说明完全竞争厂商的短期均衡的形成及其条件。

3. 列图分析垄断厂商的需求曲线向右下方倾斜的原因，并解释相应的曲线 TR、曲线 AR 和曲线 MR 的相互关系。

4. 垄断厂商一定会获得超额利润吗？如果亏损，它在短期内会继续生产吗？长期内又如何？

5. 按西方经济学家的看法，能否说"产品差别越大，则产品价格差别的可能性也越大"？

6. 什么是垄断竞争市场？该市场形成的条件是什么？

7. 寡头垄断市场的产量和价格是如何决定的？

8. 寡头垄断市场上各厂商之间的关系和其他三个市场有什么不同？

四、思考题

某一彩电制造商认为其所在的行业是完全竞争行业，他觉得同其他彩电制造商之间存在激烈的竞争，其他彩电制造商一旦大做广告，采取降价措施或提高服务质量，他也及时做出反应。请用所学的有关市场知识，判断彩电制造商所在行业是否是完全竞争市场。

第六章

市场不是万能的——市场失灵

学习目标

1. 了解市场失灵的含义及导致市场失灵的主要原因。
2. 了解外部性的含义、类型。
3. 熟悉科斯定理及产权的重要性,掌握解决外部性的办法。
4. 了解公共物品的含义和特征,以及其与市场失灵的关系。
5. 掌握信息不对称产生的风险。

能力目标

1. 能够利用相关知识判断市场失灵的原因,找到解决市场失灵的相关措施。
2. 学会运用逆向选择及道德风险对策。

德育目标

1. 培养学生的自律意识、大局意识,提高个人修养和个人素质,形成良好的道德风尚,摒弃欺诈、造假和扰乱市场等行为,促进市场规范。
2. 教育学生树立诚信意识、友善意识,弘扬中华传统美德,践行社会主义核心价值观。

学习建议

本章主要分析市场失灵的产生及导致市场失灵的原因——外部性、公共物品、信息不对称等,阐述如何校正市场失灵以使经济接近理想状态。建议学习时间为6~8课时。

当火车驶过农田时

20 世纪初的一天，列车在绿草如茵的英格兰大地上飞驰。车上坐着英国经济学家庇古。他一边欣赏风光，一边对同伴说，列车在田间经过，机车喷出的火花（当时是蒸汽机）飞到麦穗上，给农民造成了损失，但铁路公司并不用向农民赔偿。这正是市场经济的无能为力之处，称为市场失灵。

将近 70 年后的 1971 年，美国经济学家乔治·斯蒂格勒和阿尔钦同游日本。他们在高速列车（这时已是电气机车）上见到窗外的禾苗，想起了庇古当年的感慨，就问列车员，铁路附近的农田是否受到列车的损害而减产。列车员说，恰恰相反，飞速奔驰的列车把吃稻谷的飞鸟吓走了，农民反而受益。当然，铁路公司也不能向农民收"赶鸟费"。这同样是市场经济所无能为力的，也称为市场失灵。

同一种事情在不同的时代、不同的地点有不同的结果，两代经济学家的感慨也不同。但从经济学的角度看，火车通过农田无论结果如何，其实都说明了同一件事：不管外部经济或不经济，从社会的角度看都会导致资源配置错误，即造成市场失灵。

（资料来源：金锄头文库，2019 - 07 - 20.）

微观经济学的主旨在于论证完全竞争市场经济在一系列理想化假设条件下，通过价格这只"看不见的手"对经济的调节作用，可以使资源配置达到帕累托最优状态，使整个经济达到一般均衡。但在现实经济中，就某些配置问题而言，市场机制并不能自发地实现资源的有效配置，帕累托最优状态通常不能实现，从而出现"市场失灵"现象。本章将分别论述存在非对称信息、垄断、外部影响、公共物品等情况时，如何导致市场失灵，以及如何矫正市场失灵。

第一节　市场失灵的含义与原因

传统自由经济学者认为，在一个自由选择的体制中，社会的各类人群在不断追求自身利益最大化的过程中，可以使整个社会的经济资源得到最合理的配置。市场机制（价格）像一只看不见的手，推动着人们从自身的动机出发，在各种竞争与合作关系中实现互利的经济效果，进而主导市场经济活动，使市场有效地配置资源，实现消费者效用最大化和生产者利润最大化，达到"帕累托效率"的状态，即没有任何人的效用受损，资源分配获得最佳效率。虽然在经济学家看来，市场机制是迄今为止最有效的资源配置方式，但是，由于各种原因，在实际生活中，市场本身并不完备，有时"看不见的手"也会不起作用，市场机制在很多场合并不能导致资源的有效配置，反而出现了市场失灵。

一、市场失灵的含义

虽然市场经济"功高无量"是几百年人类文明史和当代市场经济发展已经充分证明的事实，然而，市场不是万能的，不能单纯凭借"看不见的手"左右经济生活，市场失灵问题还是会经常出现。

市场失灵也称市场失效、市场障碍，是指在市场机制充分运作的情况下，由于垄断、外部性、公共物品、信息不对称等，资源配置不能到达最优，即资源配置处于低效率或无效率的状态。市场失灵的实质是价格机制对某些问题无能为力，表现出一定的局限性。由此可知，市场失灵是以能否实现经济效率为标准，不直接涉及经济公平。

 延伸阅读

市场失灵含义的理解

经济学家对市场失灵没有一个非常统一的定义。美国经济学家弗朗西斯·巴托于1958年在《市场失灵的剖析》一文中最早提出"市场失灵"概念。市场失灵有狭义和广义之分，狭义的市场失灵是指完全竞争市场所假定的条件得不到满足而导致的市场配置资源能力不足从而缺乏效率的表现；广义的市场失灵则还包括市场机制在配置资源过程中所出现的经济波动，以及按市场分配原则而导致的收入分配不公平现象。

在经济理论界，对市场失灵含义的理解有多种观点。

（1）市场竞争使资源配置达不到帕累托最优状态，即市场竞争机制不能实现资源的合理配置和有效配置。在实际市场经济运行中，虽然价格能够调节商品或生产要素的供求，但有时会出现商品价格不等于边际成本的状况，或是市场产量低于完全竞争市场条件下的均衡产量，垄断市场就是典型例子。

（2）市场价格既不等于该商品的边际社会收益，又不等于该商品的社会边际成本，市场远偏离帕累托最优状态，例如，由于外部因素的影响而导致环境污染。

（3）由于市场机制的功能和作用的局限性，市场对某些经济活动无能为力，不能有效调节某种产品的供求或价格，例如，搭便车行为、公共物品。

（4）由于市场本身的不完善性而导致市场机制在运行中出现障碍，例如，由于市场本身功能和体系不健全、市场经济不发达，市场不能有效发挥作用，许多发展中国家在这方面表现尤为突出。

（5）由于市场具有不完全性或局限性，其作用范围有限，无法也无力调节现实市场经济运行，例如，周期性经济危机。

二、市场失灵的原因

导致市场失灵的原因是多方面的，一般主要包括以下四个方面。

（一）不完全竞争（垄断）

经济学家主张实行竞争，主要是因为竞争可以提高资源配置的效率。在理想的条件下，即当一个经济中所有市场都处于完全竞争的条件下时，在市场力量的作用下，达到资源最优配置的三个帕累托最优条件均可满足。

 延伸阅读

帕累托最优

帕累托最优也称帕累托效率或帕累托最适，是经济学中的重要概念。帕累托最优是由意大利经济学家维弗雷多·帕累托提出的一种经济状态，是指具有以下性质的资源配置状态，即任何形式的资源重新配置，都不可能使至少一人受益而又不使其他任何人受到损害。帕累托最优是资源分配的一种理想状态，与其密切相关的另一个概念是帕累托改善。人们通常把能使至少一人的境况变好而没有人的境况变坏的资源

帕累托最优

重新配置称为帕累托改善。所以，帕累托最优状态也就是已不再存在帕累托改善的资源配置状态，换句话说，不可能再改善某些人的境况，而不使任何其他人受损。

如果一个经济制度不是帕累托最优，则存在一些人可以在不使其他人的境况变坏的情况下使自己的境况变好的情形。普遍认为，这样低效产出的情况是需要避免的。因此，帕累托最优是评价一个经济制度和政治方针的非常重要的标准，并且在博弈论、工程学和社会科学中有着广泛的应用。

一般来说，达到帕累托最优时，会同时满足以下三个条件。

（1）交换最优条件：即使再交易，个人也不能从中得到更大的利益。此时对任意两个消费者而言，任意两种商品的边际替代率是相同的，且两个消费者的效用同时得到最大化。

（2）生产最优条件：这个经济体必须在自己的生产可能性边界上。此时对任意两个生产不同产品的生产者而言，需要投入的两种生产要素的边际技术替代率是相同的，且两个生产者的产量同时得到最大化。

（3）产品混合最优条件：经济体产出产品的组合必须反映消费者的偏好。此时任意两种商品之间的边际替代率，必须与任何生产者在这两种商品之间的边际产品转换率相同。

但是，在现实经济运行中，市场很少能够达到完全竞争市场理论模型中的严格限定，也就是市场往往达不到完全竞争状态，而是存在垄断。垄断市场的某个或者某些企业，为了追逐利润的最大化，就将其产品价格提高到边际成本以上，而消费者对这种产品的购买就会比完全竞争市场条件下要少，满意程度也会随之下降。市场失灵问题不仅存在于完全垄断的情况下，在寡头垄断市场和垄断竞争市场也同样存在。事实上，只要市场是非完全竞争的，只要厂商面临的是一条向右下方倾斜的需求曲线，厂商按照边际收益等于边际成本的原则确定产量时，价格就不是等于边际成本，而是高于边际成本，就出现了低效率的资源配置状态。在垄断条件下，无论具体程度如何，都会对市场机制形成扭曲，不能有效调节供给和需求，达不到资源合理配置的目的。

垄断有时是无奈之举，一个小镇有必要有两个自来水厂和两个供电公司吗？肯定没必要，因为要是有两个就得建两套电网和供水设施，划不来，于是只有一个供电公司和自来水厂，这就是垄断。这种垄断是市场造成的，也是市场失灵，这时候就需要政府出面。

相关链接

垄断的公共管制和反托拉斯法

垄断常常导致资源配置的低效率，垄断利润通常也被看成是不公平的，所以有必要对垄断进行政府干预。对政府来说，解决垄断条件下的价格高于竞争价格的问题，方法之一是对垄断厂商可能索取的价格进行管制，制定最高限价或最低保护价。如果一个垄断厂商在正常情况下索取15美元的价格，那么，政府可以实施一个12美元的最高限价，以便降低消费者使用该产品的成本。一般而言，在一个竞争市场上实行最高限价会导致产量减少，从而造成在控制价格下的短缺和非价格配给。但是，在一定条件下，对垄断价格的强制限制可能会导致垄断产量的提高。因为，垄断厂商限制产量的目的是索取较高价格，实施最高限价意味着限制产量不能得到较高价格，所以，最高限价将消除垄断厂商限制产量的理由。

价格管制还用于自然垄断行业，如公用事业公司。需要指出的是，自然垄断厂商的平均成本曲线一直是下降的，因而边际成本总是在平均成本之下。若不加以管制，厂商将按照利润最大化原则在较高价格上提供较少的产量。所以，可行的最佳选择是价格确定在平均成本与平均收益相等的水平上，厂商既没有垄断利润，也有利于产量尽可能大到正好不至于使厂商退出经营的程度。

对垄断实施管制的第二个措施是出台反垄断法——反托拉斯法。这是政府对垄断的更加强烈的反应。西方很多国家先后不同程度地制定了类似的法律规定，对犯法者由法院提出警告、罚款、改组公司甚至判刑，或者强行进行行业重组。例如，将微软公司强行一分为二；将中国邮电强行分解为中国电信、中国联通、中国移动通信公司等。其中最为突出的是美国，从 1890 年到 1950 年，美国国会通过了一系列法案反对垄断，具体包括《谢尔曼法》《克莱顿法》《联邦贸易委员会法》等，统称反托拉斯法。

虽然理论上对垄断给予低效率评价，且各国政府也制定了很多反垄断法，但对垄断的"动态效率"的影响，有的经济学家提出了不同看法。如美国经济学家约瑟夫·熊彼特认为，垄断厂商会把垄断利润用于研究与开发，推动创新和技术进步，从而降低成本。社会从这种垄断厂商的创新中获得的收益可能要比由垄断造成的损失大得多。当然，并不是所有人都能接受这种观点。甚至政府也有不同态度，在微软案件与波音兼并麦道案件上的不同做法就说明了这一点。

（二）外部性

外部性，又称外部影响，指的是某一经济主体的活动对其他经济主体所产生的一种未能由价格体系来反映的影响。换句话说，外部性是指经济中任一行为人的活动对其他行为人的利益产生了影响，而这种影响未能通过市场价格机制来调节的相互关系和影响。这种关系或影响是经济主体在谋求自身利益最大化的过程中不知不觉产生的。由于它对局外人造成了影响，并且这种影响又是外在于价格体系的，即不能由价格来计量、调解，故称为"外部性"。外部性有正外部性（对他人产生正面影响）和负外部性（对他人产生负面影响）之分。

外部性的存在会影响市场机制对资源的最优配置，从而使实际经济效率偏离帕累托最优状态。之所以会如此，主要是因为在有外部性存在的场合，单个经济主体在从事一项经济活动时，其私人成本（或收益）与社会成本（或收益）并不一致，从而导致经济效率偏离最优状态。

（三）公共物品

一般说来，根据物品在排他性和竞争性两个方面的不同表现，可以把物品分为三大类：一为私人物品，这类物品既具有排他性，又是竞争性的，比如服装，如果你没有付费，你就不能消费（穿），而一旦你已经消费（穿）了，其他人就不能再消费；二为公共物品，这类物品与私人物品正好相反，它们既不具有排他性，也不具有竞争性，国防便是其中的典型代表，而公共产品是指具有正外部性的物品，所以诸如战争、恐怖活动等就不是我们的分析对象；三为共有资源，它们没有排他性，却具有竞争性，绝大多数不具备私有产权的自然资源都属于这类物品，如公共牧场、公海里的鱼类资源等。

在这三类物品中，私人物品的外部性较小，公共物品的外部性最大。从前面的分析已知，市场机制在配置具有外部性的物品方面是失灵的，即不存在可以交易这类物品的完全市场，原因在于存在"搭便车"或"免费搭车"行为。

延伸阅读

"搭便车"理论

"搭便车"，也称"免费搭车"，首先由美国经济学家曼柯·奥尔逊在 1965 年发表的《集体行动的逻辑：公共利益和团体理论》一书中提出，其基本含义是不付出成本而坐享他人之利。"搭便车"现象广泛存在于现实生活中，在经济学、管理学、社会学中也广受学者的讨论。在财政学上，"免费搭车"是指不承担任何成本而消费或使用公共物品的行为，有这种行为的人或具有让别人付钱而自己享受公共物品收益动机的人被称为"免费搭车者"。

公共物品消费的非排他性和非竞争性使得公共物品的消费和生产具有自己的特点，同时给市场机制带来一个严重的问题——"搭便车"问题。"搭便车"问题往往导致市场失灵，影响市场的效率，导致公共物品供应不足。

在日常生活中也可找到"搭便车"的例子，例如，许多轮船公司不肯兴建灯塔，却可以获得同样的服务，此种"搭便车"问题会影响公共政策的顺利制定及有效执行。

（四）信息不对称

前面的讨论都基于一个假定，即消费者和生产者拥有完全的信息，他们掌握了面临的各种经济变量的完全信息，并在此基础上做出消费决策和生产决策。然而，完全信息的假定并不符合现实。

相关链接

不完全信息的原因

一方面，在现实生活中，生产者和消费者无法掌握完全的信息。比如，一个生产者根本无法准确了解并预测市场上各种产品需求和要素供给变动的情况，消费者也不可能完全了解所有商品市场上待售商品的质量和价格等情况。在劳动市场上，雇主们只能靠工人的自我介绍或工作经历等来了解工人的状况，而无法做到对每个工人的技术和能力等都有充分了解。

另一方面，信息的获取和分析是有成本的。这就使得即使假设可以通过耗费一定资源来获取完全的信息，理性的个体也不会试图去获取全部信息。

在有些情况下，信息的不完全表现为信息不对称。我们可以观察到，生活中有很多信息不对称的例子，如在商品市场上，消费者对产品的质量、功能等情况往往不如企业和销售人员清楚；在要素市场中，工人对自己的技术、能力和工作表现等情况了解得比雇主更加真实；与卖主相比，二手车市场上的买者显然掌握着更少的关于车况的信息；在保险市场上，投保人可能比保险公司更了解自己的健康状况等。

市场经济不能保证信息的完全性，也不能保证对信息进行有效的配置。信息不对称的情况既可以是卖者比买者具有信息优势，也可以是买者比卖者具有信息优势。一旦出现信息不对称的情形，所导致的均衡状况可能对社会来说就是一种低效率或无效率的状况。信息的经济价值在于能够减少决策过程中的不确定性，从而减少决策者的决策风险。

第二节　外部性的分类及治理

完全竞争可以导致资源有效配置的结论，是以经济活动中不存在外部性为前提的。但在现实经济活动中，单个经济行为者的经济活动常常会对社会上其他成员的福利造成有利的或有害的影响（外部性存在），而在这种场合，资源配置往往达不到帕累托最优状态。

一、外部性的分类

外部性也称外部影响或外部效应，是指一个经济主体的行为对另一个经济主体的福利所产生的影响，而这种影响并没有通过货币或市场交易反映出来。

按照实际影响所造成的后果，通常可以将外部性分为两大类：积极的或正的外部性和消极的或负的外部性。

外部性

（一）正的外部性

正的外部性又可称为外部经济，是指某一经济主体的经济活动对社会上其他经济主体产生了正面的经济影响，即某个经济主体的经济活动使他人或社会受益，而受益者无须付出代价。此时，这个人从其活动中得到的私人利益小于该活动所带来的社会利益，这种性质的外部影响也被称为外部经济。显然，在有正的外部性存在的场合，其他主体从经济活动中免费得到了部分收益。例如，我修缮了一个充满鸟语花香的花园，可以直接让邻居心旷神怡。再如，养蜂场与苹果园并存，二者相互提供外部经济效益：一方面，养蜂场的蜜蜂为苹果园的苹果树传播花粉，提高了苹果产量；另一方面，苹果树的花为养蜂场提供了蜜源，增加了蜂蜜产量。

案例分析

GPS 定位系统带来的正外部性

现在，汽车已经成为日常生活中必不可少的交通工具，给汽车安装 GPS 定位系统也成了家常便饭。一旦车子被偷，警察就能通过 GPS 定位系统追踪到被偷的这辆车，并对偷车贼实施抓捕。由于偷车贼并不知道到底哪辆车内装有这一系统，所以他们不敢轻易行动，这也使得公安局受理的偷车案件少了很多。可以说，GPS 定位系统的出现在一程度上保护了那些没有装系统的车主们！这事实上就是一种正的外部性，也就是这种行为为其他人带来了正面的影响。

（二）负的外部性

负的外部性又可称为外部不经济，指的是某一经济主体的经济活动给社会上其他经济主体造成了负面经济影响，即某个经济主体的经济活动使他人或社会受损，而造成负外部性的人却没有为此承担成本。此时，这个人为其活动所付出的私人成本就小于该项活动所造成的社会成本，这种性质的外部影响也被称为外部不经济。在存在负外部性的情况下，产生外部负效应的经济主体从事经济活动所造成的全部社会成本大于其实际支出的成本。换言之，社会为该主体的经济活动支付了部分成本。比如，我放高分贝的音乐会打扰周围邻居的休息，可以说我给周围邻居带来的就是外部不经济。再如，某化工厂在生产化工产品时，向外排放大量未经处理的工业废水，导致下游养殖场的鱼苗大量死亡。如果两者分属不同的实体，且没有相应的补偿，则化工厂生产产品的全部社会成本（包括造成的养殖场的损失）要大于化工厂本身生产的私人成本。

负的外部性：
外部不经济

相关链接

生产的外部影响和消费的外部影响

根据经济行为主体的生产与消费性质的不同，外部影响分为生产的外部影响和消费的外部影响。

　　生产的外部影响包括生产的外部经济和生产的外部不经济。当一个生产者采取的经济行为对他人产生了有利的或积极的影响，即给他人带来了福利，自己却不能从中得到报酬时，便产生了生产的外部经济。例如，你家养蜜蜂，隔壁家种了花当然对你有利，但是你并不会为你的收益付钱给邻居，那么邻居家养的花就有正的外部性。如果一个生产者采取的经济行为给他人造成福利的损失而又未给他人以补偿时，便产生了生产的外部不经济。企业造成的环境污染是典型的生产的外部不经济，当河流上游的造纸厂向河中排放废水时，河中的鱼会减少，下游的渔民收入会随之降低；化工厂附近居民的健康会因有毒气体的影响而恶化等，但厂商不会为自己的排污买单。从厂商来看，多排当然是最优的，但是从全社会的角度看当然不好，但是这个问题是市场解决不了的，所以市场就这样失灵了。

　　消费的外部影响包括消费的外部经济和消费的外部不经济。当一个消费者进行的一项消费活动给他人带来了效用，增加了他人的福利时，就产生了消费的外部经济。例如，一家房主买了很多美丽的花，摆放在自家花园，这些花使得邻居和往来行人的心情变得愉悦。如果一个消费者进行一项消费活动时使别人受到损害、付出代价却未给予补偿，便产生了消费的外部不经济。而且，消费者也可能造成污染而损害他人。吸烟就是一个极为典型的例子，吸烟者的行为危害了被动吸烟者的身体健康。此外，在公共场所随意丢弃果皮、瓜壳等废弃物品，广场舞的扰民行为等，也增大了社会成本。

　　外部性是普遍存在的现象，市场交易中的买方和卖方并不关注他们行为的外部影响，所以，存在外部性时，市场均衡并不是有效率的。在这种情况下，从社会的角度关注市场结果必然要超出交易双方的福利之外。

二、外部性的治理

　　外部性在现实经济活动中普遍存在，导致完全竞争市场资源配置不能达到最优。因此，降低或消除外部性所带来的效率损失，成为社会及经济学家所关心的问题。

　　主张政府干预的经济学者认为，在存在外部性的条件下，市场不再是理想机制，政府应予以干预。而推崇自由市场的经济学者则主张，市场机制本身有能力解决一些外部性所产生的问题，政府不必干预市场运作，而只需要创造有利于市场交易的必要条件，如明确界定财产权。

延伸阅读

"看不见的手"与"看得见的手"

　　在经济学领域里，作为古典经济学理论体系的创立者，亚当·斯密在《国富论》中使用了"看不见的手"一词："因此，当每一个人企图尽可能地使用他的资本去支持本国工业，从而引导那种工业使它的产品可能有最大的价值时，每一个人必然要为使社会的每年收入尽可能大而劳动。的确，他一般既无心要去促进公共利益，也不知道他对之正在促进多少。他宁愿支持本国工业而不支持外国工业，只是想要确保自己的安全；他指导这种工业去使其产品能具有最大的价值，只是为了自己的利益。也像在许多其他场合一样，他这样做只是被一只看不见的手引导着，去促进一个并不是出自他本心的目的。"一句"看不见的手"，把自由市场的充分竞争原理概括得淋漓尽致。

　　艾尔弗雷德·钱德勒在1977年出版了《看得见的手——美国企业的管理革命》一书。在该著作中，钱德勒明确提出了和"看不见的手"截然相反的"看得见的手"的论点，指明了为什么管理协调这只"看得见的手"已经在企业中取代了市场机制"看不见的手"的八个论点。在钱德勒看来，管理协调这只"看得见的手"相比市场协调这只"看不见的手"而言，能够带来更大的生产力和丰厚的利润，能够提高资本的竞争力，由此，管理的变革会引发生产和消费的显著提高。这也就是钱德勒所谓的"企业的管理革命"。

在现代市场经济的发展中，市场是"看不见的手"，而"看得见的手"一般是指政府宏观经济调控或管理（政府的引导），也称"有形之手"，是"看不见的手"的对称提法。

发挥市场在资源配置中的决定性作用，关键在于解开套在这只"看不见的手"上的种种不当束缚。凡是市场能做好的，尽量由市场去做；凡是能利用市场机制的，尽量引入市场机制。更好地发挥政府作用，关键在于让政府这只"手"在公共服务领域看得见、用得好。随着经济、技术和管理等的不断发展，政府这只"看得见的手"和市场这只"看不见的手"发挥有效作用的边界也在不断变化，二者协同配合的意义和效用日益凸显。

（一）治理政策

1. 税收与补贴

外部性的存在使生产者或消费者的个人成本与社会成本、个人利益与社会利益不相一致，通过税收或补贴有利于把个人成本或利益与社会成本或利益拉平，实现资源的有效配置。

对造成外部不经济的企业，国家应该征税，其数额应等于该企业给社会其他成员造成的损失，使得该企业的私人成本增加，当其成本达到社会边际成本水平时，企业决策生产的产量将会等于社会最适产量。如政府向制造污染的企业收税，其税额要等于治理污染所需要的费用，即实行"污染者付费"原则，这是国际公认和倡导实行的原则。显然，用税收解决外部不经济的最大弱点在于政府很难确定企业的污染成本，因而无法设定污染税率。但是只要税率不是太高且超过污染成本，就会使企业的产量接近社会最优产量，对改善市场效率是有积极意义的。征收污染税是目前各国政府普遍采用的一种控制污染的方法，但也有人认为这是一种"花钱买污染权利"的原则。

对于产生外部经济的经济活动，政府可以给予补贴，使企业的私人边际成本下降，从而使个人利益与社会利益一致，以鼓励生产者和消费者。教育便是一例。受教育者从教育中得到私人利益：能得到较理想的工作、较丰厚的报酬，能较好享受文化生活等。此外，教育还产生许多积极的社会影响，如促进良好社会风气与社会秩序、民主氛围、经济技术进步等。教育不能单靠市场机制，政府有必要对教育进行不同程度、不同方式的干预，采取各种补贴措施降低求学者与办学者的边际成本，有助于将教育水平提高到社会所要求的最优水平。

2. 制定污染标准

控制污染的另一项政策是设定污染标准。政府通过调查研究，确定社会所能忍受或承受的环境污染程度，然后规定各企业所允许的排污量。凡排污量超过规定限度的，给予经济或法律惩罚。排污标准制度的好处在于，排污标准一经制定，只要严格执行，人们对该政策下形成的污染程度就有比较确切的估计。但政府在规定各企业的排污限量时，面临着这样的问题：一刀切还是区别对待？由于不同企业降低同样排污量的成本是不同的，显然对不同企业规定不同的排污量标准比一刀切效率高。但是政府要有效率地实行区别对待，就必须知道各企业降低、消除污染的边际成本，而政府一般并没有掌握这一信息。如果实行相同的排污标准，那些减污边际成本较高的企业就不得不忍受较高的成本以达到排放标准。因此，制定排污标准有可能导致排污成本很高。那么有没有较好的机制呢？

经济学家建议引进市场机制，建立排污许可证市场。每张许可证都规定了许可排放污染物的数量，超过规定数量将会被处以巨额罚款。许可证的数量事先确定，以使排放总量达到有效水平。许可证在厂商之间分配，并且允许买卖。如果有足够多的厂商和许可证，就可以形成一个竞争性的许可证市场，那些减污成本较高的厂商会从减污成本较低的厂商那里购买许可证。在均衡水平时，所有厂商减污的边际成本都相等，都等于许可证的价格，这意味着整个行业把污染降至规定的理想数量时成本最低。这种可交易的排污许可证制度，既能够有效控制排放污染物水平，又可以使减污成本尽可能地低，是一种具有很大吸引力的制度。

3. 外部影响内部化——企业合并

在有外部性的条件下，市场经济之所以达不到最优效率配置，是因为市场机制的独立、分散决策不能把外部性考虑进去。如果能通过某种方式使市场决策者本身承担或享受外部性，它们就会纠正决策，改善配置。例如，处于上游的造纸厂给下游的渔场造成外部不经济，导致渔场不应有的经济损失，如果造纸厂和渔场属于同一公司或业主，那么造纸给养鱼所增加的成本就仍是该公司的内部成本。合并使得外部影响内部化，即原来两个厂商各自独立时产生的外部成本和外部收益，现在都变成了内部成本和内部收益。这时，企业为了总利润最大化，必须考虑已经内部化了的成本与收益的关系，协调造纸和养鱼两项业务的决策，这种协调会带来帕累托改善。再如，养蜂场与果园合并为一个经济单位后一定会根据情况来选择果树和蜜蜂的最适量。

4. 政府管制

政府还可以通过制定规章制度和具体的科学指标或标准对行业或行业产品进行限制，或者直接禁止某些行为来解决外部性问题，例如，规定彩电的最高辐射标准、禁止海洛因交易、禁止把有毒化学物倒入河流、规定把有害物品倒入供水塔为犯罪等。但是，在大多数污染的情况下，事情比较复杂。例如，交通运输会产生废气和噪声，政府不可能禁止交通运输，而要消除污染又必须比较或评价成本与收益，以便决定允许哪种污染与允许污染多少。

5. 明确产权

产权是指对某种资源的所有权、使用权或自主转让权，它是一种界定财产的所有者以及他们可以利用这些财产的法律规则。清晰的产权是私人讨价还价的前提。如果外部性涉及的相关者很少，财产权是完全确定并得到充分保障的，并且产权界定成本较低，有些外部性就可能不会发生，或者可以用最小成本解决外部性问题。也就是说，此时可以在没有政府干预的情况下实现资源的有效配置。例如，如果给予下游用水者以使用一定水资源的财产权，则上游的污染者将因把下游水质降到特定质量之下而受罚。在这种情况下，上游污染者便会同下游用水者协商，将这种权利买过来，然后再让河流受到一定程度的污染。同时，遭到损害的下游用水者也会使用他出售污染权而得到的收入来治理河水。实际上，外部性之所以导致资源配置失当，正是由于财产权不明确。科斯定理说明的就是这一点。

（二）科斯定理

科斯定理是由诺贝尔经济学奖得主罗纳德·哈里·科斯命名的。科斯很早就注意到私人市场解决外部影响是否有效的问题。科斯认为，在存在负外部效应的情况下，可以通过产权界定的方式把外部效应内在化，从而实现资源的有效配置。

科斯定理

科斯本人从未将定理写成文字，他在《社会成本问题》一文中提出的解决外部影响问题的方案是：只要财产权是明确的，并且交易成本为零或者很小，那么，无论在开始时将财产权赋予谁，市场均衡的最终结果都是有效率的，是实现资源配置的帕累托最优。科斯的这个方案后来被经济学家乔治·斯蒂格勒命名为"科斯定理"。

延伸阅读

科斯与科斯定理

罗纳德·哈里·科斯，新制度经济学的鼻祖，交易成本理论提出者，1991 年诺贝尔经济学奖获得者。（"他的文献对经济史的研究增加了新推动力，一门新的科学——法律经济学，在经济学与法学的交叉地带应运而生。"——瑞典皇家科学委员会。）

1910 年 12 月 29 日，科斯出生于伦敦的威尔斯登；1929 年进入伦敦经济学院；1934—1935 年，在利物浦大学作为助理讲师任教；1935 年以后，在伦敦经济学院教书。1951 年，科斯获得伦敦大学理学博士学位，同年移居美国；1959 年，加入弗吉尼亚大学经济学系；1964 年以后，一直担任芝加哥大学教授和《法学与经济学杂志》主编；1979 年，被授予"美国经济学会杰出会员"称号。2013 年 9 月 2 日，科斯逝世，享年 102 岁。

"科斯定理"这个术语是乔治·斯蒂格勒于 1966 年首次使用的。科斯于 1937 年和 1960 年分别发表了《企业的性质》和《社会成本问题》两篇著名的具有代表性的论文，其中的论点后来被人们命名为"科斯定理"，是产权经济学研究的基础，其核心内容是关于交易费用的论断。

《企业的性质》独辟蹊径地讨论了产业企业存在的原因及其扩展规模的界限问题，科斯创造了"交易成本"这一重要的范畴来予以解释。所谓交易成本，是指利用价格机制的费用或利用市场的交换手段进行交易的费用，包括提供价格的费用、讨价还价的费用、订立和执行合同的费用等。《社会成本问题》重新研究了交易成本为零时合约行为的特征，批评了庇古关于外部性问题的补偿原则（政府干预），并论证了在产权明确的前提下，市场交易即使在出现社会成本（即外部性）的场合也同样有效。科斯发现，一旦假定交易成本为零，且对产权（指财产使用权，即运行和操作中的财产权利）的界定是清晰的，那么法律规范并不影响合约行为的结果，即最优化结果保持不变。换言之，只要交易成本为零，那么无论产权归谁，都可以通过市场自由交易达到资源的最佳配置。斯蒂格勒将科斯的这一思想概括为"在完全竞争条件下，私人成本等于社会成本"，并命名为"科斯定理"。

（资料来源：MBA 智库百科，2020 - 04 - 26.）

从上述表述可以看出，科斯提出的解决外部影响问题的方案包括三个要素：第一，交易费用为零；第二，产权或权利界定清晰；第三，允许产权或权利在当事人之间自由交易。其中，第一点是假设条件，第二、三点是使资源有效配置的途径和手段。而产权界定又是产权交易的前提和基础。没有产权的初始界定，就无法进行协商与谈判，就不存在权利转让和重新组合的市场交易。

例如，在一条河的上游有个造纸厂，下游有个渔场。造纸厂经常将污水排放进河里，给渔场带来损失。假设造纸厂排放的污水给渔场造成的利润损失为 6 万元，造纸厂若停产自身将损失 7 万元利润。而对造纸厂排放的污水有两种处理办法，一是在造纸厂安装一个过滤设备，需要 2 万元；二是在渔场建立一个污水处理厂，需要 5 万元。按照科斯定理，只要产权界定清晰，无论产权初始界定如何，若交易成本为零，最终经双方协商、谈判和交易，定会获得有效率的结果。

设产权初始界定方式一：造纸厂有权排放污水，渔场只能拥有遭受污染的损害的产权，那么渔场为了减少损失，就会与造纸厂协商，花费 2 万元为造纸厂安装过滤设备，因为这笔费用既低于建立污水处理厂的费用，也低于由污染所造成的利润损失。

设产权初始界定方式二：造纸厂无权排放污水，渔场有权享用清洁的水资源，如果造纸厂排放了污水，将受到10万元以上的重罚，此时造纸厂为了减少自己的经济损失，一定会花费2万元自己安装过滤设备，绝不会花费5万元去为渔场建污水处理厂，更不会停产而减少7万元利润。

可见，只要满足科斯定理中提出的条件，市场机制总会找到最有效率的办法，达到帕累托最优状态。

📖 延伸阅读

科斯第二定理

科斯定理的结论只有在交易成本为零或很小的情况下才能得到。事实上，私人市场常常不能解决外部影响问题，这是因为达成和实施协议往往会产生很大成本，甚至通过私人交易解决外部影响对于当事人而言可能是不划算的。

显然，交易费用为零的假设在现实中是不存在的，于是，由交易费用大于零又得出了科斯第二定理：一旦考虑到进行市场交易的成本，合法权利的初始界定会对经济制度运行的效率产生影响。

由于存在交易费用，产权的调整和重组是有代价的，所以在存在外部影响时，产权交易能否发生主要取决于产权的一种安排是否比其他安排产生更多的产值，或者说，产权调整和重组后的产值增加量是否大于产权交易过程中所产生的成本。否则，产权最优配置以及由此导致的资源最优配置就不会实现。

由科斯第二定理得出的结论是：要降低交易费用，提高资源的配置效率，产权初始界定的合法性就很重要。合法权利的初始界定会避免在契约的谈判、签订和执行过程中的许多纠纷、摩擦，甚至毁约或无法达成协议。而最优的产权配置应该是交易费用最低的产权安排。

因此，如果说科斯第一定理说的是完全竞争市场机制可以自动导致资源的有效率配置的话，那么，科斯第二定理则是说，不同的产权制度和法律制度安排会导致不同的资源配置效率，产权制度是决定经济效率的内生变量。在造纸厂对渔场造成的外在损害的例子里，污染权界定给造纸厂还是界定给渔场，这样界定是否合法、恰当，界区是否清晰，会导致不同的效率结果。

🏛 课程思政导读

治理白色污染，政府既要严格监管又要放松管制

各种外卖带来的垃圾泛滥，久遭诟病。据报道，国家发改委正会同有关部门，研究在电商、快递、外卖等领域推行绿色物流、绿色包装的实施方案。

明知包装既增加污染，又有一定成本，电商为何还要过度包装？担心运输途中破损，进而引起差评或许是主要考虑。买家也有同样的心理，导致电商主动减少包装的意愿降低。而对物流行业和包装行业来说，回收再利用成本波动较大、技术瓶颈短期难以克服、行业自治及绿色监管联盟尚在探索中等因素也是客观存在。市场各方主体各有各的算盘，是包装垃圾泛滥的根源。酝酿中的"绿色方案"强调多管齐下，突出治理的"主心骨"，发挥好政府的公共监管与服务职能，

正是有的放矢。

从包装设计的供给侧看，减少外卖带来的白色污染，需要源头治理。监管者要对相关企业实施有效引导，加大环保督查和惩戒力度。

对治理者来说，要注重疏堵结合，不仅要监管企业"不准做什么"，还要在该主动补位的地方挑大梁，去干那些市场主体"不愿干也干不好"的事情，比如，共建公共回收平台的倡议；再如，对选择绿色技术的企业给予必要支持，包括绿色基金的设立，财政补贴与税收减免、信贷优惠等循环经济的产业激励，都需要相关机构统筹协调，避免政策之间的冲突。

多管齐下的关键，在于正确处理政府与市场的关系。可以预见，未来的包装新业态必将层出不穷。党的十九大要求，放宽服务业准入限制，完善市场监管体制。政府既要用严格的标准指导与监管，又要放松管制，营造适当宽松的市场环境，鼓励竞争与技术创新。另外，对于包装的上下游相关行业，比如快递与物流中的暴力拆卸、磕碰，以及垃圾分类回收等，也都离不开职能部门精准施策、有所作为。

"世界上没有垃圾，只有放错地方的宝藏。"社会发展不断进步，包装垃圾期待"绿色转身"，成为符合供给侧结构性改革要求的新产品。过去几年，快递封装用品"国标"的修订起草工作基本完成，电子运单占比大幅提升，胶袋、塑料袋使用量明显减少，末端回收体系建设初见成效。行百里者半九十，清除过度包装的白色垃圾，还需要各方协同发力，久久为功。

（资料来源：蔡华伟. 以绿色方案化解白色污染［N］. 人民日报，2017-11-23.）

第三节　公共物品与市场失灵

前面所讨论的市场交易中的商品，通常是指私人物品。对于私人物品，由于具有排他性和竞争性，由市场来配置其生产和消费一般是有效率的。但是在现实中还存在许多不具备以上特性的物品，市场无法有效率地调节它们的生产和消费，或者说不可能由私人有效地提供。

在经济中存在的既无竞争性又无排他性的物品通常被称为公共物品。公共物品的生产和消费会出现市场失灵。比如，你晚上回家需要路灯，但成本很高，你自己安装肯定不划算，而且你安装了别人不付费就可以享用，这样就不会有人装路灯了。但是路灯需不需要呢？肯定是需要的，这时候就不能让私人来提供了，这就是所谓的市场失灵。

公共物品

公共物品一般具有如下三个特性。

第一，非排他性。

所谓非排他性，是指公共物品可以由任何消费者进行消费，任意一个消费者都不会被排除在外。即无法排除一些人"不付费便可消费"，或者因为这种排他是不可能的，或者因为排他的成本过于昂贵。国防就是一个典型例子，一旦建立起国防体系，所有国民都会从中受益，不能因为某人没有对国防建设支付费用（如从不纳税）而将他排斥在国防力量保卫之外。疾病预防计划也是如此，只要计划得以实施，社区内没有人会被排除在受益范围之外。

第二，非竞争性。

所谓非竞争性，是指消费者对某一公共物品的消费并不影响其他人对该公共物品的消费。非竞争性意味着在既定生产水平下，增加一个或多个消费者，并不影响他人从消费中得到的福利。非竞争性商品是指在不需要增加该商品的提供成本的条件下，可以增加对它的消费的商品。如路灯照明，多一个行路者，既不会增加安装路灯的成本，也不会减少他人在夜间行路时从路灯照明中得到的效用。只要有空位，电影院里多一位观众既不会增加电影制作和电影放映的成本，也不影响其他观众的观赏。

第三，不可分割性。

私人物品一般是独立消费的物品，可以分割、移动；而公共物品的效用是不可分割的。公共物品一般是向整个社会提供的，具有共同受益或联合消费的特点，全社会的人可以共同享用，而不能将其分割为若干部分，分别归属于某些个人、家庭或企业。

一、物品的分类

根据物品所具有的竞争性、非竞争性、排他性、非排他性等特征，我们将物品分为以下四类，如图 6-1 所示。

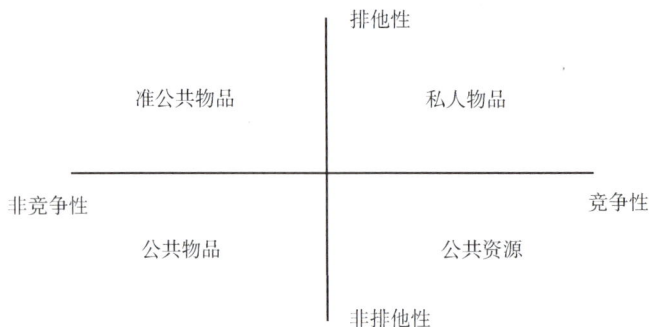

图 6-1　物品划分示意

1. 私人物品

既有排他性又有竞争性的物品称为私人物品。一个苹果，首先具有排他性，你购买、消费，就很容易排除其他人的消费；同时，也具有竞争性，如果一个人吃了这个苹果，另一人就不能吃同一个苹果。

2. 公共物品

同时具有非排他性和非竞争性的物品称为公共物品，也称为纯公共物品，如国防、外交、法律、公安、交通安全、基础科学研究等。但是在现实中，纯公共物品是极端的例子。

3. 准公共物品

如果某些物品在一定范围内无竞争性或可以有效地做到排他，通常称为准公共物品，例如公园、电影院或俱乐部等。不具有竞争性并不是绝对的，只是在一定范围内，即在未达到饱和状态之前具有排他性而不具有竞争性。比如电影院在所有位置坐满之前，增加若干观众并不影响其他观众的观赏，也无须增加电影院的成本，但消费量达到一定程度后，消费就具有竞争性了。另外也有一些物品，如电视信号，原来具有非竞争性和非排他性，多一台电视机接收电视节目并不会降低其他电视机的接收质量，也不会增加电视节目制作的成本；后来在技术上通过加密变成排他的，不付费的人无法接收有线电视节目，由此成了可以收费的准公共物品。

4. 公共资源

只具有竞争性，无排他性的物品称为公共资源。例如，公共湖泊的鱼不具有排他性，因为不可能对任何从海洋中捕到的鱼都收费；但一部分人从湖泊中捕到的鱼多了，其他人捕的鱼就少了。

二、公共物品的供给

对于谁应该供给公共物品这个基本理论问题，传统的观点实际是一种"公共物品供给的政府观"，认为公共物品的非竞争性和非排他性会导致外部性存在，从而出现市场失灵，所以，公共物品只能由政府来供给。但从历史的角度来看，公共物品经历了一个公共性程度逐渐降低的深化过程。近几十年来，在发达国家以及一些发展中国家，从交通到通信、电力、公共服务等方面，私有化的程度不断提高。由此可见，随着私人对公共物品生产与提供的参与，当代公共物品有了政府供给、市场供给、社区供给、自愿供给等基本供给方式。

（一）政府供给

政府供给是公共物品供给中最常见的一种形式，即政府提供生产公共物品所需的全部资金，并制订所有公共物品的生产计划，交由政府企业或非政府企业来生产，再由政府无偿地向消费者提供，以满足社会的公共消费需要。对于消费者来说，他可以无条件地消费这些公共物品，而不需要付出任何代价或者报酬。属于政府供给的公共物品，主要是一些纯公共物品，如国家安全、气象、基础科学研究、农业技术的研究和推广、大型水利设施、社会科学研究等。

从公共物品受益原则以及供给效率角度分析，全国性公共物品应该由中央政府来提供，即供给主体为中央政府，因为其组织管理的范围具有全国性，可以获得在全国范围内配置资源的规模经济效益。地方性公共物品的供给主体应该是地方政府，因为地方政府可以较准确地判断该公共物品的福利性和经济性收益，还可以比较准确地反映居民对该公共物品的需求强度和受益程度。此外，由地方政府来提供地方性公共物品，决策成本也比较低，容易克服公共物品供给与需求不匹配的矛盾，财政资源配置的效率较高。

相关链接

政府供给公共物品的两种模式

1. 政府直接生产公共物品，采取国有国营模式
采用这种模式的公共物品主要有以下几种。
（1）体现国家意志的公共物品，如军队、警察、法庭、监狱、法律法规等，由政府依靠公共财政支出，直接投资并组织公共物品生产，然后无偿向社会供给。
（2）与社会公平分配目标有关的公共物品，如卫生保健、基础教育、社会保障等，一般由政府组织公共物品生产，并通过收费方式向社会公众提供，不过这种收费不是以营利为目的的，而仅仅是对成本进行补偿。
（3）与社会发展有关的公共物品，如环保、科研等。
（4）自然垄断类公共物品，如邮政、铁路、自来水等，一般由公共企业生产，按盈利原则定价，并向使用人收费。
2. 政府利用市场间接供给公共物品
目前，不少发达国家和发展中国家为了避免国家在供给公共物品时出现低效率，采用这种模式。对于同一种公共物品，既有政府供给也有私人供给，但政府会对供给公共物品的私人予以经济上的补偿。如在美国，1997年，有一半多的私人医院得到政府财政支持，而私立高等学校也不同程度地受到政府资助。政府还可以通过政府采购方式获得市场生产的产品的所有权，然后再将其作为公共物品无偿向社会提供。
市场在公共物品上的失灵为政府介入提供了依据，但并不意味着政府应该生产全部公共物品，更不等于政府可以完全取代公共物品，特别是准公共物品。因为：首先，政府部门缺乏足够

的利润动机，由政府来生产往往会造成投入—产出效率低下；其次，政府生产、经营具有垄断性，这将导致政府经营的企业缺乏提高效率的压力；再次，根据有关研究，政府部门有追求各自预算最大化的倾向，如果政府来生产公共物品，在预算最大化激励下，有可能导致公共物品过度供给。

（二）市场供给

市场供给指根据市场需求，主要由市场提供生产公共物品的经费，以营利为目的、运用收费方式补偿支出的一种模式。在现实中，市场供给的公共物品主要是准公共物品。一般情况，在市场供给下，生产公共物品所需资金并非完全由私人来提供，政府也会提供部分资金，公共物品的供给者自负盈亏，实行企业化经营，通过收费收回成本，并有一定的利润。公共物品的市场供给可以按竞争的方式进行，但总体是在政府管制下的市场供给，即在政府相关的法规、行业政策和规划的指导和监督下，由私人部门投资和组织生产，并由其自行向社会提供。在当今世界中，私人提供公共物品已有种种成功的范例，如美国的能源、银行、电信、教育等公共物品的供给已全部面向私人开放。

在理论上，只要公共物品存在生产的可分割性，通过一定的价格机制，使生产能够在边际效益等于边际成本（$MR = MC$）的资源配置最优的条件下，完成市场交易，公共物品的市场供给就是可能的。同时，在一定的技术条件下，如果通过市场定价的方式，能够将"免费搭车者"排除在公共物品的消费之外，公共物品由市场供给也是可能和必然的（当然还需要考虑市场交易成本和排他成本）。

相关链接

政府与市场供给公共物品的方式

现实中可以采取一些折中办法来协调政府与市场的两难选择。可以采用政府与市场相结合的办法，发挥二者优势，提供公共物品。一般来说，对于准公共物品，政府通常安排给私人生产，采取的方式主要有：授权经营，即将现有的公共设施委托给私人公司经营；政府通过优惠贷款、无偿赠款、减免税收、财政补助等，对从事某些经营的私人给予一定资助；在一些大型公共设施建设上，政府通过股权收购、国有企业经营权转让、公共参与基金等形式进行参股，政府与企业签订合同提供公共物品等。

（三）社区供给

对于一个社区来说，不能完全指望政府干预市场和弥补市场失灵，政府功能辐射对社区作用比较有限，需要由社区自己弥补市场失灵和政府失灵。对局限于社区居民消费的产品，出资者应该主要是该社区的消费者，社区是这类公共物品的提供主体，是不同于政府和市场的公共物品供给主体。社区供给公共物品的特点在于，它是基于生活聚居区的居民实际需要，由居民根据协商原则集资完成的。因此，社区提供公共物品能够很好地弱化"搭便车"问题。社区作为一个自组织在这方面能够有所作为，在规划布局、出资修路、铺设水电工程、兴办学校等方面发挥作用，满足社区居民对这些公共物品的需求。

延伸阅读

社区基本理论

社区是社会学的概念，源于拉丁语，本意是共同的东西或亲密的伙伴关系。社区研究起源于西欧，1871年，英国学者H. S. 梅因在出版的《东西方村落社区》一书中，首先使用了"社区"这个名称。德国学者滕尼斯于1887年在《社区与社会》一书中，首先将"社区"的概念用于社会学研究，将"社区"表述为由具有共同价值取向的、同质的人口组成的关系密切、富有人情味的社会关系或社会团体。由此，社区是指聚居在一定地域范围内的人口所组成的社会生活共同体。社区占有一定的环境和自然资源，有一定数量的人口，有某种共同的行为规范、生活方式和社区意识，有紧密的社会交往，形成地域性群体，并有一定的正式和非正式组织。社区是国家的一个重要层级，其稳定和发展是国家和社会稳定和发展的基础。社区理论又称人文区位理论，是把社区作为一种空间现象或区域单位来研究的理论。

（四）自愿供给

公共物品自愿供给是指公民个人或组织，以自愿为基础，以社会捐赠或公益彩票等形式无偿或部分无偿地筹集资金，直接或间接用于教育、体育、济贫等公益用途，并接受公众监督的一种模式。经济学中一般认为，由于存在"搭便车"行为，追求利益最大化目标的个人或厂商一般不会主动提供公共物品。然而，在社会现实中，仍然有一些知名企业家、社会名流甚至普通百姓自愿供给某些公共物品。人们的利他主义情结、社会道德、集体成员间的相互影响等因素促使了公共物品的自愿供给。中国历史上的宗族公益组织、宗教寺院的公益组织以及当前国内外普遍存在的志愿者组织，都可视为公共物品自愿供给者。据调查，美国家庭平均每年捐赠650美元，占家庭收入的2%~3%，全世界每年都有数千亿美元被捐赠给慈善机构等。

相关链接

公共物品自愿供给的特点

一是自愿性。公共物品自愿供给完全是当事人的某种自愿行为，甚至可以理解为一种自发行为，所有的强制都与之无关。

二是偶然性。自愿供给的发生往往不需要经过某些固定程序（如政府供给中的预算和社区供给中的投票），一般也不会被制度化（以法规的方式固定下来）。因此，自愿供给具有很强的偶然性，一般不知道自愿供给在何时、何地发生，更不可能把它制度化、程序化。

此外，公共物品还可以多元化供给或混合提供，即提供公共物品时不局限于某一种方式，而是各种方式的有机结合。多元化供给的公共物品主要有教育、医疗、体育、广播、文化等，政府一般会通过补贴方式参与供给。

三、公共资源的过度使用与保护

（一）公共资源过度使用的后果

公共资源没有明确的所有者，无排他性，人人都可以免费使用，如海洋、湖泊、草场等资源。但它具有竞争性，即一个人对公共资源的使用，会减少其他人对它的使用。然而，在市场机制下，公共资源由于产权不清，每个私人在做出自己的使用决策时，往往只追求个人利益最大化，并不考虑自己行为对他人甚至对自己长远利益的影响，在一定条件下，会导致资源的过度使用。著名的寓言"公地悲剧"就说明了这个问题。

延伸阅读

公地悲剧

公地悲剧，也译为"公共的悲剧""共同悲剧"。1968年，英国加勒特·哈丁教授在《科学》杂志上发表了《公地的悲剧》一文，首先提出"公地悲剧"理论模型。

寓言说的是中世纪的一个小镇，许多家庭有自己的羊群，并靠卖羊毛来养家糊口。由于镇里的所有草地为全镇居民公共所有，因此，每一个家庭的羊都可以自由地在共有的草地上吃草。开始时，居民在草地上免费放羊没有引起什么问题。但随着时光流逝，追求利益的动机使得每个家庭都尽可能多地养羊。随着羊群数量无节制地增加，公地牧场最终因"超载"而成为不毛之地，牧民的羊最终全部饿死。该镇繁荣的羊毛业也消失了，许多家庭也因此失去了生活的来源。

是什么原因引起了"公地的悲剧"？为什么大家让羊繁殖得如此之多，以致毁坏了该镇的共有草地呢？实际上，公地悲剧的产生原因在于外部性。当某一家庭增加一只羊到草地上吃草时，就会对草地造成损失，这就是养这只羊的成本。但由于草地是共有的，养这只羊的这种损失（成本）由全镇所有养羊户共同承担，这只羊的所有者只是分担了其中的一小部分成本。这就是说，在共有草地上养羊产生了负外部性。某个家庭增加一只羊给其他家庭带来的损失就是这只羊的外部成本。由于每一个家庭在决定自己养多少羊时并不考虑其外部成本，而只考虑自己分担的那部分成本，因此，养羊家庭的私人成本低于社会成本，导致羊的数量过多。全镇所有养羊家庭都这样做，羊群数量不断增加，直至超出草地的承受能力。

"公地悲剧"说明，当一个人使用公共资源时，就减少了其他人对这种资源的享用。由于这种负外部性，公共资源往往被过度使用。解决这个问题最简单的方法就是将公共资源的产权进行重新构造，使之明确界定，即将公共资源变为私人物品。在上例中，该镇可以把土地分给各个家庭，每个家庭都可以把自己的一块草地用栅栏圈起来。这样，每个家庭就承担了羊吃草的全部成本，从而避免过度放牧。如果公共资源无法界定产权，则必须通过政府干预来解决，如通过政府管制、征收资源使用费等办法来减少公共资源的使用。

现实中，有许多公共资源，如共有草原、清洁的空气和水、石油等矿藏资源、大海中的鱼类、许多野生动植物等，都面临与公地悲剧一样的问题。

案例分析

海洋鱼类资源的枯竭

设想在沿海地区，多数家庭有自己的渔船，以打鱼为生。渔民都在附近的海里捕鱼，海洋归国家所有，每一家能捕多少鱼就可以捕多少鱼。随着时光流逝，捕鱼的人在增加，对海洋产品的需求也在增加，导致对鱼类的捕捞逐渐超出海洋的承受能力，海洋资源开始减少且日益枯竭，变得无鱼可捞。最终，许多家庭将失去生活来源。为什么会发生这样的悲剧呢？

分析：假定鱼类产品市场是完全竞争的，对渔民而言，鱼的价格可以看作是外生给定的。随着捕捞数量的增加，海洋具有了竞争性，捕鱼也就有了外部性，此时捕鱼的边际社会成本等于边际私人成本加上它所造成的海洋鱼类资源减少给其他渔民带来的损失。按照社会资源使用的最优原则，每一家的有效捕鱼量应该由捕鱼的边际社会成本等于边际收益来决定。但是，在海洋共有这样一种产权安排下，每一个家庭做决策时，并不考虑个人捕捞所带来的外部成本，只考虑自己的私人成本，按照个人利益最大化原则确定捕捞量，每家选择的捕鱼量将大于社会要求的最优捕捞量。正是由于海洋资源具有非排他性和竞争性，最终导致了海洋资源的枯竭。

另外，道路既可以是公共物品也可以是公共资源。如果道路不拥挤，一个人使用道路就不会影响其他任何人。在这种情况下，使用道路没有竞争性，道路是公共物品。但是如果道路是拥挤的，当一个人在路上开车时，道路变得更加拥挤，其他人必然开得更慢，使用道路有了竞争性，道路就成为公共资源。

（二）公共资源保护措施

从上述分析中我们可以看出有效保护公共资源的重要性。解决这一问题有许多可供选择的办法，通常情况下是政府通过管制其行为或者收费，以减轻过度使用。

针对草场过度放牧问题，可以通过征税把外部影响内部化；或者拍卖有限数量的许可证；也可强制实施一定期限的休牧；还可实行产权改革的办法，即将草场使用权分给每个家庭，每个家庭用栅栏圈起自己的草地，以防止过度放牧等。

对已经明确产权的共有江河湖泊、近海水域的捕捞问题，同样可以采取征税、拍卖有限数量许可证、强制休渔等办法解决，但公海捕捞是较难解决的问题。

针对矿藏开采问题，在所有者产权明确的情况下，所有者之间可以就如何开采和如何分配利润等问题达成协议；但有许多所有者时，私人解决是较为困难的，此时，政府管制可以保证有效的开采。

为解决道路拥挤问题，实行的办法是收取道路通行费（也可以是交通高峰定时收费）和汽油税，不过这些办法也不能完全解决道路拥挤问题。

第四节　信息不对称与市场失灵

信息对人们的预期和选择有很大的影响，在完全竞争市场上，对于商品的质量和交易环境等，市场参与者都拥有相同的信息。然而，在真实的市场中，交易对象所拥有的信息往往是不同的。在信息不完全或信息不对称的情况下，市场体系就不会有效率地运作。要完成交易，只能靠买卖双方并不十分可靠的信赖，市场的作用受到了很大的限制，由此便会产生一种与信息相关的市场失灵。

一、信息不完全与信息不对称

（一）信息不完全

信息不完全是指市场参与者不拥有某种经济环境状态的全部知识和信息。信息不完全有两个方面，一个方面是在绝对意义上的不完全，即由于知识能力的限制，人们不可能知道在任何时候、任何地方发生和将要发生的任何情况；另一方面是指信息在相对意义上的不完全，即市场经济本身不能生产出足够的信息并有效地配置它们。信息不完全强调存在信息缺失，现有的信息无法支撑行为人做出理性决策，缺失的原因可能是信息披露不足、掩盖事实信息甚至是虚假信息等。

因为信息是一种有价值的资源，并且通常是分散的，获取信息往往需要付出一定的成本，有时甚至根本不可能获取某信息，或者说获取该信息的成本无穷大。因此，理性的信息消费者通常总是按照边际原则来搜寻信息，这意味着人们在许多情况下并不具备完全信息。同时，信息又不同于一般商品，人们在购买普通商品时，先要了解它的价值，看看是否值得去购买。但是，购买信息商品却无法做到这一点。人们之所以愿意出钱购买信息，是因为还不知道它，一旦知道了它，就没有人愿意再为此进行支付了。所以，在现实经济中，信息常常是不完全的，甚至是很不完全的。

（二）信息不对称

所谓的信息不对称就是指不同经济主体拥有的信息量不相等或不平衡。信息不对称强调的是一方存在其他人没有的、对决策具有影响的私人信息，具备信息优势。俗话说"从南京到北京，买的不如卖的精"，说的就是买方和卖方的信息是不对称的。

信息不对称 - 让骗子
有了可乘之机

对于不同的交易参与者来说，获取信息是需要成本的，成本的高低各不相同。例如，一个经过训练的汽车修理工比一位经济学教授更清楚二手车的质量；一位企业经理几乎无须花费任何成本就知道自己的努力水平，而企业所有者即使花费巨大成本也难知其详。为什么一些人愿意花重资上名牌大学？为什么有那么多人愿意多花时间争取文凭？原因是教育具有信号传递的作用，名牌大学和高学历都可以作为将来找工作时向雇主传递高能力的信号。

相关案例

股票市场的信息不对称

有甲、乙两个投资者都购买了某上市公司的股票，此上市公司的信息披露制度很完善，投资者该知道的都知道了，可以说信息披露在某种程度上做到了信息完全（理论上仍是信息不完全）。但是乙从此上市公司内部人员那里提前知道了此公司将并购重组的信息（该信息此上市公司将按时合规披露），那么此时，很明显甲、乙两人所掌握的信息就不一样了，这就存在了信息不对称。

股票市场，
谨防"割韭菜"！

二、信息不对称产生的风险

（一）逆向选择

在市场运行中，我们经常看到一些与通常规律不一致的现象。如在市场经济中对一般商品的需求规律是，如果某种商品价格降低，对该商品的需求量就会增加，即需求曲线向右下方倾斜；而对一般商品的供给规律是，如果某种商品价格上升，对该商品的供给量就会增加，即供给曲线向右上方倾斜。但是当消费者掌握的市场信息不完全时，对商品的需求量相反地随着价格的下降而减少；当生产者掌握的信息不完全时，对商品的供给量也相反地随着价格的上升而减少，出现了所谓的逆向选择问题。逆向选择的存在，意味着市场的低效率，意味着市场的失灵。

简单地讲，逆向选择就是指在信息不对称的情况下，由于交易的一方无法观察到另一方重要的外生特征，交易市场上出现的"劣币驱逐良币"或劣质品驱逐优质品的现象。

相关链接

劣币驱逐良币

"劣币驱逐良币"是经济学中的一个著名定律。该定律是这样一种历史现象的归纳。

在铸币时代，当那些低于法定重量或者成色的铸币——劣币进入流通领域之后，人们就倾向于将那些足值货币——良币收藏起来。最后，良币将被驱逐，市场上流通的就只剩下劣币了。然而，"劣币驱逐良币"的困境并不是无法摆脱的，只要使信息流动充分，优劣区分明确，这个问题就能解决。

应该说，劣币与良币是可以共存的，不同品质或等级的物品和行为共存都是很正常的。

乡镇企业生产的几十块钱一双的运动鞋并不会驱逐几百上千块一双的耐克运动鞋，反之亦然。关键是运动鞋市场上有一个信息对称的竞争环境和市场定价机制，使不同的鞋有不同的市场价格，消费者各取所需。然而，如果乡镇企业的运动鞋可以私自挂上耐克商标而不受到追究，所有的企业就会去仿造生产这种成本低、利润高的运动鞋。这时，"劣币驱逐良币"原则就发挥作用了。

可以看出，充分的竞争环境和完整的信息是市场正常运行的保障。

逆向选择属于事前信息不对称下的情况，即信息的不对称发生在市场交易双方签约之前。比如在就业市场上，当工资为平均值时，在招聘实际完成之前就已经发生了逆向选择（能力低的工人留在招聘市场而能力高的人却不得不离开）。

次品市场也是一个具有代表性的信息不对称的例子。比如，二手车市场经常会出现低质量的次品车将高质量车驱逐出市场的逆向选择现象。

案例分析

二手车市场的逆向选择

在二手车市场上无论所卖的车质量如何，卖家总比买家精。

假如你去买二手车，市场上正好有两辆你想要买的汽车，外观差不多但价位不同，一辆车10万元，另一辆车7万元，那么你愿意付多少钱买一辆车呢？你可能说8.5万元，因为平均价值是8.5万元，但10万元的车主因为自己的车质量好不会8.5万元卖给你，而7万元的车主愿意卖给你。这就是次品充斥市场、质量好的商品被驱除出市场的逆向选择。

案例简析：由于信息不对称，就出现了逆向选择。解决该问题的办法很多，比如可以告诉买者卖的是好车，如果买者不信，卖方可以负担全部或者大部分费用找专家检验汽车；或者与买者达成一份具有法律效力的合同，规定如是坏车则包赔一切损失等。这实际上是在做信号传递的工作。另外，政府管理部门要进行行政干预，建立二手车交易的管理部门、设立权威的鉴定部门等。

尽管逆向选择的结果是在只有两种质量产品的条件下出现的，高质量的产品被完全驱逐出市场的情形也是一种极端。但可以肯定的是，在达到均衡时，消费者购买到的高质量轿车所占比重要比事先确切知道它们的质量时低。低质量产品把高质量产品逐出市场本身就意味着市场运行失效。

二手车市场只是信息不对称造成市场失灵的一个标准化例子，事实上这种情况会在许多市场上出现。在消费者信息不完全的条件下，降低商品价格不一定能刺激对该商品的需求；同样，在生产者信息不完全的情况下，提高该商品的价格也不一定能够刺激该商品的供给。

（二）道德风险

所谓道德风险，是指当信息不对称时，交易的一方无法观察到另一方所采取的行动，由此所发生的具有私人信息或信息优势的一方故意不采取谨慎行动，而导致另一方利益受损的情况。典型领域就是保险市场，个人在获得保险公司的保险后，对于投保人来说，随着预防不测事件费用的增加，不测事件发生的可能性会降低；但是，在信息不对称的条件下，如果保险费用既定，且保险赔偿额较高，那么，投保人倾向于减少防止不测事件发生的费用支出，会降低防范意识而采取更冒险的行为，如驾车不守规则、不注重身体健康、不防范意外风险等，使发生风险的概率增加，由此就会加重保险公司的赔偿。道德风险问题属于事后信息不对称下的情况。

无处不在的
风险 – 道德风险

相关链接

保险市场上信息不对称导致的后果

在保险市场中，买方拥有更多的信息，保险购买者非常清楚自己的情况，但卖方（即保险公司）对投保人的情况难以全面了解。例如，在保险市场中，年龄超过某一临界水平的人，通常难以买到医疗保险。是因为他们患疾病尤其是严重疾病的可能性太高吗？事实并非如此，原因在于信息不对称。虽然保险公司可以通过医疗检查来了解保险购买者的健康情况，但保险购买人对自己的健康状况仍然比保险公司更清楚。那些比较健康的人，由于知道自己的风险低，通常购买保险的心情不如不健康的投保人那么迫切，也不愿意为保险支付较高的价格；而那些不健康的人，更有可能选择购买保险，也愿意接受较高的费用。

这就产生一个重要结果：迫使保险公司提高保险价格。但是价格的提高会减少人们对保险的需求，而在减少的保险需求中，主要的是那些相对"好"（健康）的投保人对保险的需求，他们不愿意为保险支付过高的价格；在留下来的投保人中，主要的则是那些相对"坏"（不健康）的投保人，由于他们具有的风险较大，宁愿为得到保险支付更高的价格。

随着保险价格的上升，投保人的结构就会发生变化：不健康的投保人所占比例越来越大，健康的投保人所占比例越来越小。由此，保险公司对每一位投保人的平均赔偿也将增加，这也表明保险公司的平均损失将随着保险价格的提高而提高。若保险公司为弥补损失而继续提高价格，会进一步将那些比较健康的人逐出市场，投保人结构会急剧恶化。

由此，又产生了在二手车市场所看到的逆向选择问题，可能出现的一个极端是：所有想购买保险的人都是不健康的人。这样，对于保险公司而言，出售保险已无利可图，保险市场也就不会产生了。

（三）假冒伪劣现象

假冒伪劣现象指由于消费者不了解商品的相关信息，难以分清商品的质量，不了解商品的真实价格，就会用市场上同类商品的平均价格衡量所有产品价格的情况。由于假冒伪劣产品以假冒真、以次充好，有时不使用真实的厂名、厂址、商标、产品名称、产品标识等，消费者很难判断。

三、信息不对称下市场失灵校正

（一）政府介入

市场机制不能解决或者不能有效解决非对称信息导致的市场失灵，这为政府在市场中发挥作用提供了依据。如在保险市场，政府为一定年龄以上的老年人提供保险，就有助于消除逆向选择问题。政府也可通过相关的规定与措施尽可能保证消费者和生产者能够得到充分和正确的市场信息，即增加市场的透明度。

（二）其他机制

政府介入并不是消除信息不对称问题的唯一途径，声誉、标准化、市场信号机制等也有助于解决这类问题。高质量产品的销售者往往通过在销售过程中建立声誉来向购买者传达有关其产品的信息，并以适当激励让购买者相信其产品是高质量的。在日常生活中，很多消费者常常根据企业的声誉来做出决策。

价格信号是能够缓解逆向选择问题的另一个机制，是指产品卖方通过信号向买方传达有关产品质量的信息。如在劳动市场，待雇者（卖方）把受教育程度作为一个高生产率信号，向厂商传递关于自己生产率的信息，以利于获得与自己生产率相匹配的工资。在产品市场，那些想卖出较高价格的生产高质量产品的厂商，可以通过签订内容广泛的保证书来向消费者传递质量信号，因为签订这样的保证书给生产高质量产品的厂商带来的成本较低，而对于生产低质量产品的厂商，由于签订这样的合同成本很高，往往不愿意签订。因此，保证书就成为一个显示质量的信号。

课程思政导读

以用电数据破解银企信息不对称 国家电网与建行共推"双百亿"普惠金融工程

破除信息不对称，是小微企业融资难的解题思路之一，根据企业用电和缴纳电费的信息发放信用贷款的路径已实现。3月26日，国家电网公司与中国建设银行签署合作协议，双方共同推出"双百亿"普惠金融工程，计划依托"电e贷（云电贷）"产品在2019年向中小企业授信200亿元。

2月22日，国家电网旗下国网电子商务有限公司（国网金融科技集团）联合中国建设银行上线推出"电e贷（云电贷）"产品，并在部分省市试点推广，依托国家电网公司产业链资源，基于电力交费服务场景，面向中小微企业等电力客户提供普惠金融服务。基于企业用电信息，"电e贷（云电贷）"是一款用于企业生产经营周转的信用贷款产品，最高额度200万元，最长贷款期限1年。

1. 推广全线上、低成本信用贷款产品

"全线上、纯信用、低成本"，国网电子商务有限公司（国网金融科技集团）电费金融事业部运营总监这样形容"电e贷（云电贷）"的产品特性。

具体而言，"全线上"指的是从客户申请、业务准入、额度测算、贷款审批、合同签订、贷款支用到贷款归还的全流程线上办理；"纯信用"指依托电力交费等数据，通过大数据风控手段，产品不需要任何抵押和担保；"低成本"指该产品利率较低，在同类产品中优势明显。

据了解，国家电网智能电表目前已达到99%的覆盖率。"电 e 贷（云电贷）"正是以国家电网智能电表为终端，采集企业用电数据，通过对企业用电和缴费数据建模，协助银行了解企业经营状况及信用状况。

2. 着力破解融资难、融资贵难题

一直以来，融资难、融资贵始终是制约中小微企业持续健康发展的重要因素。如何解决融资难、融资贵问题，也是今年两会期间代表委员热议的话题之一。

国家电网掌握了大量的用户电量、电费信息，这些电力数据可信度高、时效性强、连续性好、覆盖面广，可以充分反映企业生产经营情况。借助国家电网的电力大数据，银行等金融机构可以进一步完善对小微企业开展信用评价的指标体系，实现更加精准、完善的征信，有助于更好地控制风险，推进普惠金融发展。这是中国建设银行选择与国家电网合作的重要原因。

"如果企业不是银行存量客户，我们提供的就是唯一数据信息。基于连续24个月的用电信息及电费缴纳情况，银行对小微企业的经营情况和信用水平有了基本的判断，并以此为依据给予企业授信额度，能够有效缓解企业的融资难题。这也是我们以'金融＋科技'方式服务客户、提升供电服务体验的一种探索。"

3. 国家电网普惠金融版图将扩容

国家电网经营区域覆盖全国26个省（自治区、直辖市），供电服务人口超过11亿人；拥有智能电表等各类终端5.4亿余台（套），服务全国约4.61亿客户。通过大量的智能终端，国家电网掌握了海量的电力数据信息。

面向各类用户供电并进行电费回收，是国家电网的主营业务。"整体电费规模很大，但我们的服务不满足于传统的催收电费，而是在电费回收过程中，通过积极的方式解决企业困难，把电费回收和融资需求相结合。"

国家电网电子商务有限公司（国网金融科技集团）也正在构建自身的大数据征信业务板块。未来会整合各类信息，形成精准模型，进一步与银行进行数据方面的合作；信用建设工作也将持续推进，后期会采集更多维度的数据，让模型适用更多场景。

在普惠金融领域，国家电网下一步的目标是，充分发掘电力大数据潜在价值，加大与金融机构的合作力度，把金融服务推向更广阔的地区。

（资料来源：中国证券网，2019－03－26.）

本章小结

通过本章的学习，我们了解到市场经济机制并不总是能够达到资源有效配置，经济生活中会经常出现市场失灵的现象。外部性、公共物品、垄断（本章未详细讲述）和信息不对称都可能引发市场失灵，但是对于市场失灵我们还是有相关的解决措施的。通过学习，本章可以让学生掌握市场失灵的概念、原因以及外部性、公共物品及信息不对称等理论知识，熟悉市场失灵的治理措施，让学生能够利用所学知识对微观经济领域的市场失灵问题进行简单分析。

关键概念

市场失灵　外部性　公共物品　信息不对称　逆向选择　道德风险　科斯定理

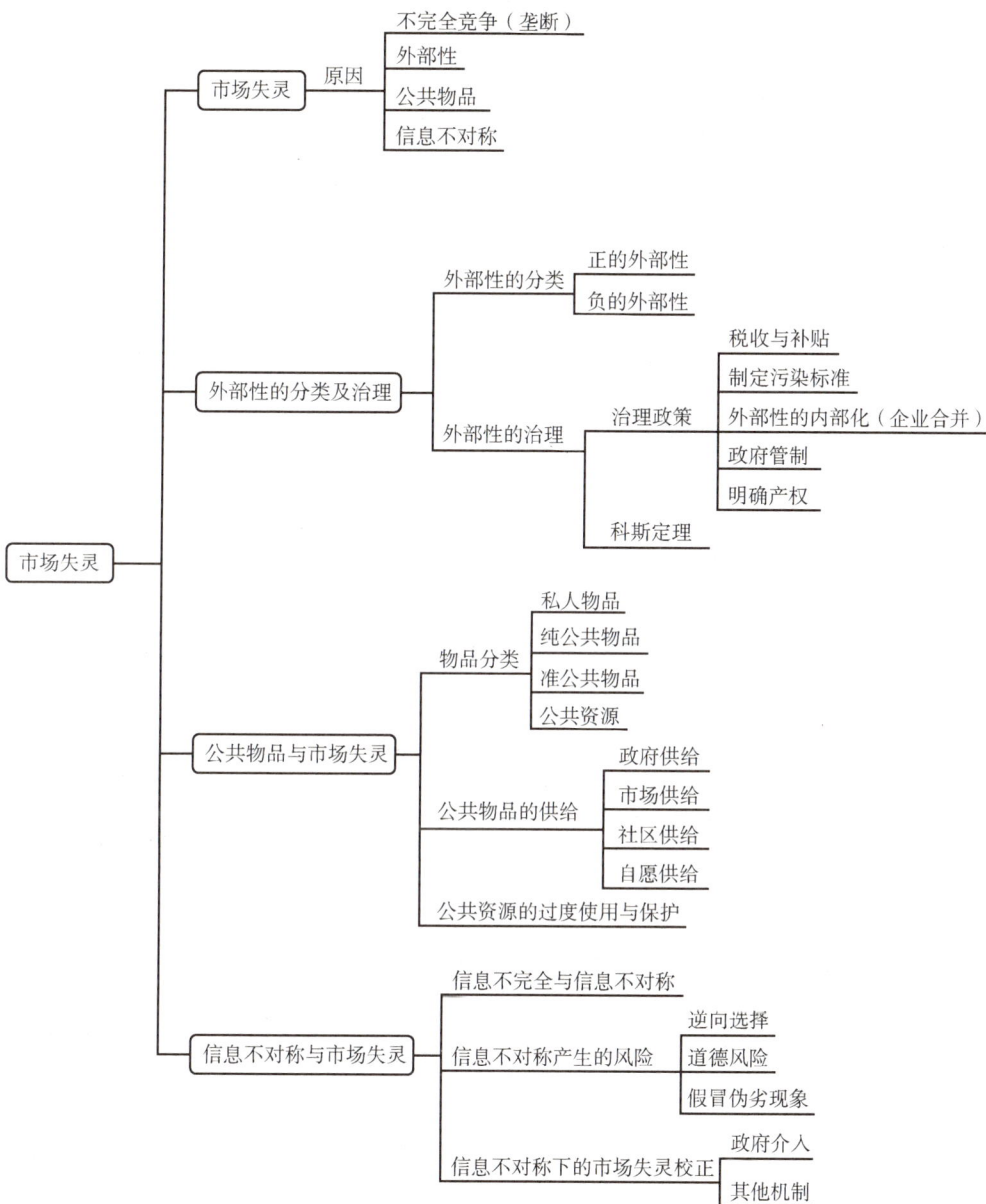

思维导图

复习思考题

一、名词解释

市场失灵　外部性　准公共物品　信息不对称　正外部性　负外部性

二、单项选择题

1. 市场失灵是指（　　　）。

A. 私人部门和公共部门之间资源配置不均衡

B. 不能产生任何有用成果的市场过程

C. 市场对资源的低效率或无效率配置

D. 收入分配不平等

2. 当人们无偿地享有了额外的收益时，称作（　　）。

A. 公共物品　　　　　B. 外部不经济　　　　C. 交易成本　　　　D. 外部经济

3. 某一经济活动存在负外部性是指该活动的（　　）。

A. 私人成本大于社会成本　　　　　　　B. 私人成本小于社会成本

C. 私人利益大于社会利益　　　　　　　D. 私人利益小于社会利益

4. 周围人吸烟会给你带来危害属于（　　）。

A. 生产正外部性　　　　　　　　　　　B. 消费正外部性

C. 生产负外部性　　　　　　　　　　　D. 消费负外部性

5. 上游工厂污染了下游居民的饮水，按照科斯第一定理，（　　），问题就可以解决。

A. 不管产权是否明确，只要交易成本为零

B. 只要产权明确，且交易成本为零

C. 只要产权明确，不管交易成本有多大

D. 不论产权是否明确，交易成本是否为零

6. 如果私人汽车的所有者要根据汽车的排污量纳税，则此政策实施后，（　　）。

A. 公共运输的需求很可能上升

B. 汽车性能将提高

C. 消费者对延误装置产生很大需求而不管其价格高低

D. 以上都不对

7. "搭便车现象"是对（　　）的一种形象比喻。

A. 社会福利问题　　B. 公共选择问题　　C. 公共物品问题　　D. 市场失灵问题

8. 政府提供的物品（　　）公共物品。

A. 一定是　　　　　B. 不都是　　　　　C. 大部分是　　　　D. 少部分是

9. 二手车市场往往充斥着"坏"车，这是因为（　　）。

A. 二手车本身都是"坏"车　　　　　　B. 次品市场的逆向选择

C. 买车者会将豪车留下拿坏车去卖　　　D. 买车者不愿意出好价钱

10. 下列行为中属于道德风险的是（　　）。

A. 医生给患者开不必要的药品　　　　　B. 身患绝症的人隐瞒病情购买巨额保险

C. 销售二手电脑时隐瞒产品缺陷　　　　D. 虚构合同骗取贷款

三、多项选择题

1. 形成市场失灵的主要原因有（　　）。

A. 不完全竞争　　　B. 不完全信息　　　C. 公共物品　　　　D. 外部性

2. 下面的活动中，（　　）会引起正的外部性。

A. 消费比萨饼　　　　　　　　　　　　B. 在课堂上教育某位学生

C. 公共场合吸烟　　　　　　　　　　　D. 注射麻疹免疫针

3. 关于科斯定理，下列说法正确的是（　　）。

A. 表明外部性问题的根本原因是产权制度的不合理

B. 重视"看不见的手"的作用，把外部性问题纳入市场机制，使外部性具有相应的价格

C. 是指通过产权制度的调整，将商品有害的外部性内部化，从而将有害外部性降到最低限度的理论

D. 是指通过产权制度的调整，将商品有益的外部性内部化，从而将有益的外部性提到最高限度的理论

4. 解决外部性的对策有（　　　）。

A. 征税和补贴　　　　　B. 企业合并　　　　　C. 明确产权　　　　　D. 政府管制

5. 市场不能提供纯粹的公共物品是因为（　　　）。

A. 公共物品具有非竞争性　　　　　　　　B. 公共物品具有非排他性

C. 有的消费者不需要公共物品　　　　　　D. 消费者都想"免费搭车"

四、问答题

1. 如何理解市场失灵？造成市场失灵的原因有哪些？

2. 什么是外部性？外部性的治理措施有哪些？

3. 什么是科斯定理？为什么西方经济学家认为规定产权办法可解决外部影响问题？

4. 什么是私人物品和公共物品？它们分别有何特征？

5. 试分析劳动力市场的信息不对称现象。

五、案例分析

在一条河的上游和下游各有一个企业，上游企业排出的工业废水经过下游企业，造成下游企业的河水污染。为此，两个企业经常争吵，上游与下游企业各自强调自己的理由。试问：怎样使上游企业可以排污，下游企业河水又不被污染呢？

第七章

"蛋糕" 该怎样分——分配理论

学习目标

1. 了解和掌握生产要素需求与供给的相关概念。
2. 了解和掌握工资、利息、地租和利润理论。
3. 了解和掌握洛伦兹曲线与基尼系数。

能力目标

1. 能够利用生产要素需求曲线和供给曲线确定要素的均衡数量和均衡价格。
2. 能够利用工资、利息、地租和利润理论来解决实际问题。
3. 能够运用洛伦兹曲线和基尼系数判断收入分配是否平等。
4. 能够利用平等和效率的关系分析我国现行的收入分配政策。

德育目标

1. 培养学生的公平意识，让其深刻认识到劳动者和要素所有者在初次分配时可以获得公平的竞争机会和竞争环境，体现我国"以人为本"的发展理念。

2. 倡导兼顾公平、效率优先的发展理念，体会我国的工资指导线等相关政策既要发挥工资的激励功能，又要逐步缩小社会成员的收入差距，还要协调和引导劳动力的合理流动。

3. 引导学生坚定社会主义制度自信，深刻体会我国在实行分配时，既要反对平均主义，又要防止差距悬殊；既要提倡奉献精神，又要落实分配政策，体现公平正义。

学习建议

本章的中心是用生产要素的价格理论来解决"为谁生产"的问题，即解决收入分配问题，建议学习 6~8 课时。

导入案例

明星高收入合理吗?

说到明星这个群体,大家一定都会想到收入多!不管是国内还是国外,不管是影视明星还是体育明星,他们收入高是众人皆知的,有些人的收入真的是天文数字。

查询相关资料我们就可以发现,对于明星们的收入情况,有一个专门的福布斯名人收入榜,福布斯一段时间内将在各自领域有突出表现的名人作为候选,采用收入、曝光率、作品影响力等多个指标,对中国内地和港澳台名人,包括歌手、演员、主持人、导演、模特、运动员,但不包括商业名人、网络红人等进行综合排名。从榜单上我们可以看到排名靠前的一些明星,收入可达上亿元,真可谓是收入颇丰。

对于明星的高收入普通人的心理也是特别矛盾,一方面觉得明星们动辄花费数千万买个戒指,全身奢侈品傍身,心里很不平衡;另一方面又不惜花高价弄到一张票去看他们的演出。到底明星们的收入合理不合理呢?或者说他们的高收入公平不公平呢?

其实,明星们的高收入是由供求关系决定的。首先,我们知道能成为明星的人本身较少,而且要成为明星,这些人必须有一定的天赋、运气,外加辛勤的劳动;其次,人们对明星们的需求量又比较大,大家希望通过明星们的表演获得休闲和快乐,企业也希望通过明星的影响力扩大企业或产品的知名度,大家都愿意为明星们的劳动买单。说到这明星们的高收入是人们或企业自愿给的,没有什么不合理之处。

生产活动离不开生产要素的投入,所以劳动者提供了劳动,获得了工资;资本家提供了资本,获得了利息;地主提供了土地,获得了地租;企业家提供了企业家才能,获得了利润。简言之,各种生产要素都根据自己在生产中所做的贡献而获得相应的报酬。这就是分配理论所要解决的生产要素价格决定问题。但为了了解生产要素的价格决定,我们需要了解生产要素的需求与供给的决定。

第一节 生产要素的需求和供给

一、生产要素的需求

(一)生产要素需求的含义

生产要素又称生产因素或要素,是指在进行物质生产时所必需的一切要素及环境条件。生产要素是维系国民经济运行和市场主体生产经营必须具备的基本因素。

生产要素

生产要素的需求是指对应于一定的要素价格,厂商所愿意并且能够购买的要素数量,或者说是厂商为购买一定数量的要素所愿意支付的价格。厂商购买一定数量的生产要素所愿意支付的价格水平取决于该生产要素的边际生产力。

延伸阅读

边际生产力

边际生产力的概念是19世纪末由美国经济学家克拉克提出的,指的是在其他生产要素保持不变时，由于增加一个单位的某种生产要素而增加的产品或产量。生产要素的边际生产力如以实物量来表示，则称为边际物质产品（Marginal Physical Product），用 *MPP* 表示。

（二）生产要素需求的特点

生产要素需求一般具有以下两个特点。

1. 生产要素的需求是派生需求，或引致需求

派生需求即对生产要素的需求是由对该要素参与生产的产品的需求派生出来的。商品可以直接满足消费者的需求，但生产要素必须通过商品的生产才能满足消费者的需求。例如，消费者需要面包，是因为面包能够提供直接的效用，而面包生产商为什么需要面粉？是为了用面粉来生产消费者需要的面包以获取收益。正是消费者对面包的需求，引致了面包商对面粉这样生产要素的需求。

2. 生产要素的需求是一种联合需求，或称为相互依存的需求

任何生产活动所需要的生产要素都不是单独的一种，而是需要多种生产要素一起发挥作用，即生产要素的共同组合才能生产出人们需要的产品。对要素需求的这种相互依赖表明，对某种生产要素的需求，不仅取决于该生产要素的价格，也取决于其他生产要素的价格。

（三）影响生产要素需求的因素

1. 市场对产品的需求及产品本身的价格

一般情况下，市场对产品的需求及产品本身的价格不仅直接影响企业的利润，同时也影响生产要素的需求。市场对某种产品的需求越大，往往该产品的价格就越高，企业生产这种产品对所使用的各种生产要素的需求越大，企业获得的利润也就越多。

2. 生产技术状况

企业的生产技术状况直接决定了对生产要素需求的大小。如果企业的生产技术是资本密集型，则对资本的需求大；如果企业的生产技术是劳动密集型的，则对劳动的需求大。

3. 生产要素价格

生产要素需求是多种要素一起发挥作用的，而要素之间有一定程度的替代性。如果企业用价格低、质量好的生产要素替代了价格高、质量低的生产要素，则企业对替代品的生产要素需求就会增多，而被替代的生产要素的需求就会大大减少。

延伸阅读

边际生产力递减规律

边际生产力递减规律即在技术既定和其他要素投入不变的情况下，连续增加某种要素的投入所带来的总产量的增量在开始阶段可能会上升，但当生产要素增加到一定限度时就会出现下降的趋势，也被称为边际报酬递减规律。

边际生产力递减规律

二、生产要素的供给

生产要素的供给是指最初的生产要素，如劳动、土地、资本和企业家才能的供给，不包括中间要素的供给，如原材料、汽车制造中所需要的钢材等生产过程中的中间产品。生产要素的供给主要有以下几种类型。

1. 自然资源供给（主要指土地）

这类资源是生产中所有使用的自然界中本来就存在的资源，例如土地、水、原始森林和各类矿藏。

2. 资本供给

资本是生产中所使用的资金。资本一般有两种形式，一种是物质资本，如厂房、设备、原材料和流动资金等；一种是人力资本，指的是体现在劳动力身上的体力、文化和技术状态等。本章内容中的资本主要指物质资本。

3. 劳动供给

劳动的供给量一开始是随着价格的增加而增加的，但随着价格的不断增加，劳动力的需求会不变或减少。

4. 企业家才能的供给

企业家才能是指企业家在整个生产过程中经营和管理企业的各种能力。在同样的生产要素和环境条件下，采用不同的企业家来经营，结果往往差别很大，这就表明了企业家才能这个要素在生产中起到了重要的作用。

什么样的人才能被称为企业家，听听春蒌怎么说

课程思政导读

中央出台第一份要素市场化配置文件　数据作为新型生产要素被写入文件

2020年4月9日，中共中央、国务院正式公布《关于构建更加完善的要素市场化配置体制机制的意见》（简称《意见》）。这是中央第一份关于要素市场化配置的文件。《意见》分类提出了土地、劳动力、资本、技术、数据五个要素领域的改革方向，明确了完善要素市场化配置的具体举措。数据作为一种新型生产要素被写入文件，《意见》强调要加快培育数据要素市场。

第一，推进政府数据开放共享。优化经济治理基础数据库，加快推动各地区、各部门间数据共享交换，制定出台新一批数据共享责任清单。研究建立促进企业登记、交通运输、气象等公共数据开放和数据资源有效流动的制度规范。

第二，提升社会数据资源价值。培育数字经济新产业、新业态和新模式，支持构建农业、工业、交通、教育、安防、城市管理、公共资源交易等领域规范化数据开发利用的场景。发挥行业协会商会作用，推动人工智能、可穿戴设备、车联网、物联网等领域数据采集标准化。

第三，加强数据资源整合和安全保护。探索建立统一规范的数据管理制度，提高数据质量和规范性，丰富数据产品。研究根据数据性质完善产权性质。制定数据隐私保护制度和安全审查制度。推动完善适用于大数据环境下的数据分类分级安全保护制度，加强对政务数据、企业商业秘密和个人数据的保护。

生产要素的形态随着经济发展的时代特征不断变迁。土地、劳动力是农业时代重要的生产要素，之后资本成为工业时代重要的生产要素，还催生出技术、管理、企业家才能等更多生产要素。随着信息经济发展，以大数据为代表的信息资源正在朝着生产要素的形态演进。

数据生产要素属性的提升，关系着经济增长长期动力，关系着我们国家发展的未来。世界各国都把推进经济数字化作为实现创新发展的重要动能，在前沿技术研发、数据开放共享、隐私安全保护、人才培养等方面做出了前瞻性布局。我们也要推动实体经济和数字经济融合发展，推动制造业加速向数字化、网络化、智能化发展，同时，要运用大数据提升国家治理现代化水平，推行电子政务，建设智慧城市，构建全国信息资源共享体系。利用大数据平台，分析风险因素，提高感知、预测、防范能力。

　　基于此，《意见》吸收各方观点，根据生产要素的重要性和时代性，明确将数据作为一种新型生产要素写入政策文件，是要充分发挥数据这一新型要素对其他要素效率的倍增作用，培育发展数据要素市场，使大数据成为推动经济高质量发展的新动能。

　　数据要素部分，《意见》明确提出，要着力加快培育数据要素市场。通过制定出台新一批数据共享责任清单、探索建立统一的数据标准规范、支持构建多领域数据开发利用场景，全面提升数据要素价值。

　　（资料来源：澎湃新闻网，2020 - 04 - 10.）

第二节　工资、利息、地租和利润

一、工资理论

（一）工资的含义

　　工资是指劳动力所提供劳动的报酬，也就是劳动这种生产要素的价格。劳动者提供了劳动，获得了工资作为收入。工资一般有计时工资、计件工资、定额工资、浮动工资、奖金、津贴等形式。

相关链接

计件工资和计时工资

　　1. 计件工资

　　计件工资是按照劳动者生产合格产品的数量和预先规定的计件单价计量和支付劳动报酬的一种形式。按照工人所完成的产品数量或作业量支付的工资，是资本主义工资的基本形式之一。计件工资是由计时工资转化而来的，是变相的计时工资。例如，在实行计时工资时，工人的日工资额为3元，每日的产量为10件；而在实行计件工资时，计件单价是按照日工资额除以日产量来确定的，即 $3 \div 10 = 0.3$（元）。计件工资具体有以下几种形式。

　　（1）直接计件工资。按完成合格产品的数量和计件单价来支付工资。

　　（2）间接计件工资。按工人所服务的计件工人的工作成绩或所服务单位的工作成绩来计算支付工资。

　　（3）有限计件工资。对实行计件工资的工人规定其超额工资不得超过本人标准工资总额的一定百分比。

　　（4）无限计件工资。对实行计件工资的工人超额工资不加限制。

　　（5）累进计件工资。工人完成定额的部分按同一计件单价计算工资，超过定额的部分，则按累进递增的单价计算工资。

　　（6）计件奖励工资。产品数量或质量达到某一水平就给予一定奖励。

　　（7）包工工资。把具有一定质量要求的产品、预先规定完成的期限和工资额包给个人或集体，按要求完成即支付工资。

　　2. 计时工资

　　计时工资是指根据劳动者的实际工作时间和工资等级以及工资标准检验和支付劳动报酬的工资形式。计时工资实际上是按照劳动时间支付劳动力价值的转化形式。计时工资具有几个特点：直接以劳动时间计量报酬，适应性强；考核和计量容易实行，具有适应性和及时性；具有明显的不足，即不能直接反映劳动强度和劳动效果。

（二）完全竞争市场上工资的决定

这里所说的完全竞争是指在劳动市场上的完全竞争状况，劳动力的买方和卖方都不存在对劳动的垄断。在这种情况下，工资完全由劳动的供求关系决定。

1. 劳动的需求

厂商对劳动的需求取决于劳动的边际生产力。劳动的边际生产力是指在其他条件不变的情况下，增加一单位劳动所增加的产量。劳动的边际生产力是递减的。厂商在购买劳动时要使劳动的边际成本（即工资）等于劳动的边际产品。如果劳动的边际产品大于工资，劳动的需求就会增加；如果劳动的边际产品小于工资，劳动的需求就会减少。因此，劳动的需求曲线是一条向右下方倾斜的曲线，表明劳动的需求量与工资呈反方向变动。可用图 7-1 来说明这一点。

在图 7-1 中，横轴 OL 代表劳动的需求量，纵轴 OW 代表工资水平，D 为劳动的需求曲线。

2. 劳动的供给

劳动的供给主要取决于劳动的成本，这种劳动的成本包括两类。一类是实际成本，即维持劳动者及其家庭生活必需的生活资料的费用，以及培养、教育劳动者的费用。另一类是心理成本。劳动是以牺牲闲暇的享受为代价的，劳动会给劳动者心理上带来负效用，补偿劳动者这种心理上负效用的费用就是劳动的心理成本。

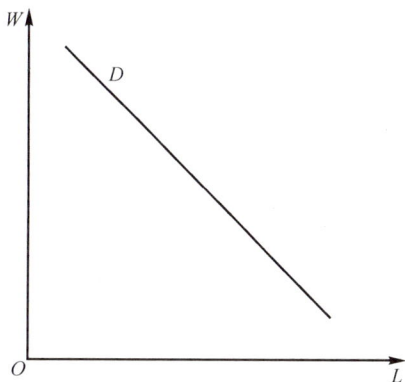

图 7-1 劳动的需求曲线

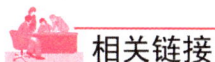

相关链接

劳动和闲暇

闲暇是指个人不受其他条件限制，完全根据自己的意愿去利用或消磨的时间。

闲暇与劳动是一枚硬币的正反两面。劳动的报酬是工资，而闲暇的机会成本也是工资。当工资上升时，人们一方面会倾向于增加劳动供给，用劳动来代替闲暇，这是高工资给人们的激励，被称为替代效应；另一方面，工资上涨，人们每小时所得的劳动报酬就相应增加，同样的劳动时间人们有了更多的钱，因此又会倾向于减少劳动供给去享受更多的闲暇，被称为收入效应。

劳动者在不同的工资率下愿意供给的劳动数量，取决于劳动者对工资收入和闲暇所带来效用的评价。消费者的总效用由收入和闲暇决定。收入通过消费品的购买为消费者带来满足：收入越多，消费水平越高，效用满足越大。同样，闲暇也是一种特殊的消费：闲暇时间越长，效用水平越高。

可供劳动者支配的时间是既定的，所以劳动者的劳动供给行为可以表述为：在既定的时间约束条件下，合理地安排劳动和闲暇时间，以实现最大的效用满足。

劳动的供给取决于多种因素，如劳动工资率、人口增长率、劳动力的流动性、移民的规模等。同时，它也有自己的特殊规律。撇开其他因素不说，只说劳动工资率和供给量的关系。一般来说，工资率上升，劳动供给量会增加。因为一方面，原来的就业者可能愿意多干一些活；

另一方面，本来不想工作的人在工资率上升时可能也想干活了。这样，劳动的供给曲线会呈向右上方倾斜的形状。但是当工资率水平上升到一定程度时，劳动供给量不但不会增加反而会减少，此时劳动的供给曲线会向后弯曲。劳动的供给曲线如图7-2所示。

为什么劳动力供给曲线向后弯曲？

在图7-2中，横轴 OL 代表劳动供给量，纵轴 OW 代表工资水平，S 为劳动的供给曲线。在拐点 d 之前，劳动的供给量随工资的增加而增加；点 d 之后，工资增加而劳动供给量减少，这时的供给曲线被称为"向后弯曲的供给曲线"。

3. 工资的决定

劳动的需求和供给共同决定了完全竞争市场上的工资水平，可用图7-3来说明这一点。

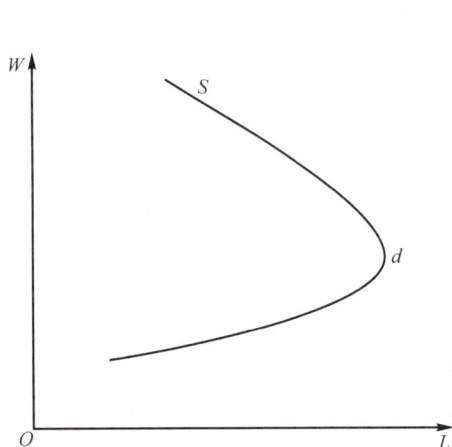

图 7-2 劳动的供给曲线

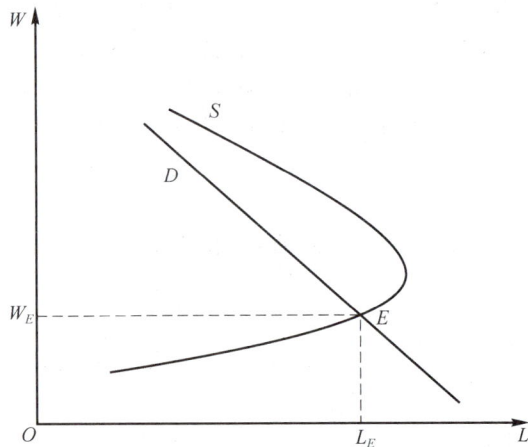

图 7-3 工资的决定

在图7-3中，劳动需求曲线 D 与劳动供给曲线 S 相交于劳动市场均衡点 E，这就决定了均衡工资为 W_E，均衡劳动力数量是 L_E。一般认为，当劳动的需求大于供给时，工资会上升，从而增加劳动的供给，减少劳动的需求；当劳动的需求小于供给时，工资会下降，从而减少劳动的供给，增加劳动的需求。正如价格的调节使物品市场实现供求相等一样，工资的调节也使劳动市场实现供求相等，并保证充分就业。

（三）不完全竞争劳动力市场上工资的决定

1. 不完全竞争劳动力市场

不完全竞争是指劳动市场上存在着不同程度的垄断。这种垄断有两种情况，一种是劳动者对劳动的垄断，即劳动者组成工会，垄断了劳动的供给；另一种是厂商对劳动购买的垄断。当然，这两种情况的结合就是双边垄断，即卖方与买方都有一定程度的垄断。在不完全竞争的劳动力市场上，工资可能高于或低于劳动的边际生产力。这里我们主要分析工会（即劳动市场上卖方垄断）对工资的影响。

延伸阅读

工会

在西方国家中，工会是工人自己的组织，是在与资方进行各种形式的经济斗争，争取更好的

工作条件与工资水平的过程中发展起来的。工会一般是按行业组织的，例如，美国的篮球球员工会；也有的是跨行业的组织，例如美国的劳联－产联。工会不受政府或政党操纵，是完全独立的，它也不是像政党那样的政治组织，而只是维护工人权益的经济组织。

在社会中，工会、政府、企业被认为是三个并列的组织。在决定工资时，工资水平一般是由工会与企业协商确定的，政府在其间起协调作用。因为工会控制了入会的工人，而且工会的力量相当强大，所以在经济学中被作为劳动供给的垄断者，以这种垄断来影响工资的决定。

2. 工会影响工资的方式

第一，增加劳动的需求。在劳动供给不变的条件下，通过增加对劳动需求的方法来提高工资，不但会使工资增加，而且可以增加就业。这种方法对工资与就业的影响可用图 7－4 来说明。

在图 7－4 中，劳动的需求曲线原来为 D_0，这时，曲线 D_0 与曲线 S 相交于点 E_0，决定了工资水平为 W_0，就业水平为 L_0。劳动的需求增加后，劳动的需求曲线由 D_0 移动到 D_1，这时曲线 D_1 与曲线 S 相交于点 E_1，决定了工资水平为 W_1，就业水平为 L_1。$W_1 > W_0$，说明工资上升了；$L_1 > L_0$，说明就业水平提高了。

工会所采取的增加厂商对劳动需求的方法，最主要的是增加市场对产品的需求，因为劳动需求是由产品需求派生而来的。增加对产品的需求就是要通过议会或其他活动来增加出口、限制进口，实行贸易保护政策。在增加对产品需求这一点上，工会与企业是相同的。

第二，减少劳动的供给。在劳动需求不变的条件下，通过减少劳动的供给同样可以提高工资，但这种情况会使就业减少。这种方法对工资与就业的影响可以用图 7－5 来说明。

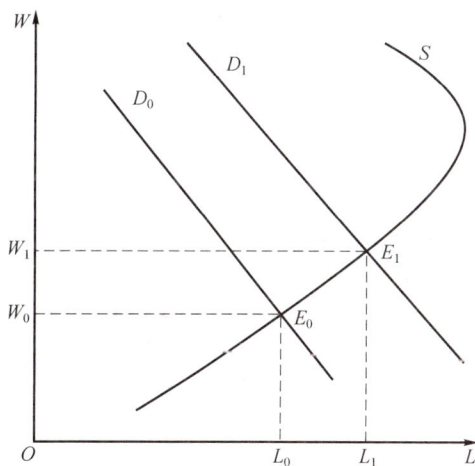

图 7－4　增加劳动的需求对工资与就业的影响　　图 7－5　减少劳动供给对工资与就业的影响

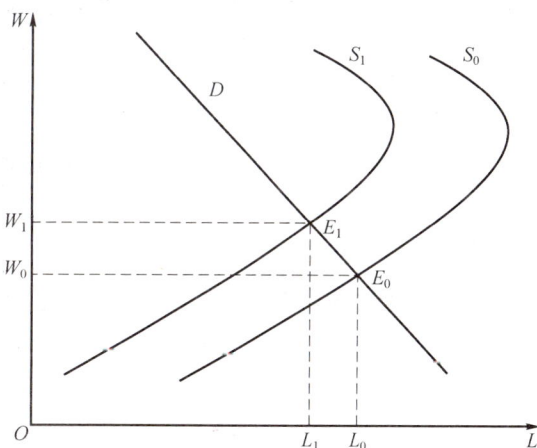

在图 7－5 中，劳动的供给曲线原来为 S_0，这时曲线 S_0 与劳动的需求曲线 D 相交于点 E_0，决定了工资水平为 W_0，就业水平为 L_0。劳动的供给减少后，劳动的供给曲线由 S_0 移动到 S_1，这时曲线 S_1 与曲线 D 相交于点 E_1，决定了工资水平为 W_1，就业水平为 L_1。$W_1 > W_0$，说明工资水平上升了；$L_1 < L_0$，说明就业水平下降了。

工会采取的减少劳动供给的方法主要有：限制非工会会员受雇，迫使政府通过强制退休、禁止使用童工、限制移民、减少工作时间的法律等。

第三，最低工资法。工会迫使政府通过立法规定最低工资，这样，在劳动的供给大于需求时也可以使工资维持在一定的水平上。这种方法对工资与就业的影响可以用图 7－6 来说明。

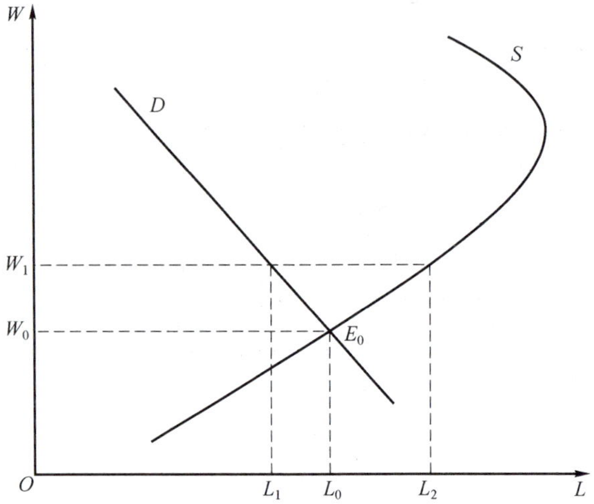

图7-6 最低工资法对工资与就业的影响

在图7-6中，劳动的需求曲线 D 与供给曲线 S 相交于点 E_0，交点 E_0 供求平衡，此时工资水平为 W_0，就业水平为 L_0。最低工资法规定的最低工资为 W_1，$W_1 > W_0$，这样能使工资维持在较高的水平。但在这种工资水平下，劳动的需求量为 L_1，劳动的供给量为 L_2，$L_1 < L_2$，供大于求，有可能出现失业。

应该说，尽管劳动市场上的垄断因素对工资的决定有相当大的影响，但从长期来看，还是劳动的供求状况在起决定性作用。劳动的供求是决定工资的关键因素。

相关链接

企业工资指导线

工资指导线是政府根据当年经济发展调控目标，向企业发布的年度工资增长水平的建议，是市场经济条件下政府宏观调控国民收入分配的一种基本方式。工资指导线只是企业决定工资的参照系，对企业并没有强制性。其作用是为企业与工会开展工资集体协商及确定工资增长水平提供重要依据。工资指导线能使企业工资增长符合经济和社会的发展要求，由上线、基准线和下线组成。2018年我国部分地区企业工资指导线见表7-1。

表7-1 2018年我国部分地区企业工资指导线

地区	上线/%	基准线/%	下线/%
上海		8.0	3.0
山东	11.0	7.0	3.0
山西	12.5	8.5	4.0
内蒙古	10.0	7.0	1.5
福建	12.0	8.0	3.0
河南	16.0	12.0	3.0
江西	不设上线	8.0	3.0
吉林	10.0	6.0	3.0

续表

地区	上线/%	基准线/%	下线/%
四川	11.0	7.0	3.0
天津	12.0	7.5	3.0
陕西	12.0	7.5	3.0

二、利息理论

（一）利息相关概念

1. 利息

利息是资本这种生产要素的价格。资本家提供了资本，得到了利息。资本是由经济制度本身生产出来的，作为一种投入要素以便进一步生产更多的商品和劳务的物品。从实物形态来看，资本表现为机器、厂房等物质物品；从货币形式来看，资本则表现为股票、债券等金融物品。

2. 利息率

利息不是用货币的绝对量来表示的，而是用利息率来表示的，利息率是利息在每一单位时间内在货币资本中所占的比率。例如，货币资本为 1 000 元，利息为一年 30 元，则利息率为 3%，或称年息 3%。这 3% 就是货币资本在一年内提供生产性服务的报酬，即这一定量货币资本的价格。

（二）利息率的决定

利息率的大小取决于对资本这一生产要素的需求与供给。资本的需求主要是企业投资的需求，因此，可以用投资来代表资本的需求。资本的供给主要是储蓄，因此，可以用储蓄来代表资本的供给。这样就可以用投资与储蓄来说明利息率的决定。

利率市场化：由市场资金供求决定利率水平的机制

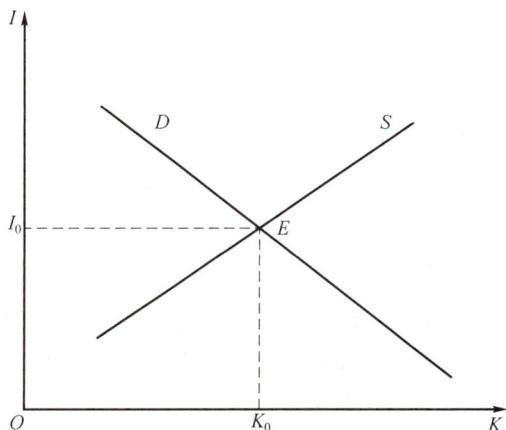

企业借入资本进行投资，是为了实现利润最大化，这样，投资就取决于利润率与利息率之间的差额。利润率与利息率的差额越大，即利润率越是高于利息率，纯利润就越大，企业也就越愿意投资。相反，利润率与利息率的差额越小，即利润率越接近于利息率，纯利润就越小，企业也就越不愿意投资。这样，在利润率既定时，利息率与投资呈反方向变动，资本的需求曲线是一条向右下方倾斜的曲线。

人们进行储蓄，放弃现期消费是为了获得利息。利息率越高，人们越愿意增加储蓄；利息率越低，人们越要减少储蓄。这样，利息率与储蓄呈同方向变动，资本的供给曲线是一条向右上方倾斜的曲线。所以，利息率是由资本的需求与供给双方共同决定的，可用图 7-7 来说明。

在图 7-7 中，横轴 OK 代表资本量，纵轴 OI 代表利息率，D 为资本的需求曲线，S 为资本的供给曲线，这两条曲线相交于点 E，决定了利息

图 7-7 利息率的决定

率为 I_0，资本量为 K_0。

在经济中，通过利息率的调节作用，资本市场实现了均衡。这也是价格调节经济的作用之一。利息率是资本的价格，它所调节的是资本市场。这种调节作用在于，当资本的需求大于供给时，利息率会上升，从而减少资本的需求，增加资本的供给；当资本的需求小于供给时，利息率会下降，从而增加资本的需求，减少资本的供给。所以，利息率的调节会使资本市场处于均衡状态。

三、地租理论

（一）地租含义

地租是土地这种生产要素的价格，也可以理解为使用自然资源的租金。地租的产生首先在于土地本身具有生产力，也就是说，地租是利用"土壤原始的、不可摧毁的力量"的报酬。其次，土地作为一种自然资源具有数量有限、位置不变，以及不能再生的特点。

（二）地租的决定

地租由土地的需求与供给决定。土地的需求取决于土地的边际生产力，土地的边际生产力是递减的。所以，土地的需求曲线是一条向右下方倾斜的曲线。但土地的供给是固定的，因为在每个地区，可以利用的土地总有一定的限度，这样，土地的供给曲线就是一条与横轴垂直的直线。地租的决定可以用图7-8来说明。

在图7-8中，横轴 ON 代表土地量，纵轴 OR 代表地租，垂线 S 为土地的供给曲线，表示土地的供给量固定为 N_0；曲线 D 为土地的需求曲线，曲线 D 与曲线 S 相交于点 E_0，决定了地租为 R_0。

随着经济的发展，对土地的需求不断增加，而土地的供给不能增加，这样，地租就有不断上升的趋势，这一点可用图7-9来说明。

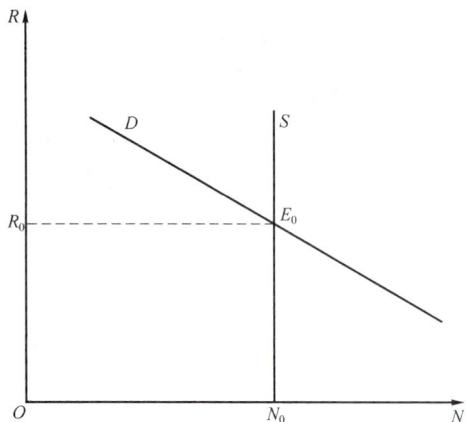

图7-8 地租的决定

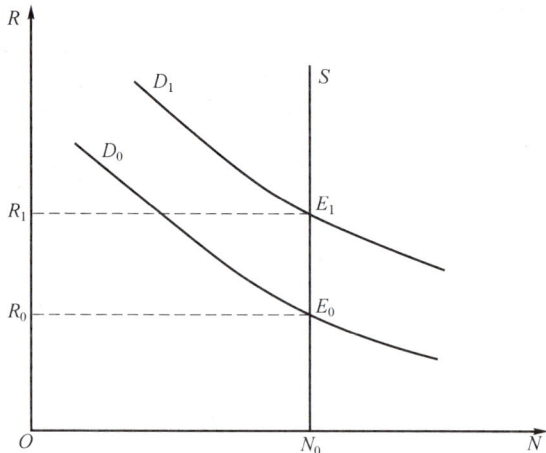

图7-9 地租的变动

在图7-9中，土地的需求曲线由 D_0 移动到 D_1，表明土地的需求增加了，但土地的供给仍为 S，曲线 S 与曲线 D_1 相交于点 E_1，决定了地租为 R_1。R_1 高于原来的地租 R_0，说明由于土地需求的增加，地租上升了。

延伸阅读

级差地租

级差地租是指由于耕种的土地优劣等级不同而形成的地租，是农产品的个别生产价格低于社会生产价格的那部分超额利润的转化形式。级差地租有资本主义级差地租和社会主义级差地租之分，下面主要讲资本主义级差地租。

资本主义级差地租是租种优等地和中等地的农业资本家所获得而转归于大土地所有者的超额利润，来自农产品个别生产价格低于社会生产价格的差额。

级差地租

在农业中，土地存在着好坏的差别。在不同等级的土地上投入同量资本，会有不同的生产率。经营生产条件较差的土地，劳动生产率低，产量少，农产品的个别生产价格高；经营生产条件较好的土地，劳动生产率高，产量多，农产品的个别生产价格低。

英国古典政治经济学创始人威廉·配第最先提出级差地租的概念。他看到维持伦敦或某军队所需的谷物，有的从 40 英里（1 英里约等于 1.6 千米）外的产地运来，有的从 1 英里外的产地运来，后者因少付 39 英里的运输费用，可使谷物生产者获得高于其自然价格的收入，于是他从土地位置的差别上提出了级差地租的概念。

斯密又根据土地肥沃程度的不同，进一步论述了级差地租产生的自然条件。

J. 安德森在 1777 年发表的《谷物法本质的研究：关于为苏格兰提出的新谷物法案》一文中，论述了级差地租理论的基本特征，成为级差地租理论的真正创始人。

大卫·李嘉图依据他的劳动价值原理来研究地租问题，把级差地租理论同劳动价值理论直接联系起来。

马克思对前人的级差地租理论进行了全面的分析，结合西欧各国，主要是英国 200 年来资本主义制度下级差地租的实际，在批判继承的基础上，科学全面地阐明并确立了资本主义级差地租的理论体系。

四、利润理论

利润是企业家才能这种生产要素的报酬。根据利润的性质和来源，西方经济学一般把利润分为正常利润与超额利润。

正常利润

（一）正常利润

正常利润是企业家才能的价格，也是企业家才能这种生产要素所得到的收入。正常利润包括在成本之中，其性质与工资类似，也是由企业家才能的需求与供给所决定的。

企业家才能的需求是很大的，因为企业家才能是生产好坏的关键，是使劳动、资本和土地结合在一起生产出更多产品的决定性因素。而企业家才能的供给又是很小的，并不是每个人都具有企业家的天赋、能受到良好的教育，只有那些有胆识、有能力又受过良好教育的人才具有企业家才能。所以，培养企业家才能所耗费的成本也是很高的。企业家才能的需求与供给的特点决定了企业家才能的收入——正常利润必然是很高的。可以说，正常利润是一种特殊的工资，其特殊性就在于其数额远远高于一般劳动所得到的工资。

因为正常利润包括在成本之中，而且往往作为一种隐含的成本，所以，收支相抵就是获得了正常利润。在完全竞争条件下，利润最大化实际上就是获得正常利润，超过正常利润以后的那一部分利润并不存在。

（二）超额利润

超额利润是指超过正常利润的那部分利润。在完全竞争的条件下，在静态社会里，不会有这种利润产生。只有在动态的社会里和不完全竞争条件下，才会产生这种利润。动态的社会涉及创新和风险，不完全竞争就是存在垄断，因此，可从三个角度分析超额利润的产生与性质。

1. 创新的超额利润

创新是指企业家对生产要素实行新的组合。它包括五种情况：第一，引入一种新产品；第二，采用一种新的生产方法；第三，开辟一个新的市场；第四，获得一种原料的新来源；第五，采用一种新的企业组织形式。这五种形式的创新都可以产生超额利润。

创新是社会进步的动力，由创新所获得的超额利润是合理的，是社会进步必须付出的代价，也是社会对创新者的奖励。

2. 承担风险的超额利润

风险是从事某项事业时失败的可能性。由于未来具有不确定性，人们对未来的预测有可能发生错误，风险的存在就是普遍的。在生产中，供求关系难以预料，易受自然灾害、政治运动以及其他偶然事件的影响，而且并不是所有的风险都可以用保险的方法加以弥补。这样，从事具有风险的生产就应该以超额利润的形式得到补偿。许多具有风险的生产和事业是社会所需要的，社会中充满了不确定性，风险需要有人承担，因此，由承担风险而产生的超额利润也是合理的。

3. 垄断的超额利润

由垄断而产生的超额利润，又称垄断利润。垄断的形式可以分为两种：卖方垄断和买方垄断。

卖方垄断也称专卖，是指对某种产品出售权的垄断，垄断者可以抬高销售价格以损害消费者的利益而获得超额利润。买方垄断又称专买，是指对某种产品或生产要素购买权的垄断，垄断者可以压低收购价格，以损害生产者或生产要素供给者的利益而获得超额利润。

垄断所引起的超额利润是垄断者对消费者、生产者或生产要素供给者的剥削，是不合理的。这种超额利润也是市场竞争不完全的结果。

课程思政导读

疫情期间的工资怎么发放，各地复工有哪些福利，最新政策汇总！

2020年春季，一场新型冠状病毒肺炎疫情席卷我国，各级各类企业延迟复工，由此引发而来的工资发放等问题成为众多人专注的问题。针对这个问题，国家和多地政府机构都为复工复产给出了很多福利政策。

1. 事业单位工资发放

2月13日，人社部发布《关于新型冠状病毒肺炎疫情防控期间事业单位人员有关工资待遇的通知》（简称《通知》），确定了疫情期间事业单位员工工资的发放问题。《通知》提出，在疫情防控期间，各级人力资源社会保障、财政部门向承担新型冠状病毒肺炎疫情防控任务重、风险程度高的医疗卫生机构核增一次性绩效工资总量，不作为绩效工资总量基数。有关单位在内部分配时，要向敢于担当、勇挑重担、加班加点参加疫情防控的一线工作人员特别是做出突出成绩的人员倾斜。

《通知》明确新型冠状病毒肺炎患者、疑似患者、密切接触者在其隔离治疗期间，或医学观察期间，以及因政府实施隔离措施或采取其他紧急措施导致不能提供正常劳动的事业单位工作人员，在此期间的工资、福利待遇由其所属单位按出勤对待。

2. 普通企业员工工资发放

春节延长假期，上班怎么算？先安排补休，或者支付两倍工资。

延迟复工期间工资怎么发？休息日加班要支付两倍工资。

不能按期到岗该怎么办？协商优先使用带薪年休假。

待岗期间工资怎么发？超一个工资支付周期没上班，发放生活费。

在家上班工资怎么算？按照正常工作期间工资支付。

被隔离了工资怎么算？隔离期照常发工资。

企业困难能否降低工资？可以协商调整薪酬。

因为疫情防控期间，各个地区的情况有所不同，所在在具体落地政策上，每个地区有各自的相关说明标准。

同时，各地开启复工抢人模式。例如，2月16日，浙江宁波出台《关于促进企业复工复产的若干意见》，其中包含二十条政策，对返工复工的员工给予直接补贴。交通补贴，补贴票价50%；非公企业双职工可获补贴500元；企业扩招补贴最高可获30万元等。

第三节 社会收入分配与分配政策

社会收入分配主要是收入分配是否平等的问题。每个人在经济社会中所拥有的资本、土地资源不一样，每个人的天赋和从小所受的教育不同、勤劳程度不同，因而在经济社会中所能得到的收入存在很大的差别，这就是收入分配的不平等问题。一个经济社会如果收入分配过于不平等，国民收入的大部分落到了少数人手里，而大多数人一贫如洗，这样的社会必然不稳定。相反，如果一个经济社会收入分配过于平均化，人们无论工作的勤劳程度如何、工作业绩如何，都得到同样的收入，这个社会一定缺乏效率。正因如此，建立一个能够衡量一个国家收入分配平等程度的标准或指标至关重要。

一、洛伦兹曲线与基尼系数

（一）洛伦兹曲线

洛伦兹曲线是由美国统计学家洛伦兹于1905年提出来的，是用来衡量社会收入分配（或财产分配）平均程度的曲线。具体做法是：首先，按照经济中人们的收入由低到高的顺序排队；其次，统计经济中收入最低的10%的人群的总收入在整个经济总收入中所占的比例；最后，统计经济中收入最低的20%的人群的总收入在整个经济总收入中所占的比例，以此类推。洛伦兹统计的人口百分比和收入百分比都是累计百分比。

如果把某国的人口按照收入水平分为最低收入者、较低收入者、中等收入者、较高收入者、最高收入者五个等级，各占人口总数的20%，按他们在国民收入中所占的份额，可以做出如表7-2所示的收入水平分类。将得到的人口累计百分比和收入累计百分比的对应关系用图描绘出来，即得到洛伦兹曲线，如图7-10所示。

表 7 – 2　某国收入水平分类

按收入水平高低分组	人口所占比重/%	累计人口比重/%	收入所占比重/%	收入累计比重/%
最低收入者	20	20	6	6
较低收入者	20	40	12	18
中等收入者	20	60	17	35
较高收入者	20	80	24	59
最高收入者	20	100	41	100

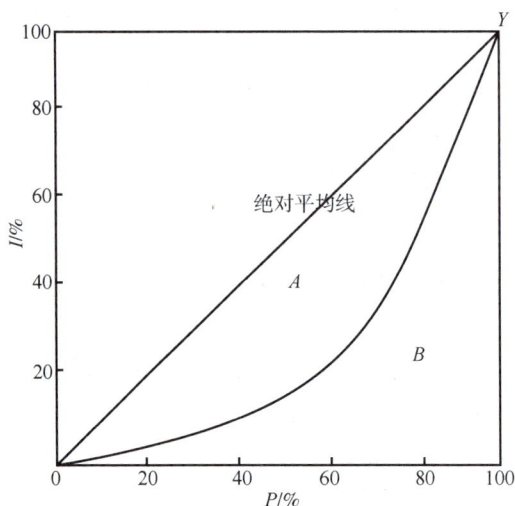

图 7 – 10　洛伦兹曲线

在图 7 – 10 中，横轴代表累计人口百分比，纵轴代表累计收入百分比。OY 为 45°线，在这条线上，每 20% 的人口得到 20% 的收入，表明收入分配绝对平等，称为绝对平等线。OPY 表示收入绝对不平等，是绝对不平等线。根据表 7 – 2 所做的反映实际收入分配状况的洛伦兹曲线介于这两条线之间。洛伦兹曲线与 OY 越接近，收入分配越平等；洛伦兹曲线与 OPY 越接近，收入分配越不平等。

延伸阅读

80/20 法则

80/20 法则，又称帕累托效应、80/20 原理、最省力法则、不平衡原则、帕累托法则、二八法则、重点法则，是按事情的重要程度编排行事优先次序的准则，建立在"关键的少数与次要的多数"原理的基础上。它的大意是：在任何特定群体中，重要的因子通常只占少数，而不重要的因子则占多数，因此，只要能控制具有重要性的少数因子即能控制全局。

80/20 法则是由意大利经济学家和社会学家帕累托发现的，最初只限定于经济学领域，后来被推广到社会生活的各个领域，且深为人们所认同。帕累托法则是指在任何大系统中，约 80%

的结果是由该系统中约20%的变量产生的。例如，在企业中，通常80%的利润来自20%的项目或重要客户；经济学家认为，20%的人掌握着80%的财富；心理学家认为，20%的人身上集中了80%的智慧等。具体到时间管理领域，是指大约20%的重要项目能带来整个工作成果的80%，并且在很多情况下，工作的头20%时间会带来所有效益的80%。帕累托法则对我们的启示是：大智有所不虑，大巧有所不为。工作中应避免将时间花在琐碎的多数问题上，因为就算你花了80%的时间，你也只能取得20%的成效。你应该将时间花于重要的少数问题上，因为掌握了这些重要的少数问题，你只花20%的时间，即可取得80%的成效。

80/20法则主要应用领域如下。

1. 企业管理

运用二八法则管理企业，就必须先弄清楚公司在哪些方面是盈利的、哪些方面是亏损的，理出盈利的部分，从而制定一套有利于公司成长的策略。其次要搞清楚什么部门业绩平平、什么部门创造了较高利润、什么部门带来严重赤字，通过比较分析发现起主要作用的因素。获利的项目是少数，要给予更多关注。

2. 人力资源管理

二八法则同样适用于人力资源管理。一个组织的生产效率和未来发展往往取决于少数关键性人物，这些人可以帮助企业获取大部分的利润。找到关键性的少数人，要建立有效的收益分配机制，防止关键人员流失。要厘清20%的骨干力量、20%的重点产品、20%的重点客户、20%的重点信息以及20%的重点项目，然后将精力集中到这些20%上，采取有效跟进措施。

3. 人生规划

人的专长可能很多，但真正发挥作用的很少。所以，要善于掌握自己的优势，寻找那些自己非常喜欢、非常擅长的事情去做。找到人生最关键的事情，才有可能获得成功的人生。在安排自己的时间上，有所不为才能有所为。要集中自己的时间精力，抓关键的人、关键的环节、关键的岗位和关键的项目。

（资料来源：根据360百科"20/80法则"内容整理。）

（二）基尼系数

根据洛伦兹曲线可以计算出反映收入分配平等程度的指标，这一指标称为基尼系数，用 G 表示。基尼指数最早由意大利统计与社会学家科拉多·基尼在1912年提出，是国际上通用的一个衡量国家或地区居民收入差距的指标。

如果把图7-10中实际收入线与绝对平等线之间的面积用 A 来表示，把实际收入线与绝对不平等线之间的面积用 B 来表示，则基尼系数的计算公式为：

$$G = \frac{A}{A+B}$$

当 $A=0$ 时，$G=0$，收入绝对平等；当 $B=0$ 时，$G=1$，收入绝对不平等。

实际基尼系数总是大于0小于1。基尼系数越小，收入分配越平等；基尼系数越大，收入分配越不平等。

基尼系数是国际上判断社会收入分配平等与否的通用标准。联合国开发计划署等组织规定的收入分配通用标准见表7-3。

表 7 - 3　收入分配通用标准

基尼系数	收入分配
低于 0.2	绝对平均
0.2 ~ 0.3	比较平均
0.3 ~ 0.4	基本合理
0.4 ~ 0.5	差距较大
0.5 以上	差距悬殊

国际上通常把 0.4 作为收入分配差距的"警戒线"。一般发达国家的基尼指数在 0.24 ~ 0.36 之间，美国偏高，为 0.4。

图 7 - 11 为我国 2003—2018 年的居民收入基尼系数。从图 7 - 11 可以看出，全国基尼系数在 0.462 ~ 0.491 之间，说明中国居民的收入差距过大。但也能明显看出，我国的基尼系数增大趋势在 2008 年后得到抑制，开始呈回落态势，但在 2015 年后又开始逐渐增大。

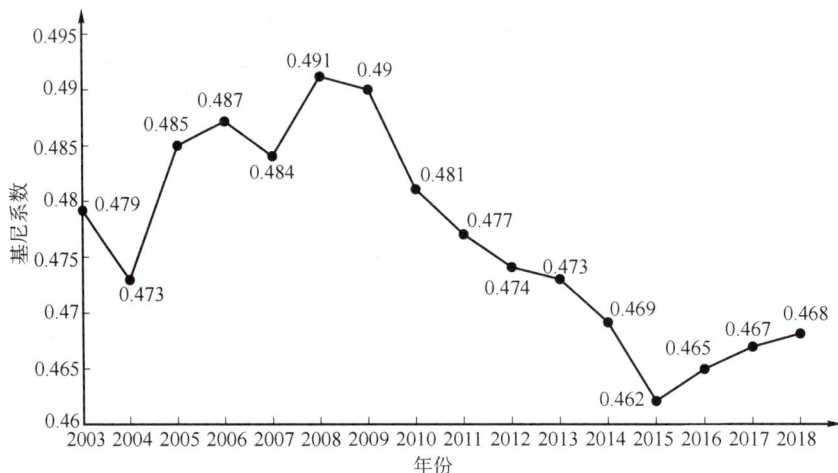

图 7 - 11　我国 2003—2018 年的居民收入基尼系数

二、公平与效率

公平和效率是收入分配都要兼顾的，公平就是指社会成员收入分配相对平均，效率就是要资源配置有效。

1. 公平

公平指人与人的利益关系及利益关系的原则、制度、做法、行为等都合乎社会发展的需要。不同的社会，人们对公平的理解是不同的。公平观念是社会的产物，其按所产生社会历史条件和社会性质的不同而有所不同。

2. 效率

效率指资源投入和生产产出的比率。人类任何活动都离不开效率问题。人作为智慧动物，其一切活动都是有目的的，是为了实现既定的目标。在实现目标的过程中，有的人投入少，但实现的目的多，即我们所说的事半功倍；而有的人投入很大，但实现的目的少，或者实现不了其目标，即我们所说的事倍功半。前者是高效率，后者是低效率。

经济学家认为，收入分配有三种标准。

第一种是贡献标准，即按照社会成员的贡献分配国民收入，也就是按照生产要素的价格进行分配。这种分配标准能保证经济效率，但由于各社会成员能力、机遇的差别，又会引起收入分配的不平等。

第二种是需要标准，即按照社会成员对生活必需品的需要分配国民收入。

第三种是平等标准，即按照公平的准则来分配国民收入。

后两个标准有利于收入分配的平等化，但不利于经济效率的提高。有利于经济效率会不利于平等，有利于平等则会有损于经济效率，这就是经济学中所说的平等与效率的矛盾。

收入分配要有利于经济效率的提高，则要按照贡献标准来分配，这样有利于鼓励每个社会成员充分发挥自己的能力，在竞争中取胜。经济效率则体现在经济增长的速度上。因此，收入分配应该效率优先，兼顾公平。

相关链接

马粪争夺案

100 多年前，在美国发生了一场马粪争夺案。

这个案子发生在 1869 年 4 月 6 日。原告请了两位帮工，到马路上捡马粪。他俩从晚上 6 点干到 8 点，在马路上共堆了 18 堆马粪。马粪堆起来以后，因为太多拿不动，两位帮工就回去取车准备第二天来运。但他们并没有在这 18 堆马粪上做任何标记。第二天早上，案中的被告看见了这些马粪，就问附近巡逻的人，这些马粪有没有主人，有没有人要把马粪运走。巡逻的人说不知道。

被告听了以后，觉得这些马粪没有标记，也没有主人，就把马粪运回自己家，撒到自己的田里了。到了第二天中午，两位帮工带着车过来，发现马粪没了，一问才知道原来是被告拿走了。双方发生争执，最后闹到法庭上。

在法庭上针锋相对的，有这么几种观点。

一是"溯源说"。有人主张，马粪真正的主人是马，因为马粪是马拉的；也可以进一步说，马粪属于马的主人。但问题是，马的主人把马粪丢在路上，已经放弃了对马粪的所有权。

二是"位置说"。被告主张，马粪掉到马路上，就成为马路的一部分，而马路是公家的，所以谁见了马粪都可以拿走。原告让帮工把马粪堆起来，只是改变了马粪所在的位置，并没有改变它的所有权，因而马粪不归原告所有。

三是"标记说"。法庭上也有人主张，关键看原告有没有给马粪做标记，如果没有做标记，那就不能怪别人把马粪搬走了。

四是"劳动说"。原告坚持认为，是帮工们花费了工夫，才把马粪堆积起来的，所以马粪应该归原告所有。

双方好像都有道理。但哪种观点更重要呢？如果你是法官，会把马粪判给谁？

事实上，一点儿马粪，判给谁都不重要，重要的是案件会对后代产生怎样的影响。设想一下，有两个村子，发生了同样的案子，唯一不同的是，第一个村子把马粪判给了原告，也就是堆积马粪的人；第二个村子把马粪判给了被告，也就是那个看见马粪就把马粪拿走的人。这两个村子，过 50 年、100 年后，会发生怎样的变化？

可以设想，在第一个村子里，由于把马粪判给了创造财富的人，那么村民就会有这样的预期：凡是经过人类劳动的成果，都是财富；凡是财富，就都有主人；有主人的财富是受到法律保护的。要尊重别人的财富，不能见到就拿走。只要有这样的共识，这一共识又变成传统，那么在这个村子里，人们就用不着花很大的工夫来保护自己的财富，他们因此也会更积极地去创造和积累财富。50年、100年后，这个村子就会逐渐走向富足。

在另一个村子里，法官把马粪判给了被告，那么村民就会形成另外一种预期：只要是没人看管的东西，就可以随便拿走。结果顺手牵羊的行为会大增，有产者花在看管财富上的努力就会变大，大到足以抵消财富本身的价值。人们不仅会丧失创造和积累财富的积极性，即便创造和积累了财富，其价值也会被保护财富的努力所抵消。50年、100年后，这个村子就会逐渐走向贫困。

当年马粪案的法官，就是根据这个思路，把马粪判给原告的。

三、收入分配政策

为了实现收入分配的平等化，西方各国都采用了一些有关的政策，这些政策包括以下几种。

（一）税收政策

1. 个人所得税

个人所得税是税收的一项重要内容，它通过累进所得税制度来调节社会成员收入分配的不平等状况。累进所得税制就是根据收入的高低来确定不同的税率，对高收入者按高税率征税，对低收入者按低税率征税。它有利于纠正社会成员之间分配不平等的状况，有助于实现收入的平等化，但不利于有能力的人充分发挥自己的才干。

此外，在个人所得税方面，还区分了劳动收入税和非劳动收入税。对劳动收入按低税率征收，而对非劳动收入（股息、利息等）按高税率征收。

知识拓展

个人所得税

个人所得税（Personal Income Tax）是调整征税机关与自然人（居民、非居民人）之间在个人所得税的征纳与管理过程中所发生的社会关系的法律规范的总称。它是国家对本国公民、居住在本国境内的个人的所得和境外个人来源于本国的所得征收的一种所得税。2018年10月，中国个人所得税起征点调至每月5 000元。我国的个人所得税使用超额累进税率，计算方法为：

应纳个人所得税税额 ＝ 应纳税所得额 × 适用税率 － 速算扣除数

应纳税所得额 ＝ 工资收入金额 － 各项社会保险费 － 起征点

个人所得税税率表（综合所得适用）见表7-4。

表7-4　个人所得税税率表（综合所得适用）

级数	全年应纳税所得额	税率/%	速算扣除数/元
1	不超过36 000元的	3	0
2	超过36 000元至144 000元的部分	10	2 520
3	超过144 000元至300 000元的部分	20	16 920
4	超过300 000元至420 000元的部分	25	31 920
5	超过420 000元至660 000元的部分	30	52 920
6	超过660 000元至960 000元的部分	35	85 920
7	超过960 000元的部分	45	181 920

例如，2019年王先生每月应发工资均为30 000元，每月减除费用5 000元，"五险一金"等专项扣除4 500元，享受子女教育、赡养老人两项专项附加扣除共计2 000元，每月减免收入及减免税额等情况。那么王先生全年个人所得税税额可以采用两种计算方式。

第一种，计算出每月纳税额，累加得到全年纳税额。计算如下。

1月份：（30 000 - 5 000 - 4 500 - 2 000）×3% = 555（元）。

2月份：（30 000×2 - 5 000×2 - 4 500×2 - 2 000×2）×10% - 2 520 - 555 = 625（元）。

3月份：（30 000×3 - 5 000×3 - 4 500×3 - 2 000×3）×10% - 2 520 - 555 - 625 = 1 850（元）。

按照此方法计算出每月纳税额，就可以得出王先生全年累计应纳个人所得税27 480元。

第二种，直接计算出全年个人所得税纳税额。计算如下。

应纳税所得额：30 000×12 - 4 500×12 - 2 000×12 - 5 000×12 = 222 000（元）。

应纳个人所得税税额：22 2000×20% - 16 920 = 27 480（元）。

2. 遗产税和赠予税

除个人所得税以外，还有遗产税和赠予税，即对财产的转移征税。开征遗产税和赠与税，主要是为了纠正财产分配的不平等。

3. 财产税和消费税

所谓财产税，就是对不动产（如土地、房产等）征收的税；消费税则是对某些商品和劳务的消费征收的税。开征财产税，也是为了纠正财产分配的不平等。而征收消费税，尤其是对奢侈性商品和劳务征收较高的税，也是通过税收实现收入分配平等化的一种方法。

（二）社会福利政策

1. 社会福利政策概述

如果说税收政策是要通过对富人征收重税来实现收入分配平等化的话，那么社会福利政策则是要通过给穷人补助来实现收入分配的平等化。因此，社会福利政策是收入分配平等化的一项重要内容。

社会福利政策的历史很长。早在18世纪的英国，就有了"济贫法"。但社会福利政策作为一项重要的经济政策，是在20世纪30年代开始的。第二次世界大战后，社会福利政策开始迅速发展，许多国家，尤其是北欧与西欧的一些国家，实行了"从摇篮到坟墓"的社会保险福利制度。

相关链接

五险一金

我国用人单位给予劳动者的保障性待遇合称为"五险一金"。"五险"指的是五种保险，包括养老保险、医疗保险、失业保险、工伤保险和生育保险；"一金"指的是住房公积金。这里要注意的是，"五险"是法定的，而"一金"不是法定的。其中，养老保险、医疗保险、失业保险和住房公积金由企业和个人共同承担缴纳；工伤保险和生育保险由企业承担，个人不需要缴纳。

2. 社会福利政策的内容

从当前西方各国的情况看，社会福利政策主要包含以下内容。

（1）各种形式的社会保障与社会保险。具体包括：失业救济金制度，指对失业工人按一定的标准发放能使其维持生活的补助金；老年人年金制度，是对退休人员按一定的标准发放年金；残疾人保障制度，是对失去工作能力的人按一定标准发放补助金；对未成年子女家庭的补助；对收入低于一定标准（即贫困线）的家庭与个人的补助。这些补助金主要是货币形式，当然也有发放食品券等实物形式的。其资金来源或者是个人或企业交纳的保险金，或者是政府的税收。

（2）向贫困者提供就业机会与培训。收入不平等的根源在于贡献的差别，而个人所做的贡献与个人的机遇和能力有关。首先，政府可以通过改善穷人的能力与条件来实现收入分配的均等化。在这方面，主要是实现机会均等，尤其是保证所有人具有平等的就业机会，并按同工同酬的原则支付报酬。其次，是使穷人具有就业的能力，包括进行职业培训；实行文化教育计划（如扫盲运动）；建立供青年交流工作经验的青年之家；实行半工半读计划，使穷人有条件读书，等等。这些都有助于提高穷人的文化技术水平，使他们能够从事收入较高的工作。

（3）医疗保险与医疗援助。医疗保险包括住院费用保险、医疗费用保险以及出院后部分护理费用的保险。这些保险主要用保险金支付。医疗援助则是指政府出钱资助医疗卫生事业，以使每个人都能得到良好的医疗服务。

（4）对教育事业的资助。对教育事业的资助包括兴办公立学校，设立奖学金和大学生贷款，帮助学校改善教学条件，资助学校的科研等。从社会福利的角度来看，对教育事业的资助有助于提高公众的文化水平与素质，也有利于收入分配的公平化。

（5）各种保护劳动者的法律。保护劳动者的法律包括最低工资法和最高工时法，以及环境保护法、食品和医疗卫生法等。这些都有利于增加劳动者的收入，改善他们的工作与生活条件，从而降低收入分配不平等的程度。

（6）改善住房条件。改善住房条件包括以低房租向穷人出租国家兴建的住宅；对私人出租的房屋实行房租限制；资助无房者建房，如提供低利息率的长期贷款，或低价出售国家建造的住宅；实行住房房租的补贴等。这种政策可以改善穷人的住房条件，也有利于实现收入分配的平等化。

知识拓展

中国社会福利工作的内容

现阶段中国社会福利工作的内容包括以下几项。

（1）公共福利和集体福利事业。公共福利和集体福利事业主要有劳动保险、医疗保健、妇幼保护和文化、教育、娱乐等公共福利设施。

（2）优抚对象的福利。优抚对象的福利指对荣誉军人、退伍军人、残疾军人提供医疗、休养、康复、安置等社会服务和福利服务。

（3）儿童福利事业。儿童福利事业主要有儿童保护，孤儿照料，残疾儿童的收养、医疗、康复、教育，失足青少年教育。

（4）老年人福利事业。老年人福利事业指通过兴办社会福利院、敬老院、老年公寓、老年活动中心、老年康复中心等福利设施，为老年人（包括孤寡老人）提供免费或低收费的福利服务。

（5）残疾人福利事业。残疾人福利事业包括为残疾人提供就业、教育、康复、文化娱乐的条件和设施，生产残疾人使用的各种假肢和特殊用具，以及提高残疾人的社会地位等。

3. 社会福利政策的评价

以上这些福利政策对于改善穷人的地位和生活条件，提高他们的实际收入水平，起到了相当大的作用，对社会的安定和经济发展也是有利的。但是，这些政策有两个严重的后果：一是降低了社会生产效率，各种各样的社会保障使人们有可能不劳而获，这样，生产的积极性会下降，社会生产效率就会降低；二是增加了政府的负担。

知识拓展

我国的分配制度

我国社会主义初级阶段的生产资料所有制结构，社会主义初级阶段生产力的发展水平，社会主义社会人们劳动差别的存在，决定了我国现阶段以按劳分配为主体、多种分配方式并存的分配结构。同时，这也是发展社会主义市场经济的客观要求。

按劳分配的主体地位表现在：一是在全社会范围的收入分配中，按劳分配占最大比重，起主要作用；二是在公有制经济范围内劳动者的总收入中，按劳分配收入是最主要的收入来源。

除了按劳分配以外，其他分配方式主要包括按经营成果分配，按劳动、资本、技术、土地等其他生产要素分配。

以按劳分配为主体、多种分配方式并存的分配制度实质上反映出劳动、管理、资本、技术、土地等生产要素都按贡献参与了收益分配。其中，以按劳分配为主体反映了劳动要素是各种生产要素中最受重视的部分。

课程思政导读

纪念改革开放四十周年：我国基本经济制度的确立和完善

改革开放40年来，我国经济社会发展所取得的历史性成就与确立和完善社会主义初级阶段基本经济制度、发展社会主义市场经济密切相关。其中，既有以国有经济为主的公有制经济的贡献，也有非公有制经济的贡献，表明既不搞单一公有制也不搞私有化的中国特色社会主义取得巨大成功。新时代的一个重要特点是我国社会主要矛盾已经转化为人民日益增长的美好生活需要和不平衡不充分的发展之间的矛盾，解决这一主要矛盾，仍然要坚持和完善社会主义初级阶段基本经济制度。

首先，我国社会主要矛盾发生转化，没有改变对我国社会主义所处历史阶段的判断，我国仍处于并将长期处于社会主义初级阶段的基本国情没有变。党的十九大报告强调，"必须坚持和完善我国社会主义基本经济制度和分配制度，毫不动摇巩固和发展公有制经济，毫不动摇鼓励、支持、引导非公有制经济发展"。应当认识到，公有制经济和非公有制经济在我国经济社会发展中都是不可替代的，要保护各种所有制经济产权和合法利益，保证各种所有制经济依法平等使用生产要素、公开公平公正参与市场竞争、同等受到法律保护，依法监管各种所有制经济。公有制经济与非公有制经济是相辅相成、相得益彰的关系，而不是相互排斥、相互抵消的，要促进公有制经济和非公有制经济良性竞争、相互协作、共同发展。党的十八届三中全会《中共中央关于全面深化改革若干重大问题的决定》指出："国有资本、集体资本、非公有资本等交叉持股、相互融合的混合所有制经济，是基本经济制度的重要实现形式，有利于国有资本放大功能、保值增值、提高竞争力，有利于各种所有制资本取长补短、相互促进、共同发展。"这是我们党对我国基本经济制度认识的进一步深化。

其次，我国社会主要矛盾发生转化，意味着发展不平衡不充分已经成为满足人民日益增长的美好生活需要的主要制约因素，而解决发展不平衡不充分问题，必须坚持和完善基本经济制度。发展不平衡不充分是相对于人民日益增长的美好生活需要而言的。新时代社会主要矛盾的主要方面是中高端生产力相对不足，低端低质产品过剩而高端高质产品供给不够充分，不能满足人民提高了的美好生活需要，因而形成了供给和需求新的不平衡。还应看到，人民美好生活需要日益广泛，不仅对物质文化生活提出了更高要求，而且在民主、法治、公平、正义、安全、环境等方面的要求日益增长。满足人民日益增长的、多方面的美好生活需要，需要牢固树立和贯彻落实新发展理念，加快转变发展方式、优化经济结构、转换增长动力，也需要坚持和完善基本经济制度，把各种所有制经济的活力和动力都充分激发出来，共同致力于高质量高效益的发展，共同推动更平衡更充分的发展。只有这样，才能确保到 2020 年如期全面建成小康社会，进而开启全面建设社会主义现代化国家新征程。

（资料来源：《人民日报》，2018 年 9 月 19 日 07 版）

本章小结

收入分配问题一直是全民关注的一个问题。本章通过对生产要素的需求和供给的相关知识的讲解，让大家了解相关分配政策并且解决收入分配问题。在社会上，每个人都是生产要素的所有者，他们的收入由其拥有的生产要素在生产中所作的贡献决定，这种贡献的大小表现为生产要素的价格。在经济的发展中总会存在收入分配的差距和分配不均等问题。面对这些问题，我们要深入领会本章内容，开阔视野、发散思维，将相关理论应用到实际问题的分析中，更好地理解相关知识。

关键概念

工资　劳动力供给曲线　利息　地租　正常利润　洛伦兹曲线　基尼系数

思维导图

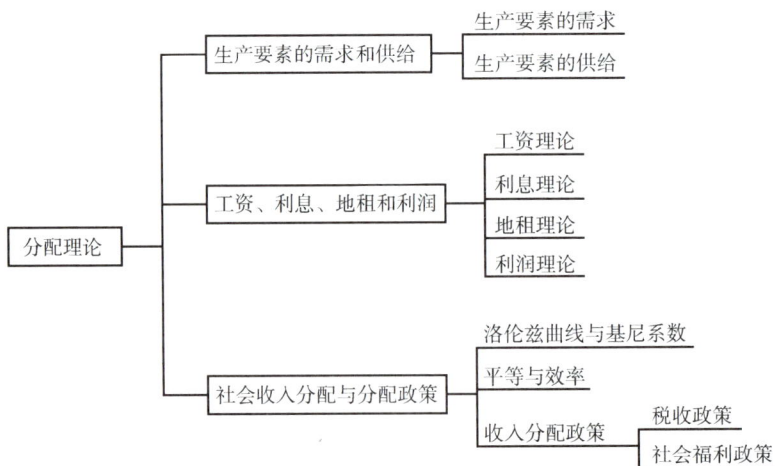

复习思考题

一、名词解释

工资　利息　地租　正常利润　洛伦兹曲线　基尼系数

二、单项选择题

1. 厂商对生产要素的需求是一种（　　　）。

A. 派生需求　　　　B. 联合需求　　　　C. 直接需求　　　　D. 最终需求

2. 在其他条件不变的情况下，随着工资水平的提高，（　　　）。

A. 劳动的供给量会先增加，但当工资水平提高到一定程度后，劳动的供给量不仅不会增加，反而随着工资水平的提高而减少

B. 劳动的供给量会一直增加

C. 劳动的供给量增加到一定程度后就不会再增加，也不会再减少

D. 劳动的供给量会一直减少，直至减少为零

3. 经济学家认为，工会的存在是（　　　）。

A. 对劳动供给的垄断　　　　　　　　　B. 对劳动需求的垄断

C. 对劳动供求双方的垄断　　　　　　　D. 以上都不对

4. 在以下方式中，工会为了提高工资，所采用的方式是（　　　）。

A. 要求政府增加进口产品　　　　　　　B. 要求政府限制女工和童工的使用

C. 要求政府鼓励移民入境　　　　　　　D. 迫使政府通过立法规定最高工资

5. 资本的供给曲线是（　　　）。

A. 向右下方倾斜的曲线　　　　　　　　B. 向右上方倾斜的曲线

C. 与价格轴垂直的直线　　　　　　　　D. 向后弯曲的

6. 货币资本为 2 000 元，利息一年为 100 元，则利率为（　　　）。

A. 5%　　　　　　B. 10%　　　　　　C. 15%　　　　　　D. 20%

7. 地租不断上升的原因是（　　　）。

A. 土地的供给和需求共同增加　　　　　B. 土地的供给不断减少，而需求不变

C. 土地的供给和需求共同减少　　　　　D. 土地的需求日益增加，而供给不变

8. 衡量社会收入分配公平程度的曲线是（　　　）。

A. 工资曲线　　　　B. 菲利普兹曲线　　　C. 洛伦兹曲线　　　D. 契约线

9. 如果某个国家居民收入是绝对平均分配的，则该国实际的洛伦兹曲线（　　　）。

A. 与横轴重合　　　B. 与纵轴重合　　　C. 与45°线重合　　　D. 无法确定

10. 根据基尼系数的大小，下列国家中（　　　）的分配最为平均。

A. 甲国的基尼系数为 0.1　　　　　　　B. 乙国的基尼系数为 0.2

C. 丙国的基尼系数为 0.3　　　　　　　D. 丁国的基尼系数为 0.4

三、多项选择题

1. 劳动、土地、资本、企业家才能等生产要素的价格是（　　　）。

A. 工资　　　　　　B. 地租　　　　　　C. 利息　　　　　　D. 利润

2. 利息是（　　　）。

A. 资本的报酬　　　　　　　　　　　　B. 资本这一生产要素的价格

C. 由资本市场的供求双方决定的　　　　D. 由劳动市场的供求双方决定的

3. 超额利润是（　　　）。

A. 创新的超额利润　　　　　　　　　　　B. 存在风险的超额利润

C. 垄断的超额利润　　　　　　　　　　　D. 正常的利润

4. 洛伦兹曲线和基尼系数的关系是（　　　）。

A. 洛伦兹曲线弯度越大，基尼系数越大　　B. 洛伦兹曲线弯度越大，基尼系数越小

C. 洛伦兹曲线弯度越小，基尼系数越小　　D. 洛伦兹曲线弯度越小，基尼系数越大

5. 下列属于收入分配标准的是（　　　）。

A. 贡献标准　　　　　B. 平等标准　　　　　C. 需要标准　　　　　D. 效率标准

四、问答题

1. 劳动供给曲线为什么是向后弯曲的？

2. 如何理解工资的决定？并简单阐述工会是如何影响工资水平的。

3. 土地的供给曲线为什么是垂直的？地租上升的原因是什么？

4. 假设某一市场是完全竞争的，劳动的供求函数为 $L_S = 100W$，这里的 L_S 是劳动供给的小时数，劳动的需求函数为 $L_D = 6\,000 - 100W$。试计算当劳动的供求达到均衡时，均衡工资（W）和均衡劳动小时各是多少。

5. 收入分配的平等程度可用什么标准来衡量？基尼系数是如何体现收入分配的平等程度的？

五、阅读思考题

最低工资的利弊

2014 年 7 月 3 日，德国国会通过了全国最低工资标准法案，这意味着从 2015 年 1 月 1 日开始，德国工人每小时的收入不得低于 8.5 欧元。德国副总理西格玛尔·加布里尔在国会投票结果公布之后表示："未来德国工人将会享受到更加公平的工资待遇。"消息一经公布，支持者和反对者的声音可谓泾渭分明。德国实行最低工资标准有哪些利弊？德国企业会受到哪些影响？如何具体执行？带着这些问题，记者采访了多位德国专家。

有利于调整地区间收入差距

英国电讯网 7 月 3 日报道称，"德国最新的最低工资标准为 8.5 欧元每小时，低于法国但高于英国和美国的相关标准。而意大利、奥地利、瑞典、丹麦、芬兰、塞浦路斯等欧盟国家至今没有制定最低工资标准"。

这是德国自第一次世界大战之后，首次在全国范围内实行统一的最低工资标准。据悉，新标准将有两年过渡期。在此之前，长期失业后刚刚获得工作半年时间的工人、季节性工人、年龄不满 18 周岁的学徒和实习生等群体的最低工资标准都没有明确出现在法案内。同时，根据最低工资法案规定，自 2016 年开始，每隔两年都会由"最低工资委员会"重新评估最低工资标准。

虽然有批评人士认为这一法案存在多方面漏洞，但更多声音肯定了法案的积极意义。德国劳动研究所欧洲劳工政策室主任沃纳·艾克霍斯特在接受记者采访时谈道："德国有关最低工资标准的讨论已经持续了 20 年之久，这次通过的最低工资标准法案对调整德国的劳资关系及劳动力市场具有显著意义。"

德国劳动研究所研究员卢茨·贝尔曼也对记者表示："在德国，工人和雇主的长期谈判一直没有进展，工人在低工资行业的比重逐渐增加。实行统一的最低工资标准后，将会有一大部分的人因此受益，这对调整不同地区工人的收入差距非常有利。"

工资法案利弊有待监控评估

艾克霍斯特说，过去关于薪酬的标准都是由行业工会和雇主代表通过集体谈判的方式确定

的，尽管有关最低工资标准的法律在欧洲其他国家多被接受，但在德国却产生了严重的分歧。

在德国，一些人对最低工资标准法案持反对意见，担忧此举会威胁国家竞争力，并增加企业负担，特别是中小企业。据德国慕尼黑大学伊福经济研究所最新的预测，因执行最低工资标准，德国未来2~3年内，将会有超过20万人失去工作。设定最低工资标准尽管提高了工人的工资，但也会间接导致物价上涨，因为雇主会把增加的成本转嫁给消费者。这对经济的正常发展不利。贝尔曼认为，新的最低工资标准会引发巨大的利益分配问题，必须对它进行仔细监控和评估才能权衡利弊。

而该法案的支持者认为，德国过去只有传统重工业部门有良好的工资监管制度，其他行业并不完善。例如，酒店行业有36%的劳动者、农业部门有超过44%的劳动者收入低于最新的工资标准，但此前无人过问。如能实行最低工资标准法案，将保护所有行业的劳动者，让他们享受到公平的薪酬待遇。法国研究者中也有对德国执行最低工资标准一事持支持态度的，如巴黎高等商学院经济学家托马斯·米哈尔斯基就表示，德国实行最低工资标准后，会因失去低廉劳动力而出现减少吸引外资的情形，这或将间接使法国服务业、制造业和农业更具竞争力。同时，他也提出，相关影响范围有限，像在汽车行业，德国还会一直保持自己的优势。

贝尔曼认为，实行最低工资标准可以促使德国快速转型，德国企业可借此增加科技含量，通过减少劳动力而创造更高生产率，以此保持在欧洲市场的领先地位。

讨论：

（1）试对最低工资法案的利弊进行分析；

（2）根据实际存在的问题，请给政府提供一个较好的解决弊端的实施方案。

第八章

走进宏观经济世界——国民收入核算理论

学习目标

1. 理解国民收入核算中的基本指标。
2. 掌握国内生产总值（GDP）和国民生产总值（GNP）的基本含义。
3. 掌握国内生产总值（GDP）的计算方法。

能力目标

1. 能够区分各类国民收入核算指标，并能合理使用不同指标简单分析国家经济现状。
2. 能够根据所学国民收入知识对一国国民收入进行简单分析。
3. 能够运用国民收入核算方法进行简单计算。

德育目标

1. 明白个体在总体中的意义和作用，理解国家整体的发展是个人生活质量提高的基石，要具有大局意识。

2. 经济发展仍是我国目前的重要目标之一，但现今已从高速增长阶段转向高质量发展阶段，如何科学发展、绿色发展、可持续发展是需要考虑的问题。

学习建议

本章带领大家认识国民经济核算方法，同时本章也是宏观经济学的基础。宏观经济学是通过分析和研究以国民收入为核心的总量指标，来揭示国民经济总体运行规律的。本章建议学习4～6课时。

导入案例

那些奇奇怪怪的经济指标

在日常生活中，我们经常会听到国内生产总值、国民生产总值、失业率、通货膨胀率等反映一国经济的指标，但是关于这些指标所代表的经济现象、蕴含的深层意义，以及这些指标如何统计，我们却不得而知。

在对这些十分专业的经济指标无从下手时，聪明的人们通过自己的生活经验，逐渐以自己的认识总结出一些"奇奇怪怪"的经济指标，例如公交站牌指标。细心的人们发现，一座城市公交站牌的密集程度，尤其在城市的公交枢纽地段（这里往往是公交站牌最为密集的地段），可以在一定程度上反映这座城市的经济发展水平。这个指标听起来虽然不如那些专业经济指标那样"高大上"，但用来反映经济水平无疑是正确的。像北京、上海这样的特大城市，一座公交站拥有的站牌数量可以达到 20 个，而在三、四线小城市，公交站牌可能只有几个。

所以，反映经济水平的指标并不是唯一和固定的，那些专业的经济指标也并非完全正确，而这些来自民间的指标，也并不是没有科学道理。被大多数国家认可的国民生产总值（GDP）也存在这样那样的漏洞，例如误算和重复计算等，并且对于 GDP 是否能真实反映人民生活水平这个问题，业界也有质疑的声音。而这些"民间指标"，不仅"接地气"，还容易换算，往往就成了人们衡量经济水平的风向标。那么，还有哪些"奇奇怪怪"的经济指标呢？

一、扑克牌销量指数

人们观察到，当人们失业在家或经济不景气的时候，通常会聚集起来打扑克消磨时间。那么当扑克牌的销量增大时，说明经济不景气；而扑克牌的销量较小时，说明人们都忙于工作，没有闲暇时间，则经济发展较好。

二、转让标签的多少

当你走在大街上，如果道路两旁的店面大门紧闭，还贴上了"转让"的标签，那么经济一定处于低迷阶段。而道路两旁灯火通明，店家忙前忙后，说明经济处于上升阶段。

这些"奇奇怪怪"的非数字指标，真真切切地出现在人们的生活当中，从侧面印证了经济的发展状况，也不断给予我们警示。从另一个角度看，身为非专业人士，这些更为亲民的指标比那些专业的数字指标更容易理解，也更容易被接受。总之，经济无论如何发展，它都留下了各种各样的线索，发现这些线索，我们就会紧跟经济的步伐。

（部分资料来源：搜狐网，2017 – 01 – 09.）

从本章开始，对于经济学的介绍将进入另一个领域，即宏观经济学。区别于微观经济学，宏观经济学不再研究社会中的个体经济行为及后果，而是将社会总体经济视为研究对象，研究其行为、规律、后果及对策。具体来讲，宏观经济学研究的是一国总经济的起伏、社会经济的周期性波动、社会失业现象及其后果和解决办法、通货膨胀的发生及其影响等。

在学习宏观经济学时，要注意改变自己的经济视角。因为宏观经济学研究的是社会总体经济活动，个体经济间的差异将被忽视，只把社会分为三大部门，即家庭、企业和政府。这三大经济部门基本覆盖了社会所有的经济体。此外，在市场经济中，市场的类别是多种多样的，股票市场、菜市场、人才市场等与我们如影随形，而所有市场总结起来无非三大类：商品市场、劳动市场和货币市场。对上述三大经济部门和三大市场分类的研究，就形成了宏观经济学的基本理论框架，其意义在于界定了宏观经济学的研究范围。

宏观经济学把社会总体经济活动作为研究对象，它所研究的是经济中的总量。在各种总量中，衡量一个经济活动的基本总量是国民生产总值。因此，阐明国民生产总值及其有关总量衡量的规定与技术的国民收入核算理论与方法是宏观经济学的前提。

第一节　国民收入核算的总量指标体系

联合国统计司分别组织东西方经济学家，根据各国使用的国民收入核算体系制定了两种不同的国民收入核算体系。一种是适用于市场经济各国的国民经济核算体系（System of National Accounts，SNA），另一种是适用于中央计划经济各国的物质产品平衡体系（System of Material Product Balance，MPS）。这两种体系先后于 1968 年和 1971 年公布。随着计划经济各国向市场经济转变，这些国家也逐渐采用了国民经济核算体系。我们介绍的也是这种国民经济核算体系。

一、国内生产总值（GDP）

（一）国内生产总值的含义

国内生产总值（Gross Domestic Product，GDP），是当前大多数国家所使用的反映国民经济总量的指标。GDP 的存在使各国有了统一的指标核算本国国民经济，并可以与其他国家进行对比，进而找到发展经济的动力并为政府提供政策依据。要认识什么是国内生产总值，就先要从企业开始讲起。

国民生产净值

1. 价值增值

假设某企业生产一个商品耗费成本 60 元，在市场上售出获得销售额 100 元，这是一个简单的生产交易过程。其中，销售额 100 元减去成本 60 元，便是这件商品给企业带来的利润，即 40 元，利润 40 元就被称为价值增值。这一增值部分才是企业实实在在生产的，是能给企业带来效益的部分，同时也可以看成是贡献给社会的增值财富。那么放眼整个国家，一个季度内一个国家所有企业售出的商品和提供的劳务所获得的销售额，减去生产商品和提供劳务所付出的成本，得到的便是这个季度内本国的价值增值总额。价值增值是一个简单但十分重要的概念。

2. 最终产品和中间产品

最终产品是最后供人们使用的产品，中间产品是在以后的生产阶段作为投入的产品。一种产品属于最终产品还是中间产品，不是取决于这种产品本身的性质，而是取决于谁购买了它，以及购买目的。例如，当小麦被消费者购买用于消费的时候，小麦是最终产品；但当小麦被面粉商用来生产面粉时，就成了中间产品。可见，计入中间产品的价值会造成国民生产总值的虚增，不能真实地反映经济运行情况。在现实经济生活中，由于多数产品既可以作为最终产品，又可以作为中间产品，准确地将其加以区分是非常困难的。为了解决这一问题，在具体计算时采用了增值法，即只计算在生产各阶段上所增加的价值。可以用一个例子来说明增值法计算，见表 8 - 1。

表 8 - 1　增值法计算　　　　　　　　　　　　　　　　　　　　元

生产阶段	产品价值	中间产品价值	增加值
小麦	8	—	8
面粉	11	8	3
面包	15	11	4
合计	34	19	15

此案例中，面包为最终产品，其价值为 15 元，而用增加值法计算也是 15 元，如不区分最终产品和中间产品，则会有 19 元重复计算。只要用增值法，无论把哪种产品作为最终产品，都不会造成重复计算。

3. 国内生产总值的含义

上述案例显示，面包作为最终产品，在其整个生产过程中的价值增值，等于该产品的最终价值，即 15 元。再将视角拉至整个国家层面，一个国家每年会生产各种各样、门类繁多、千千万万的最终产品，这些最终产品的价值总和等于为了生产这些最终产品而新创造的价值总和。

综上所述，国内生产总值（GDP）是指一年内在本国领土上所生产的最终产品（包括产品与劳务）的价值总和。

（二）国内生产总值的相关解释

1. 国内生产总值是一个市场价值概念

各种最终产品的市场价值就是用这些最终产品的单位价格乘以相应的产量然后加总而成的。这样，国内生产总值不仅受最终产品数量变动的影响，还受价格水平变动的影响。

2. 国内生产总值指的仅仅是社会在一个时期内生产的最终产品的价值，而不是一定时期内所出售的最终产品的价值

若某企业每年生产 100 万元的产品，只卖掉了 80 万元的产品，所剩的 20 万元产品可看作企业自己买下来的存货投资，同样应计入 GDP。相反，虽然生产了 100 万元产品，然而却卖掉了 120 万元，则计入 GDP 的仍是 100 万元，只是存货减少了 20 万元而已。

3. 国内生产总值仅指一定时期内生产的最终产品的价值，因而属于流量而不是存量的概念

流量是在一定时期内发生的变量，存量是在一定时点上存在的变量。例如，某人通过房产中介花费 100 万元购买了一套二手房，其中包括 99 万元房价和 1 万元的中介费，那么这 99 万元房价不可计入 GDP 中，因为在房子建造好时就已经计入过 GDP 了，否则就是重复计算。但这 1 万元的中介费是本次交易产生的价值增值，故应计入 GDP。

4. 国内生产总值仅仅是指为市场而生产的物品和劳务的价值，非市场活动不包括在内

例如，农民生产的用于自己消费的粮食的价值，就不应计入 GDP。

（三）名义国内生产总值和实际国内生产总值

前面说过，GDP 不仅受最终产品数量变动的影响，也受价格水平变动的影响，并且 GDP 最终是由货币来表现的。例如，2018 年我国 GDP 为 919 281 亿元。那么就产生出了一个新的问题，任意两个年度的 GDP 的不同是由产量变动引起的，还是由价格水平的变动引起的？要解决这个问题，就要准确区分名义国内生产总值和实际国内生产总值。

1. 名义国内生产总值（名义 GDP）

名义国内生产总值（名义 GDP）是按当年价格计算的国内生产总值。名义国内生产总值的变动有两种原因：一种是实际产量的变动，另一种是价格的变动。也就是说，名义国内生产总值的变动，既反映了实际产量的变动情况，又反映了价格的变动情况。

2. 实际国内生产总值（实际 GDP）

实际国内生产总值（实际 GDP）是将以前某一年的价格作为基年价格所计算出来的国内生产总值。货币的购买能力是不断变化的，如果市场上的货币供给过大，会造成通货膨胀，物价指数飙升。这时，就算产量未发生改变，两个年度的 GDP 也会相差甚远。实际 GDP 是将之前的某一年作为基年，用基年的价格指数换算本年的 GDP，那么就剔除了本年因价格指数变动所造成的 GDP 变动，这样，两年的 GDP 就可以相互比较了。实际国内生产总值仅仅反映产量变动的情况。

3. 名义国内生产总值和实际国内生产总值的计算

由于核算国内生产总值时所使用的价格水平不一样，所以名义国内生产总值与实际国内生产总值是有差异的。为了准确地反映一国实际经济水平的变化，也即产量的变化，应把各年的国内生产总值换算成实际国内生产总值。在进行换算时，首先要把某一年确定为基年，以该年的价格为不变价格，然后用这一不变价格来计算其他各年份的国内生产总值。

如果以 p_0 为不变价格，p_t 为某年的当年价格，q_t 为某年的最终产品数量，则有：

$$某年的名义国内生产总值 = \sum p_t q_t$$

$$某年的实际国内生产总值 = \sum p_0 q_t$$

4. 国内生产总值折算指数

名义国内生产总值与实际国内生产总值之比即为国内生产总值折算指数，又称国内生产总值价格指数，用公式表示为：

$$GDP\ 折算指数 = \frac{名义\ GDP}{实际\ GDP}$$

即：

$$实际\ GDP = \frac{名义\ GDP}{GDP\ 折算指数}$$

国内生产总值价格指数反映了社会通货膨胀的程度，是重要的物价指数之一。可以用下面的方法来推算通货膨胀率。

假设 2010 年的国内生产总值价格指数为 1.48，2009 年的国内生产总值价格指数为 1（即以 2009 年为基年），则从 2009 年到 2010 年的通货膨胀率为：

$$2010\ 年的通货膨胀率 = \frac{2010\ 年\ GDP\ 价格指数 - 2009\ 年\ GDP\ 价格指数}{2009\ 年\ GDP\ 价格指数}$$

$$= \frac{1.48 - 1}{1} = 0.48$$

也就是说，2009 年至 2010 年间的通货膨胀率为 48%。

二、国民生产总值（GNP）

（一）国民生产总值的含义

国民生产总值（Gross National Product，GNP）是指一个国家在一定时期内（通常为一年）所生产的全部最终产品（包括产品与劳务）的市场价值总和。它是衡量一国经济最重要的指标。

国民生产总值

（二）国内生产总值与国民生产总值的区别

国内生产总值（GDP）与国民生产总值（GNP）都是描述总体经济活动的指标，其主要区别在于：GDP 是一个地域概念，GNP 则是一个国民概念。也就是说，国民生产总值是按"国民原则"计算的，它以常住居民为统计依据，即凡是本国居民生产的，不论生产在哪里进行，都计入国民生产总值。常住居民包括居住在本国的本国居民、暂住外国的本国居民和常住本国但未入本国国籍的外国居民。国民生产总值应该包括这三类居民在国内外所生产的最终商品和劳务的价值总和。而国内生产总值则以地理上的国境为统计标准。因此，一个外籍公民在中国境内获得的利息和工资收入，应该计入中国的国内生产总值；一个中国公民在国外获得的利息和工资收入，应计入中国的国民生产总值，但不能计入中国的国内生产总值。因此，若某国的 GNP

超过 GDP，说明该国公民从外国获得的收入超过了外国公民从该国获得的收入；而当 GDP 超过 GNP 时，情况则正好相反。

国民生产总值与国内生产总值之差是一国居民从国外投资所获得的净收益。这两者之间的关系为：

国民生产总值 = 国内生产总值 +（本国居民在国外投资的收益 − 国外居民在本国投资的收益）

　　　　　　 = 国内生产总值 + 本国居民在国外投资的净收益

一般来说，国民生产总值和国内生产总值差别并不大，但目前国际上普遍将 GDP 作为衡量经济总量的指标。经济学家一般把这两个概念作为同一含义使用，但在国民收入统计中要注意区分这两个概念，这对于了解一个国家的开放程度，以及分析开放经济中的各种经济现象很有必要。

相关链接

GDP 是否完美无缺

2011 年 2 月 14 日，根据公布的数据显示，2010 年日本名义 GDP 为 54 742 亿美元，中国为 59 163 亿美元，中国正式超越日本，成为世界第二大经济体。直到 2019 年，我国 GDP 达到近百万亿美元，稳居世界第二的位置，更值得骄傲的是，我国人均 GDP 首次突破 1 万美元。在近十年的发展中，中国经济总量占全球经济总量的比重由 9.25% 上升至 16%，人均 GDP 由 4 550 美元上升至 1 万美元，对世界经济增长贡献则为 30% 左右。在不断刷新我国 GDP 上限的同时，受 GDP 不断上涨的影响，我国综合国力不断上升，人民生活水平不断提高，国际话语权和影响力也逐渐增大。但与此同时，近十年来我国内部对于 GDP 超越日本成为第二大经济体、GDP 连年高速增长和人均 GDP 突破 1 万美元大关则表现得极为冷静，政府屡次表明我国仍处于并长期处于社会主义初级阶段，这是为什么呢？

要回答这个问题，我们就要先思考一个重要的问题，GDP 真的可以完美地衡量一国经济水平吗？GDP 是否是唯一衡量一国经济水平的指标？GDP 的出现是一项伟大的发明，它首次将各国经济水平转化为具有可比性的数据指标，让各国可以相互对比经济水平，这对以后的经济发展起了不可忽视的作用。但是很遗憾，GDP 总量的强大并不一定能代表一国经济发展是完美无缺的，也不一定能代表人民生活水平已然步入世界前列。GDP 是经济增长的一个核心指标，但并不是全部。

根据国际货币基金组织等国际机构的数据，2019 年中国人均 GDP 在世界排名第 70 位与第 80 位之间，仍然低于世界平均水平，这意味着我国的经济总体量很大，但平均至每个居民身上，还不如世界平均水平。根据联合国每人每天 1 美元收入的标准，我国仍有近 8 000 万人属于贫困人口。从这些数据来看，尽管我国 GDP 排名世界第二，但是由于巨大的人口基数和经济结构的不合理，我国人均 GDP 仍然处于中等水平，约为日本的四分之一和美国的六分之一。再从 GDP 质量角度来说，我国 GDP 构成质量不如美、日、欧等国的 GDP 科学和高质量，它们利用高科技产业和高技术服务可以获得较高利润。而且在经济发展的同时，我国付出了较大的环境代价，资源的严重消耗和环境的破坏使我国 GDP 成本更高。此外，无法反映财富分配状况、不能反映社会贫富差距、不能反映居民生活幸福程度、不能反映国民就业情况等，都是 GDP 的不足之处。

所以，GDP 并不能全面、完整地反映一国的经济水平情况，尤其无法反映居民生活状态。但是，这并不表明 GDP 毫无用处，在加快国民经济发展和产业结构优化方面，GDP 能起到非常重要的作用。所以 GDP 仍是我们衡量经济水平的重要指标，在使用方面，跟多个指标配合使用，例如人均 GDP、GNH（国民幸福指数）等，则能起到意想不到的效果。

（资料参考来源：王静文. 理性看待人均 GDP 破 1 万美元 [N]. 参考经济报，2020 – 01 – 21.）

三、人均国内生产总值

人均国内生产总值（Real GDP Per Capita），简称人均 GDP。用同一年的国内生产总值，除以该年的人口数量，就可以得出当年的人均国内生产总值。不同于国内生产总值，人均国内生产总值可以了解一国人民生活质量的高低和人民的富裕程度，世界银行一般根据人均国内生产总值来衡量一国的经济发达程度。人均国内生产总值的计算公式为：

人均国内
生产总值

$$某年人均国内生产总值 = \frac{某年国内生产总值}{某年人口数量}$$

人均 GDP 现在被越来越多的国家重视，因为相比一国总体经济量的庞大，分摊至个人头上的人均 GDP 更能反映经济发展给人们带来的生活质量的提高。尤其是在北欧，国土面积狭小、资源匮乏和取消污染环境的产业，使得北欧国家 GDP 总量并不那么惊艳，但是北欧四国的人均 GDP 均跻身世界前列，被称为高福利国家。

相关链接

人均实际 GDP 的启示

图 8-1 为美国 1900—2011 年的人均实际 GDP（以 2005 年价格水平衡量）。这 111 年来，美国人民的钱包到底经历了什么？我们一起来研究一下。

图 8-1 美国 1900—2011 年的人均实际 GDP

人均实际 GDP 代表的是人们的平均收入。这 111 年间，美国人民的平均收入呈持续增长的趋势，从近 5 美元增长到近 43 美元，大约增长了 8 倍。注意，这里指的是以 2005 年为基年的美元，这是一个非常了不起的壮举。不过我们也可以看出，人均实际 GDP 的增长也伴随着不小的波动，这些波动被称为经济波动。其中，点 A、点 B 和点 C 出现了明显的下降或上升，这些明显的波动代表着现实中发生的大事。

根据时间线来看，点 A 为大萧条时期，这个时期全球经济遭受了人类有史以来最大的创伤，全球经济倒退、人民失业、工厂倒闭、银行破产，很多人一夜之间变得无家可归，称得上是一次经济上的重大挫败。人均实际 GDP 从 8 美元迅速下降到近 5 美元，要知道，从 5 美元上升到 8 美元美国可是用了近 15 年。大萧条直接导致全球经济衰退、人民生活倒退，为了恢复经济，部分国家走向了法西斯的道路。尽管随后的经济恢复的速度很快，但是法西斯的出现阻碍了人类文明的进步，点 B 就是第二次世界大战的发生。第二次世界大战使得美国国家产能全力开动，人均产出大大增加，平均收入近 15 美元，上涨了 158%。可以看出，人均实际 GDP 不仅能反映人民的平均收入，也能反映世界范围内发生的重大事件。而距离我们最近的点 C，则是 2007—2008 年出现的全球次贷金融危机。这次危机波及全球，导致银行业遭受重大冲击，部分民众破产甚至失去住所，人均收入也下降了近 3 美元。可见，人均实际 GDP 不仅是反映人民生活质量和收入水平的标志，也是反映一国乃至全球的经济是否健康发展的标志。

四、国民生产净值（NNP）

国民生产净值（NNP）是指一个国家在一定时期内（通常为一年）所生产的最终产品按市场价格计算的净值，即国民生产总值中扣除了折旧费用以后的剩余部分。用公式可表示为：

国民生产净值

$$国民生产净值 = 国民生产总值 - 折旧$$

这是因为，国民生产总值中包括了投资品的价值，投资品中又有一部分是厂商在本期使用从前几期中提留的折旧基金购买设备的投资，而实际上，这笔折旧基金已分别作为前几期产品的成本，被分别计入了前几期的国民生产总值中。因此，若本期再将其计入国民生产总值，显然，这笔折旧基金就重复计算了一次，其结果就是夸大了当年的 GNP。所以，从每一期的国民生产总值中减去折旧更新的支出，就得到了一个不包含重复计算因素，因而能更准确地反映当年新创造价值的产值指标，即国民生产净值。但国民生产总值和国民生产净值在数据上相差不大，而且更便于统计，所以在实际中，更多情况下采用的是国民生产总值。

五、国民收入（NI）

国民收入（NI）是指狭义的国民收入（广义的国民收入一般指 GNP 或 GDP），是一国生产要素在一定时期内提供服务所获得的报酬总和，即工资、净利息、租金和利润的总和。

1. 工资

工资是一定时期内所有生产要素的使用者，即政府、企业、家庭等，为其雇员、工人支付的工资和薪金的总和。工资是缴纳个人所得税之前的工资和薪金，它包括社会保险税和个人所得税，以及在货币工资之外获得的各种实物补贴。

2. 净利息

净利息是与产品和劳务的生产相关的，即用于生产目的的资本报酬。由于政府发行债务所得利息用于非生产活动，消费信贷所得利息显然也是用于非生产活动，所以从总利息中扣除上述两项后，才是净利息。在开放型经济中，由于资本的流动跨越了国界，所以净利息中还要加上本国在国外得到的利息，并且减去本国向国外支付的利息。

3. 租金

租金主要是指一国国民出租个人土地、房产等所得的收入，也包括专利使用费、版权收入等。

4. 利润

利润包括公司利润和非公司利润。公司利润指所有以公司形式经营的企业的税前利润总和，包括公司所得税、股息、红利、未分配利润等。非公司利润指所有非公司形式的企业，如独资企业、合伙企业的利润。

国民收入等于国民生产净值减去间接税的余额。间接税是指向政府缴纳的营业税、货物税等不直接与生产要素使用权收入相关的税金，它是消费者支付的产品价格与企业所得的收入之间的差额。间接税不构成企业的收入，因此不包括在国民收入内。国民收入虽然不包括间接税，但包括直接税，即直接与生产要素报酬相关的税金，如个人所得税、公司所得税等。国民收入用公式可表示为：

$$国民收入 = 国民生产净值 - 间接税$$
$$= 工资 + 净利息 + 租金 + 利润$$

六、个人收入（PI）

个人收入（PI）指一个国家在一定时期内（通常为一年），个人从各种来源所得到的收入总和。国民收入不等于个人收入。国民收入中有三个主要项目不会成为个人收入，分别是公司未分配利润、公司所得税和社会保险税。国民收入中只包括净利息，而个人收入中的利息可以包括提供消费信贷和购买政府债券所得利息。个人收入用公式表示为：

$$个人收入 = 国民收入 - （公司未分配利润 + 公司所得税 + 公司和个人缴纳的社会保险费） +$$
$$（政府对个人支付的利息 + 政府对个人的转移支付 + 企业对个人的转移支付）$$

七、个人可支配收入（PDI）

个人可支配收入（PDI），是指一个国家在一定时期内（如一年）可以由个人实际使用的全部收入，即个人消费支出和储蓄的总和。

个人的所有收入并不是都可以任意支配的。人们必须缴纳各种个人税和非税支付，剩下的收入才能归个人自由支配。个人税包括个人所得税、财产税、房地产税等，非税支付包括教育费和医疗费、罚款等。

个人可支配收入可以真实地反映一个社会的消费水平和储蓄能力，尤其是平均个人可支配收入指标，可以反映出一个国家或地区的生活水平。所以，个人可支配收入是宏观经济学家非常关注的一个重要经济指标。其用公式可表示为：

$$个人可支配收入 = 个人收入 - （个人税 + 非税支付）$$
$$= 个人消费 + 个人储蓄$$

📖 延伸阅读

经济的收入流量循环模型——家庭、企业、政府和进出口

两部门经济的收入模型中，第一个部门是家庭，第二个部门是企业。家庭出卖劳动，到企业去做工，挣来的钱去购买企业生产的产品；企业生产出产品，再卖给家庭，收回来的钱继续生产。一国经济要想平衡，条件是：家庭挣的钱全花了，企业生产的产品全卖了。这样，宏观经济就能够正常运转了。但在现实中，没有一个家庭会把挣来的钱全部花光，总是有点积蓄；作为企业来说，也不可能总是简单地再生产，如想扩大再生产就需要资本。家庭不花的钱存进银行，有了储蓄；企业扩大再生产找银行借钱，有了投资。宏观经济中出现了储蓄和投资，只要企业的投

资等于家庭的储蓄，宏观经济也能正常运转。这时，宏观经济平衡的一个重要条件是：储蓄等于投资。我们现在储蓄等于投资吗？答案是储蓄大于投资。为什么企业不用来投资？因为企业还有大量的商品卖不出去。在 2002 年国家经贸委（现为商务部）的调查数据显示，我国 86% 的商品供过于求，企业找不到赚钱的投资项目。11 万亿元的银行储蓄说明家庭挣来的钱没花出去，企业当然有大量的商品没有卖出去。这样，经济就不能正常地循环了，为了保证经济的正常循环，国家想了很多办法刺激消费和投资。

任何一个国家经济，都不能没有政府，否则社会将陷入混乱状态。所以在上述模型中，再加入一个政府部门。政府怎样才能生存呢？它也需要收入，收入的来源是税收。有了收入，政府用它去维持政府的生存，支付公务员的工资，支付国防、公共教育、社会福利等费用。这时，宏观经济要想正常运行，它的平衡条件是：财政收入等于财政支出。如果财政收入等于财政支出，叫财政平衡；财政收入大于财政支出，叫财政盈余；财政收入小于财政支出，叫财政赤字。现在我国政府为了保障经济的平衡，扩大了财政支出，由此出现了财政赤字。

现在没有一个国家经济可以封闭起来，既不出口，也不进口，所以在上述模型中又加入了一个国外部门。这时宏观经济平衡的一个条件是：出口等于进口。如果出口等于进口，就是国际收支平衡；如果出口大于进口，就会出现贸易顺差；出口小于进口，就会出现贸易逆差。我国现在是出口大于进口，出现了贸易顺差。在一般情况下，各国追求的是出口等于进口。

（资料来源：新浪博客，2010 – 08 – 11.）

第二节　国民收入核算的基本方法

在国民经济核算体系中，有不同的计算国内生产总值的方法，其中主要有支出法、收入法和部门法。下面详细介绍支出法和收入法这两种方法。

一、支出法

支出法是将社会中所有参与消费的从最终产品的使用出发，把一年内购买各项产品和劳务的支出加总，计算出该年内生产出的最终产品和劳务的市场价值，即把购买各种最终产品和劳务所支出的货币加在一起，得到社会最终产品和劳务的货币价值总和。

支出法

如果用 Q_1，Q_2，…，Q_n 代表各种最终产品和劳务的数量，用 P_1，P_2，…，P_n 代表各种最终产品和劳务的价格，则支出法的公式是：

$$国内生总值 = Q_1 \times P_1 + Q_2 \times P_2 + \cdots + Q_n \times P_n$$

采用上述公式是无法精确计算 GDP 的。

实际中，在采用支出法计算国内生产总值时，各个国家的具体统计项目存在一定的差异，一般包括四大项：个人消费支出（C），私人投资支出（I），政府购买支出（G）和净出口（$X-M$）。

（一）个人消费支出（C）

个人消费支出，或直接称消费，是指居民为满足自身需求，购买所有消费物品和劳务的支出。此类支出在总支出中占了最大份额，具体可分为三类。

（1）耐用消费品支出。如购买彩电、空调、汽车等的支出。

（2）非耐用消费品支出。非耐用消费品支出是指相对于耐用消费品来说，只可满足短期消费的物品，如购买衣物、食品、日常用品的支出。

（3）劳务支出。劳务和其他商品一样，也是人们不可缺少的消费项目，如家政服务、医疗服务、诉讼服务等。为教育花费的支出也属于此类，尽管有很多人认为教育应该属于投资支出，但教育投资不像其他投资，教育投资的回报是不确定的，所以应划为个人消费支出。

（二）私人投资支出（I）

私人投资支出是指私人部门（即企业与家庭）在一定时期内不用于本期消费的最终产品上的一切投资支出。这种投资包括企业及个人所进行的一切投资支出，但不包括政府的公共投资支出。

（三）政府购买支出（G）

政府购买支出是指中央政府和地方各级政府购买当年生产出来的产品和服务的支出，如支付政府雇员的一切薪金开支、购买办公用品的支出、教育拨款和国防开支、修筑公路桥梁等基础设施的投资等。政府购买支出在 GDP 中占有相当大的比例，是政府调节经济的重要杠杆之一。

需要注意，由于政府提供的许多公共物品价值是无法用市场价值来估算的，所以在计算政府支出时，应按成本而非市场价格来计算。还应注意的是，政府购买支出并不等同于政府的全部支出，而只是政府支出中的一部分。除此之外，政府的全部支出还包括转移支付，即政府无偿地转移给企业或居民的资金和资源等。

（四）净出口（$X-M$）

净出口是指一国在一定时期内出口总额和进口总额之差，也称贸易差额。净出口大于零，意味着出口超过了进口，即经济实现了贸易顺差；净出口小于零，则说明出口小于进口，为贸易逆差。净出口表示外国人对本国产品的购买支出。

从支出方面看，以上四部分构成了国内生产总值。因此，实际中使用支出法核算国民收入的公式表示为：

$$国内生产总值 = C + I + G + (X-M)$$

从上式可以看出，支出法是从需求的角度来衡量国内生产总值的。换种说法就是，总需求包括消费、投资、政府购买和外国对本国产品的净需求。

二、收入法

收入法是从收入的角度出发，把生产要素在生产中所得到的各种收入相加，即把劳动所得到的工资、土地所得到的地租、资本所得到的利息，以及企业家才能所得到的利润相加，计算国民生产总值。

在利用收入法核算国民生产总值时，首先要计算国民收入，即生产要素的报酬之和。根据前面的内容，狭义的国民收入（NI）可用公式表示为：

$$NI = 工资 + 净利息 + 租金 + 利润$$

国民收入加上间接税等于国民生产净值（NNP），可用公式表示为：

$$NNP = NI + 间接税$$

国民生产净值加上折旧等于国民生产总值，用公式表示为：

$$GNP = NNP + 折旧 = NI + 间接税 + 折旧$$
$$= 工资 + 净利息 + 租金 + 利润 + 间接税 + 折旧$$

案例分析

幸福岛的国内生产总值核算

幸福岛是虚拟出来的一个独立岛国，盛产香蕉，岛上拥有一家香蕉种植企业、一家食品加工厂、岛内居民和负责管理岛内安全的政府。香蕉种植企业拥有岛上所有的香蕉树，一年可以生产1 000万吨香蕉，一吨香蕉10元，一年总收入为1亿元。每年企业向工人支付2 000万元工资，向企业的股东支付2 000万元利息（这些股东也属于岛内居民），向政府缴纳500万元税收。表8-2为香蕉生产企业的简单数据。

表8-2　香蕉生产企业的简单数据

项目	金额/元
收入	100 000 000
工资	20 000 000
利息	20 000 000
纳税	5 000 000

香蕉生产企业所生产的1 000万吨香蕉有500万吨卖给了岛内的食品加工厂，300万吨被岛内居民买去，剩下的200万吨香蕉出口给了他国，都是按照一吨10元的价格出售。食品加工厂将500万吨香蕉加工成香蕉片、香蕉酥等商品销售给当地居民，销售额为8 000万元，购买香蕉花费5 000万元，支付工人工资300万元，纳税100万元。表8-3为食品加工厂的简单数据。

表8-3　食品加工厂的简单数据

项目	金额/元
收入	80 000 000
成本	50 000 000
工资	3 000 000
纳税	1 000 000

接下来要核算这两个企业的利润。在这个案例中，利润＝收入－工资－成本－利息－税收，计算结果见表8-4。

表8-4　两个企业的利润

企业	金额/元
香蕉生产企业	55 000 000
食品加工企业	26 000 000

政府在幸福岛中承担十分重要的工作，那就是保护岛内香蕉不被外人侵略，所以政府必须支付军队工资。表8-5为政府税收收入和支出。

表8-5　政府税收收入和支出

项目	金额/元
收税收入	6 000 000
工资	6 000 000

岛内居民具有两个企业的所有者、工人、企业投资者、军人和消费者的身份，他们一共赚取工资2 900万元，利润8 100万元，利息收入2 000万元。表8-6为岛内居民收入。

表8-6　岛内居民收入

项目	金额/元
工资	29 000 000
利息	20 000 000
利润	81 000 000

最后,进出口情况为香蕉生产企业出口香蕉200吨,共计2 000万元;幸福岛没有进口任何物品。表8-7为岛内进出口情况。

表8-7　岛内进出口情况

项目	金额/元
出口	20 000 000
进口	0

至此,所有收据已经全部收取,接下来运用前文所学的支出法和收入法来计算幸福岛的国内生产总值。

1. 支出法

支出法公式为:国内生产总值 $= C + I + G + (X - M)$。

消费者在香蕉上花费了3 000万元,购买香蕉片、香蕉酥等食品加工厂生产出来的商品共花费8 000万元,所以 $C = 11 000$ 万元;幸福岛居民没有投资支出,故 $I = 0$;政府付给军队工资共花费600万元,所以 $G = 600$ 万元;香蕉生产企业还将200万吨香蕉出口给其他国家,并且今年幸福岛没有进口任何商品,所以 $X - M = 2 000$ 万元。以上共计13 600万元。表8-8为支出法计算过程。

表8-8　支出法计算国内生产总值的计算过程

项目	金额/元
C	110 000 000
I	0
G	6 000 000
$X - M$	20 000 000
合计	136 000 000

2. 收入法

收入法公式为:国内生产总值 = 工资 + 净利息 + 租金 + 利润 + 间接税 + 折旧。

首先计算工资收入,岛内居民的工资收入分为三个部分,香蕉生产企业工人工资为2 000万元,食品加工厂工人工资为300万元,军人工资为600万元,共计2 900万元;岛内居民的利息只有投资给香蕉生产企业所获得的利息,为2 000万元;本案例未涉及租金,所以为0;香蕉生产企业的净利润为5 500万元,食品加工厂的净利润为2 600万元,共计8 100万元;间接税都是交给政府的,所以政府税收为600万元;本案例不涉及折旧。以上共计13 600万元。表8-9为收入法计算过程。

表8-9　收入法计算国内生产总值的计算过程

项目	金额/元
工资	29 000 000
利息	20 000 000
租金	0 元
净利润	81 000 000
间接税	6 000 000
折旧	0
合计	136 000 000

本案例使用支出法和收入法计算出来的 GDP 是一样的，现实中的情况远比案例复杂得多，但是使用这两种方法计算出来的 GDP 也相差不大。这是因为消费者购买最终产品的总支出，是消费者赚取的总收入，这称为收入-支出恒等法。

那么问题来了，现实生活中，一个人的收入并不会全部花掉，其中一部分会存入银行，那么看似他的支出是小于收入的；又或者一个人透支信用卡超前消费，看似他的支出又大于了他的收入。请问，收入-支出恒等法依然适用吗？

延伸阅读

恩格尔系数——衡量居民生活水平的指标

想必大家在观看电视时，经常会听到经济学家对经济时局侃侃而谈，那么接下来要介绍的指标你一定不会陌生，它叫恩格尔系数。它会给我们带来什么呢？

消费支出是指一个家庭日常生活的全部支出，包括食品、衣着、家庭设备用品及服务、医疗保健、交通和通信、娱乐教育文化服务、居住、杂项商品和服务八大类。消费支出反映了居民的消费水平，是很重要的宏观经济学变量，被作为宏观调控的依据之一。

恩格尔系数讲的就是食品支出总额占个人消费支出总额的比重。19世纪，德国统计学家和经济学家恩格尔对比利时不同收入家庭的消费情况进行了调查，根据统计资料，对消费结构的变动提出了带有规律性的原理：一个家庭收入越低，家庭收入中（或者总支出中）用来购买食物的支出所占的比例就越大；一个家庭收入越高，家庭收入中（或者总支出中）用来购买食物的支出比例则会下降。

可见，吃是人类生存的第一需要，在收入水平较低时，其在消费支出中必然占有重要地位。随着收入的增加，在食物需求基本满足的情况下，消费的重心才会开始向穿、用等其他方面转移。

恩格尔系数是根据恩格尔定律得出的比例数，是表示生活水平高低的一个指标。其计算公式为：

恩格尔系数 =（食物支出金额/总支出金额）×100%

除食物支出外，衣着、住房、日用品等的支出，在不断增长的家庭收入或总支出中，所占比重上升一段时间后，呈递减趋势。

恩格尔系数是国际上通用的衡量居民生活水平的一项重要指标。一般来说，在其他条件相同的情况下，恩格尔系数越高，一个国家或家庭生活越贫困；恩格尔系数越低，生活越富裕。联合国根据恩格尔系数的大小，对世界各国的生活水平设定了一个划分标准：一个国家平均家庭恩格尔系数大于60%为贫穷，50%～60%为温饱，40%～50%为小康，30%～40%属于相对富裕，20%～30%为富足；20%以下为极其富裕。

1978年我国农村家庭的恩格尔系数约为68%，城镇家庭约为59%，平均计算超过60%。改革开放以后，随着国民经济的发展和人们整体收入水平的提高，我国农村家庭、城镇家庭的恩格尔系数不断下降。2015年时，恩格尔系数已经降为30.6%。

随着经济的发展，我们对食物的支出相对以前确实有了大幅度的提高，但食物支出占整个家庭支出的比例呈下降的趋势，而住房、教育、汽车、娱乐等方面的支出占据越来越大的比例。在计算恩格尔系数的时候，个人消费总支出需要除去购房支出或者金融产品支出。就目前我国的情况来说，购房支出属于资产转移或者资产投资行为。其他个人投资性支出也不能纳入个人消费总额。

此外，恩格尔系数是一种长期趋势，短时间波动是正常的；地区间消费习惯不同，恩格尔系数也略有不同；尤其是在进行国际比较时，由于各国的物价体系、福利补贴等方面差异比较大，恩格尔系数反映消费水平和生活质量的误差也是不可避免的。

（资料来源：腾讯网，2020-08-19.）

课程思政导读

为什么中国经济风景这边独好

2020年是决胜全面建成小康社会、打赢精准脱贫攻坚战、实现"十三五"规划收官之年，做好经济工作十分重要。做好经济工作，很重要的前提条件是正确分析判断经济形势，从实际出发制定方针政策，按经济发展客观规律部署和推动经济工作。分析判断当前经济形势，一定要坚持客观、全面、辩证、积极的立场。只要秉持这样的态度，就不难得出我国经济稳中向好、长期向好的基本趋势没有改变的总体结论，从而坚定信心、同心同德，坚决夺取经济发展新胜利。

改革开放以来，在新中国建设成就的基础上，我国经济经历了30多年年均近10%的高速增长，创造了世所罕见的经济快速发展奇迹。中国特色社会主义进入新时代，我国经济发展也进入了新时代。经济发展进入新时代的一个根本标志，是从高速增长阶段转向高质量发展阶段。高质量发展，是能够很好满足人民日益增长的美好生活需要的发展，是体现新发展理念的发展，是创新成为第一动力、协调成为内生特点、绿色成为普遍形态、开放成为必由之路、共享成为根本目的的发展，是从"有没有"转向"好不好"的发展。高质量发展体现在经济发展态势上，就是稳中向好、长期向好。客观、全面、辩证、积极地看待中国经济形势，一定要把住"高质量发展"这个关键词，要用这样的新的经济发展阶段的新特征，去正确把握和衡量中国经济形势的基本面。

近年来，面对复杂严峻的国内外形势和经济下行压力，在以习近平同志为核心的党中央坚强领导下，在以新发展理念为主要内容的习近平新时代中国特色社会主义经济思想的科学指引下，我国经济巨轮沿着高质量发展的航向破浪前行，经济结构不断优化，发展新动能快速成长，改革开放取得新突破，人民生活持续改善，生态文明建设成效显著，人民获得感、幸福感、安全感明显增强。2019年，我国主要经济指标符合预期，经济总量接近100万亿元，人均国内生产总值超过1万美元，1000多万人实现脱贫，经济社会持续健康发展。这每一个数据都具有创造历史的意义，对中华民族和中国人民来说，都是里程碑式的标志。

2008年国际金融危机以来，世界经济持续疲软，国际货币基金组织前任总裁拉加德称之为"新平庸"状态。国际金融危机发生前的10年中，全球经济平均增长率大约为3.1%，而危机后的 10 年里，平均增长率降至 2.5%。在经济增长平庸化的同时，西方国家贫富差距扩大，政府债务高企，社会动荡加剧，国内矛盾激化，资本主义制度缺陷凸显。

世界经济的"新平庸"与中国经济的新作为，形成了鲜明对比。2008—2018 年间，按 2010 年不变价美元计算，全球经济增长了 28.0%，美国增长 19.1%，欧元区增长 8.1%，日本增长 7.0%，中国则增长了 114.7%。根据世界银行 2020 年 1 月出版的《全球经济展望》所进行的预测，2019 年高收入国家经济增长 1.7%，发展中国家增长 3.7%；其中，美国增长 2.3%，欧元区增长 1.1%，日本增长 1.1%，巴西增长 1.1%，俄罗斯增长 1.2%，印度增长 5.0%，南非增长 0.4%，中国则增长 6.1%。中国对世界经济增长的贡献率连续多年保持 30% 左右，日益成为世界经济增长的主要动力源和稳定器。

事有必至，理有固然。中国经济能够稳中向好、长期向好不是偶然的，而是中国经济发展从低级到高级、从量变到质变，内生演化、长期积累的结果。党的十八大以来取得的历史性成就和历史性变革，大大巩固发展了中国经济历史发展的成果，从总量上和质量上提升了中国经济发展的层级，使高质量发展成为现实状态和现实需求，成为我国经济发展具有的多方面强大优势的集中体现。

（资料节选：求是网，2020 - 01 - 16.）

本章小结

宏观经济学是通过分析和研究以国民收入为核心的总量指标，来揭示国民经济总体运行规律的。因此，如何衡量国民收入，即国民收入核算，就成为宏观经济学最基本的问题。本章的中心是理解国民生产总值这个概念及它的核算方法。

关键概念

国内生产总值　国民生产总值　人均国内生产总值　支出法　收入法

思维导图

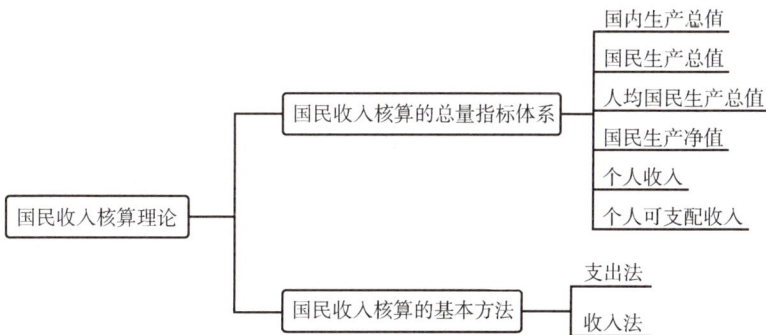

复习思考题

一、名词解释
国内生产总值　人均国内生产总值　个人可支配收入　收入法

二、选择题

1. 一国的国内生产总值小于国民生产总值，说明该国公民从国外取得的收入（　　）外国公民从该国取得的收入。

A. 大于 　　　　　　　　　　　　　　　B. 小于

C. 等于 　　　　　　　　　　　　　　　D. 可能大于也可能小于

2. "面粉是中间产品"这一命题（　　）。

A. 一定是对的 　　　　　　　　　　　　B. 一定是不对的

C. 可能是对的，也可能是不对的 　　　　D. 以上说法全对

3. 所谓净出口，是指（　　）。

A. 出口减进口 　　　　　　　　　　　　B. 进口减出口

C. 出口加进口 　　　　　　　　　　　　D. 以上均不正确

4. 国民生产净值与国民收入的差别是（　　）。

A. 间接税 　　　　　　　　　　　　　　B. 直接税

C. 公司未分配利润 　　　　　　　　　　D. 折旧

5. 国内生产总值中的最终产品是指（　　）。

A. 有形的产品

B. 无形的产品

C. 既包括有形的产品，也包括无形的产品

D. 以上都不正确

三、问答题

1. 什么是最终产品？什么是中间产品？

2. 用支出法和收入法所计算出的国内生产总值一致吗？如果不一致，应该怎么办？

3. 比较实际国内生产总值与名义国内生产总值、国内生产总值与人均国内生产总值。

4. 如果甲、乙两国合并成一个国家，对国内生产总值会有什么影响（假定两国产出不变）？

四、阅读材料

阅读材料一：各有特色的市场经济

在人类经济发展的进程中，虽然各个国家的政治、经济、文化等背景不同，其社会制度也不同，但是，综观世界各国经济可以发现，它们还是有许多共性的，其中，市场经济就是迄今为止世界大多数国家所采用的经济机制，不同的是，市场经济在不同制度背景下的国家显现出不同的特征。

（1）"野生植物"——美国自由市场经济模式。

私人资本主义、私人企业，一直被视作美国市场经济的象征。美国的私人资本主义几乎涉及美国所有经济和非经济的领域。在产值占国民收入 3% 的农业部门、30% 左右的制造业部门与60% 左右的服务业部门，活跃着约 1 000 万家的私营企业，这些企业构成了美国经济的基本版图。

美国经济政府干预的力度很小也是这一市场经济的特征。虽然从历史上看，政府在国民收入和国民财富中总体上还一直在提高。格雷戈里和斯图尔特说："美国的经验可能表明，政府职能的缩小，是与现代的工业化资本主义相适应的。"分析美国政府在经济活动中的作用是认识美国市场制度的一个重要环节。

美国的市场经济制度是一种垄断程度很高的市场制度，垄断与市场竞争并存是这个经济制度的特点。

（2）"人工培育的植物"——德国社会市场经济模式。

社会市场经济从 20 世纪 50 年代以来被德国经济学家和政治家当作社会保障与自由竞争相辅相成的经济制度。按照艾哈德的说法，这是一条"中间道路"，他具体讲道："我在事实上不过实践了发展西方各国的现代经济学原理，把无限制的自由与残酷无情的政府管制两者之间长期存在着的矛盾加以解决，从而在绝对自由与极权之间寻求一条健全的中间道路。"社会市场经济理论在德国得到了实现，并使德国经济获得了稳定与发展。

兰珀·吕鲁普曾对德国实行社会市场经济的历史背景进行过描述：一是第二次世界大战期间的德国，正像其他西方工业化国家一样，开始出现不协调的国家干预主义；二是随后德国还出现了国家社会主义的极权经济，其最终于 1936 年以普遍冻结物价的方式大规模废除了市场经济；三是第二次世界大战后，这种体制很快为一种经济官僚（或许可这样称谓）——蹩脚行政当局所替代。

因此，战后德国新政府面临的第一个问题是：究竟采取什么形式的经济体制才有利于经济的恢复，并就此进行了广泛的讨论。新自由主义学派认为，社会经济应当是一个市场和市场机制充分发挥作用的经济体制，国家的干预是必不可少的，但必须加以限制，提出应把建立在市场竞争基础上的自由进取的创造精神同社会效果结合起来考虑，建立受社会控制和调节的市场制度。这一观点被当时的经济部部长路德维希·艾哈德接受和支持，并成为政府制定经济政策的主要依据。

第二次世界大战后，德国几乎变成一片废墟，经济处于瘫痪的状态，由于社会市场经济的实行，德国的经济很快就开始复苏，20 世纪 50 年代就起飞了，60—70 年代取得了令人瞩目的成就。国民生产总值由 1950 年的 233 亿美元增长到 1980 年的 8 223 亿美元，30 年间平均年递增率约 5%，居西欧之首。当然，德国经济奇迹的原因很多，但社会市场经济制度作为一项极其重要的因素是不可否认的。兰珀·吕鲁普曾对此进行过分析，他说："实行社会市场经济的结果即人们所说的'德国社会经济奇迹'。"

（3）"政府主导型"——日本市场经济模式。

日本的市场经济模式与欧美发达国家相比，政府干预的力度和作用的范围都很大，并且与法国的经济模式有许多相似之处，即都是靠中央计划和市场机制共同协调经济。因此，一些研究日本经济的西方学者将日本的经济归结为"政府主导型"的市场经济模式。

第二次世界大战结束后，日本作为一个战败国无论在精神上还是经济上都濒临崩溃，当时同盟国驻日本总司令部的成员阿克曼曾预言，如果日本今后 30 年的人口增加到一亿以上，那么，它只可能有以下两种结局之一：或者无限地依赖外援，生活水平将和 1930—1934 年时相当；或者走"自立"之路，但会面临无法克服的政治经济和社会困难，国民生活将逐渐接近于仅能维持的水平。然而，情况恰恰相反，日本经过 30 年的努力之后，经济取得了奇迹般的飞跃。

1949—1973 年间，日本经济年平均增长率高达 9.3%，高于美、英、法等国经济的年平均增长率。1986 年以后，西方经济陷入了滞胀，日本经济的年平均增长率有所下降，但仍高达 3.8%，并仍高于上述国家。日本在战后能够跻身世界强国之林，与日本所采用的经济模式直接相关。保罗·格雷戈里认为，日本政府在经济发展过程中起到了重要的、多方面的作用，即日本政府为经济增长和发展趋势提供了方向。国家有选择地进行干预，在保证不仅有高的投资效率，而且大投资适当地分配到能导致增长的部门方面，成为一个重要的促进因素。

（4）"从摇篮到墓地"——福利市场经济模式。

福利市场经济模式是以福利为国家制度特征的市场经济国家采用的模式，主要存在于欧洲一些社会民主党或社会党执政的国家，如挪威、瑞典等，尤以瑞典模式最为典型。它是指以改良的社会民主主义理论为指导，以充分就业和社会平等为目标，在工人运动的推动下，由社会民主党与工会共同奉行的一种市场经济发展模式。瑞典的市场经济是在基本实现了"从摇篮到墓地"的全面社会福利制度中实现的。这一模式使得整个社会的生活质量获得了极大的提高。据统计，瑞典的人均国民生产总值居世界前列。20世纪60年代，在实行经济计划的英国、瑞典、挪威、荷兰、法国、日本这6个国家里，日本人均国民生产总值的年增长速度是最高的，但是到1970年时，它却只有瑞典人均产量的52%。1971年，瑞典人均收入5 100美元，比西欧国家的人均收入高3 600美元；1974年，瑞典的人均国民生产总值为6 720美元，为美国人均国民生产总值的101%；1987年，瑞典的人均收入高达14 200美元，在发达国家中名列前茅。

瑞典市场经济模式也经历了一个由兴起到鼎盛最终衰落的过程。许多西方经济学家对瑞典经济的停滞状况从不同的视角进行了分析，但是，不论他们的理论根据是什么，有一点是比较一致的，即瑞典市场经济模式的"过度福利"是这一模式衰落的根本原因。

（5）"市场社会主义"——中国社会主义市场经济模式。

市场社会主义作为一个术语，曾被用来指称某些经济学家（如兰格）为探讨社会主义制度下的市场问题而提出的理论模式或形容原东欧等地区的社会主义国家（如南斯拉夫和匈牙利，甚至包括中国）所进行的以市场化为导向的经济体制改革。但是，有些经济学家认为社会主义不能实现与市场的有效结合。中国经历了14年的探索，建立了社会主义市场经济体制，把社会主义制度的优越性和市场经济的优势结合起来。表现为在市场经济所有制结构上，建立和完善了以公有制为主体、多种所有制并存的结构。国家鼓励个体、私营和其他非公有制成分发展，把它们作为市场经济的重要组成部分和初级社会主义社会基本经济制度的有机组成部分，但公有资产在社会总资产和经营性资产中要占大多数或优势，并体现对整个国民经济发展的主导作用。在分配结构上，建立和完善了以劳动分配为主体、多要素分配并存的结构。这种分配结构既强调资本、土地、技术、信息等生产要素凭借所有权参与分配，又强调市场型按劳分配的机制和原则，同时，政府通过工资、奖金、税收、公共福利、社会保障等手段和机制，防止分配不公，调节个人收入的过分悬殊，以促进效率与公平的统一。在经济运行机制上，建立和完善了国家主导型的市场经济运行机制。在充分发挥市场在资源配置中的基础作用的同时，加强国家宏观调控，建立强市场和强政府的"双强"格局，使国家的经济职能充分有效地行使。同时，正确处理中央与地方、政府与企业、目前利益与长远利益之间的关系，形成充满生机和活力的运行机制。在对外开放上，建立和完善自力主导型的对外开放形态。中国积极扩大和深化对外开放，已形成多层次、多领域、多方位的对外开放格局。但是，在积极利用外国资金、技术、管理经验的同时，又强调独立自主和自力更生的原则，从而使中国的对外开放保持独立的形态。

阅读材料二：GDP 不是万能的，但没有 GDP 是万万不能的

越来越多的人包括非常著名的学者，对 GDP 衡量经济增长的重要性产生了怀疑。斯蒂格利茨曾经指出，如果一对夫妇留在家中打扫卫生和做饭，这将不会被列入 GDP 的统计之内，假如这对夫妇外出工作，另外雇人做清洁和烹调工作，那么这对夫妇和佣人的经济活动都会被计入 GDP。说得更明白一些，如果一名男士雇用一名保姆，保姆的工资也将计入 GDP；如果这位男士与保姆结婚，不给保姆发工资了，GDP 就会减少。

德国学者厄恩斯特·冯·魏茨察克和美国学者艾墨里·洛文斯、亨特·洛文斯在他们合著的《四倍跃进》中，对 GDP 在衡量经济增长中的作用提出了诘难，他们生动地写道："乡间小路上，两辆汽车静静驶过，一切平安无事，它们对 GDP 的贡献几乎为零。但是，其中一个司机由于疏忽，突然将车开向路的另一侧，连同到达的第三辆汽车，造成了一起恶性交通事故。'好极了'，GDP 说。因为，随之而来的是：救护车、医生、护士、意外事故服务中心、汽车修理或买新车、法律诉讼、亲属探视伤者、损失赔偿、保险代理、新闻报道等。所有这些都被看作正式

的职业行为，都是有偿服务。即使任何参与方都没有因此而提高生活水平，甚至有些还蒙受了巨大损失，但我们的'财富'——所谓的 GDP 依然在增加。"1998 年，湖北遭遇洪灾，湖北的经济增长速度却提高到了13%。基于以上的分析，三位学者深刻地指出："平心而论，GDP 并没有定义成度量财富或福利的指标，而只是用来衡量那些易于度量的经济活动的营业额。"

需要进一步指出的是，国内生产总值中所包括的外资企业虽然在境内，从统计学的意义上给我们创造了 GDP，但利润却是汇回他们自己的国家的。一句话，他们把 GDP 留给了我们，把利润转回了自己的国家，这就如同在天津打工的安徽人把 GDP 留给了天津，把挣的钱汇回安徽一样。看来 GDP 只是一个"营业额"，不能反映环境污染的程度，不能反映资源的浪费程度，看不出支撑 GDP 的"物质"内容。在当今中国，资源浪费的亮点工程、半截子工程，都可以算在 GDP 中，都可以增加 GDP。

尽管 GDP 存在种种缺陷，但这个世界上本来就不存在一种包罗万象、反映一切的经济指标，在我们现在使用的所有描述和衡量一国经济发展状况的指标体系中，GDP 无疑是最重要的一个指标。正因为有这些作用，所以，GDP 不是万能的，但没有 GDP 是万万不能的。

第九章

衡量国家财富——国民收入决定理论

学习目标

1. 掌握简单的国民收入决定模型。
2. 掌握消费函数、储蓄函数等概念及理论。
3. 熟悉乘数理论的含义与计算。
4. 掌握产品市场均衡的条件，明确 IS 曲线的含义、推导过程及 IS 曲线斜率和 IS 曲线移动的特征。
5. 掌握货币市场均衡的条件，弄清 LM 曲线的含义、推导过程及 LM 曲线斜率和 LM 曲线移动的特征。
6. 了解均衡变动对利息率与国民收入的影响。
7. 掌握 IS – LM 模型。

能力目标

1. 能够运用简单的国民收入决定模型计算 GDP。
2. 能够使用乘数理论进行适当运算。
3. 理解 IS 曲线，并能用它解释身边的案例。
4. 理解 LM 曲线，并能用它解释身边的案例。
5. 结合理解 IS – LM 模型，并能用其进行案例分析。

德育目标

1. 经济基础决定上层建筑，中国的 GDP 排在世界前列，中国在世界上的话语权也越来越强，因此不要盲目崇拜西方社会，要从心理上认可自身的强大。
2. 了解我国宏观调控措施，知道货币政策和财政政策在我国进行宏观调控时扮演了十分重要的角色。

学习建议

国民收入决定理论是宏观经济学的中心理论，本章主要介绍简单的国民收入决定模型、IS – LM 模型、总需求—总供给模型。本章内容对学习宏观经济学非常重要，建议学习 6~8 课时。

导入案例

蜜蜂的寓言与总需求决定理论

18世纪初，一个名叫孟迪维尔的英国医生写了一首题为《蜜蜂的寓言》的讽喻诗。这首诗叙述了一个蜂群的兴衰史。最初，蜜蜂们追求奢侈的生活，大肆挥霍浪费，整个蜂群兴旺发达。后来它们改变了原有的习惯，崇尚节俭，结果蜂群凋散，终于被敌手打败而逃散。

这首诗所宣扬的"浪费有功"在当时受到指责。英国中塞克斯郡大陪审团委员们就曾宣判它为"有碍公众视听的败类作品"。但在200多年之后，这部当时声名狼藉的作品却启发凯恩斯发动了一场经济学上的"凯恩斯革命"，建立了现代宏观经济学和总需求决定理论。

凯恩斯认为，在短期中，决定经济状况的是总需求而不是总供给。这就是说，由劳动、资本和技术所决定的总供给，在短期中是既定的，这样，决定经济的就是总需求。总需求决定了短期中国民收入的水平。总需求增加，国民收入增加；总需求减少，国民收入减少。引起20世纪30年代大危机的正是总需求不足，或者用凯恩斯的话来说是有效需求不足。凯恩斯把有效需求不足归咎于边际消费倾向下降引起的消费需求不足和资本边际效率（预期利润率）下降与利率下降有限度引起的投资需求不足，解决的方法则是政府用经济政策刺激总需求，包括增加政府支出的财政政策和降低利率的货币政策。凯恩斯强调的是财政政策。

在凯恩斯主义经济学中，总需求分析是中心。总需求包括消费、投资、政府购买和净出口（出口减进口）。短期中，国民收入水平由总需求决定。通货膨胀、失业、经济周期都是由总需求的变动引起的。当总需求不足时就出现失业与衰退；当总需求过大时就出现通货膨胀与扩张。从这种理论中得出的政策主张称为需求管理，其政策工具是财政政策与货币政策。当总需求不足时，采用扩张性财政政策（增加政府各种支出和减税）与货币政策（增加货币供给量、降低利率）来刺激总需求；当总需求过大时，采用紧缩性财政政策（减少政府各种支出和增税）与货币政策（减少货币量、提高利率）来抑制总需求。这样就可以实现既无通货膨胀又无失业的经济稳定。

（资料来源：道客巴巴，2015-12-08.）

被称为"当代宏观经济学之父"的凯恩斯在1936年发表的《就业、利息和货币通论》一书中，创立了现代宏观经济学的理论体系，实现了经济学演进中的第三次革命，在西方的经济学史上具有划时代意义。在该书中，凯恩斯创造性地提出了国民收入决定理论，使之成为宏观经济学的中心理论，而该理论的中心内容是有效需求原理。国民收入决定理论的产生是具有重大现实意义的，它为政策制定者提供了刺激经济的工具，也为分析各种宏观经济问题提供了一种重要的分析方法。宏观经济学中的失业、通货膨胀、经济周期和经济增长等问题，均可以用国民收入决定理论进行分析。

第一节 简单的国民收入决定模型

在宏观经济学中，国民收入指的是均衡国民收入，即在其他条件不变的情况下将保持稳定不变的国民收入。国民收入决定理论主要研究在一定的条件下，一个经济社会相对稳定的均衡国民收入由哪些因素决定，这些影响因素和均衡国民收入之间存在何种变动关系和变动规律。

简单的国民收入决定模型实际是凯恩斯本人关于国民收入的相关理论。凯恩斯认为，在生产经常性过剩的市场经济中，供给不是问题，总供给和总需求的常态是总供给大于总需求，因此，决定均衡国民收入的关键在于经济社会的总需求水平。总需求增加，国民收入增加；总需求减少，国民收入减少；总需求不足正是引起供给过剩和失业的根本原因。这就是宏观经济学中简单的国民收入决定模型，或称凯恩斯国民收入决定模型。该模型说明总需求与总供给是如何决定均衡的国民收入水平，以及均衡国民收入水平是如何变动的。

一、潜在的国民收入与均衡的国民收入

在分析国民收入的决定之前，有必要先区分潜在的国民收入与均衡的国民收入。所谓潜在的国民收入，是指经济实现了充分就业时所能达到的国民收入水平，又称充分就业的国民收入。而均衡的国民收入则是指总需求与总供给达到平衡时的国民收入，此时：

了解国民收入

$$Y = AD = C + I + G + X = AS = C + S + T + M$$

式中，Y 表示国民收入，AD 表示总需求，C 表示消费需求，I 表示投资需求，G 表示政府需求（政府支出），X 表示国外部门的需求（出口），AS 表示总供给，S 表示储蓄，T 表示政府税收，M 表示进口。

延伸阅读

凯恩斯和他的"消费观"

总需求理论的提出在经济学中被称为一场"革命"（凯恩斯革命），它改变了人们的传统观念。例如，如何看待节俭？在传统观念中，节俭是一种美德。但根据总需求理论，节俭就是减少消费。消费是总需求的一个重要组成部分，消费减少就是总需求减少，总需求减少使国民收入减少，经济衰退。由此看来，对个人是美德的节俭，对社会却是恶行。这就是经济学家经常说的"节约的悖论"。"蜜蜂的寓言"所讲的也是这个道理。

凯恩斯重视消费的增加。1933 年，当英国经济处于萧条时，凯恩斯曾在 BBC 电台号召家庭主妇多购物，称她们此举是在"拯救英国"。在《就业、利息和货币通论》中，他甚至还开玩笑地建议，如果实在没有支出的方法，可以把钱埋入废弃的矿井中，然后让人去挖出来。已故的北京大学经济系教授陈岱孙曾说过，凯恩斯只是用幽默的方式鼓励人们多消费，并非真的让你这样做。但增加需求支出以刺激经济则是凯恩斯本人和凯恩斯主义者的一贯思想。

那么，这种对传统节俭思想的否定是否正确呢？还是要具体问题具体分析。生产的目的是消费，消费对生产有促进作用，这是人人都承认的。凯恩斯主义的总需求分析是针对短期内总需求不足的情况。在这种情况下刺激总需求当然是正确的。一味提倡节俭，穿衣服都"新三年旧三年缝缝补补又三年"，纺织工业还有活路吗？这些年，当我国经济面临需求不足时，政府也在努力寻求新的消费热点，说明这种理论不无道理。

当然，这种刺激总需求的理论与政策并不是普遍真理。起码在两种情况下，这种理论并不适用。其一是短期中，当总供给已等于甚至大于总需求时，再增加总需求会引发需求拉动的通货膨胀。其二是在长期中，资本积累是经济增长的基本条件，资本来自储蓄，要储蓄就要减少消费，并把储蓄变为另一种需求——投资需求。

凯恩斯主义总需求理论的另一个意义是打破了市场机制调节完善的神话，肯定了政府干预在稳定经济中的重要作用。第二次世界大战后各国政府在对经济的宏观调控中尽管犯过一些错误，但总体上还是起到了稳定经济的作用。战后经济周期性波动程度比战前小，而且没有出现 20 世纪 30 年代那样的大萧条，就充分证明了这一点。

世界上没有什么放之四海而皆准的真理，一切真理都是具体的、相对的、有条件的，只有从这个角度去认识凯恩斯主义的总需求理论，才能得出正确的结论。

（资料来源：道客巴巴，2015 - 12 - 08.）

二、总需求的构成

总需求（AD）是指在其他条件不变的情况下，在某一给定的价格水平上人们所愿意购买的产出总量，也即整个社会对产品与劳务需求的总和。因此，总需求反映的是经济中不同经济实体的总支出。按照需求主体的不同，总需求可分为居民的需求（消费需求 C）、厂商的需求（投资需求 I）、政府的需求（政府支出 G）、国外部门的需求（出口 X），总需求就是这些需求的总和。

（一）消费需求

消费需求指本国居民用于物品和劳务上的开支，主要包括耐用消费品支出、非耐用消费品支出、住房租金以及对其他劳务的支出等，是一个国家总需求中最主要的部分。消费需求主要取决于可支配收入，即个人收入减去税收后的部分。

（二）投资需求

投资需求是指企业的投资支出，主要包括企业固定投资和存货投资两大类。投资在经济中波动相当大，决定投资的因素是产出水平、资本成本以及对未来的预期。

（三）政府支出

政府支出是指政府对各种产品与劳务的需求，即政府在商品与服务上的开支。例如，政府购买坦克和筑路设备等商品以及对公立学校教师支付的费用。与消费需求和企业投资需求不同，政府支出是直接由政府的支出政策所决定的。随着国家对经济生活干预的加强，总需求中政府支出的比例也一直在提高。

（四）出口

出口在分析国民收入的决定时是指净出口，即出口与进口之差。出口以 X 表示，进口以 M 表示，净出口以 NX 表示，则 $NX = X - M$。其中，出口指的是外国对本国物品或劳务的购买，进口指的是本国对外国的物品或劳务的购买。当一个国家的出口大于进口时，净出口为正；当出口小于进口时，净出口为负。净出口代表了外国购买本国生产的最终物品或劳务的净支出。

最终得出：

$$AD = C + I + G + X$$

1978—2012 年我国支出法国内生产总值，如表 9 - 1 所示，各项占比如图 9 - 1 所示。

表 9 - 1　1978—2012 年我国支出法国内生产总值（GDP）　　　　亿元

年份	GDP	居民消费（C）	资本形成总额（I）	政府消费（G）	贸易差额（X - M）
1978	3 605.6	1 759.1	1 377.9	480.0	- 11.4
1979	4 092.6	2 011.5	1 478.9	622.2	- 20.0
1980	4 592.9	2 331.2	1 599.7	676.7	- 14.7
1981	5 008.8	2 627.9	1 630.2	733.6	17.1

续表

年份	GDP	居民消费（C）	资本形成总额（I）	政府消费（G）	贸易差额（X−M）
1982	5 590.0	2 902.9	1 784.2	811.9	91.0
1983	6 216.2	3 231.1	2 039.0	895.3	50.8
1984	7 362.7	3 742.0	2 515.1	1 104.3	1.3
1985	9 076.7	4 687.4	3 457.5	1 298.9	−367.1
1986	10 508.5	5 302.1	3 941.9	1 519.7	−255.2
1987	12 277.4	6 126.1	4 462.0	1 678.5	10.8
1988	15 388.6	7 868.1	5 700.2	1 971.4	−151.1
1989	17 311.3	8 812.6	6 332.7	2 351.6	−185.6
1990	19 347.8	9 450.9	6 747.0	2 639.6	510.3
1991	22 577.4	10 730.6	7 868.0	3 361.3	617.5
1992	27 565.2	13 000.1	10 086.3	4 203.2	275.6
1993	36 938.1	16 412.1	15 717.7	5 487.8	−679.5
1994	50 217.4	21 844.2	20 341.1	7 398.0	634.1
1995	63 216.9	28 369.7	25 470.1	8 378.5	998.6
1996	74 163.6	33 955.9	28 784.9	9 963.6	1 459.2
1997	81 658.5	36 921.5	29 968.0	11 219.1	3 549.9
1998	86 531.6	39 229.3	31 314.2	12 358.9	3 629.2
1999	91 125.0	41 920.4	32 951.5	13 716.5	2 536.6
2000	98 749.0	45 854.6	34 842.8	15 661.4	2 390.2
2001	109 028.0	49 435.9	39 769.4	17 498.0	2 324.7
2002	120 475.6	53 056.6	45 565.0	18 759.9	3 094.1
2003	136 613.4	57 649.8	55 963.0	20 035.7	2 964.9
2004	160 956.6	65 218.5	69 168.4	22 334.1	4 235.6
2005	187 423.4	72 958.7	77 856.8	26 398.8	10 209.1
2006	222 712.5	82 575.5	92 954.1	30 528.4	16 654.6
2007	266 599.2	96 332.5	110 943.2	35 900.4	23 423.1
2008	315 974.6	111 670.4	138 325.3	41 752.1	24 226.8
2009	348 775.1	123 584.6	164 463.2	45 690.2	15 037.0
2010	402 816.5	140 758.6	193 603.9	53 356.3	15 097.6
2011	472 619.2	168 956.6	228 344.3	63 154.9	12 163.3
2012	529 238.4	190 423.8	252 773.2	71 409.0	14 632.4

资料来源：《中国统计年鉴》。根据周期性的修正 GDP 数据，经整理得出。

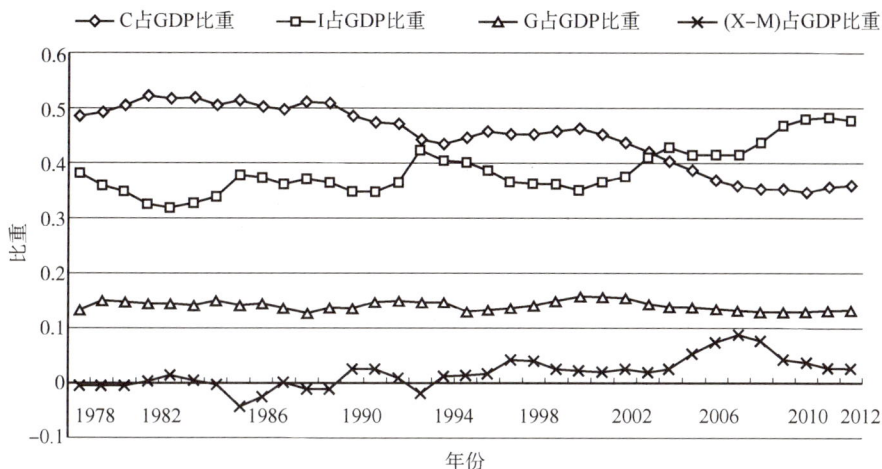

图 9 - 1　1978—2012 年我国 GDP 构成中各项占比

三、消费函数与储蓄函数

消费和储蓄是个人可支配收入的两个方面，消费是指个人或家庭购买商品和劳务的支出，储蓄则是指个人可支配收入中未用于消费的那部分。在简单的国民收入决定理论中，我们假定总需求中的其他部分不变，仅考虑消费的变动对总需求的影响。这样就要先了解消费函数以及相关的储蓄函数。

消费函数

（一）消费函数

消费函数是指消费支出与决定消费的各种因素之间的依存关系。影响消费的因素很多，如商品价格、消费者偏好、收入水平、预期收入、消费环境、家庭成员构成及相关商品价格等。但就宏观经济而言，居民消费数量主要由经济总收入，即国民收入水平决定，所以，消费函数表示的是消费与收入之间的关系。一般来说，在其他条件不变的情况下，消费随收入变动而同方向变动。消费函数公式是：

$$C = f(Y)$$

式中，C 代表消费，Y 代表收入。

消费曲线如图 9-2 所示。在图 9-2 中，横轴 OY 代表收入，纵轴 OC 代表消费。图中 45°线是收支相抵线，直线上任意一点都表示 $C = Y$。消费曲线 C 向右上方倾斜，表示随着收入增加，消费也增加。C 与 45°线相交于 E 点，点 E 是收支相抵点。在点 E 之左，消费大于收入，有负储蓄；在点 E 之右，消费小于收入，有正储蓄。当收入等于零时，消费为 a，表示不依存于收入的消费，称为自发性消费。因此，消费函数可以表示为：

$$C = a + bY$$

式中，a 为自发性消费；b 为边际消费倾向；bY 为引致消费，指随收入的变动而变化的那部分消费。

图 9 - 2　消费曲线

消费与收入的关系还可以用平均消费倾向与边际消费倾向来说明。

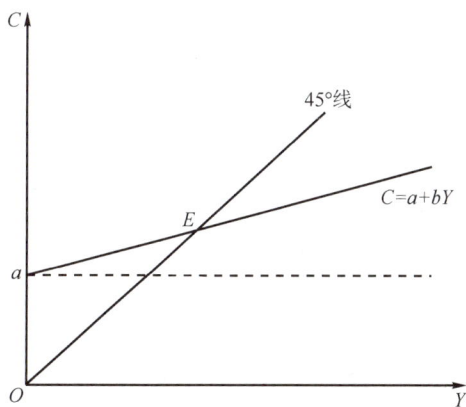

平均消费倾向（APC）指消费在收入中所占比重，用公式表示为：

$$APC = \frac{C}{Y}$$

边际消费倾向（MPC）是指消费增量在收入增量中所占的比例。如果以 $\triangle C$ 表示消费增量，以 $\triangle Y$ 表示收入增量，则边际消费倾向用公式表示为：

$$MPC = \frac{\Delta C}{\Delta Y}$$

案例分析

我国边际消费倾向为 40% 左右

我国的边际消费倾向仅为 40%，是英美等发达国家的一半。原因主要是以下几点。首先，是从思想观念上看，几千年来中华民族养成了量入为出的习惯。其次，我国社会保障体系处于新老交替阶段，增加了人们对未来消费的心理预期。目前，国有经济处于转机时期，企业保障制、"铁饭碗"等福利被打破，而新的适合我国国情的社会保障制还未出台，养老保险制度、住房制度、公费医疗制度、教育制度的改革结果尚不明显，但未来支出中个人负担部分必定增多是大势所趋，致使人们减少现期消费，增加储蓄。再次，收入水平普遍偏低，不能适应消费结构的改变。随着城镇居民收入水平的提高，现在人们的需求从购买一般耐用品转向了高档消费品，如汽车、住房，但因收入低而无法实现。最后，农村居民的消费正由日常生活必需品转向一般耐用消费品，但已有的基础设施无法满足需要，这造成农民买得起却用不起。

边际消费倾向是消费曲线的斜率，它的数值通常是大于 0 而小于 1 的正数。这表明，消费是随收入增加而相应增加的，但消费增加的幅度小于收入增加的幅度，即边际消费倾向是随着收入的增加而递减的。

边际消费倾向有递减的规律，即人们的消费随收入的增加而增加，但在所增加的收入中用于增加消费的部分越来越少。凯恩斯认为，边际消费倾向递减规律是由人类的天性决定的，由于这一规律的作用，会出现消费不足。

延伸阅读

如何促进农民收入增长

2007 年 7 月，国家统计局报告显示：根据对全国 31 个省（区、市）6.8 万户农村住户的抽样调查结果，上半年农民人均现金收入为 2 111 元，扣除价格因素，实际增长 13.3%，增速比去年同期提高 1.4 个百分点。

（1）农民的工资性收入人均 746 元，同比增长 19.3%。其中，农民务工收入人均 658 元，增长 20.3%。在务工收入中，本地务工收入人均 361 元，增长 18.5%；外出务工收入人均 297元，增长 22.6%。

（2）农民出售农产品的收入人均 884 元，同比增长 17.3%。其中，出售农业产品的收入人均 497 元，增长 16.5%；出售林产品的收入人均 25 元，增长 10.3%；出售牧业产品的收入人均331 元，增长 21%；出售渔业产品的收入人均 31 元，与去年同期基本持平。

（3）农民家庭二、三产业生产经营收入人均 304 元，同比增长 10.6%。其中，工业收入人均 64 元，增长 12.3%；建筑业收入人均 36 元，增长 16.8%；第三产业收入人均 204 元，增长 9.1%。

（4）农民的财产性收入人均 57 元，增长 22.4%；转移性收入人均 103 元，增长 21.9%。

根据消费函数理论，影响消费最主要的因素是收入。农民收入水平的提高使得消费占收入的比例下降，农民的平均消费倾向下降；收入的增加速度大于消费增加的速度，使得边际消费倾向下降。根据相对收入理论：农民进城务工收入的增加使居民相对收入发生变化，从而引起消费倾向的变化。城市居民相对收入下降，其消费倾向提高；农民工相对收入提高，其消费倾向下降。如果这种变化相互抵消，则全社会的消费倾向不变；如果不能抵消，则会变化。

那么政府应该怎么做才能保证农民的收入呢？首先，通过理顺收入分配机制，努力提高农民的收入水平；其次，加快建立社会保障新制度，增加农民消费信心，引导农民的收入预期；再次，通过财政转移支付和补贴，稳定和增加农民的种植收入；最后，积极发展农村消费信用市场，为农民提供资金支持，鼓励农民创业增收。

（二）储蓄函数

储蓄函数是储蓄与决定储蓄的各种因素之间的依存关系。影响储蓄的因素很多，如收入、利率等。与消费函数一样，收入也是储蓄的重要影响因素。一般地，储蓄与收入同方向变动。储蓄函数的公式是：

$$S = f(Y)$$

式中，S 代表储蓄，Y 代表收入。

储蓄与收入的关系可以用平均储蓄倾向与边际储蓄倾向来说明。

平均储蓄倾向（APS）指储蓄在收入中所占的比例，用公式表示为：

$$APS = \frac{S}{Y}$$

边际储蓄倾向（MPS）是指储蓄增量在收入增量中所占的比例，用公式表示为：

$$MPS = \frac{\Delta S}{\Delta Y}$$

与边际消费倾向递减相对应，边际储蓄倾向是递增的。可以用储蓄曲线来说明储蓄与收入的关系，如图 9-3 所示，横轴 OY 代表收入，纵轴 OC 代表储蓄，储蓄曲线 S 向右上方倾斜，表示储蓄与收入同方向变动。曲线 S 与横轴 OY 相交于点 E，此时储蓄为零，点 E 为收支相抵点。在点 E 左边的储蓄为负，在点 E 右边的储蓄为正。

边际储蓄倾向一般为正数值，但小于 1，即 $0 < MPS < 1$。不过，随着收入增加，边际储蓄倾向呈递增的趋势。

例如，有一个家庭的收入增长了 1 000 元，并且他们打算把其中的 400 元存到银行，那么，其边际储蓄倾向就是 $MPS = 400/1\ 000 = 0.4$，即 40%。

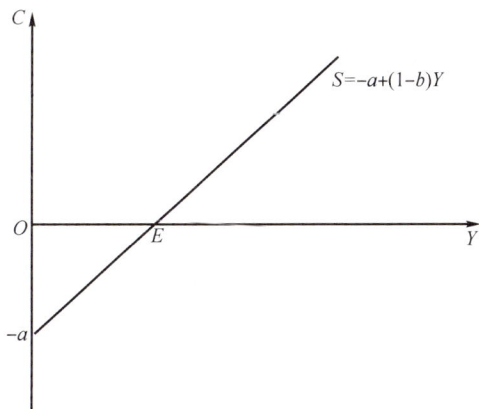

图 9-3　储蓄曲线

（三）消费函数和储蓄函数的关系

从上面的分析我们知道，消费与储蓄之和永远等于收入，即 $Y = C + S$，所以，

$$S = Y - C$$

将消费函数 $C = a + bY$ 代入上式，得到储蓄函数方程式，为：

$$S = -a + (1 - b)Y$$

消费函数与储蓄函数的互补关系也决定了消费倾向与储蓄倾向之间的对应关系：

平均消费倾向与平均储蓄倾向之和为1，即 $APC + APS = 1$；

边际消费倾向与边际储蓄倾向之和为1，即 $MPC + MPS = 1$。

相关链接

回头再看十年前的预言——未来我国居民消费十大趋势

十多年前，一则预言引起大家的重视，那就是《未来我国居民消费十大趋势》这篇文章。该文章运用宏观经济学理论做指导，精确地预测了未来我国居民的消费趋势。

这篇文章提出，未来居民消费结构变化的总体趋势如下。

（1）住房仍然是消费结构升级的重点。从国际经验看，小康阶段初期，住房消费将保持较长时期的增长。从购买力来看，高收入阶层的购买力最强，收入最高；城市中的中产阶层成为不可忽视的社会主流消费群体；平民阶层对住房的需求也是巨大的。

（2）汽车消费增长空间较大。随着汽车价格的下降，消费者购买汽车的收入标准降低。同时，国家不断出台鼓励轿车进入家庭的利好政策，使得私人购车日益成为轿车总需求的主要部分。

（3）教育消费成为长期的消费热点。根据新增长理论，经济长期增长的关键因素是人力资本增长。随着科技的进步和社会生产力的发展，人们对知识的需求日益增强，居民越来越重视教育的投入，不断提高个人文化素质，除了对子女的教育消费支出不断增长以外，成人的教育费用也不断提高。

（4）绿色消费将成为新世纪的消费主题。绿色消费是随着环保运动的发展而兴起的一种更为理性的高层次的消费。随着居民收入水平和消费水平的不断提高以及世界绿色消费大潮的影响，居民的绿色消费意识日益增强，绿色食品、绿色家电、绿色汽车、绿色住房等纷纷出现，并受到消费者的青睐。

（5）信息消费成为新的消费热点。信息消费体现了需求上升规律和经济全球化的要求。家庭信息化是信息消费的重要方面。在信息化社会中，人们可以坐在家里处理办公室内的经济合同或其他公务，使过分集中的企业、机构分散化。

（6）旅游消费将成为主要休闲消费方式。按照国际经验，人均国内生产总值达到 800～1 000 美元时，表明已进入旅游发展的排浪式消费阶段，目前这种消费已开始在中国显现出来。近年来兴起的生态旅游已成为旅游业中增长最快的部分。

（7）服务消费支出将有较大增长空间。未来社会，以人为本的生活观念日益突出。居民能够享受到的社会公共服务和公共设施越来越多，这一范畴的消费也随之增加，其典型表现是服务性消费的快速发展。随着经济的发展，社会分工越来越细，家政服务、家庭医生、家庭病房等开始走进千家万户。

（8）大量流动人口的存在扩大了租赁消费空间。大城市的积聚效应和规模效应吸引了越来越多的外来人口，大量流动人口的存在，将加速与流动性消费相适应的租赁业和二手市场的发展。

（9）银色消费市场广阔。由于计划生育政策和人口预期寿命延长的双重作用，目前中国已经进入老龄化阶段，将会对整个社会的消费结构产生影响，例如对医疗保健、社区养老服务的需求旺盛等。

（10）个性化消费趋势日益突显。随着消费由以必需品为主转变为以非必需品为主，消费方式变为享受型消费，其根本特点是个性多元化。越来越多的消费者要求每件商品都要根据他们的需要定做，每项服务都要根据其要求单独提供。

（资料节选：东方新闻，2003 – 06 – 18.）

四、总需求与均衡国民收入决定

均衡的国民收入就是总需求与总供给相等时的国民收入。当不考虑总供给这一因素时，均衡的国民收入是由总需求决定的。

在开放经济中，总需求由消费支出、投资支出、政府购买和净出口构成，其中的任何一种增加，都会引起总需求的增加，从而导致均衡的国民收入增加，反之则相反。例如，储蓄越多，说明消费越少，总需求就越小，供过于求，国民收入就减少。同样，在投资和政府支出不变的前提下，税收越多，个人收入就越少，消费就越少，总需求就越小，国民收入也会减少。由此可以看出，储蓄和税收都是引起总需求减少的因素。我们可以用图 9 – 4 来说明总需求对国民收入的决定。

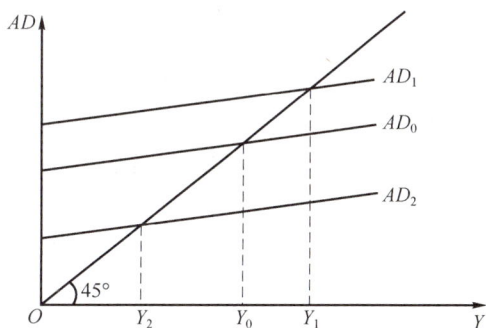

图 9 – 4　总需求对国民收入的决定

在图 9 – 4 中，横轴 OY 代表国民收入，纵轴 AD 代表总需求，45°线表示总需求等于总供给。当总需求为 AD_0 时，决定了均衡的国民收入为 Y_0。如果消费增加或者政府支出增加，则总需求移至 AD_1，这时国民收入增加到 Y_1；相反，如果总需求减少，总需求曲线移至 AD_2，均衡国民收入就会减少至 Y_2。

由此可以看出，如果要增加国民收入，就要减少储蓄、政府税收与进口，增加投资支出、政府购买与出口。

五、乘数原理

乘数原理也称为倍数原理。简单地说，所谓乘数就是指自发总需求（包括消费、投资和政府支出）的增加所引起的国民收入增加的倍数，或者说是国民收入增加量与引起这种增加量的自发总需求增加量之间的比率。假设一个国家增加一笔投资，以 ΔI 来表示，由此引起的国民收入的增加量以 ΔY 来表示，则 $\Delta Y = K \Delta I$，即当增加一笔投资时，由此所引起的国民收入的增加量并不仅限于该投资的增加量，而是原来这笔投资的若干倍。其中 K 是大于 1 的正数，因此称为乘数原理。

乘数原理

相关链接

广西发挥大项目的乘数效应

近年来，广西致力于发挥大项目、大国企投资的乘数效应和杠杆效应为广西地方经济增长与结构调整提供新动力。以中石油为例。2006 年 12 月 30 日，建设规模为 1 000 万吨/年炼油能力、总投资约 153 亿元的中国石油广西石化钦州千万吨炼油项目启动，是引领广西北部湾经济区崛起的引擎之一。项目建成投产后，将实现年利税 50 亿元，为延伸石油后续产品加工、拉长产业链、发展乙烯和芳烃等下游产业打下基础。"依托中石油千万吨级炼油项目，延伸产业链，形成现代化石化生产基地，打造一个产值超过 1 000 亿元的支柱产业"，是广西发展石化行业的首要战略目标。截止到 2009 年 11 月，中石油广西石化 2 期 1 000 万吨炼油项目申报工作进展顺利，届时，将形成第二套 1 000 万吨炼油生产线，100 万吨芳烃、300 万吨原油储备库以及 100 万吨成品油储备库。如果 2 期项目顺利投资，那么中石油集团在钦州的炼油能力将跃为 2 000 万吨，钦州也将与大连并列成为中石油在国内的最大炼油基地，同时吸引国内外知名企业建设一批石化产业链后续工程。预计中石油 1、2 期工程及下游产业链项目全部建成后，可实现年工业产值 3 000 亿元。

（资料来源：秦凤华. 广西发挥大项目的乘数效应 [N]. 中国投资，2009 – 11 –16.）

现假设某社会的消费函数为 $C = 50 + 0.6Y$，投资为 150 万元，当国民经济达到均衡状态时，均衡的国民收入为 500 万元。现假设某公司决定新建一个工厂，从而使投资由原来的 150 万元增加到现在的 250 万元，即投资增量 $\Delta I = 100$ 万元，当国民经济达到均衡状态时，国民收入将由原来的 500 万元达到现在的 750 万元，即 $\Delta Y = 250$ 万元。可见由该笔投资增加所引起的国民收入的增加量是投资增加量的 2.5 倍。为什么当投资增加时，国民收入的增加量会是投资增加量的若干倍呢？下面我们来分析一下这个过程。

首先，当投资增加 100 万元时，增加的这些投资用来购买生产资料或劳动力等生产要素。那么这 100 万元就以工资、利息、利润和租金的形式流入生产要素所有者手中，即居民的手中，这样居民收入就增加了 100 万元，也就是说国民收入增加了 100 万元，记为 $\Delta Y_1 = 100$ 万元。

第二时期，由消费函数可知，边际消费倾向为 0.6。当居民手中收入增加 100 万元后，其中的 60 万元（即 100 万元×0.6）用于消费。此时，这 60 万元也以工资、利息、利润和租金的形式流入拥有消费品的生产者手中，即居民的手中，这样居民收入就又增加了 60 万元，也就是说国民收入增加了 60 万元，记为 $\Delta Y_2 = 60$ 万元。

同样，这些消费品的生产者会把这 60 万元中的 36 万元（即 60 万元×0.6）用于消费，则国民收入又增加了 36 万元，记为 $\Delta Y_3 = 36$ 万元。

这个过程不断地循环下去，最后使国民收入增加了 250 万元。其过程是：

$100 + 100 \times 60\% + 100 \times 60\% \times 60\% + \cdots\cdots = 100 \times (1 + 60\% + 60\% \times 60\% + \cdots\cdots) = 100 \times [1/(1 - 60\%)] = 250$（万元）

此式表明，当投资增加 100 万元时，收入增加了 250 万元，即乘数 $K = \Delta Y / \Delta I = 2.5$。上面的例子也说明，乘数 = 1/（1 - 边际消费倾向），即 $K = 1/(1 - MPC)$，由于 $MPS = 1 - MPC$，因此，

$$K = \frac{1}{1 - MPC} = \frac{1}{MPS}$$

可见，乘数大小和边际消费倾向有关，边际消费倾向越大，或边际储蓄倾向越小，则乘数就越大；边际消费倾向越低，乘数就越小。

🔒 **案例分析**

你如何看待乘数这把"双刃剑"？

乘数反映了国民经济各部门之间存在着密切的联系。比如汽车制造行业增加投资 100 万元，

不仅会使本部门收入增加，而且会在其他汽车相关部门引起连锁反应，从而使这些部门的支出与收入也增加，在边际消费倾向为80%时，在乘数的作用下最终使国民收入增加5倍，达到500万元。为什么会有这种倍数关系，举例如下：

例如，你花了100元去买了水果，这样卖水果的小贩收到100元后，留下20%即100×20% = 20（元）去储蓄，拿其余的80%即100×80% = 80（元）去购买大米，这又使大米商人的收益增加了80元。菜农再留下20%即80×20% = 16（元）去储蓄，其余80×80% = 64（元）去买酒，这样，酒馆老板又会增加64元的收益。如此连续循环下去，社会最后的收益上升到500元，其计算过程是：

100 + 100×80% + 100×80%×80% + 100×80%×80%×80% …… = 100×（1 + 80% + 80%×80%……80% + 80%×80% = 100×[1/（1 - 80%）] = 500（元）。500元是最初需求增加量100元的5倍，这就是乘数效应的结果。

但乘数的作用是双重的，如果上述例子的相反会使国民收入减少500元。即当自发总需求增加时，所引起的国民收入的增加要大于最初自发总需求的增加；当自发总需求减少时，所引起的国民收入的减少也要大于最初自发总需求的减少。所以，经济学家形象地把乘数称为一把"双刃剑"。

（资料来源：新浪博客，2010 - 02 - 13.）

第二节　*IS - LM* 模型

前面的理论中，我们只考察了产品市场的投资与储蓄的均衡，没有考虑到货币市场的流动偏好与货币供给的均衡。如果同时考虑产品市场与货币市场的均衡，就要引入 *IS - LM* 模型。这里，*I* 指投资，*S* 指储蓄，*L* 指流动偏好（即货币的需求），*M* 是货币供给。*IS - LM* 模型同时分析产品市场和货币市场的均衡，说明在实现两种市场同时均衡时，利息率与国民收入的相互配合关系。

一、产品市场的均衡：*IS* 曲线

（一）*IS* 曲线的定义

IS 曲线是描述产品市场均衡时，即 *I* = *S* 时，国民收入与利率之间存在着反向变动关系的曲线。或者说，*IS* 曲线是使产品市场达到均衡时，利率和国民收入组合点的轨迹。*IS* 曲线如图9 -5所示。

IS 曲线

在图9 -5中，纵轴代表利率，横轴代表国民收入，这条曲线上任何一点都代表投资和储蓄相等，即 *I* = *S*，说明产品市场是均衡的。因此，这条曲线被称为 *IS* 曲线。

在产品市场上，利率与国民收入呈反方向变动，是因为利率和投资呈反方向变动。即利率下降时，投资增加，国民收入也相应增加；利率上升时，投资减少，国民收入也就相应地减少。

（二）*IS* 曲线的位置移动

IS 曲线的移动如图9 -6所示。导致 *IS* 曲线位置移动的因素主要有以下几个。

第一，投资需求的变化。在其他条件不变时，如果投资边际效率提高，或出现了技术革新，或投资者对投资前景预期乐观，在每一利率水平上投资量都会增加，从而使 *IS* 曲线向右上方移动；反之，*IS* 曲线将向左下方移动。

第二，储蓄或消费函数的变化。在其他条件不变时，人们的储蓄意愿提高了，储蓄曲线将向上平行移动，使每一储蓄水平所对应的国民收入下降，*IS* 曲线将向左下方移动；如果是消费意愿提高了，情况则相反。

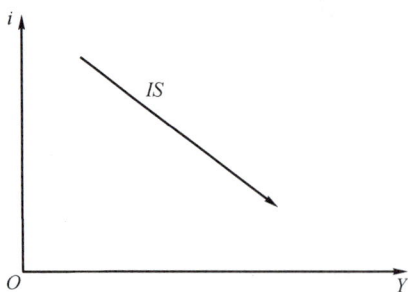

图 9-5　IS 曲线

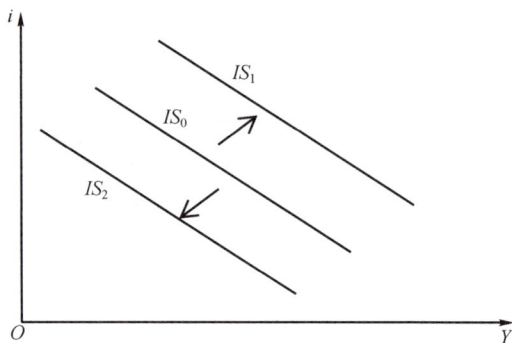

图 9-6　IS 曲线的移动

第三，政府开支或税收的变化。如果其他条件不变，在政府采取扩张性财政政策，增加政府开支或减免税收时，与每一利率水平相对应的国民收入水平也会提高，IS 曲线将向右上方移动；如果政府实行紧缩性财政政策，就会使 IS 曲线向左下方移动。

相关链接

刺激经济：消费还是投资

短期总需求分析尽管有其不现实的假设条件（总供给不变等），但对我们认识宏观经济问题、实现经济稳定仍然是有意义的。应该承认，总需求在短期中对宏观经济状况的确有重要的影响。我国政府近年来一直重视增加内需，说明需求成为经济稳定的一个重要因素。

但如何增加内需呢？我们知道，就内需而言，如果不考虑政府支出，重要的就在于消费和投资。消费函数理论说明了消费的稳定性，这就告诉我们，要刺激消费是困难的。前些年我国多次降息，但对内需的拉动有限，居民储蓄一直在增加，说明拉动消费不易。

拉动内需的重点在于拉动投资。第一，我们要区分投资与消费的差别。例如，我们过去一直把居民购买住房作为消费，这就是一个误区，应该把居民购买住房作为一种投资，并用刺激投资的方法拉动这项投资。应该说，在我国人口多而居住条件仍然较差的情况下，在未来几十年中，住房仍是投资的热点，只要政策得当，住房可以增加内需，带动经济。第二，在我国经济中，私人经济已有了长足的发展，成为经济的"半壁江山"。投资中的企业固定投资应该以私人企业投资为主。这就要为私人企业投资创造更为宽松的环境。

二、货币市场的均衡：LM 曲线

（一）LM 曲线的定义

货币市场的均衡取决于货币的需求和供给，货币的供给量由货币当局决定，是一个不变的常数。当货币市场达到均衡时，货币的需求和供给相等，即 $L = M$。LM 曲线表示的是当货币市场达到均衡时，国民收入和利率之间存在同方向变动关系的曲线，或者说，国民收入和利率应该怎样配合，才能保证货币需求量和货币供给量始终相等。LM 曲线如图 9-7 所示。

LM 曲线表明了当货币市场达到均衡时，国民收入与利率之间的关系，即国民收入与利率同方向变动。也就是说，LM 曲线是使货币需求等于货币供给的国民收入和利率的组合点的轨迹。

LM 曲线

LM 曲线向右上方倾斜，说明国民收入越多，为使货币总需求恰好等于既定的货币供给的利息率越高，两者同方向变化。

（二）LM 曲线的位置移动

由于 LM 曲线是由货币的供给和需求共同形成的，所以，LM 曲线位置的移动也取决于货币供给与需求的变化，如图 9-8 所示。

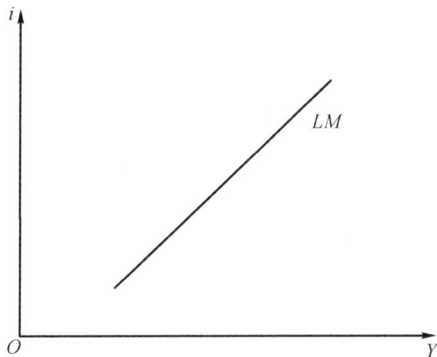

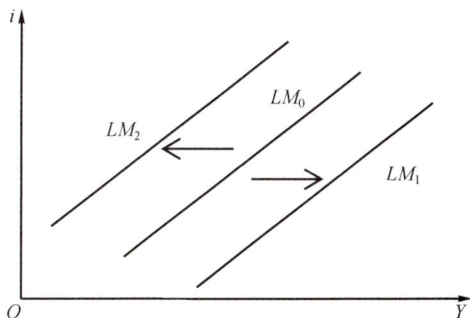

图 9-7　LM 曲线　　　　　　图 9-8　LM 曲线的移动

首先，货币供给量的变化直接影响 LM 曲线位置的移动，从而使国民收入与利率产生变动。在其他条件不变的情况下，如果政府采取扩张性货币政策，增加货币供给量，LM 曲线会向右下方移动；如果货币供给量减少，则 LM 曲线会向左上方移动。这将导致国民收入和利率发生相应的变动。

其次，由交易动机决定的货币需求和由投机动机决定的货币需求发生变化，也会影响 LM 曲线位置的移动。如果在相同的利率水平上，货币的投机需求增加，或者在相同的国民收入水平上，货币的交易需求增加，就会出现货币需求大于货币供给的情况，这实际上就相当于货币供给量的下降，所以，LM 曲线会向左上方移动。如果情况相反，LM 曲线则向右下方移动。

🔒 案例分析

"钱从这里滚出去"

中央银行用什么办法把钱投放到市场上？又是用什么办法把钱抽走呢？在美联储格林斯潘的办公桌上放着这样一块牌子，上面写着"钱从这里滚出去"，他非常形象地说明了中央银行控制着货币的供给。中央银行主要用以下"三大法宝"控制货币的多少。

一、公开市场业务

公开市场业务就是中央银行在金融市场上买进或卖出有价证券以调节货币供给量。比如，有些企业手中有一笔闲钱，既不想投资，也不想扩大再生产，更不想进股市，担心风险太大，于是决定买债券，因为债券利息高于银行利息，风险又小于股票。中央银行发现经济过冷，就买进。买进有价证券实际上就是发行货币，从而增加货币供给量，鼓励人们去消费、去投资等，以刺激经济的回升。中央银行发现经济过热就卖出。卖出有价证券实际上就是中央银行回笼货币，减少市场货币流通量，人们消费和投资的钱就少，经济就会适度地"降温"。公开市场业务能够灵活而有效地调节货币量，针对市场资金多余和短缺的具体时间和领域进行操作。

二、贴现

贴现是商业银行向中央银行贷款的方式。比如说，一个人手中有一张 1 万元的国债，还没到期，但他现在急需一笔钱，于是他把这 1 万元的国债拿到银行去换成现金，这时银行会收取一些手续费，这就是贴现。贴现的期限一般较短，为一天到两周。商业银行收下 1 万元的国债，暂时还不需要钱时，就可以放在手里，等到期时兑现，赚取利息。如果商业银行也急需现金，就可以到中央银行去贴现贷款。中央银行收下 1 万元的国债后，按照中央银行规定的贴现率给该商业银行。这个贴现率在我国叫再贴现率。如中央银行降低贴现率或放松贴现条件，商业银行就可以得到更多的资金，增加它对客户的放款，放款的增加又可以通过银行创造货币的机制增加流通中的货币供给量，降低利息率。相反，如中央银行提高贴现率或严格贴现条件，商业银行会出现资金短缺，就不得不减少对客户的放款或收回贷款，贷款的减少也可以通过银行创造货币的机制减少流通中的货币供给量。

三、提高存款准备金率

提高存款准备金率是商业银行吸收的存款中用作准备金的比率，准备金包括库存现金和在中央银行的存款。通俗地说，当人们把 1 000 元钱存进银行时，银行就必须把一笔钱放在中央银行。假如准备金率是 10%，商业银行只能往外贷款 900 元。中央银行变动准备率可以通过准备金的影响来调节货币供给量。假定商业银行的准备率正好达到了法定要求，这时，中央银行降低准备率就会使商业银行产生超额准备金，这部分超额准备金可以作为贷款放出，从而又通过银行创造货币的机制增加货币供给量，降低利息率。相反，中央银行提高准备率就会使商业银行原有的准备金低于法定要求，于是商业银行不得不收回贷款，从而又通过银行创造货币的机制减少货币供给量，提高利息率。

（资料来源：中新网，2004 - 03 - 01.）

三、产品市场与货币市场的一般均衡：IS - LM 曲线

（一）国民收入与利率的决定：IS - LM 模型

把 IS 曲线与 LM 曲线放在同一幅图上，就可以得出说明两个市场同时均衡 IS - LM 模型时，国民收入与利率决定的 IS - LM 曲线，如图 9 - 9 所示。

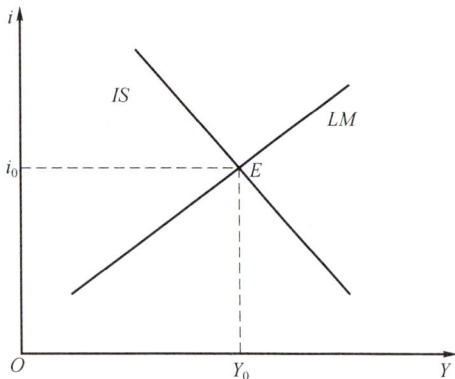

图 9 - 9　IS - LM 曲线

在图中，IS 曲线上的每一点都表示产品市场均衡时收入与利率的组合，LM 曲线上的每一点都表示货币市场均衡时收入与利率的组合。IS 曲线与 LM 曲线相交于点 E，点 E 表示产品市场与货币市场同时达到了均衡，这时决定了均衡的利率水平为 i_0，均衡的国民收入水平为 Y_0。

（二）产品市场和货币市场均衡的变动

1. IS 曲线的移动

投资增加、政府扩张性财政政策的推行和消费意愿的普遍提高，会导致 IS 曲线右移，反之会使 IS 曲线左移，如图 9 - 10 所示。在 LM 曲线不变的情

况下，*IS* 曲线向右移动和 *LM* 曲线相交于点 E_1，点 E_1 表示一个较高收入和较高利率的均衡组合；*IS* 曲线向左移动和 *LM* 曲线相交于点 E_2，点 E_2 表示一个较低收入和较低利率的均衡组合。这里的分析也可以用来说明财政政策对国民收入和利率的影响。

2. *LM* 曲线的移动

货币供给增加，会使 *LM* 曲线向右移动；货币供给减少，会使 *LM* 曲线向左移动，如图 9-11 所示。在 *IS* 曲线不变的情况下，向右移动的 *LM* 曲线和 *IS* 曲线相交于点 E_1，点 E_1 表示一个较高国民收入和较低利率的均衡组合；向左移动的 *LM* 曲线和 *IS* 曲线相交于点 E_2，E_2 表示一个较低国民收入和较高利率的均衡组合。这里的分析可以用来说明货币政策对国民收入和利率的影响。

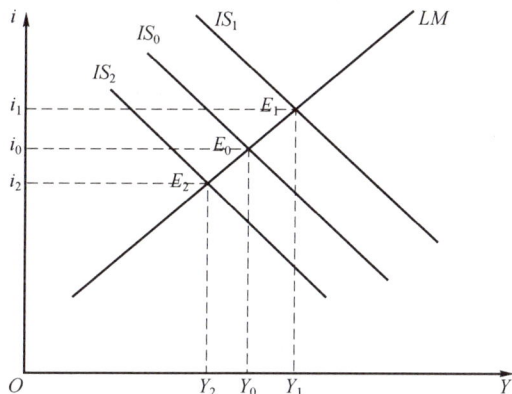

图 9-10　*IS* 曲线的移动　　　　　图 9-11　*LM* 曲线的移动

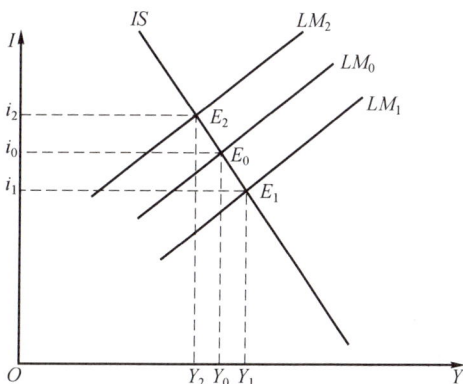

我们还可以同时分析 *IS* 曲线和 *LM* 曲线变动对国民收入与利率的影响，从而说明财政政策与货币政策的共同作用与配合。这里就不详细说明这一问题了。

相关链接

财政政策还是货币政策

2008 年后，为了应对全球金融风暴带来的危机，中国政府决定实施积极的财政政策和适度宽松的货币政策，这传递了清晰的信号：直接有力、扩大内需的调控措施将推动中国经济走出困境，迈向新的发展阶段。

在财政政策方面，2008 年国家投资 4 万亿元拉动内需，促进经济增长。2008 年四季度新增的 1 000 亿元中央投资计划全部下达后，除了扩大投资规模以外，积极的财政政策还将实行结构性减税，用减税、退税或抵免的方式减轻税负，促进企业投资和居民消费。此外，为稳定外需，出口退税率在 2008 年经历了四次调整，涉及纺织、服装、轻工和机电产品等，为出口企业缓解困难、减少金融危机带来的负面影响提供了有力支持。

货币政策方面，自 2007 年 9 月以来是月月有动作，努力保增长。从 9 月到 12 月，央行在 4 个月内 5 次下调基准利率，4 次下调存款准备金率，以保持银行体系流动性充足，促进货币信贷稳定增长。从适度宽松货币政策的不断落实，到国务院常务会议提出促进经济发展的 9 项金融措施，再到进一步细化的金融促进经济发展的 30 条意见，金融体系正在多渠道为经济发展提供流动性。

人们通常运用 *IS-LM* 模型来分析宏观经济政策的效力，并将该模型所体现的经济思想作为政府宏观经济政策选择的理论依据。但我国宏观经济学的实践表明，以 *IS-LM* 模型为依据的扩张性宏观经济政策尤其是扩张性货币政策往往很难取得预期的效果。

$IS-LM$ 模型的形状取决于 IS 曲线和 LM 曲线的斜率。以我国投资的利率弹性对 IS 曲线斜率的影响看，由于市场经济体制在中国还没有完全确立，政府在企业投资中还起着一定的作用，企业自身还不能自觉地按市场经济原则办事，这必然导致企业投资对利率的反应没有一般市场经济国家敏感，从而导致中国的 IS 曲线比一般市场经济国家的 IS 曲线陡峭。从边际消费倾向变化对 IS 曲线的影响看，储蓄的超常增长表明，中国的边际消费倾向已经远远低于在目前收入水平应具有的水平，收入与消费之间出现了严重的失衡，这种失衡必然导致我国的 IS 曲线比正常情况下陡峭。

中国 LM 曲线的斜率如何呢？首先，中国正处于新旧体制交替的过程中，中国居民对货币的预防性需求急剧膨胀，打破了收入与消费之间的稳定关系，使中国的货币交易需求的收入弹性不再稳定，导致 LM 曲线不断趋向平坦。其次，从货币投机需求的利率弹性对我国 LM 曲线斜率的影响看，在目前的中国，由于金融市场、资本市场尚不完善，广大居民缺乏多种投资渠道，利率的变化对人们投机性货币需求的影响并不大，投机需求的利率弹性较小，其对 LM 曲线的影响使 LM 曲线比较陡峭。

（资料来源：案例来源广泛，由作者归纳整理）

总之，$IS-LM$ 模型分析了储蓄、投资、货币需求与货币供给如何影响国民收入和利率。这一模型既精练地概括了总需求分析，也可以用来分析财政政策和货币政策，因此，被称为宏观经济学的核心。

第三节 $AD-AS$ 模型

在前面的总需求分析中，我们假设总供给可以适应总需求的增加而增加，以及价格水平不变。但在现实经济中，总供给总是有限的，价格水平也是变动的。在总需求—总供给模型 $AD-AS$ 模型中，我们就要把总需求分析与总供给分析结合起来，说明总需求与总供给如何决定国民收入水平与价格水平。

一、总需求曲线

（一）总需求曲线的含义

影响总需求（AD）的因素很多，例如价格水平、人们的收入、对未来的预期、财政政策与货币政策等。总需求主要受价格水平影响，因此，总需求曲线

总需求

是表示产品市场与货币市场同时达到均衡时，对各种产品的需求总量和对应的价格水平之间关系的曲线，如图 9-12 所示。在图 9-12 中，横轴 OY 表示国民收入，纵轴 OP 代表价格水平，总需求曲线 AD 是一条斜率为负值、向右下方倾斜的曲线。这说明总需求与价格水平呈反方向变动，即在其他因素不变的条件下，价格水平上升，总需求减少；价格水平下降，总需求增加。

（二）总需求曲线的移动

总需求曲线向右下方倾斜表明物价水平下降，增加了物品与劳务的需求总量。但是，许多其他因素也影响物价水平既定时的物品与劳务的需求量。当这些因素中的一种变动时，总需求曲线也会发生移动，如图 9-13 所示。

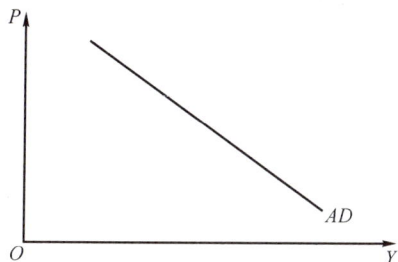

图 9 – 12　总需求曲线

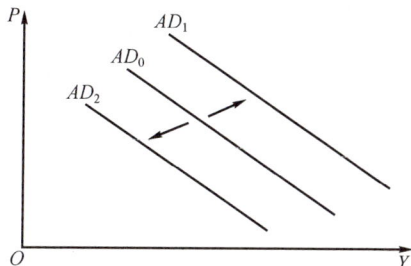

图 9 – 13　总需求曲线的移动

1. 消费引起的移动

假设人们突然因某种原因而减少了其现期消费，由于总需求曲线在物价水平既定时，物品与劳务的需求量减少了，所以总需求曲线向左平行移动。相反，由于某种原因人们更富有了，并不太关心储蓄，从而引起消费支出增加，就意味着在物价水平既定时物品与劳务的需求量增大了，因此，总需求曲线向右平行移动。

2. 投资引起的移动

企业在物价水平既定时由于某种原因而改变投资量，这会使总需求曲线发生移动。由于在物价水平既定时物品与劳务的需求量增多了，总需求曲线将向右平行移动。相反，如果企业对未来经济状况持悲观态度，就会减少支出，这样就会使总需求曲线向左平行移动。

3. 政府购买引起的移动

政府购买是决策者移动需求曲线最直接的方法。在既定物价水平下，物品与劳务的需求减少了，总需求曲线将向左平行移动。相反，如果政府开始建设更多的公共基础设施，致使在物价水平既定时物品与劳务的需求量增多，总需求曲线就向右平行移动。

4. 净出口引起的移动

在物价水平既定时，改变净出口也会使总需求曲线移动。例如，当其他国家因经济衰退而减少对本国物品的购买时，就减少了本国的净出口，使本国的总需求曲线向左平行移动；当其他国家因经济复苏而增加对本国物品的购买时，就增加了本国的净出口，使本国的总需求曲线向右平行移动。

🔒 案例分析

"神舟五号" 对国民经济有何潜在影响

中国首次载人航天飞行已获圆满成功。中国社科院世界经济与政治研究所国际战略研究室主任在接受中国华艺广播公司采访时表示，"神舟五号"载人飞船太空之旅的成功对中国的国民经济有着巨大的潜在影响。他认为，"神舟五号"载人飞船的成功发射和回收是一个国家综合国力的表现。中国的经济、科技等方面如果没有发展到一个相当高的程度，是无法把人送到太空去的。

同时，美国和俄罗斯的经验表明，航天事业的发展会反过来带动国民经济的发展。因为航天是一个综合工程，要求机械制造、计算机、材料、通信等一系列技术发展到比较高的程度。它亦涉及几千个部门和工厂之间的密切合作，以解决很多技术上的难题。这些技术难题解决之后，不仅可以用在航天上，也可以用在普通老百姓的日常生活当中。所以，航天事业的发展必定会推动国家工业现代化的发展。

同时，航天不是仅把一个人送入太空"看一看"，而是要进行各种科学考察。比如，如果想在地面上培育出高产、优良和耐病虫害的作物品种，往往要培养很多年，但利用太空辐射，很短的时间就可以培育出来。这些新的种子对农业发展的意义是显而易见的。人们也可以在太空通过对地面和海洋的观察，预报大气灾害，发现矿藏，甚至发现地下的古迹。另外，把人送入太空后，所有这类科学考察就不再是单纯地利用照相机、摄影机等进行机械的观察。因为有了人的参与，就有了能动性和判断力，人们可以把注意力放在那些特别值得关注的目标上。

他还特别指出，地球是人类的摇篮，地球的资源，尤其是能源是有限的。人类已发现月球上有一种地球上没有的元素，这种元素可以用来进行热核发电，可以给地球用几百万年。如果人类能去开发这样的能源，地球在几百年内就不会存在能源危机问题。

（资料来源：豆丁网，2011 – 07 – 12.）

二、总供给曲线

（一）总供给曲线的含义

总供给曲线

总供给（AS）是表明产品市场与货币市场同时达到均衡时，总供给与价格水平之间关系的曲线。影响总供给的因素有生产资源（主要是劳动力和资本）的数量，以及生产资源的利用效率，即社会的技术水平。在不同的资源利用情况下，总供给曲线是不同的，如图9 – 14所示。

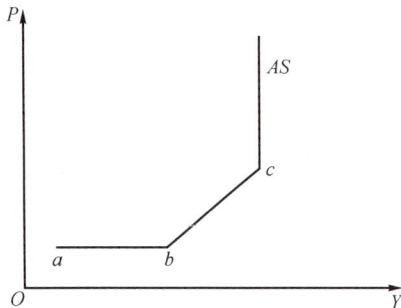

图9 – 14　总供给曲线

从图中可以看出，总供给曲线可以分为以下三个区间。

第一区间：a—b。这时总供给曲线大体上是一条水平线，表明社会上资源还没有得到充分利用，因此，在价格水平不变的情况下，总供给数量也会随总需求的增加而增加，即可以在不提高价格的情况下，增加总供给。这种情况是由凯恩斯提出来的，所以，水平状的总供给曲线又称"凯恩斯主义总供给曲线"。

第二区间：b—c。这时总供给曲线向右上方倾斜，表明总供给与价格水平同方向变动。这时社会上已经不存在闲置资源，产量增加会使生产要素价格上升，从而使成本增加，价格水平上升。这种情况在短期中存在，所以，向右上方倾斜的总供给曲线被称为短期总供给曲线。

第三区间：c以上。这时总供给曲线基本上是一条垂直线，表明无论价格水平如何上升，总供给也不会增加。这是因为资源已经得到充分利用，即经济中实现了充分就业，总供给已经趋近于潜在的总供给，无法再增加。在长期中总是会实现充分就业的，因此，这种垂直的总供给曲线被称为长期总供给曲线。

（二）总供给曲线的移动

在资源条件既定，即潜在的国民收入水平既定的条件下，凯恩斯主义总供给曲线和长期总供给曲线是不变的。但经济中任何改变产品和劳务产出水平的因素（如劳动、资本、自然资源和技术知识）的变动，都会引起短期总供给曲线的移动，如图9 – 15所示。

1. 劳动引起的移动

一个国家由于移民大量增加，工人数量增加，供给的物品和劳务数量也增加，就会使总供给曲线向右移动；相反，工人减少，则总供给曲线向左移动。

2. 资本引起的移动

如果经济中因资本存量的增加提高了生产的效率，从而增加了物品与劳务的供给量，会使总供给曲线向右移动。相反，如果经济中因资本存量的减少降低了生产率，减少了物品与劳务的供给量，就会使总供给曲线向左移动。

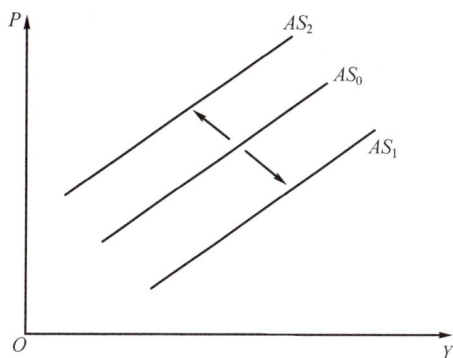

图 9-15　（短期）总供给曲线的移动

3. 自然资源引起的移动

经济的生产取决于自然资源，包括土地、矿藏和天气。例如，新矿藏的发现使总供给曲线向右移动，农业减产的气候变化使总供给曲线向左移动。

4. 技术知识引起的移动

技术知识的进步在很大程度上能够影响总供给水平。例如，计算机的发明和一些新技术的出现使我们可以用既定的劳动、资本和自然资源生产出更多的物品和劳务，进而使总供给曲线向右移动。

三、总需求—总供给的均衡

（一）总需求—总供给模型：$AD-AS$ 模型

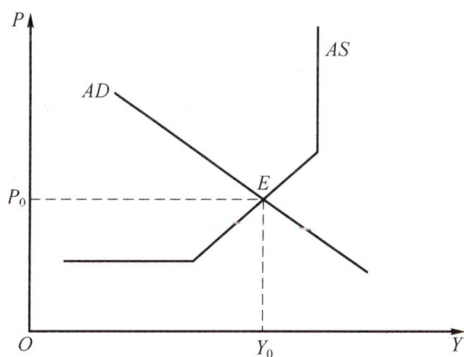

图 9-16　总需求-总供给模型

这一模型是把总需求曲线与总供给曲线结合在一起，说明国民收入与价格水平的决定，如图 9-16 所示。当总需求曲线 AD 与总供给曲线 AS 相交于点 E 时，经济处于均衡状态。这时决定的均衡的国民收入是 Y_0，均衡的价格水平是 P_0。

（二）总需求变动对国民收入与价格水平的影响

在总需求—总供给模型中，在总供给曲线的不同情况下，总需求变动对国民收入与价格的影响也不同，如图 9-17 所示。

1. 凯恩斯主义总供给曲线

在这种总供给曲线时，总需求的增加会使国民收入增加，价格水平不变。总需求减少会使国民收入减少，价格水平也不变。即总需求变动不会引起价格水平的变动，只会引起国民收入同方向变动。在图 9-17 的凯恩斯主义总供给曲线中，总需求增加，曲线从 AD_1 移到 AD_2，国民收入从 Y_1 增加到 Y_2，但价格水平不变，为 P_0；总需求减少，曲线从 AD_2 移到 AD_1，国民收入从 Y_2 移到 Y_1，价格水平也不变，为 P_0。

2. 短期总供给曲线

当总供给不变时，若影响总需求的因素发生变化，使总需求曲线发生移动，则均衡的物价水平和产出水平都会发生变化，即总需求的变动会引起国民收入与价格水平的同方向变动。在图 9-17 的短期总供给曲线中，在总供给不变的情况下，总需求增加，使总需求曲线向右平行移动，即由 AD_3 移动到 AD_4，此时，均衡的物价水平由 P_1 上升到 P_2，产出水平由 Y_3 增加到 Y_4。同理，当总需求曲线减少时，均衡的物价水平下降，均衡的产出水平也下降。

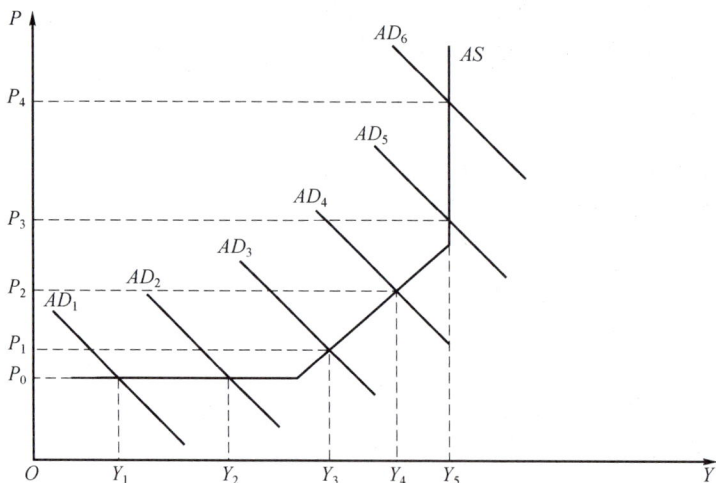

图 9 - 17　总需求变动对国民收入与价格水平的影响

3. 长期总供给曲线

在长期总供给曲线中，由于资源已经得到充分利用，所以，总需求的变动只会引起价格水平同方向的变动，而不会引起国民收入的变动。在图 9 - 17 的长期总供给曲线中，总需求从 AD_5 增加到 AD_6，价格水平从 P_3 上升到 P_4；反之，价格水平从 P_4 降到 P_3；国民收入则不会发生变化，一直为 Y_5。

（三）总供给变动对国民收入与价格水平的影响

短期总供给是会发生变动的，这种变动同样会影响国民收入与价格水平。当总需求不变时，总供给增加，即产量的增加会使国民收入增加，价格水平下降；而总供给减少及产量的减少会使国民收入减少，价格水平上升，如图 9 - 18 所示。在总需求 AD 不变的情况下，总供给增加使总供给曲线从 AS_1 向右移到 AS_2，价格水平由 P_1 下降到 P_2，国民收入由 Y_1 增加到 Y_2。同理，当总供给减少时，价格水平上升，国民收入下降。

总需求—总供给模型是分析宏观经济情况与政策的一种非常有用的工具，这一模型还可用于分析不同的对付通货膨胀的政策所产生的不同效果。

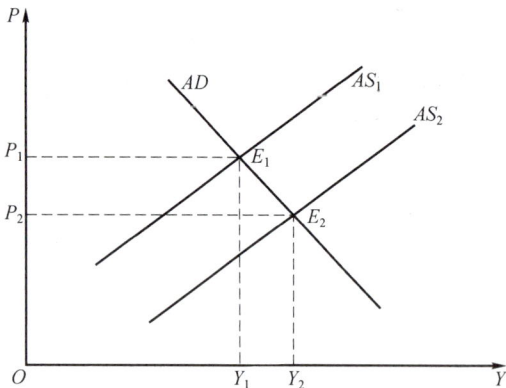

图 9 - 18　总供给变动对国民收入与价格水平的影响

相关链接

一国经济的理想状态

当总供给大于总需求时，人们都愿意把钱存在银行，不管政府怎样刺激，老百姓就是不花钱。这时，经济的平衡需要用降价来达到。企业要想卖出过剩的产品，就得降价；原材料厂家要想卖掉过剩的原材料，也必须便宜卖，甚至采取赊账。当生产厂家把商品送到超市时，超市也不马上付账。这种总需求大于总供给的结果，必然就会导致物价指数下降。

当各种商品价格上升时，经济开始回暖，总需求超过了总供给，通货（钱就不值钱）开始膨胀了；当物价指数向下时，经济开始变冷，这时总供给超过总需求，通货开始紧缩了。

在一个时期内，如果总需求小于总供给，物价指数下降，钱值钱，叫通货紧缩；如果总需求大于总供给，物价指数上升，钱不值钱，就叫通货膨胀；如果物价指数平稳，国家的宏观经济平衡。

课程思政导读

增强财政政策和货币政策协同效应

财政政策和货币政策是世界各国调节经济运行的主要政策工具。世界经济发展实践表明，当宏观经济运行出现波动时，单纯依靠财政政策或货币政策难以有效应对，需要充分发挥二者的协同效应。改革开放以来，我国经济之所以能持续健康发展、取得巨大成就，一个重要原因就是党中央根据我国宏观经济运行状况，实施有效的宏观调控，发挥财政政策和货币政策的协同效应，为我国经济发展营造了稳定的宏观经济环境。

当前，我国经济发展面临的国际环境和国内条件正在发生深刻复杂的变化，经济下行压力加大，经济结构调整任务艰巨，外部环境挑战和不确定性上升。在此背景下，保持我国宏观经济平稳运行，加快转变经济发展方式，实现稳就业、稳金融、稳外贸、稳外资、稳投资、稳预期的政策目标，促进经济发展质量变革、效率变革、动力变革，需要进一步增强财政政策和货币政策的协同效应。具体来说，可以在以下几方面发力，发挥最优政策效应。

（1）协同推动经济高质量发展。高质量发展是解决当前我国社会主要矛盾、满足人民日益增长的美好生活需要的根本举措。财政政策和货币政策应坚持促进经济高质量发展这一基本取向，扎实做好稳就业、稳金融、稳外贸、稳外资、稳投资、稳预期工作，为经济高质量发展营造稳定的宏观经济环境。创新是推动经济高质量发展的根本动力。应深刻认识我国经济发展阶段和发展规律，充分发挥财政政策、货币政策组合在促进创新发展方面的协同效应。财政政策在重大工程建设和重大技术攻关领域发挥激励、引导和带动作用，货币政策在促进科技成果转化、激发科技创新动力等方面发挥积极作用。此外，二者还应在服务实体经济、脱贫攻坚、生态文明建设上共同履行职责使命。

（2）协同创新宏观调控。当前，财政政策、货币政策等宏观经济政策正从简单的方向性指引转变为复杂的量化调节。应按照深化供给侧结构性改革的要求，进一步改革和完善财政体制、金融体制，为财政政策和货币政策协同发挥作用奠定坚实的制度基础。积极的财政政策加力提效，着力减税降费、补短板、调结构；稳健的货币政策保持松紧适度，把好货币供给总闸门，促进融资结构和信贷结构优化，提升金融体系与供给体系、需求体系的适配性，保持广义货币 M2 与社会融资规模增速、国内生产总值名义增速相匹配，坚决不搞"大水漫灌"。密切关注民营企业和中小微企业融资难、融资贵等问题，既落实落细减税降费等财政政策举措，发挥财政资金对社会投资的撬动作用，又加大对中小银行定向降准力度，有效缓解民营企业和中小微企业融资困难。

（3）协同防范和化解重大风险。防范化解重大风险，重点是防控金融风险，关键是处理好金融安全、金融发展、金融创新的关系，加强对金融创新产品的监管，坚决守住不发生系统性金融风险的底线。应充分发挥财政政策和货币政策在防范化解地方政府债务风险上的协同效应，建立地方债务需求扩张约束机制，明确政府债务的金融支持范围，做好专项债发行配套和使用管理工作，遏制任何形式的不合规政府借款，有效防范、化解地方政府债务风险。同时，在处置房地产市场风险、商业银行不良资产风险等方面，也需要财政政策和货币政策协同发力。

（资料来源：何德旭.大家手笔：增强财政政策和货币政策协同效应［N］.人民日报2019－11－05.）

本章小结

国民收入决定理论是宏观经济学的核心，它为分析各种宏观经济问题提供了一种重要的工具。本章主要围绕总供给＝总需求这一基本原则，讲授总需求与国民收入决定及其变动相关的消费函数、储蓄函数等概念，以及 $IS-LM$ 模型等问题。最终说明总需求＝总供给均衡状况下国民收入决定的理论。

关键概念

消费函数　储蓄函数　平均消费倾向　边际消费倾向　平均储蓄倾向　边际储蓄倾向　IS 曲线　LM 曲线　总需求—总供给模型

思维导图

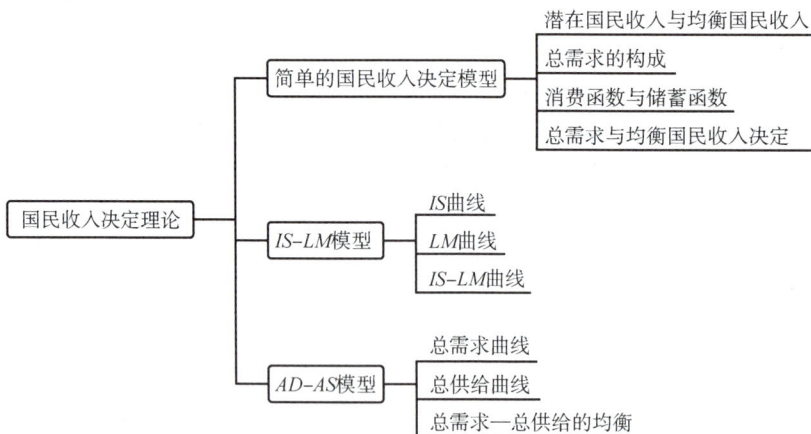

复习思考题

一、名词解释

消费函数　储蓄函数　平均消费倾向　边际消费倾向　平均储蓄倾向　边际储蓄倾向　IS 曲线　LM 曲线　总供给曲线　总需求曲线

二、选择题

1. 消费函数的斜率取决于（　　　）。

A. APC

B. 与可支配收入无关的消费的总量

C. MPC

D. 由收入变化引起的投资的总量

2. 如果 MPC 为常数，那么消费函数将是（　　　）。

A. 一条不通过原点的直线

B. 一条相对于横轴向上凸的曲线

C. 一条通过原点与横轴成 45° 的直线

D. 以上说法均不准确

3. （　　　）可以引起消费函数向上移动。

A. 现期可支配收入的增加

B. 预期未来收入增加

C. 利率上升

D. 以上均不正确

4. 假定其他条件不变，厂商投资增加将引起（　　　）。

A. 消费水平下降，国民收入增加

B. 消费水平提高，国民收入增加

C. 消费水平不变，国民收入增加

D. 储蓄水平下降，国民收入增加

5. 假设边际储蓄倾向为 0.3，投资增加 60 亿元，可预期均衡的 GDP 增加（　　　）。

A. 20 亿元

B. 120 亿元

C. 180 亿元

D. 200 亿元

6. 如果消费函数为 $C = 100 + 0.8\ (Y - T)$，并且政府支出和税收同时增加 1 元，则均衡的收入水平将（　　　）。

A. 保持不变

B. 增加 3 元

C. 增加 1 元

D. 下降 4 元

7. 假定总供给曲线水平，MPS 为 0.25，那么自主性支出增加 10 亿元将使均衡国民收入水平上升（　　　）。

A. 2.5 亿元

B. 10 亿元

C. 250 亿元

D. 40 亿元

8. IS 曲线上的每一点都表示（　　　）。

A. 产品市场上投资等于储蓄时收入与利率的组合

B. 使投资等于储蓄的均衡货币额

C. 货币市场的货币需求等于货币供给时均衡的货币额

D. 产品市场和货币市场都均衡时的收入与利率的组合

9. 货币供给的增加（　　　）。

A. 使 LM 曲线左移

B. 使 LM 曲线右移

C. 使 IS 曲线右移

D. 使 IS 曲线左移

10. 若中央银行在增税的同时减少货币供给，则（　　　）。

A. 利率上升

B. 利率下降

C. 均衡的收入水平上升

D. 均衡的收入水平下降

三、计算题

1. 社会原始收入为 1 000 亿元，消费 800 亿元，当收入增加至 1 200 亿元时，消费增至 900 亿元。

（1）计算 APC、APS、MPC、MPS。

（2）当自发总需求增加 50 亿元时，国民收入会增加多少？

（3）如果自发总需求增加 80 亿元，国民收入增加 200 亿元，此时的乘数、*MPS*、*MPC* 是多少？

2. 根据已给收入与消费的数据，计算表 9 - 2 中的储蓄、*MPC*、*APC*、*MPS*、*APS*。

表 9 - 2　收入与消费的相关数据计算

年份	收入/元	消费/元	储蓄	*MPC*	*APC*	*MPS*	*APS*
2011	9 000	9 110					
2012	10 000	10 000					
2013	11 000	10 850					
2014	12 000	11 600					
2015	13 000	12 240					
2016	14 000	12 830					
2017	15 000	13 360					

四、问答题

1. 按照凯恩斯的观点，增加储蓄对均衡收入有何影响？什么是"节俭的悖论"？

2. 简述货币市场和产品市场同时均衡的过程。

3. 试分析 *AD - AS* 模型。

五、阅读材料

住房需求是投资

在许多人的观念中，购买住房是一种消费，与购买冰箱、彩电、汽车一样。在经济学家看来，购买住房实际是一种投资行为，即投资于不动产。

为什么购买住房不是消费而是投资呢？我们先从这种购买行为的目的来看。消费是为了获得效用，例如，购买冰箱、彩电、汽车等都是为了使满足程度更大，消费不会增值。但投资是为了获得利润，或称投资收益。在发达的市场经济中，人们购买房子不是为了住或得到享受（如果仅为了住可以租房子），而是作为一种投资得到收益。住房的收益有两个来源：一是租金收入（自己住时少交的房租也是自己的租金收入），二是房产本身的增值。土地总是有限的，因此，从总趋势来看，房产是升值的。正因这样，许多人把购买住房作为一种收益大而风险小的不动产投资。把住房作为消费还是投资在经济学家看来是十分重要的。因为决定消费与投资的因素不同。在各种决定消费的因素中最重要的是收入，但在决定投资的各种因素中最重要的是利率，因为利率影响净收益率。只有利率下降，收益率提高，人们才会投资，而且只要净收益率高，人们就愿意借钱投资，因此，要刺激投资就要降低利率。如果经济政策的目标是刺激人们购买住房，关键不是增加收入，而是降低利率。

讨论：除了租金和房产本身增值外，投资房产还有哪些好处？

第十章

此消彼长——失业与通货膨胀理论

学习目标

1. 理解失业和通货膨胀的基本概念。
2. 掌握失业的类型及产生的原因。
3. 掌握失业和通货膨胀的关系。
4. 掌握菲利普斯曲线。

能力目标

1. 能够运用失业理论分析市场上出现的失业状况，并能分析其成因和提出解决方案。
2. 能够分析出现通货膨胀的原因，能够判断现阶段是否处于通货膨胀中，并对其进行衡量。
3. 能够运用所学理论分析我国目前的失业和通货膨胀的经济现象。

德育目标

1. 建立创新创业意识。当前就业形势不容乐观，大学生应提高忧患意识，清楚认识复杂的就业形势，处理好就业与择业、就业与创业之间的关系。

2. 我国政府始终把就业作为重要工作，提出"大众创业、万众创新"，采取各种方式增加就业岗位，提高就业水平，使人民有收入，提高幸福感。作为当代大学生，应树立正确的就业观，理解政府所做出的努力，建立良好的职业道德。

3. 要辩证地看待通货膨胀，有限度的通货膨胀对经济有促进作用。唯物辩证法是马克思主义哲学的重要组成部分，从通货膨胀的学习中认识到辩证法的普遍性和实用性。

学习建议

自 20 世纪 30 年代世界经济发生第一次大萧条以来，失业和通货膨胀一直是困扰经济发展的痼疾，也是经济学界经久不衰的重大研究课题。本章建议学习 6~8 课时。

导入案例

地摊经济，升温不能"发烧"

落一子而全局活。地摊经济一放开，不少地方出现了"千树万树梨花开"的景象。比如，近期成都等地放开马路经济，给流动摊贩"松绑"。截至 5 月 28 日，成都市设置临时占道摊点、摊区 2 230 个，允许临时越门经营点位 17 147 个，允许流动商贩经营点 20 130 个，增加就业人数 10 万人以上，复苏了城市烟火气，也让经济逐渐恢复景气。

这一举措给摊贩们带来更多尊严和获得感，正如一名摊贩感慨："我没什么其他技能，又租不起门面，就摆摊卖水果。之前一直'打游击'，收入不稳定，压力好大。现在心里踏实多了。"

地摊经济之所以能成为近段时间以来的热门话题，一方面是因为它能在一定程度上拉动经济发展、增加就业，另一方面是因为它所带来的烟火气唤起了国人对城市生活的最初记忆。其实，地摊与城市并非水火不容。有关部门如果能少一些管理"洁癖"，别一见地摊就蹙眉、拒斥，很多老百姓是欢迎和支持的。但是，热话题也需冷思考。面对遍布大街小巷的地摊，也有人担心会阻碍交通，商品质量无法得到保证，食品和环境卫生问题无法解决，这些担心绝非多余。

过去，一些城市的监管者过于苛刻，对摊贩缺乏起码的包容。而现在，一些地方又过于宽松，缺乏基本的治理。从一些媒体披露的场景看，有些地摊存在脏乱差等问题，满目狼藉，确实令人不敢恭维。热度不减的地摊经济，会不会被紧急叫停？如何跳出"一管就死，一放就乱"的怪圈？这是大家都很关心的话题。"该管起来就能够迅速地管起来，该放开又能够有序地放开，收放自如，进退裕如，这是一种能力。"同样的逻辑，对地摊经济也是一样。应奉行这一治理思路，放开不是放手，也不是放松，而是讲究"有序"二字。

值得一提的是，目前一些地方已经意识到问题所在，比如有的划定固定摊位，有的提出摆摊应有时段限制，还有的要求经营食品加工的必须办理健康证……这些要求都不过分，属于依法监管，合理监管，也是对广大消费者的权益负责。事实上，柔性执法和审慎包容并不矛盾，在柔性执法中审慎包容，在审慎包容中柔性执法，探索治理效能最大化，就能实现多赢。"抓紧出台和落实各项刺激消费的措施，千方百计把疫情造成的损失降到最低。"放管得当，就能激活一池春水，提升民众的美好预期，就能让城市更有温度，让经济恢复得更有热度。

（资料来源：人民日报，2020 - 06 - 06.）

失业与通货膨胀是当代经济中存在的主要问题。无论是发达国家还是发展中国家，都不同程度地存在失业与通货膨胀问题。因此，失业与通货膨胀就成为宏观经济学研究的主要问题。失业与通货膨胀理论是运用国民收入决定理论，分析失业和通货膨胀的成因及相互关系，从而为解决这些问题以及制定有关政策提供理论基础。

第一节　失业理论

一、失业与充分就业

（一）失业相关概念

1. 失业

失业是指在一定年龄范围内愿意工作而没有工作，并正在积极寻找工作的一种经济现象。

失业的基本条件有以下几个。

（1）在一定年龄范围内。世界各国对工作年龄有不同的规定，联合国规定的开始工作年龄为 15 岁，我国规定开始工作的年龄为 18 周岁。

（2）愿意工作。

（3）为寻找工作付出过一定努力，即有求职活动。

（4）目前没有工作。

总之，有工作的人是就业者，没有工作的人不一定是失业者。

2. 失业率

衡量一个经济中失业状况的最基本指标是失业率。失业率是失业人数占劳动力总数的百分比，用公式表示为：

$$失业率 = \frac{失业人数}{劳动力总数} \times 100\%$$

失业人数指属于上述失业范围，并到有关部门登记注册的失业者人数。劳动力总数是指失业人数与就业人数之和。世界上基本采用两种方法获得失业率的有关统计数据，一种是抽样调查法，如美国通过对 55 000 户进行抽样调查来估算出失业率，并在每月第一个星期五发表上月的失业率估计数字；另一种是以政府登记为基础的行政登记法，目前我国以城镇登记失业率指标代替失业率。

这两种方法得到的数据不一定能准确反映失业的严重程度，但它仍是一个重要的宏观经济指标。因为失业率不仅在一定程度上反映了失业的严重程度，而且可以反映出失业的特点，有利于政府更准确地把握国家的就业状态。

（二）充分就业

充分就业并非指人人都有工作。失业可以分为由需求不足而造成的周期性失业和由于经济中某些难以克服的原因而造成的自然失业两种，消灭了周期性失业时的就业状态就是充分就业。充分就业与自然失业的存在并不矛盾，实现了充分就业时的失业率称为自然失业率。

充分就业

充分就业时仍然有一定的失业。这是因为，经济中有些造成失业的原因（如劳动力的流动等）是难以克服的，劳动力市场总不是十分完善的。这种失业的存在不仅是必然的，而且是必要的。因为这种失业的存在，失业者能作为劳动后备军随时满足经济发展对劳动的需求，能作为一种对就业者的"威胁"，而迫使就业者提高生产效率。此外，各种福利支出（失业补助、贫困补助等）的存在，也使得一定失业水平的存在不会成为影响社会安定的因素，是社会可以接受的。

自然失业率取决于劳动力市场的完善程度、经济状况等各种因素。自然失业率由各国政府根据实际情况确定，各国在各个时期所确定的自然失业率都不同。从第二次世界大战后的情况看，自然失业率有不断上升的趋势。以美国为例，20 世纪五六十年代的自然失业率为 3.5% ~ 4.5%，即如果有 95.5% ~ 96.5% 的人就业就是实现了充分就业；而 80 年代的自然失业率为 5.5% ~ 6.5%，即若有 93.5% ~ 94.5% 的人就业，就是实现了充分就业。

二、自然失业

自然失业是指由于经济中某些难以避免的原因所引起的失业，在任何动态市场经济中，这种失业都是必然存在的。新古典经济学派和凯恩斯都把这类失业归为摩擦性失业和自愿失业。现代经济学家按引起失业的具体原因，把自然失业分成以下类型。

（一）摩擦性失业

摩擦性失业是指在经济中由于正常的劳动力流动而引起的失业。在一个动态经济中，各行业、各部门与各地区间劳动需求的变动是经常发生的。这种变动必然会导致劳动力的流动，在劳动力的流动过程中，总有部分工人处于失业状态，这就形成了摩擦性失业。经济中劳动力的流动是正常的，所以，这种失业的存在也是正常的。一般还把新加入劳动力队伍正在寻找工作而造成的失业，也归入摩擦性失业。

（二）求职性失业

求职性失业是指工人不满意现有的工作，离职去寻找更理想的工作所造成的失业。这种失业的存在主要是因为劳动力市场不是同质的，即使是完全相同的工作也存在着工资与其他条件的差异。而且，劳动力市场中的信息又是不充分的，并不是每一个工人都可以得到完全的工作信息。工人在劳动力市场上得到的信息越充分，就越能找到理想的工作。如果得到好工作的收益大于寻找这种工作的成本，工人就宁愿失业去找工作。工人在寻找理想工作期间的失业就是求职性失业。这种失业也是劳动力流动的结果，但它又不同于摩擦性失业，因为这种劳动力的流动不是经济中难以避免的原因引起的，而是工人自己造成的，属于自愿失业的性质。失业补助的存在也在一定程度上助长了这种失业。在这种失业中，青年占的比例相当大，因为青年往往不满现状，渴望找到更适合自己的工作。

（三）结构性失业

结构性失业是指由于劳动力市场结构的特点，劳动力的流动不能适应劳动力需求变动所引起的失业。经济结构的变动（例如有些部门发展迅速，而有些部门正在收缩；有些地区正在开发，而有些地区已经衰落）要求劳动力的流动能迅速适应这些变动。但由于劳动力有其一时难以改变的技术结构、地区结构和性别结构，很难适应经济结构的这种变动，就会出现失业。在这种情况下，往往是"失业与空位"并存，即一方面存在着有工作无人做的"空位"，另一方面又存在着有人无工作的"失业"。这种失业的根源在于劳动力市场的结构特点。

（四）技术性失业

技术性失业是由技术进步所引起的失业。在经济增长过程中，技术进步的必然趋势是生产中越来越广泛地采用了资本密集性技术，越来越先进的设备代替了工人的劳动。这样，对劳动力需求的相对缩小就会使失业增加。此外，在经济增长过程中，资本品相对价格的下降和劳动力相对价格的上升加剧了机器取代工人的趋势，从而也就加重了这种失业。在长期中，技术性失业是很重要的，属于这种失业的工人大都是文化技术水平低、不能适应现代化技术要求的工人。

（五）季节性失业

季节性失业是指由某些行业生产的季节性变动所引起的失业。某些行业的生产具有季节性，生产繁忙的季节所需的工人多，生产淡季所需要的工人少，这样就会引起具有季节性变动特点的失业。这些行业生产的季节性是由自然条件决定的，很难改变。因此，这种失业也是正常的。在农业、建筑业、旅游业中，季节性失业最为严重。

（六）古典失业

古典失业是指由工资具有刚性所引起的失业。按照古典经济学家的假设，如果工资具有完全的伸缩性，则通过工资的调节能实现人人都有工作。也就是说，如果劳动的需求小于供给，则工资会下降，直至全部工人都被雇佣为止，不会产生失业。但由于人类的本性不愿使工资下降，而工会的存在与最低工资法又限制了工资的下降，这就形成了工资特有的只能升不能降的工资刚性。这种工资刚性的存在，使部分工人无法受雇，从而形成失业。这种失业是古典经济学家提出的，所以称为古典失业，凯恩斯也把这种失业称为自愿失业。

三、周期性失业

周期性失业又称需求不足的失业，是指由总需求不足引起的短期失业，也就是凯恩斯所说的非自愿失业。它一般出现在经济周期的萧条阶段，故称周期性失业。

周期性失业

根据凯恩斯的分析，就业水平取决于国民收入水平，而国民收入又取决于总需求。凯恩斯把总需求分为消费需求与投资需求。他认为，决定消费需求的因素是国民收入水平与边际消费倾向，决定投资需求的是预期的未来利润率（即资本边际效率）与利息率水平。在国民收入既定的情况下，消费需求取决于边际消费倾向。他以边际消费倾向递减规律说明了消费需求不足的原因。这就是说，在增加的收入中，消费也在增加，但消费的增加低于收入的增加，这样就造成了消费不足。投资是为了获得最大限度的纯利润，而这一利润取决于投资预期的利润率（即资本边际效率）与为了投资而贷款时所支付的利息率。如果预期的利润率大于利息率，则纯利润越大，投资越多；如果预期的利润率小于利息率，则纯利润越小，投资越少。

凯恩斯用资本边际效率递减规律说明了预期的利润率是下降的，又说明了由于货币需求（即心理上的流动偏好）的存在，利息率的下降有一定的限度。这样，预期利润率与利息率越来越接近，因此，投资需求也是不足的。消费需求的不足与投资需求的不足造成了总需求的不足，从而引起非自愿失业，即周期性失业。

四、隐蔽性失业

隐蔽性失业是指表面上有工作，但实际上对生产并没有做出贡献的人，即有"职"无"工"的人，或者说，这些工人的边际生产力为零。当经济中减少就业人员而产量仍没有下降时，就存在隐蔽性失业。这种失业在发展中国家存在较多。美国著名发展经济学家阿瑟·刘易斯曾指出，发展中国家的农业部门存在着严重的隐蔽性失业，这种失业的存在给经济带来了巨大的损失。因此，消灭隐蔽性失业对提高经济效率是十分重要的。

五、失业的经济损失

对于个人来说，如果是自愿失业，会给他带来闲暇的享受。但如果是非自愿失业，则会使他的收入减少，从而导致生活水平下降。

对社会来说，失业增加了社会福利支出，造成财政困难，但失业率过高又会影响社会的安定，带来其他社会问题。从整个经济看，失业在经济上最大的损失就是实际国民收入的减少。美国经济学家阿瑟·奥肯在20世纪60年代所提出的奥肯定律，正是要说明失业率与实际国民收入增长率之间的关系。

奥肯定律是说明失业率与实际国民收入增长率之间关系的经验统计规律。这一规律表明，失业率每增加1%，实际国民收入减少2.5%；失业率每减少1%，则实际国民收入增加2.5%。在理解这一规律时应该注意：

（1）它表明了失业率与实际国民收入增长率之间是反方向变动的关系；

（2）失业率与实际国民收入增长率之间1∶2.5的关系只是一个平均数，是根据经验统计资料得出来的，这一数据在不同的时期并不完全相同；

（3）奥肯定理主要适用于没有实现充分就业的情况，即失业率是周期性的失业率，在实现了充分就业的情况下，自然失业率与实际国民收入增长率的这一关系就要弱得多，一般估算在1：0.76。

相关链接

失业的利与弊

从利的方面看，一定量的失业人员是市场经济下劳动力的"蓄水池"，它有利于企业根据生产经营状况及时吞吐劳动力，还有利于单位选择合格的或高素质的劳动力；对失业人员的就业引入竞争机制，可以促使失业人员努力提高自己的素质；有失业问题存在也使在业人员产生"可能失去饭碗"的危机感，从而努力做好本职工作，争取职业的稳定和收入的提高，这无疑是社会进步所需要的。

从弊的方面看，失业使部分劳动力失去了工作，也就失去了生活费的来源，生活水平会降低，其社会地位也会下降；长期失业还会带来婚姻、家庭等方面的问题，也会引起失业人员对政府的不满等；失业人员无工作还会在社会上游荡，成为社会不稳定的一个因素；大批人员的失业会降低社会消费水平，从而影响经济的发展速度。因此，不少市场经济国家都把失业问题作为社会发展的"头号敌人"，把降低过高的失业率作为政府工作的重要内容。

（资料来源：根据《经济日报》文章整理）

第二节　货币理论与通货膨胀理论

一、货币与货币理论

（一）货币及其分类

经济学家认为，货币是人们普遍接受的，充当交换媒介的东西。正如美国经济学家米尔顿·弗里德曼所说，货币"是一个共同的、普遍接受的交换媒介"。

货币的本质体现在货币的职能上。经济学家认为，货币的职能主要有三种：第一，交换媒介，即作为一种便利于交换的工具，这是货币最基本的职能；第二，计价单位，即利用它的单位来表示其他一切商品的价格；第三，贮藏手段，即作为保存财富的一种方式。

了解货币

目前，货币主要有以下几类。

（1）纸币：由中央银行发行的，由法律规定了其地位的法偿货币。纸币的价值取决于它的购买力。

（2）铸币：小额币值的辅币，一般用金属铸造。

以上两种货币被称为通货或现金。

（3）存款货币：又称银行货币或信用货币，是商业银行中的活期存款。活期存款可以用支票在市场上流通，所以是一种可以作为交换媒介的货币。

（4）近似货币：又称准货币，是商业银行中的定期存款和其他储蓄机构的储蓄存款。这种存款在一定条件下可以转化为活期存款，通过支票流通，因此称为近似货币。

（5）货币替代物：在一定条件下可以暂时代替货币起到交换媒介作用的东西。例如信用卡，它本身并不是货币，也不具备货币的职能，只是代替货币执行交换媒介的职能。

在我国，一般把货币分为 M0、M1、M2 和 M3。

M0 = 流通中现金。

M1 = M0 + 商业银行活期存款。

M2 = M1 + 定期存款与储蓄存款。

M3 = M2 + 具有高流动性的证券和其他资产。

表 10-1 为 2018 年 6 月—2019 年 6 月我国货币供应量情况分析。

表 10-1　2018 年 6 月—2019 年 6 月我国货币供应量情况分析

日期	M2（货币和准货币）		M1（货币）		M0（流通中现金）	
	余额/亿元	同比增长/%	余额/亿元	同比增长/%	余额/亿元	同比增长/%
2018.6	1 770 178.00	7.97	543 944.70	6.61	69 589.33	3.90
2018.7	1 776 196.00	8.55	536 624.30	5.12	69 530.59	3.60
2018.8	1 788 670.00	8.21	538 324.60	3.90	69 775.39	3.30
2018.9	1 801 666.00	8.29	538 574.10	4.00	71 254.26	2.20
2018.10	1 795 562.00	8.00	540 128.40	2.70	70 106.26	2.80
2018.11	1 813 175.00	7.98	543 498.70	1.48	70 563.30	2.80
2018.12	1 826 744.00	8.10	551 686.00	1.50	73 208.00	3.60
2019.1	1 865 935.00	8.40	545 638.00	0.40	87 471.00	17.20
2019.2	1 867 427.00	88.00	527 190.50	2.00	79 484.70	-2.40
2019.3	1 889 412.00	8.60	547 575.50	4.60	74 941.58	3.10
2019.4	1 884 670.00	8.50	540 614.60	2.90	73 965.76	3.50
2019.5	1 891 154.00	8.50	544 355.60	3.40	72 798.46	4.30
2019.6	1 921 360.00	8.50	567 696.20	4.40	72 581.00	4.30

资料来源：中国人民银行、国家统计局。

M1 被称为狭义的货币供给量，M2 被称为广义的货币供给量，M3 被称为最广义的货币供给量。可见，M0、M1、M2 和 M3 的划分依据是流动性（变现能力）。M0 本身就是现金，所以流动性最大；M1 中的活期存款也是能够随时变现的，所以流动性虽不及 M0，但要大于M2，因为 M2 中的定期存款受期限限制，不能随时变现；M3 是考虑到金融创新的现状而设立的，暂未测算。

（二）格雷欣定律

格雷欣定律又称"劣币驱逐良币定律"，由 16 世纪英国银行家托马斯·格雷欣提出。这一定律的基本内容是：实际价值不同的金属货币具有同等法偿能力时，实际价值较高的良币必然退出流通，被作为窖藏，而实际价值较低的劣币必然充斥于流通之中。在复本位情况下，这种现象较普遍。

解格雷欣法则

（三）货币数量论

货币数量论是关于货币流通量与一般价格水平之间关系的理论。其基本观点是：商品的价格水平和货币的价值是由流通中货币的数量决定的。在其他条件不变的情况下，商品的价格水平与货币数量成正比例变化，货币价值与货币数量成反比例变化。所以，流通中的货币数量越多，商品的价格水平越高，货币价值越小；相反，流通中的货币数量越少，商品的价格水平越低，货币价值越大。

二、通货膨胀及其衡量

（一）通货膨胀的概念

通货膨胀是物价总水平在一段时间内持续、明显上涨的现象。理解通货膨胀要注意以下三点。

通货膨胀

（1）通货膨胀不是个别商品价格的上涨，而是价格总水平的上涨，包括了商品价格和劳务价格。

（2）通货膨胀不是一次性或短期价格的上升，而是一个持续过程。同样，也不能对经济周期性的萧条、价格下跌以后出现的周期性复苏阶段的价格上升贴上通货膨胀的标签。只有当价格持续的上涨作为趋势不可逆转时，才可称为通货膨胀。

（3）通货膨胀是价格总水平明显地上涨。轻微的价格水平上升，就很难说是通货膨胀。价格总水平增长率的标准到底是多少，取决于人们的主观观念和对价格变化的敏感程度。

相关链接

通货膨胀的原因之一

1921 年 1 月的德国，一份报纸为 0.3 马克，而不到两年时间，1922 年 11 月，一份同样的报纸价格为 7 000 万马克。且当时德国所有的物价也都疯狂地上升。这是历史上最惊人的通货膨胀事件。类似的情况在 20 世纪 40 年代的中国也发生过。

那么，什么是通货膨胀？简单地说，通货膨胀就是经济中物价总水平发生大幅度的、持续性的上升。是什么原因引起了通货膨胀？在大多数严重或持续的通货膨胀情况下，罪魁祸首都是货币量的增长。当一个政府发行了大量本国货币时，货币的价值就下降了。政府有各种各样的理由多印钞票，比如，在一些税制不健全的国家，政府为了负担开支，就要通过增印钞票来暗中征税；另外，政府为了增加教育、基础建设或国防的开支，或为了援助灾民，也会增印钞票。

增印钞票的理由数之不尽，有些是正当的，有些是不正当的——更准确地说，对某些人来说是正当的，而对另外一部分人来说是不正当的。正当与否，经济学无法做出"科学的"判断。但不管怎样，经济学要指出的是，通货膨胀的成因就是政府发行了过量的钞票。由于高通货膨胀会给社会带来各种各样的影响福利的成本与代价，所以世界各国都把保持低通货膨胀作为经济政策的一个目标。

相关链接

通货膨胀与通货紧缩的关系

1. 联系

（1）通货膨胀与通货紧缩都是由社会总需求与社会总供给不平衡造成的，即流通中实际需要的货币量与发行的数量不平衡。

（2）通货膨胀与通货紧缩都会影响正常的经济生活和社会经济秩序。因此，必须采取切实有效的措施予以抑制。

2. 区别

（1）含义及实质不同：通货膨胀是指纸币的发行量超过流通中所需要的数量，从而引起纸币贬值、物价上涨的经济现象，其实质是社会总需求大于社会总供给；通货紧缩是指物价总水平在较长时间内持续下降的经济现象，其实质是社会总需求小于社会总供给。

（2）表现不同：通货膨胀表现为纸币贬值、物价上涨、经济过热的现象；通货紧缩则表现为物价持续下降、市场疲软、经济萎缩的现象。

（3）原因不同：通货膨胀主要是由纸币的发行量大大超过流通中所需要的货币量引起的。另外，经济结构不合理、固定资产投资规模过大、生产资料价格大幅调整、需求膨胀等因素也是引发通货膨胀的重要原因。通货紧缩主要是由宏观经济环境的变化，市场由卖方市场转变为买方市场引起的。另外，货币供应增长乏力、金融危机等因素也是引发通货紧缩的重要原因。

（4）危害性不同：通货膨胀直接引起纸币贬值、物价上涨，如果人们的实际收入没有增长，生活水平就会下降，购买力降低，商品销售困难，造成社会经济生活秩序混乱；对于通货紧缩，物价下降在一定程度上对人民生活有好处，但物价总水平长时间、大范围下降会影响企业生产和投资的积极性，导致市场销售不振，对经济的长远发展和人民的长远利益不利。

（5）解决办法不同：抑制通货膨胀主要是实行适度从紧的货币政策和量入为出的财政政策，控制货币供应量和信贷规模；抑制通货紧缩主要是采取积极的财政政策和稳健的货币政策，加大投资力度，扩大内需，调整出口结构，努力扩大出口。

（二）衡量通货膨胀的指标

衡量通货膨胀的指标是物价指数。物价指数是表明某些商品的价格从一个时期到下一时期变动程度的指数。根据计算物价指数时包括的商品品种的不同，目前经常使用的物价指数主要有三个。

1. 消费物价指数（CPI）

消费物价指数（CPI）又称零售物价指数或生活费用指数，是根据居民所购买的大约 300 种商品和劳务的价格计算出来的，是衡量各个时期居民个人消费的商品和劳务零售价格变化的指标。

2. 批发物价指数（PPI）

批发物价指数（PPI）又称生产者物价指数，它是根据 2 000 种有代表性的商品的批发价格计算出来的，是衡量各个时期生产资料（即资本品）与消费资料（即消费品）批发价格变化的指标。

延伸阅读

2018 年 1 月—2020 年 8 月中国消费物价指数如表 10 - 2 所示。

表 10 - 2　2018 年 1 月—2020 年 8 月中国消费物价指数

月　份	全国		城市		农村	
	当月	同比增长/%	当月	同比增长/%	当月	同比增长/%
2020 年 08 月份	102.4	2.4	102.1	2.10	103.2	3.2
2020 年 07 月份	102.7	2.7	102.4	2.40	103.7	3.7
2020 年 06 月份	102.5	2.5	102.2	2.20	103.2	3.2
2020 年 05 月份	102.4	2.4	102.3	2.30	103.0	3.0
2020 年 04 月份	103.3	3.3	103.0	3.00	104.0	4.0
2020 年 03 月份	104.3	4.3	104.0	4.00	105.3	5.3
2020 年 02 月份	105.2	5.2	104.8	4.80	106.3	6.3
2020 年 01 月份	105.4	5.4	105.1	5.10	106.3	6.3
2019 年 12 月份	104.5	4.5	104.2	4.20	105.3	5.3
2019 年 11 月份	104.5	4.5	104.2	4.20	105.5	5.5
2019 年 10 月份	103.8	3.8	103.5	3.50	104.6	4.6
2019 年 09 月份	103.0	3.0	102.8	2.80	103.6	3.6
2019 年 08 月份	102.8	2.8	102.8	2.8	103.1	3.1
2019 年 07 月份	102.8	2.8	102.7	2.7	102.9	2.9
2019 年 06 月份	102.7	2.7	102.7	2.7	102.7	2.7
2019 年 05 月份	102.7	2.7	102.7	2.7	102.8	2.8
2019 年 04 月份	102.5	2.5	102.5	2.5	102.6	2.6
2019 年 03 月份	102.3	2.3	102.3	2.3	102.3	2.3
2019 年 02 月份	101.5	1.5	101.5	1.5	101.4	1.4
2019 年 01 月份	101.7	1.7	101.8	1.8	101.7	1.7
2018 年 12 月份	101.9	1.9	101.9	1.9	101.9	1.9
2018 年 11 月份	102.2	2.2	102.2	2.2	102.2	2.2
2018 年 10 月份	102.5	2.5	102.5	2.5	102.6	2.6
2018 年 09 月份	102.5	2.5	102.4	2.4	102.5	2.5
2018 年 08 月份	102.3	2.3	102.3	2.3	102.3	2.3
2018 年 07 月份	102.1	2.1	102.1	2.1	102.0	2.0
2018 年 06 月份	101.9	1.9	101.8	1.8	101.9	1.9
2018 年 05 月份	101.8	1.8	101.8	1.8	101.7	1.7
2018 年 04 月份	101.8	1.8	101.8	1.8	101.7	1.7

月 份	全国		城市		农村	
	当月	同比增长/%	当月	同比增长/%	当月	同比增长/%
2018 年 03 月份	102.1	2.1	102.1	2.1	101.9	1.9
2018 年 02 月份	102.9	2.9	103.0	3.0	102.7	2.7
2018 年 01 月份	101.5	1.5	101.5	1.5	101.5	1.5

资料来源：国家统计局网站。

3. 国民生产总值折算指数

国民生产总值折算指数是根据国民生产总值的价格变动因素计算出来的，衡量各个时期一切商品与劳务价格变化的指标。

以上三种物价指数都能反映基本相同的通货膨胀率变动的趋势，但由于各种指数所包括的范围不同，所以，数值并不相同。消费物价指数与人民生活水平关系最为密切，因此，一般用消费物价指数来衡量通货膨胀。

（三）通货膨胀的分类

按照不同的标准可对通货膨胀进行不同分类，最常见的是根据通货膨胀的严重程度进行分类，可将其分为四类。

（1）爬行的通货膨胀，又称温和的通货膨胀，其特点是通货膨胀率低且比较稳定。

（2）加速的通货膨胀，又称奔驰的通货膨胀，其特点是通货膨胀率较高（一般在两位数以上），而且在不断加剧。

（3）超级的通货膨胀，又称恶性通货膨胀，其特点是通货膨胀率非常高（一般在三位数以上），而且完全失去了控制。这种通货膨胀会引起金融体系甚至整个经济的崩溃，以致引起政权的更迭。如第一次世界大战后德国的通货膨胀。

（4）受抑制的通货膨胀，又称隐蔽的通货膨胀，是指经济中存在通货膨胀的压力，但由于政府实施了严格的价格管制与配给制，通货膨胀并没有发生。一旦解除价格管制并取消配给制，就会发生较严重的通货膨胀。原计划经济国家在经济改革过程中出现的通货膨胀，就属于这种情况。

（四）通货膨胀对经济的影响

如果通货膨胀率相当稳定，人们可以完全预期，那么，通货膨胀对经济的影响就很小。因为在这种可预期的通货膨胀之下，各种名义变量（名义工资、名义利率等）都可以根据通货膨胀率进行调整，从而使实际变量（实际工资、实际利率等）不变。这时，通货膨胀的唯一影响就是人们所持有的现金数量将减少。

在通货膨胀不能完全预期的情况下，通货膨胀将影响收入分配及经济活动，因为这时无法准确地根据通货膨胀率来调整各种名义变量，采取相应的经济行为。

通货膨胀对经济发展究竟是有利还是不利呢？经济学家对这个问题并没有一致的看法，大体上可以分为"有利论""不利论""中性论"三种观点。

1. "有利论"

"有利论"者认为，通货膨胀，尤其是温和的通货膨胀有利于经济发展。在他们看来，"通货膨胀是经济发展必不可缺的润滑剂"。其理由如下。

（1）通货膨胀所引起的有利于雇主、不利于工人的影响可以增加利润，从而刺激投资。

（2）通货膨胀所引起的"通货膨胀税"可以增加政府的税收，增加政府的支出，从而刺激经济发展。

（3）通货膨胀会加剧收入分配的不平等，而富人的边际储蓄倾向大于穷人，所以，通货膨胀可以通过加剧收入分配不平等而增加储蓄。他们强调，对于资金缺乏的发展中国家来说，利用通货膨胀来发展经济尤为重要。

2．"不利论"

"不利论"者认为，通货膨胀是不利于经济发展的。他们的理由如下。

（1）在市场经济中，通货膨胀使价格信号扭曲，无法正常地反映社会的供求状态，从而使价格失去调节经济的作用，导致经济无法正常发展。

（2）通货膨胀破坏了正常的经济秩序，使投资风险增大，引发社会动荡，从而使经济混乱、经济效率低下。

（3）通货膨胀所引起的紧缩政策会抑制经济的发展。

（4）在固定汇率下，通货膨胀所引起的货币贬值不利于对外经济交往。他们强调，也许通货膨胀在某个时期可以促进经济发展，但其最终结果却不利于经济发展，采用通货膨胀的方法来刺激经济无疑是"饮鸩止渴"。

3．"中性论"

"中性论"者认为，通货膨胀与经济增长并没有什么必然的联系。他们认为，货币是中性的，从长期来看，决定经济发展的是实际因素（劳动、资本、自然资源等）而不是价格水平。在长期中，由于货币量变动所引起的通货膨胀既不会有利于也不会不利于经济的发展。因此，没有必要把经济增长与通货膨胀联系在一起。

以上三种观点各有自己的理论与实际依据，很难说哪种观点绝对正确。应该说，在不同国家的不同历史时期，通货膨胀有不同的作用。只有把通货膨胀与经济增长放在具体的历史条件下进行分析才有意义。但从第二次世界大战后的情况来看，通货膨胀的弊大于利，借助通货膨胀来发展经济绝非上策。

相关链接

通货膨胀与实际购买力

如果你问一个普通人，为什么通货膨胀是坏事？他将告诉你，答案是显而易见的：通货膨胀剥夺了他辛苦赚来的钱的购买力。当物价上升时，每一元收入能购买的物品和劳务都少了。这样看来，通货膨胀直接降低了生活水平。

但进一步思考就会发现，这个回答有一个谬误。当物价上升时，物品与劳务的购买者为他们所买的东西支付得多了，但同时，物品与劳务的卖者为他们所卖的东西得到的也多了。由于大多数人通过出卖他的劳务，例如他的劳动，而赚到收入，所以收入的膨胀与物价的膨胀是同步的。因此，通货膨胀本身并没有降低人们的实际购买力。

人们之所以相信这个通货膨胀谬误，是因为他们没有认识到货币中性的原理。每年收入增加10%的工人倾向于认为这是对他自己才能努力的奖励。当6%的通货膨胀率把这种收入增加降低为4%时，工人会感到他应该得到的收入被剥夺了。事实上，实际收入是由实际变量决定的，例如物质资本、人力资本、自然资本和可以得到的生产技术。名义收入是由这些因素和物价总水平决定的。如果把通货膨胀从6%降到零，工人们每年的收入增加也会从10%降到4%。他不会感到被通货膨胀剥夺了，但他的实际收入并没有更快地增加。如果名义收入倾向于与物价上升保持一致，为什么通货膨胀还是一个问题呢？对于这个问题并没有单一的答案，相反，经济学家确定了几种通货膨胀的成本，这些成本中的每一种都说明了持续的货币供给增长事实上以某种方式对实际变量产生了影响。

相关链接

世界各国治理通货膨胀的良策

大多数国家认为通货膨胀对经济的长期增长有害无益，所以各国政府都很重视抑制通货膨胀。由于各国的历史基础、经济和社会环境存在差异，通货膨胀的状况和引发的原因也不同，所以各国实行的政策和采取的措施就会不同，产生的效果也就不同。虽然别的国家的办法不一定适合中国，我们还是要了解一下国际上的治理经验，从中吸取精华，制出良策，防患于未然。

1. 美国

美国历来就很重视通货膨胀，货币政策是美国政府抑制通货膨胀的主要策略。20 世纪 70 年代后半期以来，美国主要以货币供应增长率为货币政策的控制目标，按经济发展长期规律确定货币供应量增长率，并对不同货币（即 M1、M2、M3）的增长率规定不同的比率和范围。1993 年 7 月 22 日，美联储主席格林斯潘宣布，美联储决定放弃以控制货币供应量为中心的货币政策，转而实施以调整实际利率为核心和关键的货币政策，这是由于美国人投资方式改变了，政府很难把社会上大量流动的资金包括在货币供应量之内而加以控制。同时，由于美国经济开始复苏和强劲回升，格林斯潘于 1994 年 2 月 2 日宣布，美联储将以"中性"的新货币政策取代前几年以刺激经济为目标的货币政策，通过调整利率，使年经济增长率基本稳定在 2.5%（其中劳动力的年均增长率约为 1.5%，生产率的年均增长率约为 1%）左右，即提前采取措施，防患于未然，以解未来通货膨胀之忧。

2. 德国

德国是战后西方国家中控制通货膨胀最有成就的国家之一，40 多年来，德国的物价上涨率基本控制在 5% 以下。德国抑制通货膨胀的最大特点是，把货币政策置于首位，由联邦银行（中央银行）担任"首席执行官"。它具有高度的独立性，肩负"货币监护者"的使命，不受政府对稳定货币的干预。联邦银行以它拥有垄断纸币发行、驾驭所有银行和为国家理财的特殊功能，采取一系列货币政策手段，包括实行贴现政策和抵押贷款政策，调整最低储备金率，频繁进行债券回购协议式交易等公开市场业务，规定联邦和州政府将流动资金存入联邦银行而不计利息，以及通过外汇买卖控制流动资金数量等。德国抑制通货膨胀的另一个显著特点是，联邦银行与政府、政府与议会、政府与资方和工会、劳资双方，以及其他各社会经济集团之间协调行动，取得了比较好的成效。

3. 加拿大

加拿大中央银行近年来一直把抑制通胀作为货币政策的最终目标，并且把目标具体化。1991 年 2 月，加拿大中央银行与当时的保守党政府共同宣布，到 1995 年年底，加拿大的通货膨胀率要降到 2%。由于货币政策对通货膨胀的影响，因传递过程迟缓和易变，所以中央银行捉摸不定或把握不准，于是提出和使用中间指标，把它作为控制通货膨胀的支撑点。加拿大中央银行从 1975 年到 1982 年建立了货币供应目标区，分阶段地控制或减少货币供应量，逐步达到最终的控制目标。后来，由于货币需求压力增大，目标区控制未能达到抑制通货膨胀的目标，因此，把中间指标由"货币供应目标区"改为综合反映短期利率和加元汇率变化的"货币条件"。通过检测"货币条件指数"的变化而快速地检测货币总流通量的变化，从而及时采取措施，如调整利率，以控制货币流通总量和抑制通货膨胀。

4. 韩国

韩国政府为了抑制和扭转通货膨胀上涨加剧对经济增长的损害，首先于 1979 年 4 月颁布"稳定化"计划，提出"稳定、均衡、增长"方针，即把快速增长政策调整为稳定增长政策，并相应地把扩张的财政信贷政策调整为紧缩的财政信贷政策。之后，韩国进一步把保持低通货膨胀作为一项主要政策目标，坚持稳定化计划，继续进行一系列的政策调整。

韩国政府在治理通货膨胀时，考虑到本国资源缺乏、能源主要依赖进口、国内市场小、粮食等供给不足的实际情况，尤其是针对资源型通货膨胀等，采取相应的对策，即既要抑制通货膨胀，又要使经济保持一定的增长，并提高效益。

为此，政府采取措施，鼓励储蓄、增加生产和稳定物价，特别是保证重点消费品的生产。同时，韩国政府通过有力的政府指导或干预，与维护和加强有效竞争的市场机制结合起来。韩国政府还制定和实施反垄断法，降低企业和个人所得税，放松对进口和直接投资的控制等，以维护、扩大和促使市场竞争。

由于韩国政府对通货膨胀实行既治标又治本，既抑制需求又促进供给的综合治理，通货膨胀得到有效控制。1982 年，维持多年的两位数物价上涨率首次降为一位数，并在 1983—1987 年，消费物价上涨率持续稳定在 3% 左右。进入 20 世纪 90 年代，虽然受经济过热的威胁，但韩国仍把通货膨胀控制在较低的水平，1992 年为 6.2%，1993 年是 4.8%。同时，经济实现了较高增长，1992 年为 4.8%，1993 年为 5.6%。韩国抑制通货膨胀的功效可见一斑。

5. 阿根廷

阿根廷是发展中国家抑制通货膨胀比较成功的。阿根廷的通货膨胀 1990 年达到 1 344%。1991 年 4 月，梅内姆政府开始实施稳定经济的"秋季计划"，颁布了兑换法，将本国货币奥斯特拉尔与美元的比价固定为 10 000∶1（采用新币后为 1 比索兑换 1 美元）。中央银行以外汇储蓄保证货币自由兑换，同时实行严格的紧缩货币政策和财政政策，严格控制货币开发量，逐步恢复本国货币的支付能力。具体措施包括裁减政府冗员以减少行政开支，加强税收管理以增加财政收入，降低关税、吸引外资和官方银行向企业低息贷款，以促进生产和增加供给。这些措施作用的结果是，通货膨胀得到有效抑制，阿根廷年通货膨胀率 1991 年降为 85%，1992 年降为 17.5%，1993 年为 7.4%，1994 年为 4.3%。实属难能可贵。

由此可见，各国都有治理通货膨胀的良策。中国不能一味模仿和照抄别的国家的策略，要根据我国的基本国情和经济社会环境，制定适合自己的政策和措施。

（资料来源：节选自新浪财经，2007 - 09 - 14.）

第三节　失业与通货膨胀的关系

失业与通货膨胀是经济中的两个主要问题，那么，这两者之间究竟是什么关系呢？这是许多经济学家所关心的问题。不同学派的经济学家对这一问题做出了不同的回答。

一、凯恩斯的观点：失业与通货膨胀不会并存

凯恩斯认为，在未实现充分就业，即存在资源闲置的情况下，总需求的增加只会使国民收入增加，而不会引起价格水平上升。也就是说，在未实现充分就业的情况下，不会发生通货膨胀。在充分就业得到实现，即资源得到充分利用之后，总需求的增加无法再使国民收入增加，这时才

会引起价格上升。

二、菲利普斯曲线

1958 年威廉·菲利普斯根据英国 1861—1957 年间失业率和货币工资变动率的经验统计资料，提出了一条反映失业率和货币工资变动率之间交替变动关系的曲线，这条曲线被称为"菲利普斯曲线"。

菲利普斯曲线

菲利普斯曲线表明，当失业率较低时，货币工资增长率较高；当失业率较高时，货币工资增长率较低，甚至是负数。根据成本推动的通货膨胀理论，货币工资增长率可以表示通货膨胀率。因此，这条曲线就可以表示失业率与通货膨胀率之间的交替关系，即失业率高时，通货膨胀率就低；失业率低时，则通货膨胀率就高。这就是说，高失业率表明经济正处于萧条阶段，这时工资与物价水平都较低，通货膨胀率也就低；低失业率表明经济处于繁荣阶段，这时工资与物价水平都较高，通货膨胀率也就较高。失业率与通货膨胀率之间之所以存在反方向的变动关系，是因为通货膨胀会使实际工资下降，从而刺激生产，增加对劳动力的需求，于是失业就减少了。可用图 10 – 1 来说明菲利普斯曲线。

在图 10 – 1 中，横轴 Ou 代表失业率，纵轴 Ogp 代表通货膨胀率，向右下方倾斜的曲线 PC 即为菲利普斯曲线。这条曲线表明，当失业率高（横轴位于点 d）时，通货膨胀率较低（纵轴位于点 b）；当失业率低（横轴位于点 c）时，通货膨胀率就较高（纵轴位于点 a）。

菲利普斯曲线提出了这样几个重要的观点。

（1）通货膨胀是由工资成本推动引起的，这就是成本推动的通货膨胀理论。正是根据这一理论，菲利普斯把货币工资增长率与通货膨胀率联系了起来。

（2）承认了通货膨胀与失业之间存在着交替的关系。这就否定了凯恩斯关于失业与通货膨胀不会并存的观点。

图 10 – 1　菲利普斯曲线

（3）当失业率为自然失业率 $\bar{u}$ 时，通货膨胀率为零。因此，也可以把自然失业率定义为通货膨胀率为零时的失业率。

（4）为政策选择提供了理论依据。这就是说，政府既可以运用扩张性宏观经济政策，即以较高的通货膨胀率来换取较低的失业率；也可以运用紧缩性宏观经济政策，即以较高的失业率来换取较低的通货膨胀率。这也是菲利普斯曲线的政策含义。

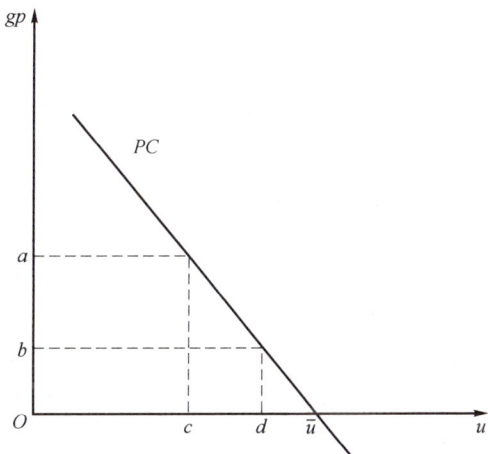

相关链接

美联储前主席沃尔克反通货膨胀的代价

20 世纪 70 年代，滞胀一直困扰着美国。1979 年夏，美国通货膨胀率高达 14%，失业率高达 6%，经济增长率不到 1.5%。在这种形势下，沃尔克被任命为美联储主席。沃尔克上台后把自己的中心任务定为反通货膨胀。他把贴现率提高到 12%，货币量减少，但到 1980 年 2 月通货膨胀率仍高达 14.9%。与此同时，失业率高达 10%。沃尔克顶住各方面压力，继续实施这种紧缩政策，终于在 1984 年使通货膨胀率降至 4%，开始了 20 世纪 80 年代的繁荣。

沃尔克反通货膨胀的最终胜利是以高失业为代价的。经济学家把通货膨胀率减少了 1% 的过程中每年国内生产总值减少的百分比称为牺牲率。国内生产总值减少必然引起失业加剧。这充分说明通货膨胀与失业之间在短期内存在交替关系，实现低通货膨胀在一定时期内是以高失业为代价的。

经济学家把牺牲率确定为 5%，即通货膨胀每年降 1%，每年的国内生产总值减少 5%。以此推理，沃尔克把 1980 年 10% 的通货膨胀率降低至 1984 年的 4%，每年减少的国内生产总值应为 30%。实际上，美国国内生产总值的降低并没有这么严重，其原因在于沃尔克坚定不移的反通货膨胀决心使人们对通货膨胀的预期降低，从而使菲利普斯曲线向下移动。这样，反通货膨胀的代价就小了。但代价仍然是有的，美国这一时期经历了自 20 世纪 30 年代以来最严重的衰退，失业率达到 10%。

反通货膨胀付出的代价证明了短期菲利普斯曲线的存在，也说明维持物价稳定的重要性。

延伸阅读

"新经济" 使菲利普斯曲线失灵

传统经济学认为，经济增长会导致工资提高，工资提高会引起物价上涨，从而引起通货膨胀率上升。著名的菲利普斯曲线是一条向右下方倾斜的曲线，它显示了失业率和通货膨胀率之间存在的反相关关系，即如果失业率较低，通货膨胀率就会较高；如果通货膨胀率较低，失业率就会较高。因此，一个国家要保持较低的通货膨胀率，就必须接受较低的经济增长率。要保持较高的经济增长速度，就必须付出高通货膨胀的代价。在 20 世纪 70 年代 "滞胀" 时期，高的通货膨胀率和高的失业率并存，这时的菲利普斯曲线变为一条垂直的曲线，这是菲利普斯曲线第一次失灵。而伴随西方国家缓慢脱离 "滞胀" 的泥潭，菲利普斯曲线又重新开始发挥作用。基于此，美国经济学家把 2.5% 的国内生产总值年增长率和 5% 的失业率作为美国潜在的经济增长率和自然失业率，并作为宏观调控的一个临界点。而事实上，美国的经济增长率从 1996 年开始连续四年保持在 4% 左右，失业率从 7.5% 降至 4.1%，而同期的通货膨胀率则在 3% 以下。"新经济" 使高增长率、低失业率、低通货膨胀率三者之间的兼容度前所未有地增大，传统经济理论中的菲利普斯曲线又一次失灵了。

课程思政导读

破产失业潮席卷全球 世界多国 "直升机撒钱" 急救经济

新冠肺炎疫情的蔓延给全球经济的增长踩了刹车，世界银行周二警告说，疫情可能让亚太地区数百万人陷入贫困。

中国国家统计局和物流与采购联合会周二联合发布的数据显示，3 月份官方 PMI 为 52，较前值强劲回升，远高于路透社调查的经济学家所预测的 45。此前 2 月份官方 PMI 为 35.7，是有记录以来的最低值。《华尔街日报》称，这显示中国企业复工复产明显加快。路透社也说，这说明 2 月经济冰冻状态开始融化，但复工复产情况尚未恢复至疫情前的正常水平。事实上，中国近日也接连出台政策刺激经济增长。3 月 31 日，国家税务总局总审计师在新闻发布会上介绍，今年 1 至 2 月份，全国减税降费共计 4 027 亿元。周一，中国工业和信息化部副部长表示，汽车行业企业整体开工率已提升到97%，但由于市场需求不足，政府正考虑采取措施刺激汽车销售。中国人民银行周一也大幅削减银行贷款利率，通过逆回购向金融系统注资500亿元人民币，以帮助经济应对疫情带来的冲击。

"酒店和旅游业务还远未真正复苏"，英国《金融时报》3月31日报道称，在疫情暴发两个多月后，中国的许多餐馆和小企业仍然关闭。中国送餐服务行业领军企业美团的首席财务官称，今年第一季度，美团所有业务线的销售额都将出现萎缩，"在需求侧，越来越多商家正逐渐恢复营业。但消费者还是首先担心餐馆里人与人接触的健康风险，这使得整个恢复过程更加复杂"。

国外情况也不容乐观，《今日美国报》周二称，据美联储经济学家卡斯特罗预测，新冠肺炎疫情将导致美国第二季度有4 700万人被裁员，失业率可高达32%，这将是自1948年以来美国最高的失业率，大萧条时期美国失业率仅为25%。据法国经济学家预测，法国"封城"一个月，GDP将损失3%，如果再延长一个月，将损失6%。据统计，法国目前受疫情影响最严重的领域是建筑业，相关活动较正常水平减少了89%；此外，生产制造业（除食品加工外）减少了52%，零售业减少了36%。据英国广播公司（BBC）周一报道，受疫情的打击，创立于1991年的英国连锁餐厅卡卢西奥宣布破产。英国最大的家电租赁经营商"Bright house"也已宣布破产。日本野村银行预计今年英国的经济跌幅将达13.5%。德国政府经济顾问委员会周一则预测称，最坏情况下，全年GDP可能衰退5.4%。德国商会主席施维泽尔表示担心，疫情过后全国中小企业中将有1/10宣告破产。

为缓解疫情给经济造成的打击，各国政府都在推出重磅经济支援政策。日本对于受疫情影响暂时无法偿还住房贷款的人员，已经要求金融机构允许他们延期交付贷款。此外，即将出台的针对疫情的援助金额，将达到日本年度GDP总值的10%以上（接近5 000亿美元）。德国政府即将通过一项1 560亿欧元的2020年紧急"补充"预算，为小企业提供直接资助。与此类似，法国政府设立了总额为10亿欧元的团结互助基金，符合要求的小公司均可申请人均1 500欧元的补助。此外，政府对零售、餐饮等受疫情影响严重的企业，视情况免除电费、煤气费及房租等，并免除最小型企业税费，向因学校停课不得不在家照顾孩子的父母支付"病假"补贴。美国政府将在未来三周内向家庭发放刺激资金，多数成年人将获得1 200美元，17岁以下未成年人将获得500美元。

也有评论对政府这种救经济的方式提出质疑。"直升机撒钱，大通胀还会远吗？"《金融时报》周二发表评论称，"直升机撒钱"的好处是把购买力直接交给消费意愿较强的人，因为中产阶级和低收入人群的边际消费倾向远高于富人，他们拿到钱后真的会去花。但过于慷慨的失业保险也许会在一定程度上帮倒忙，因为它会鼓励失业，同时增加通货膨胀的风险。"我们已变得过于仰赖货币政策来摆脱世间所有的困境。"美国耶鲁大学杰克逊全球事务研究中心高级研究员史蒂芬·罗奇3月31日在新加坡《联合早报》上发文称，应对危机只能从根本上想办法，而在这场疫病大流行中，必须将重点放在病毒的遏制上。

（资料节选：环球网，2020-04-01.）

本章小结

自20世纪30年代世界经济发生第一次大萧条以来，失业和通货膨胀一直是困扰经济发展的痼疾，也是经济学界经久不衰的重大研究课题。实际上，它体现着政府的就业政策和价格政策。应该根据国民收入决定理论确定合理的就业政策和价格政策，以促进经济不断增长。本章主要对失业理论、通货膨胀理论和菲利普斯曲线等内容进行了介绍。

关键概念

充分就业　自然失业　奥肯定律　消费物价指数　通货膨胀　菲利普斯曲线

思维导图

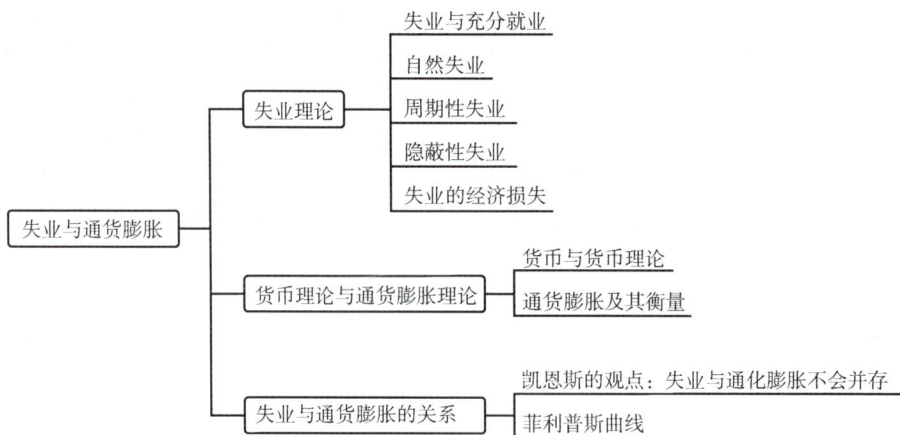

复习思考题

一、名词解释

充分就业　自然失业　奥肯定律　消费物价指数　通货膨胀　菲利普斯曲线

二、选择题

1. 失业率是指（　　）。

A. 失业人数与全部人口总数之比　　B. 失业人数与全部就业人数之比

C. 就业人数与全部劳动力总数的百分比　　D. 失业人数与全部劳动力总数的百分比

2. 周期性失业是指（　　）。

A. 经济中由于正常的劳动力流动而引起的失业

B. 由于劳动力总需求不足而引起的短期失业

C. 由于经济中一些难以克服的原因引起的失业

D. 由于经济中一些制度上的原因引起的失业

3. 奥肯定律说明了（　　）。

A. 失业率和实际国民收入增长率之间成高度负相关的关系

B. 失业率和实际国民收入增长率之间成高度正相关的关系

C. 失业率和物价水平之间成高度负相关的关系

D. 失业率和物价水平之间成高度正相关的关系

4. 在以下四种情况中，可称为通货膨胀的是（　　）。

A. 物价总水平的上升持续了一个星期之后又下降了

B. 价格总水平上升而且持续了一定时期

C. 一种物品或几种物品的价格水平上升而且持续了一定时期

D. 物价总水平下降而且持续了一定时期

5. 根据菲利普斯曲线的解释，降低通货膨胀率的方法只能是（　　）。

A. 减少货币供给量　　　　　　B. 降低失业率

C. 提高失业率　　　　　　　　D. 增加工资

三、问答题

1. 什么是自然失业？引起自然失业的原因有哪些？

2. 什么是 M1 和 M2？

3. 什么是通货膨胀？衡量通货膨胀的指标有哪些？根据通货膨胀的严重程度可将通货膨胀分为哪几类？

4. 通货膨胀对经济发展有哪些影响？

四、阅读思考题

阅读资料一　通货膨胀与实际购买力

如果你问一个普通人，为什么通货膨胀是坏事？他将告诉你，答案是显而易见的：通货膨胀剥夺了他辛苦赚来的钱的购买力。当物价上升时，每一元收入能购买的物品和劳务都少了。因此，看来通货膨胀直接降低了生活水平。

但进一步思考就发现这个回答有一个谬误。当物价上升时，物品与劳务的购买者为他们所买的东西支付得多了。但同时，物品与劳务的卖者为他们所卖的东西得到的也多了。由于大多数人通过出卖他的劳务，例如他的劳动，而赚到收入，所以收入的膨胀与物价的膨胀是同步的。因此，通货膨胀本身并没有降低人们的实际购买力。

人们相信这个通货膨胀谬误是因为他们没有认识到货币中性的原理。每年收入增加 10% 的工人倾向于认为这是对他自己才能努力的奖励。当 6% 的通货膨胀率把这种收入增加降低为 4% 时，工人会感到他应该得到的收入被剥夺了。事实上，实际收入是由实际变量决定的，例如，物质资本、人力资本、自然资本和可以得到的生产技术。名义收入是由这些因素和物价总水平决定的。如果把通货膨胀从 6% 降到零，我们工人们每年的收入增加也会从 10% 降到 4%。他不会感到被通货膨胀剥夺了，但他的实际收入并没有更快地增加。

如果名义收入倾向于与物价上升保持一致，为什么通货膨胀还是一个问题呢？结果是对这个问题并没有一个单一的答案。相反，经济学家确定了几种通货膨胀的成本。这些成本中的每一种都说明了持续的货币供给增长事实上以某种方式对实际变量有所影响。

（资料来源：百度文库，2018 - 08 - 13.）

阅读资料二　新冠疫情导致全球劳动收入减少 10%，5 亿人失去工作机会

事实证明，新冠疫情对劳动力市场的损害比预期的更严重。多个国际组织预计，全球经济的复苏速度要比预期慢得多。

根据国际劳工组织（ILO）的数据，新冠疫情导致 2020 年前 9 个月全球劳动收入下降逾 10%，收入损失逾 3.5 万亿美元。这一估计数字相当于全球国内生产总值（GDP）的 5.5%，是根据疫情暴发以来损失的工作时间计算得出的。它没有计入各国政府用来缓解收入损失的工资支持计划，也没有计入政府福利。国际劳工组织周三发布的研究报告显示，2020 年第二季度工作时间降幅甚至超过此前预期，较疫情暴发前水平下降 17.3%，相当于失去近 5 亿个全职工作岗位。

这些数据包括被强制休假和短期工作的人数以及失业或退出劳动力市场的人数，表明疫情预计将对消费者支出造成沉重打击，并拖累经济复苏。国际劳工组织估计，工作时间的减少相当

于全球劳动收入下降10.7%。尽管下半年情况将有所改善，但自6月份以来，经济前景也已明显恶化。预计工作时间损失将相当于第三和第四季度的全职工作岗位分别减少3.45亿个或2.45亿个。

国际劳工组织总干事简礼达表示，这在一定程度上是因为世界部分地区疫情反弹，以及贫穷国家的劳动者正式就业或能够远程工作的可能性低得多，这说明受到的影响比以往经济低迷时期要大得多。该联合国机构警告说，大量人群退出劳动力市场将使经济复苏更加艰难。国际劳工组织表示，今年第二季度，除美国和加拿大外，所有国家的经济不活跃度的上升速度都快于失业率的上升速度。这将对政府政策产生影响，因为在过去，让不活跃的人重返劳动力市场要比为失业者找到工作更加困难。

国际劳工组织表示："较高的不活跃度很可能会加大就业市场复苏的难度。"相比以往的经济和金融危机，新冠疫情对新兴经济体劳动者的打击要沉重得多。国际劳工组织估计，中低收入国家的劳动收入下降了15%，而高收入国家的劳动收入下降了9%。富裕国家的工人还更有可能获得工资支持和政府福利。国际劳工组织表示，如果没有各国政府的大规模财政刺激措施，全球工作时间下降幅度将会更大。然而，刺激措施的分布并不均衡。根据国际劳工组织的计算，高收入国家推出的财政刺激措施相当于工作时间的约10%，而低收入国家的措施仅相当于工作时间的1.2%。国际劳工组织表示，要想使低收入国家的刺激措施与工作时间损失之比达到与高收入国家相同的水平，需要向其经济注资450亿美元。

"只需要高收入国家已采取刺激措施的1%就可以，而且应该做到这一点。"简礼达表示。他批评说，与2008年金融危机后20国集团（G20）所做的努力相比，国际层面"明显缺乏团结"。预期的修正反映了全球感染率的上升，这意味着下半年对经济的影响比国际劳工组织之前假设的更大。国际劳工组织表示，从长期来看令人担忧的是，就业的下降可能会使许多人与劳动力市场隔绝，减缓就业复苏，加剧不平等。

（资料来源：环球外汇网，2020-09-24.）

思考：中国失业问题的体制根据是什么？

第十一章

打好经济政策的"组合拳"——宏观经济政策

知识目标

1. 掌握宏观经济政策目标。
2. 理解宏观经济政策工具。
3. 掌握扩张性财政政策和紧缩性财政政策。
4. 理解挤出效应与内在稳定器。
5. 理解银行对货币的创造过程。
6. 掌握宏观经济政策的实施。

能力目标

1. 能够根据宏观经济政策的目标进行简单的宏观环境分析。
2. 能够根据财政政策分析和解释财政收入的来源、财政支出的方向,以及财政政策对宏观经济的影响。
3. 能够根据货币政策简单分析和解释货币供给量对宏观经济的影响。

德育目标

1. 深入理解我国经济社会发展的阶段性和时代性特征,树立我国经济增长的自信心和爱国情怀。
2. 深入理解我国在不同经济环境下的宏观经济政策,树立经济社会发展的大局观。

学习建议

本章的中心理论为财政政策与货币政策的方法,以及宏观经济政策的实施。建议学习时间为 6~8 课时。

导入案例

2008 年经济危机我国政府采取的措施

2008 年 9 月 15 日，雷曼兄弟控股公司被迫申请破产保护，标志着 2008 年全球金融危机开始失控。面对此次金融危机，我国政府采取了一系列措施，主要有以下几个。

（1）4 万亿元投资计划。

（2）着力改善民生，扩大国内需求。把城乡保障性住房、基层医疗卫生服务设施等建设作为扩大内需的重点领域，实现民生改善和经济发展双赢。

（3）加强社会保障，增强消费需求。

（4）适度宽松的货币政策。2008 年，央行累计 4 次下调金融机构人民币存款基准利率、5 次下调贷款基准利率；累计 10 次调整存款类金融机构人民币存款准备金率。

2008 年，央行共发行央行票据 122 期，总计从市场回笼资金 76 210 亿元；累计央票到期及利息支付金额和正回购到期资金总计向市场投放资金 68 197 亿元。2008 年，央行总计从市场回笼资金 8 013 亿元，较 2007 年有所减少。国务院于 12 月在《关于当前金融促进经济发展的若干意见》中提出，2009 年要适当调减公开市场操作力度，这有利于市场保持较为宽松的流动性。

我国采取的这一系列宏观经济政策，是如何带动我国经济保持稳定增长的？本章，我们将从财政政策和货币政策两个角度进行分析。

第一节　宏观经济政策概述

一、宏观经济政策目标

宏观经济政策是国家进行总量调控，以达到一定目的的手段。那么，这种调控的具体目标是什么呢？经济学家一般认为，宏观经济政策应该同时达到四个目标：充分就业、物价稳定、经济增长和国际收支平衡。充分就业并不意味着人人都拥有工作，而是指一个经济应该维持一定水平的失业率，这个失业率要在社会可接受的范围之内。物价稳定是指要维持一个低而稳定的通货膨胀率，这种适度的通货膨胀率能为社会所接受，对经济也不会产生不利的影响。经济增长则指要维持一个适度的增长率，这种增长率要既能满足社会发展的需要，又要是人口增长和技术进步所能达到的。国际收支平衡则指一国经济既无国际收支赤字，又无国际收支盈余。因为国际收支赤字和盈余，都会给国内经济发展带来不利的影响。

这四种经济目标之间是存在矛盾的。

首先，充分就业与物价稳定是矛盾的。因为要实现充分就业，就必须运用扩张性财政政策和货币政策，而这些政策又会由于财政赤字的增加和货币供给量的增加而引起通货膨胀。

其次，充分就业与经济增长有一致的一面，也有矛盾的一面。这就是说，一方面，经济增长会提供更多的就业机会，有利于充分就业；另一方面，经济增长中的技术进步又会引起资本对劳动的替代，相对地缩小对劳动的需求，使部分工人，尤其是文化技术水平低的工人失业。

再次，充分就业与国际收支平衡之间也有矛盾。因为充分就业的实现会引起国民收入的增加，而在边际进口倾向既定的情况下，国民收入的增加必然引起进口的增加，从而使国际收支状况恶化。

最后，物价稳定与经济增长之间也存在矛盾。因为在经济增长过程中，通货膨胀是难以避免的。

宏观经济政策目标之间的这些矛盾，要求政策制定者或者确定重点政策目标，或者对这些政策目标进行协调。政策制定者在确定宏观经济政策目标时，既要受自己对各项政策目标重要程度的影响，考虑国内外各种政治因素，又要受社会可接受程度的制约。不同流派的经济学家对政策目标有不同理解。例如，凯恩斯主义的经济学家较重视充分就业与经济增长，而货币主义经济学家则比较重视物价稳定。这些不同的见解对政策目标的确定都有相当的影响。从第二次世界大战后美国的实际情况来看，不同时期也有不同的政策目标重点。例如，在 20 世纪 50 年代，宏观经济政策的政策目标是兼顾充分就业与物价稳定；而在 60 年代，政策目标则是实现充分就业与经济增长；到 70 年代之后，政府则强调物价稳定和四个目标的兼顾。

二、宏观经济政策工具

宏观经济政策工具是用来达到政策目标的手段。一般来说，政策工具是多种多样的，不同的政策工具都有自己的作用，但往往可以达到相同的政策目标。政策工具的选择与运用是一门艺术。在宏观经济政策工具中，常用的有需求管理、供给管理以及国际经济政策。

（一）需求管理

需求管理是通过调节总需求来达到一定政策目标的宏观经济政策工具。这也是凯恩斯主义所重视的政策工具。

凯恩斯主义产生于 20 世纪 30 年代的大危机时期。这时经济中的资源严重闲置，总供给不是限制国民收入增加的重要因素，经济中的关键问题是总需求不足。凯恩斯主义的国民收入决定理论，是在假定总供给无限的条件下说明总需求对国民收入的决定作用。因此，由这种理论所引出的政策工具就是需求管理。

需求管理是要通过对总需求的调节，以实现总需求等于总供给，达到既无失业又无通货膨胀的目标。在总需求小于总供给时，经济中会由于需求不足而产生失业，这时就要运用扩张性的政策工具来刺激总需求。而在总需求大于总供给时，经济中会由于需求过度而引起通货膨胀，这时就要运用紧缩性的政策工具来压抑总需求。需求管理包括财政政策与货币政策。

（二）供给管理

20 世纪 70 年代初，石油价格大幅度上升，对经济产生严重影响，这使经济学家认识到了总供给的重要性。这样，宏观经济政策工具中就不仅有需求管理，还有供给管理。

供给管理是通过对总供给的调节来达到一定的政策目标。供给即生产，在短期内，影响供给的主要因素是生产成本，特别是工资成本。在长期内，影响供给的主要因素是生产能力，即经济潜力的增长。因此，供给管理包括控制工资与物价的收入政策、指数化政策、改善劳动力市场状况的人力政策，以及促进经济增长的政策。

（三）国际经济政策

现实经济中，每一个国家的经济都是开放的，各国经济之间存在着日益密切的往来与相互影响。一国的宏观经济政策目标中有国际经济关系的内容（即国际收支平衡），其他目标的实现不仅有赖于国内经济政策，也有赖于国际经济政策。因此，在宏观经济政策中应该包括国际经济政策，或者说政府对经济的宏观调控中也包括了对国际经济关系的调节。

三、宏观经济政策的发展与演变

自 20 世纪 30 年代以来，宏观经济政策的发展大致经历了三个阶段。

第一阶段：从 20 世纪 30 年代到第二次世界大战前。30 年代的大危机迫使各国政府走上了国家干预经济的道路。凯恩斯 1936 年发表的《就业、利息和货币通论》为这种干预提供了理论依据。这时是宏观经济政策的试验时期，其中最全面而且成功的试验是美国罗斯福总统的"新政"。

第二阶段：第二次世界大战以后到 20 世纪 60 年代末。1944 年英国政府发表的《就业政策白皮书》和 1946 年美国政府通过的《就业法》，都把实现充分就业、促进经济繁荣作为政府的基本职责。这标志着国家将全面而系统地干预经济，于是宏观经济政策的发展进入了一个新时期。这一时期的宏观经济政策是以凯恩斯主义为基础的，主要政策工具是财政政策与货币政策。

第三阶段：20 世纪 70 年代初至今。20 世纪 70 年代初，西方国家出现了高通货膨胀率与高失业率并存的"滞胀"局面。这就迫使它们对国家干预经济的政策进行反思，于是，宏观经济政策的发展进入了第三个阶段。在这个阶段，最重要的特征是自由放任思潮的复兴。自由放任思潮主张减少国家干预，加强市场机制的调节作用。因此，经济政策的自由化和多样化成为宏观经济政策的重要发展。

现在，国家对经济的宏观调控已成为现代市场经济的一个重要组成部分。正如经济学家所言，现代经济是一种混合经济。就国家干预而言，并不是一成不变的，也不是不断加强的，有时国家会干预得多一些，有时国家也会减少一些干预。

第二节　财政政策

一、财政政策的内容

在凯恩斯主义出现之后，财政政策被作为需求管理的重要工具，通过运用政府支出与税收等工具来调节经济，以实现既定的政策目标。其中，政府支出包括政府公共工程支出（政府对基础设施的投资等）、政府购买（政府对各种产品与劳务的购买）以及转移支付。政府的收入也就是我们常说的税收，政府税收主要指个人所得税、企业所得税和其他税收。具体来说，就是在经济萧条的时期，政府要通过实施扩张性的财政政策，即通过增加政府支出与减税等手段来刺激总需求，以实现充分就业。

财政政策

政府公共工程支出与购买的增加有利于刺激私人投资，转移支付的增加可以提高个人的消费能力，这样就会刺激总需求；减少个人所得税可以使个人的可支配收入增加，从而刺激其消费的增加，而减少所得税可以使企业收入增加，从而促进投资的增加，以达到增加总需求的目的。相反，在经济繁荣的时期，当出现了总需求大于总供给，经济中存在通货膨胀时，政府则必须通过实行紧缩性的财政政策来抑制总需求，以实现物价的稳定。紧缩性的财政政策包括减少政府支出与增税。

延伸阅读

政府财政收支

1. 政府的收入

税收是政府的收入来源。资金以税收的形式流入政府，再以政府购买和劳务、对居民的政府转移支付等形式流出。表 11-1 表示的是 2019 年中国主要税收项目情况。

表 11-1 2019 年中国主要税收收入项目情况

主要税收项目	金额/亿元
国内增值税	63 246
国内消费税	12 562
企业所得税	37 300
个人所得税	10 388
进口货物增值税	15 812
出口退税	16 503
城市维护建设税	4 821
车辆购置税	3 498
印花税	2 463
资源税	1 822

资料来源：中华人民共和国财政部网站，2020-02-10.

2. 政府的支出

我们上缴的税款用在了哪里？钱流向哪里？政府的支出分为两种形式：一种是购买产品和劳务；另一种是政府转移支付。主要有三个大项目：社会福利、医疗保险和医疗补助。表 11-2 表明了 2019 年中国一般公共预算支出科目情况。

表 11-2 2019 年中国一般公共预算支出科目情况

支出科目	金额/亿元
教育支出	34 913
社会保障和就业支出	29 580
城乡社区支出	25 681
农林水支出	22 420
卫生健康支出	16 797
交通运输支出	11 413
科学技术支出	9 529
债务付息支出	8 338
节能环保支出	7 444
文化旅游体育与媒体支出	4 033

资料来源：中华人民共和国财政部网站，2020-02-10。

2019 年全国财政支出同比增长 8.1%，有力支持稳增长和保民生等重点领域投入。主要呈现以下特点。

一是发挥积极财政政策作用，全国财政支出总体保持较快增长。2019 年，全国一般公共预算支出 238 874 亿元，比上年增长 8.1%。上半年、前三季度的全国一般公共预算支出分别完成年初预算的 52.5%、75.9%，超过序时进度。中央财政加大对地方转移支付力度，全年下达对地方转移支付 7.4 万亿元，比上年增长 7.5%。

二是优化支出结构，重点支出预算执行情况良好。各级财政部门大力压减一般性支出，重点增加了对脱贫攻坚、"三农"、科技创新、生态环保，以及教育、卫生等民生重点领域的投入，并切实抓好预算执行。2019 年，农林水支出中的扶贫支出增长 11%；科学技术支出中的科技条件与服务、基础研究支出，分别增长 28%、26.7%；节能环保支出中的污染减排、可再生能源支出，分别增长 48.6%、38.3%；教育支出中的普通教育、职业教育支出，分别增长 8.9%、7.5%；卫生健康支出中的公立医院、公共卫生支出，分别增长 11%、9%。

三是各地财政支出普遍增长。2019 年，地方一般公共预算支出同比增长 8.5%。东部、中部、西部、东北地区财政支出增幅分别为 7.3%、10.5%、8.5%、6.5%，中部地区支出增长最快。全国 31 个地区中，29 个实现增长，其中贵州、浙江、青海、天津等 12 个省（市）增幅在 10% 以上，海南、湖北、湖南、辽宁等 14 个省份增速在 5%~10%，3 个省份增幅在 0~5%，2 个省份同比略有下降。

二、扩张性财政政策和紧缩性财政政策

政府通过财政政策来移动总需求曲线，在经济衰退期，也就是总产出水平低于潜在产出水平时，运用扩张性财政政策减缓衰退；在总产出水平大于潜在产出水平时，运用紧缩性财政政策抑制膨胀。

（一）扩张性财政政策

扩张性财政政策如图 11-1 所示。图 11-1 表示在一个经济体中存在衰退缺口。SRAS 是短期总供给曲线，LRAS 是长期总供给曲线，AD_1 是初始的总需求曲线。在初始的短期宏观经济均衡点 E_1 上，总产出水平为 Y_1，低于潜在总产出水平 Y_P。政府应该做的是增加总需求，把总需求曲线向右移动到 AD_2 的位置，使之等于潜在产出水平。增加总需求的财政政策称为扩张性财政政策，一般采取三种形式：①增加政府对产品和劳务的购买；②减税；③增加政府转移支付。

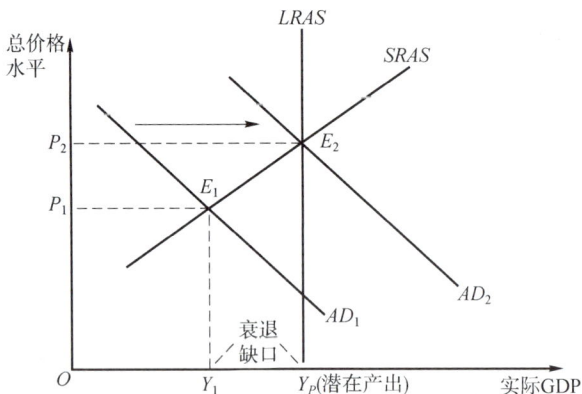

图 11-1　扩张性财政政策

（二）紧缩性财政政策

紧缩性财政政策如图 11-2 所示。图 11-2 表示了相反的情形——一个经济体存在通货膨胀缺口。同样，SRAS 是短期总供给曲线，LRAS 是长期总供给曲线，AD_1 是最初的总供给曲线。在初始的短期宏观经济均衡点 E_1 上，总产出水平为 Y_1，高于潜在产出水平 Y_p，为了消除这个通胀缺口，财政政策应该减少总需求。把总需求曲线向左移动到 AD_2 位置。这将减少总产出水平，使之等于潜在产出水平。减少总需求的财政政策，我们称为紧缩性财政政策，一般采取三种形式：

①减少政府对产品和劳务的购买；②增税；③减少政府转移支付。

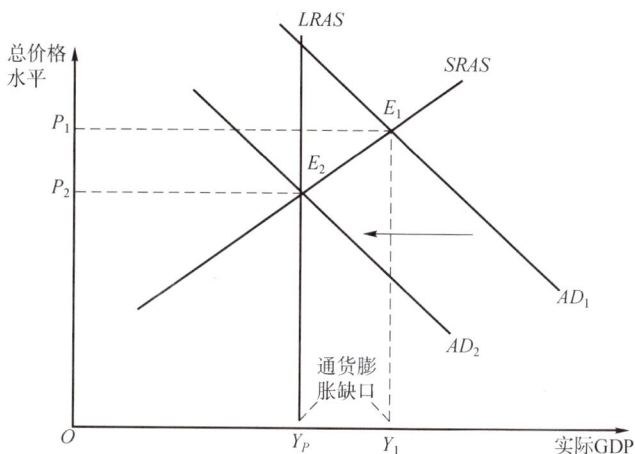

图 11-2　紧缩性财政政策

三、乘数效应

乘数原理也称倍数原理。简单地说，乘数就是指自发总需求（包括消费、投资和政府支出）的增加所引起的国民收入增加的倍数，或者说是国民收入增加量与引起这种增加量的自发总需求增加量之间的比率。当政府投资 1 800 亿用于三峡工程建设时，这种政府购买将产生一系列影响。政府需求增大的直接影响是增加三峡工程作业工人的就业和收入。当工人的收入增加，企业利润增加时，他们对这种收入增加的反应是增加对消费品的支出。结果，政府对三峡工程的投资还增加了经济中许多其他企业产品的需求。由于政府每支出一元可以增加的物品与劳务的总需求大于一元，所以说政府购买对总需求具有乘数效应。

在政府进行了投资之后，直接作业的工人和企业利润收入增加，这时的直接表现是，他们的消费支出增加，那么生产这些消费品的企业需要雇用更多的工人，并获得更高的利润。于是，这些生产消费品的工人收入增加，利润增加，更高的收入和利润又刺激了消费支出，如此循环往复。因此，当较高需求引起较高收入时，存在一种正反馈，这种正反馈又引起较高需求。一旦把所有这些效应加在一起，对物品与劳务需求量的总影响就远远大于最初来自政府投资的刺激。

图 11-3 说明了乘数效应。政府购买 1 800 亿元最初使总需求曲线向右移动，从 AD_1 移动到 AD_2，正好为 1 800 亿元。但消费者的反应是增加自己的支出，总需求曲线就进一步向右移动到 AD_3。

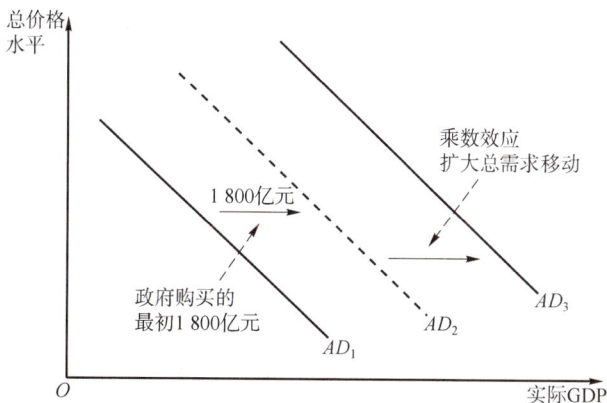

图 11-3　乘数效应示意

为了确定政府购买变动对总需求的影响，我们逐步观察这种效应。政府支出 1 800 亿元是这个过程的开始，这意味着收入（工资和利润）也增加了这么多。这种收入增加意味着消费增加了 $MPC \times 1\ 800$ 亿元（边际消费倾向 $\times 1\ 800$ 亿元），这又增加了生产消费品的企业工人的收入和所有者的收入。第二轮增加的收入又增加了消费支出，这一次增加了 $MPC \times (MPC \times 1\ 800$ 亿元)，这种反馈效用会这样一轮一轮地持续下去，带动实际 GDP 增长。

为了得出对物品和劳务的总影响，我们把所有的这些效用进行相加。

$$政府购买变动 = 1\ 800\ 亿元$$
$$消费第一轮变动 = MPC \times 1\ 800\ 亿元$$
$$消费第二轮变动 = MPC^2 \times 1\ 800\ 亿元$$
$$消费第三轮变动 = MPC^3 \times 1\ 800\ 亿元$$
$$\cdots\cdots$$
$$总需求的变动量 = (1 + MPC + MPC^2 + MPC^3 + \cdots) \times 1\ 800\ 亿元$$

因此，我们可以把乘数写为：

$$乘数 = 1 + MPC + MPC^2 + MPC^3 + \cdots$$

这个乘数告诉我们，每一元政府购买所引起的物品与劳务的需求以及实际 GDP 的增长。为了简化这个乘数方程式，数学上这个式子是一个无穷几何级数，令 x 在 -1 和 $+1$ 之间，则：

$$1 + x^2 + x^3 + \cdots = 1/(1 - x)$$

在我们的例子中，$x = MPC$，因此：

$$乘数 = \frac{1}{1 - MPC}$$

这个乘数公式说明了一个重要结论：乘数大小取决于边际消费倾向。当 $MPC = 1/2$ 时，乘数为 2，当 $MPC = 1/4$ 时，乘数仅为 1.333，因此，MPC 越大，意味着乘数越大，也就意味着政府投资带来的实际 GDP 增量越大。例如，如果 MPC 是 $1/2$，乘数就是 $1/(1 - 1/2)$，即 2。在这个例子中，政府支出 1 800 亿元将引起 3 600 亿元总需求的增加，或者说实际 GDP 将增加 3 600 亿元，见表 11 - 3。

表 11 - 3　政府购买增长的乘数效应

阶段	此阶段新增支出	总需求的增加/亿元
1	1 800 亿元政府购买	1 800
2	900 亿元新增消费支出	2 700
3	450 亿元新增消费支出	3 150
4	225 亿元新增消费支出	3 375
5	112.5 亿元新增消费支出	3 487.5
6	56.25 亿元新增消费支出	3 543.75
$\cdots$	$\cdots\cdots$	$\cdots$
n	0	3 600

四、挤出效应

政府支出的乘数效应似乎表明，当政府投资 1 800 亿元用于三峡工程建设时，所引致的总需求扩大必定大于 1 800 亿元。然而还有一种效应在相反的方向发生作用。当政府购买增加刺激了物品和劳务的总需求时，利率上升，而较高的利率往往会导致投资支出减少，阻止总需求的增加。扩张性财政政策使利率上升所引起的总需求减少，称为挤出效应。

为了说明为什么会发生挤出效应，我们来考虑当政府投资 1 800 亿元建设三峡时市场上的情况。正如前面所讨论的，这种需求增加会引起工人和企业收入的增加。随着乘数效应的深化，其他企业的工人和所有者的收入也会增加。随着收入增加，家庭计划购买更多的商品和劳务，因此，就选择以流动性形式持有更多财富。也就是说，扩张性财政政策引起的收入的增加提高了货币的需求。

货币的需求增加效应示意如图 11−4 所示。由于中央银行并没有改变货币的供给量，所以垂直的供给曲线保持不变。当收入水平提高，使货币需求量向右从 MD_1 移动到 MD_2 时，为了保持货币供求平衡，利率由 r_1 上升到 r_2。

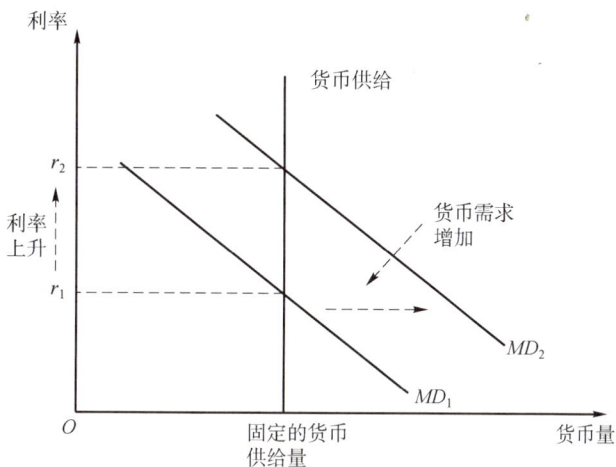

图 11−4 货币的需求增加效应示意

利率的上升又减少了物品和劳务的需求量，特别是由于借款昂贵了，所以投资品的需求量减少了。这就是说，在政府购买增加提高了对商品和劳务的同时，也会挤出投资。这种挤出部分抵消了乘数效应带来的总需求的增加，如图 11−5 所示。政府购买增加，通过乘数效应最初使总需求曲线从 AD_1 向右移动到 AD_2，但挤出效应的发生，让总需求曲线回到了 AD_3。

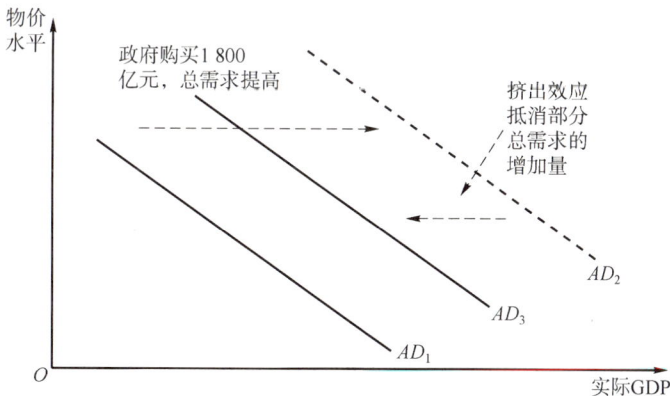

图 11−5 挤出效应与总需求的移动

总之，当政府增加 1 800 亿元投资时，物品和劳务的总需求增加可能大于 1 800 亿元，也可能小于 1 800 亿元，这取决于乘数效应和挤出效应的作用强弱。

五、内在稳定器

某些财政政策由于其本身的特点，具有自动地调节经济、使经济稳定的机制，因此被称为内在稳定器，或者自动稳定器。

内在稳定器是指经济系统本身存在的一种会减少各种干扰对国民收入冲击的机制，能够在经济繁荣时期自动抑制通货膨胀，在经济衰退时期自动减轻萧条，无须政府采取任何行动。财政政策的这种内在稳定经济的功能主要通过下述三项制度得到发挥。

首先是政府税收的自动变化。当经济衰退时，国民产出水平下降，个人收入减少；在税率不变的情况下，政府税收会自动减少，留给人们的可支配收入会自动地少减少，从而使消费和需求也自动地少下降。在实行累进税的情况下，经济衰退使纳税人的收入自动进入较低纳税档次，政府税收下降的幅度会超过收入下降的幅度，从而起到抑制衰退的作用。相反，当经济繁荣时，失业率下降，人们收入自动增加，税收会随个人收入增加而自动增加，可支配收入也就会自动地少增加，从而使消费和总需求自动地少增加。在实行累进税的情况下，繁荣使纳税人的收入自动进入较高的纳税档次，政府税收上升的幅度会超过收入上升的幅度，从而起到抑制通货膨胀的作用。由此，西方学者认为，税收这种因经济变动而自动发生变化的内在机动性和伸缩性是一种有助于减轻经济波动的自动稳定因素。

其次是政府支出的自动变化。这里主要是指政府的转移支付，它包括政府的失业救济和其他社会福利支出。当经济出现衰退与萧条时，失业增加，符合救济条件的人数增多，失业救济和其他社会福利开支就会相应增加，这样就可以抑制人们收入特别是可支配收入的下降，进而抑制消费需求的下降。当经济繁荣时，失业人数减少，失业救济和其他福利费支出也会自然减少，从而抑制可支配收入和消费的增长。

最后是农产品价格维持制度。经济萧条时，国民收入下降，农产品价格下降，政府依照农产品价格维持制度，按支持价格收购农产品，可使农民收入和消费维持在一定水平上。经济繁荣时，国民收入水平上升，农产品价格上升，这时政府减少对农产品的收购并抛售农产品，限制农产品价格上升，也就抑制农民收入的增长，从而减少了总需求的增加量。

总之，政府税收和转移支付的自动变化、农产品价格维持制度对宏观经济活动都能起到稳定的作用。它们都是财政制度的内在稳定器和应对经济波动的第一道防线。

课程思政导读

中国公布"战疫"成本，所有国家沉默了

2020年伊始，新型冠状病毒肺炎疫情突如其来，如今已经成为全世界很多国家的"公敌"。我国从一开始的慌乱、措手不及，一步步到如今日渐好转，付出了多少，又经历了多少，是世界各国无法想象的。就在日前，中国公布了"抗疫"成本，不仅使中国国内民众心头一热，世界各国也都为此沉默了。

他们的沉默不仅仅是感叹中华民族有如此强大的向心力，更是敬佩中国战胜疫情的魄力与勇气。疫情期间，全球支援湖北的医护人员就高达4万人，再加上湖北省本地的医护人员，约有17万人在这两个月里离开了家人，牺牲小我，迎来了"抗疫"的曙光。而17万医护人员每天都有政府的补贴，这样一算，每天光是医疗人员的补贴就得花费3400万元。如果你觉得三千多万已经是常人无法想象的数额，那么事实会告诉你，这和整个疫情期间所花费的费用相比，仅仅是九牛一毛。

据统计，自从年初"抗疫"以来，光是为了确保基本物资供应以及医疗物资建设，中央政府就已经花了 1 169 亿人民币！而这个数字，不仅仅代表了中央政府在疫情之际，帮民众渡过难关的赤诚之心，更向全体中国人民表明了要和全体民众风雨同舟的决心与毅力。光是基本物质需求就上千亿元，整个社会因为疫情而造成的损失将是我们无法想象的。就拿火神山和雷神山这两个基本医疗建设来说，其造价就高达 10 亿元左右。

我国本来就是拥有 14 亿人口的大国，再加上在春节前，有近 500 万人离开武汉，返乡过春节。如此大的人口基数，我国却在短短两个月内将疫情有效控制，这得益于我国举全国之力，在极短的时间内，调动了全国的人力、物力和财力，来共同应对这次疫情。即使在疫情最为严重之时，我国也未曾向任何一位治疗者收取任何的费用，全部的检测以及医疗防护物资都是免费的。因此，仅一天"抗疫"的成本就高得我们无法想象。据悉，每天花在检测上的费用就高达 600 万元。但无论耗费多少，只要最终我国能够成功战胜疫情，那么所做的一切努力和付出，就都是值得的。

随着湖北武汉疫情得到有效控制，全国各地的医疗团队开始撤离武汉，而武汉人民为了表达对这些英勇无畏的医疗人员的支持，夹道为他们送别、致谢，如此感人的一幕，湿润了多少人的眼眶，又温暖了多少武汉人民、中国人民的心。这些"抗疫"人员不畏风雪而来，待到春暖花开之时，武汉人民为这些英雄热泪送别。中国人民"一方有难，八方支援"的民族情怀让人感动。而如今新型冠状病毒疫情基本得到全面的控制，是所有中国人共同努力的结果，这就是中国力量！

（资料来源：新浪网，2020－03－24.）

第三节　货币政策

中央银行通过控制货币供应量来调节利率，进而影响投资和整个经济，以达到一定经济目标的行为，就是货币政策。当然，这主要是凯恩斯主义者的观点，大致也是其后的货币主义者的观点。他们认为，货币政策和财政政策一样，也是通过调节国民收入以达到稳定物价、充分就业的目标，实现经济稳定增长。二者的不同之处在于，财政政策直接影响总需求的规模，这种直接作用是没有任何中间变量的；而货币政策则还要通过利率的变动来对总需求产生影响，是间接地发挥作用的。

一、经济体中的货币

高中的课程中曾经对货币下过定义，它是经济体中人们经常用于向其他人购买物品与劳务的一组资产，具有交换媒介、计价单位、储藏手段、流动性等特征。

货币政策

接下来就要考虑流通中的货币量——货币存量对经济体的影响。在此有一个基本问题，货币存量包括哪些？假如让你衡量中国经济体中有多少货币，那么，货币应当包括哪些？

人们一般根据流动性的强弱，将货币供应量划分不同的层次加以测量、分析和调控。实践中，各国对 M0、M1、M2 的定义不尽相同，但都是根据流动性的强弱来划分的，M0 的流动性最强，M1 次之，M2 的流动性最差。

我国现阶段也是将货币供应量划分为三个层次，其含义如下。

M0：流通中现金，即在银行体系以外流通的现金。

M1：狭义货币供应量，即 M0＋企事业单位活期存款。

M2：广义货币供应量，即 M1 + 企事业单位定期存款 + 居民储蓄存款。

在这三个层次中，M0 与消费变动密切相关，是最活跃的货币；M1 反映居民和企业资金松紧变化，是经济周期波动的先行指标，流动性仅次于 M0；M2 流动性偏弱，但反映的是社会总需求的变化和未来通货膨胀的压力状况，通常所说的货币供应量，主要是指 M2。

相关链接

2019 年 5 月我国货币余额

2019 年 5 月我国货币存量余额如图 11 – 6 所示。

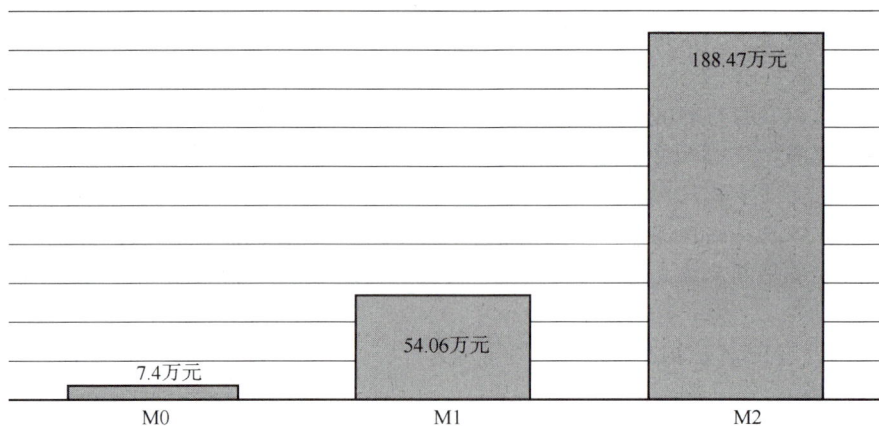

图 11 – 6　2019 年 5 月我国货币存量余额

相关链接

信用卡、借记卡和货币

"刷卡！"这句话是我们生活中消费完经常说的一句话，当然这个"卡"包括信用卡和借记卡。这是一种非常方便的消费方式，那么，信用卡和借记卡难道不是一种交换媒介吗？

尽管这个推理看似很有道理，但是信用卡并不是一种货币量的衡量指标。理由是，信用卡其实并不是一种支付方式，而是一种延期支付方式。比如，当你用信用卡买了一件衣服时，发行信用卡的银行向商家支付了你应该支付的钱，过一段时间，你必须偿还银行的钱（也许还有利息）。

需要注意的是，信用卡和借记卡完全不相同，借记卡自动地从银行账户提取资金为所买的东西付款。借记卡不允许使用者为购买而延期付款，只允许使用者立即从银行账户上提取存款。在这个意义上，借记卡上的账户余额包括在货币的衡量体系中。

尽管信用卡不作为货币的一种形式，但它对于分析货币制度是相当重要的。信用卡的持有人可以在月底一次性付清所有账单，而不是在购买时随时支付。因此，信用卡的持有人所持有的货币平均而言可能少于没有信用卡的人。这样，使用并提高信用卡的普及程度可以减少人们选择持有货币的数量。

二、货币的需求

图 11-7 展示了货币的需求曲线。纵轴代表利率，横轴代表货币数量。在这里，我们用 M1 来表示货币数量，它等于流通中的通货加上活期存款。我们注意到，货币的需求曲线是向下倾斜的。

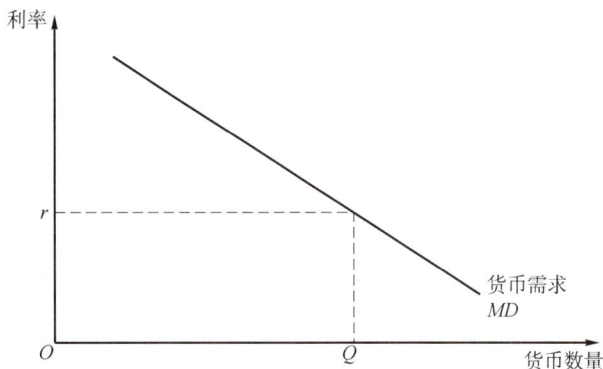

图 11-7　货币需求曲线

为了理解货币的需求曲线为什么向下倾斜，我们考虑家庭和企业在保有货币和其他金融资产（例如债券）之间的选择。货币一直有一个引人关注的特征：你可以用它直接购买商品、服务和金融资产。货币也有一个缺点：它是无息的，你钱包中的货币无法给你带来利息收入。你的活期存款账户也无法或者只能给你带来极少量的利息。货币的替代品，如国库券，可以获得利息，但当你要购买商品或者劳务时却需要先把它们卖掉变现。当诸如国库券等金融产品的利率上升时，家庭和企业持有货币所损失的利息收入就比较高，这样人们更偏向于持有债券。当利率下降时，家庭和企业持有货币的成本也会下降。利率是货币持有的机会成本。

现在，我们就可以解释为什么货币的需求曲线向下倾斜了：当国库券和其他金融资产的利率低时，持有货币的机会成本很小，所以家庭和企业货币需求就比较高；当金融资产利率高时，持有货币的机会成本很高，这时人们选择持有债券，于是货币的需求量就比较低了。

三、货币的供给与存款的创造

（一）货币的供给

我国的货币是由中央银行发行并管理的，中央银行控制了流通领域当中货币的供给数量。用一个简单的比喻，你可以想象中央银行印制人民币的钞票，然后押运到全国各地；同时，你也可以想象中央银行用一把巨大的吸尘器把人们钱包中的货币都吸回去。实际上，中央银行改变货币供给的方法比这要复杂和微妙得多，不过这个比喻十分贴切地描述了货币政策的含义。

中央银行控制货币供给的主要工具是公开市场业务——买卖中国政府债券。如果中央银行决定增加货币供给，中央银行就创造人民币并用它们在全国债券市场上从公众手中购买债券。于是，这些人民币就到了人们手中。相反，如果中央银行要减少流通当中的货币供给量，就在全国债券市场上把债券卖给公众，出售之后，它从公众手中得到了人民币。这样的方法与方式解释货币供给是十分正确的，但并不全面，特别是遗漏了银行在货币制度中起到的作用。

（二）存款的创造

所谓活期存款，是指不用事先通知就可以随时提取的银行存款。虽然活期存款可随时提取，但很少会出现所有储户在同一时间里取走全部存款的现象。因此，银行可以把绝大部分存款用来贷款或购买短期债券等，只需要留下一部分存款作为应付提款需要的准备金就可以了。这种经常保留的供支付存款提取用的一定金额，称为存款准备金。

在现代银行制度中，这种准备金在存款中起码应当占的比率是由政府（具体由中央银行代表）规定的。这一比率称为法定准备率。按法定准备率提留的准备金是法定准备金。法定准备金一部分是银行的库存现金，另一部分存放在中央银行的存款账户上。由于商业银行都想赚取尽可能多的利润，它们会把法定准备金以上的那部分存款当作超额准备金贷放出去或用于短期债券投资。正是这种以较小比率的准备金来支持活期存款的能力，使银行体系得以创造货币。

🔒 **案例分析**

存款的创造

假定法定准备率为 20%，银行客户会将其一切货币收入以活期存款形式存入银行。在这样的情况下，甲客户将 100 万元人民币存入自己有账户的 A 银行，银行系统因此就增加了 100 万元人民币的存款。A 银行按法定准备率保留 20 万元人民币作为准备金存入中央银行，其余 80 万元全部贷出，假定是借给一家公司用来买机器，机器制造厂商乙得到这笔从甲银行开来的支票，又全部存入与自己有往来的 B 银行，B 银行得到这笔 80 万元人民币支票存款后，留下 16 万元作为准备金存入中央银行，然后再贷放 64 万元，得到这笔贷款的丙厂商又会把它存入与自己有业务往来的 C 银行，C 银行留其中 12.8 万元作为准备金存入自己在中央银行的账户上，然后再贷出51.2 万元。由此，不断存贷下去，则：

$$各银行的存款总和 = 100 + 80 + 64 + 51.2 + \cdots$$
$$= 100 \times (1 + 0.8 + 0.8^2 + 0.8^3 + \cdots + 0.8^{n-1})$$
$$= 100 \div (1 - 0.8) = 500(万元)$$

贷款总和 $= 80 + 64 + 51.2 + \cdots = 100 \times (0.8 + 0.8^2 + 0.8^3 + \cdots + 0.8^n) = 400(万元)$

从上例可以看出，存款总和（用 D 表示）同这笔原始存款（用 R 表示）及法定准备率（用 r_d 表示）之间的关系为：

$$D = \frac{R}{r_d}$$

上例中，这笔原始存款假定来自中央银行增加的一笔原始货币供给，则中央银行新增一笔原始货币供给，将使活期存款总和（即货币供给量）扩大为这笔新增原始货币供给量的 $\frac{1}{r_d}$ 倍。

四、货币政策的手段

货币政策一般分为扩张性货币政策和紧缩性货币政策。扩张性货币政策是通过增加货币供给来带动总需求的增长，货币供给增加时，利息率会降低，取得信贷更为容易，因此，经济萧条时多采用扩张性货币政策。紧缩性货币政策是通过削减货币供给的增长来降低总需求水平。在这种情况下，取得信贷比较困难，利率也随之提高，因此，在通货膨胀严重时，多采用紧缩性货币政策。货币政策的主要手段包括以下三种。

（一）改变法定准备率

当中央银行认为需要增加货币供给时，就降低法定准备率。其原理在于，法定准备率的降低使货币乘数增加，进而增加了货币的供给。当中央银行认为需要减少货币供给时，就提高法定准备率。从理论上说，变动法定准备率是中央银行调整货币供给最简便的方法。然而，现实当中，中央银行一般不会轻易使用这一手段。其原因在于，变动法定准备率的作用十分猛烈。一旦法定准备率变动，所有银行的信用都必须扩大或收缩。再者，如果法定准备率变动频繁，商业银行和所有金融机构的正常信贷业务将受到干扰，感到无所适从。

（二）改变贴现率

中央银行给商业银行的贷款称为贴现，中央银行对商业银行的贷款利率称为贴现率。中央银行想使货币供给量减少时，可提高贴现率，使商业银行向中央银行的借款减少，最后使货币供给量减少。中央银行若想增加货币供给量，则可降低贴现率。

（三）公开市场业务

公开市场业务是中央银行稳定经济最常使用的货币政策手段。所谓公开市场业务，是指中央银行在公开市场上买进或卖出政府债券以增加或减少商业银行准备金的行为。政府债券是政府为筹措弥补财政赤字资金而发行支付利息的国库券或债券。这些被初次卖出的证券在普通居民、厂商、银行、养老基金等单位中反复不断地被买卖。中央银行可参加这种交易，在这种交易中扩大和收缩货币供给。

中央银行在公开市场上购买政府债券时，商业银行和其他存款机构的准备金将会以两种方式增加：如果中央银行向个人或公司等非银行机构买进证券，则会开出支票，证券出售者将该支票存入自己的银行账户，该银行则将支票交给中央银行作为自己在中央银行账户上增加的准备金；如果中央银行直接从各银行买进证券，则可直接按证券金额增加各银行在中央银行中的准备金。

当中央银行售出政府证券时，情况则相反。这样，准备金的变动会引起货币供给按乘数发生变动。准备金变动了，银行客户取得信贷变得容易或困难了，这本身就会影响经济。同时，中央银行买卖政府债券的行为也会引起证券市场上需求和供给的变动，进而影响到债券价格及市场利率。

有价证券的市场是一个竞争性的市场，其证券价格由供求关系决定。当中央银行要购买证券时，对有价证券的市场需求就增加，证券价格会上升，利率下降；反之则反。显然，中央银行买进证券就是去创造货币，因为当它把30万元的证券卖给某银行时，它只要通知那家已买进证券的银行，说明准备金存款账户上已增加30万元就行了。因此，中央银行有可能根据自己的意愿增加或减少货币供应量。

公开市场业务之所以能成为中央银行控制货币供给最主要的手段，是因为运用这种政策手段有比用其他手段更多的优点。例如，在公开市场业务中，中央银行可及时地按照一定规模买卖政府证券，比较易于准确地控制银行体系的准备金。如果中央银行只希望少量地变动货币供给，则只要少量地买进或卖出政府证券；如果希望大量地变动货币供给，就只要买进或卖出大量政府证券即可。由于公开市场操作很灵活，便于中央银行及时改变货币供给变动的方向，变买进证券为卖出证券，有可能立即就使增加货币供给变为减少货币供给。中央银行可以连续地、灵活地进行公开市场操作，自由地决定有价证券的数量、时间和方向，而且即使有时出现某些政策失误，也可以及时得到纠正，这是贴现政策和改变法定准备率政策所不可能有的长处。公开市场业务的优点还表现在这一业务对货币供给的影响可以比较准确地预测出来。例如，一旦买进一定数量金额的证券，就可以大体上按货币乘数估计出货币供给增加了多少。

货币政策除了以上三种主要工具外，还有一些其他工具，道义劝告就是其中之一。所谓道义劝告，是指中央银行运用自己在金融体系中的特殊地位和威望，通过对银行及其他金融机构的劝告，影响其贷款和投资方向，以达到控制信用的目的。如在衰退时期，鼓励银行扩大贷款；在通货膨胀时期，劝银行不要任意扩大信用。道义劝告往往会收到一定的效果，但由于道义劝告没有可靠的法律地位，因而并不是强有力的控制措施。

📖 延伸阅读

量化宽松货币政策

量化宽松主要是指中央银行在实行零利率或近似零利率政策后，通过购买国债等中长期债券，增加基础货币供给，向市场注入大量流动性资金，以鼓励开支和借贷的干预方式，其也被简化地形容为间接增印钞票。量化指的是扩大一定数量的货币发行，宽松即减少银行的资金压力。当银行和金融机构的有价证券被中央银行收购时，新发行的钱币便被成功地投入私有银行体系。量化宽松政策所涉及的政府债券不仅金额庞大，周期也较长。一般来说，只有在利率等常规工具不再有效的情况下，货币当局才会采取这种极端做法。

在经济发展正常的情况下，央行通过公开市场业务操作，一般通过购买市场的短期证券对利率进行微调，从而将利率调至既定目标利率。而量化宽松则不然，其调控目标锁定为长期的低利率，各国央行持续向银行系统注入流动性，向市场投放大量货币。即量化宽松下，中央银行对经济体实施的货币政策并不是微调，而是开了一剂猛药。

当地时间2020年3月23日早上，美联储宣布，因为新冠病毒大流行对社会各界造成巨大困难，美联储宣布广泛采取新措施来支持经济，包括开放式的资产购买、扩大货币市场流动性便利规模，也就是所谓的无限量量化宽松政策。

美联储称，本周每天都将购买750亿美元国债和500亿美元机构住房抵押贷款支持证券，每日和定期回购利率报价利率将重设为零。为确保市场运行和货币政策传导，将不限量按需买入美债和MBS（抵押支持优债券）。

与此同时，美联储将开始为家庭、小企业和主要雇主提供前所未有的信贷支持。美联储在声明中表示，采取这些措施是因为"我们的经济将面临严重的混乱，这一点已经变得很明显"。

美联储表示，在这个充满挑战的时期，他们将致力于使用各种工具来支持美国工人、企业和美国经济。"新冠病毒大流行正对美国和世界各国造成巨大的困难。我们国家的首要任务是照顾那些受感染的人，并限制病毒的进一步传播。尽管存在巨大的不确定性，但我们的经济显然将面临严重的混乱。我们必须在公共和私营部门采取积极措施，将损失限制在就业和收入方面，并在短暂的中断后促进经济迅速复苏。"

（资料来源：腾讯网，2020-03-23.）

第四节　宏观经济政策的实施

一、财政政策和货币政策的配合

财政政策和货币政策可有多种配合，这种配合的政策效应，有的是事先可预计的，有的则必须根据财政政策和货币政策何者更强有力而定，因而是不确定的。

例如图 11-8 中，曲线 IS_1 和曲线 LM_1 相较于均衡点 E_1 移动，在此均衡点上总产出为 y_0。当国家采取扩张性财政政策，曲线 IS_1 移动到 IS_2，均衡点由 E_1 移动到 E_2。在新的均衡点，我们看到，由于国家采取扩张性财政政策，利率升高，由 r_0 增加到 r_1，总产出由 y_0 增加到 y_1；与此同时，国家配合采取扩张性货币政策，使得曲线 LM_1 移动到 LM_2，均衡点又一次发生了变化，从 E_2 移动到了 E_3。在均衡点 E_3 上，我们看到，由于国家在采用了扩张性财政政策的同时配套采用了扩张性货币政策，总产出增加，从 y_1 增加到 y_2，利率从 r_1 下降到了 r_0。值得注意的是，在此例子中，曲线 IS 和曲线 LM 移动幅度相同，因而产出增加时利率不变，若财政政策影响大于货币政策，曲线 IS 右移距离超过曲线 LM 右移的距离，则利率上升；反之，则利率会下降。可见，这两种政策结合使用时对利率的影响是不确定的。

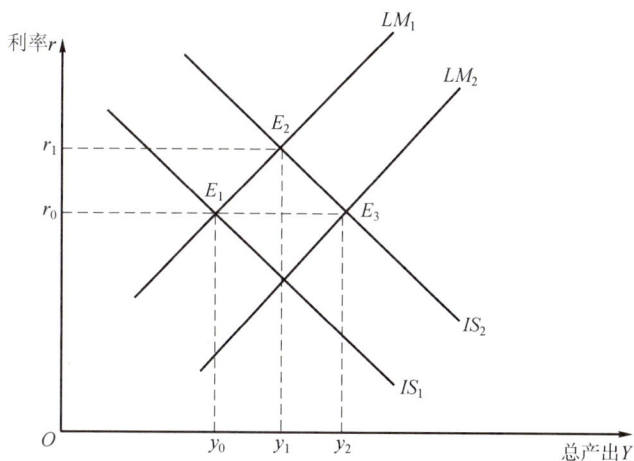

图 11-8　财政政策和货币政策的配合

财政政策和货币政策配合使用的政策效应见表 11-4。政府和中央银行可以根据具体情况和不同目标，选择不同的政策组合。例如，当经济萧条但又不太严重时，可采用第一种组合，用扩张性财政政策刺激总需求，又用紧缩性货币政策控制通货膨胀。当经济发生严重通货膨胀时，可采用第二种组合，用紧缩性货币政策来提高利率，降低总需求水平，又用紧缩性财政政策防止利率过分提高。当经济中出现通货膨胀又不太严重时，可用第三种组合，用紧缩性财政政策压缩总需求，又用扩张性货币政策降低利率，以免财政过度紧缩而引起衰退。当经济严重萧条时，可用第四种组合，用扩张性财政政策增加总需求，用扩张性货币政策降低利率以克服"挤出效应"。

表 11-4　财政政策和货币政策配合使用的政策效应

组合	政策混合	产出	利率
1	扩张性财政政策和紧缩性货币政策	不确定	上升
2	紧缩性财政政策和紧缩性货币政策	减少	不确定
3	紧缩性财政政策和扩张性货币政策	不确定	下降
4	扩张性财政政策和扩张性货币政策	增加	不确定

🔒 案例分析

美国财政政策和货币政策的配合

20 世纪 60 年代初美国经济萧条，为克服衰退，政府一方面减税，同时采用适应性的货币政策，使产量增加时利率基本上保持不变。到 60 年代末 70 年代初，美国经济生活中通货膨胀率过高而失业率较低，为控制通货膨胀，政府实行了紧缩财政和紧缩货币相结合的政策。70 年代末80 年代初，美国里根政府为克服通货膨胀和经济萧条并存的"滞胀"局面，采用了减税和紧缩通货膨胀相结合的政策，一方面刺激需求，增加供给，同时又克服通货膨胀。

在考虑如何配合使用两种政策时，不仅要看当时的经济形势，还要考虑政治上的需要，这是因为，虽然扩张性财政政策和货币政策都可增加总需求，但不同政策的后果可以对不同的人群产生不同的影响，也使 GDP 的组成比例发生变化。例如，实行扩张性货币政策会使利率下降、投资增加，因而对投资部门尤其是住宅建设部门十分有利。可是，实行减税的扩张性财政政策，则有利于增加个人可支配收入，从而增加消费支出。而同样是采用扩张性财政政策，如果是增加政府支出，例如兴办教育、防止污染、培训职工等，则人们受益的情况又不相同。正因为不同政策措施会对 GDP 的组成比例（投资、消费和政府购买在 GDP 中的构成比例）产生不同影响，进而影响不同人群的利益，因此，政府在做出配合使用各种政策的决策时，必须考虑各行各业、各个阶层的人群的利益如何协调的问题。

二、相机抉择

相机抉择是指政府在运用宏观经济政策来调节经济时，可以根据市场情况和各项调节措施的特点，机动地选择和决定当前究竟应采取哪一种或哪几种政策措施。财政政策和货币政策各有其不同的特点，具体如下。

1. 作用的猛烈程度不同

政府支出的增加与法定准备率的调整，作用比较猛烈；而税收政策与公开市场业务的作用比较缓慢。

2. 政策效应的时滞不同

货币政策可以由中央银行决定，作用会快一些；而财政政策从提案到议会讨论、通过，要经过一段相当长的时间。

3. 政策的影响范围不同

政府的支出政策影响面大一些，而公开市场业务影响的面则相对小一些。

4. 受到的阻力不同

一般来说，增税与减少政府支出的阻力较大，而货币政策遇到的阻力相对会小一些。

要根据不同的经济形势采取不同的政策或政策配合。比如，在经济发生严重的衰退时，就不能运用作用缓慢的政策，而要运用作用较猛烈的政策，如紧急增加政府支出，或举办公共工程；相反，当经济开始出现衰退的苗头时，不能用作用猛烈的政策，而要采用作用缓慢的政策，例如有计划地在金融市场上收购债券以缓慢地增加货币供给量，达到降低利息率的目的。

因此，在需要对经济进行调节时，究竟应采取哪一项政策，或者如何对不同的政策手段进行搭配使用，并没有一个固定不变的定式，政府应根据不同的情况灵活地决定。总之，相机抉择的实质就是灵活地运用各种政策，其所包括的范围相当广泛。例如，在什么情况下无须采用政策措施，可以依靠经济本身的机制自发地调节；什么情况下必须采用政策措施等，都属于运用政策的技巧。

三、宏观经济政策实施中的困难

宏观经济政策在实施过程中会遇到各种困难，这些困难主要有以下几方面。

（一）政策时滞问题

任何一项政策，从决策到在经济中达到预期的目标，都会有一定的时间间隔，这种时间间隔就叫作政策时滞。政策时滞的长短，对政策能否达到预期的目标有重要的影响。

政策时滞可以分为内在时滞与外在时滞。内在时滞是指从经济中发生了引起不稳定的变动，到决策者制定出适当的经济政策并付诸实施之间的时间间隔。其中包括：从经济中发生了引起不稳定的变动到决策者认识到有必要采取某种政策的认识时滞，从认识到有必要采取某种政策到实际做出决策的决策时滞，以及从做出决策到政策付诸实施的实施时滞。外在时滞是指从政策实施到政策在经济中完全发生作用、达到预期目标之间的时间间隔。

各种宏观经济政策的时滞是不同的。一般来说，财政政策从决策、议会批准到实施，需要经过许多中间环节，内在时滞较长，外在时滞较短，但其作用比较直接，见效快。而货币政策由中央银行直接决定，所经过的中间环节少，内在时滞较短，外在时滞较长，但它的作用比较间接。缩短政策时滞，使政策更快地发挥作用是十分必要的。但是时滞是客观存在的，无法消除。因此，在决定政策时一定要考虑到各种政策的时滞，以免政策无法达到预定的目标。

（二）预期对政策效应的影响

政策的效应如何，还要受公众对政策本身和经济形势预期的影响。如果公众认为政策的变动只是暂时的，从而不对政策做出反应，那么，政策就很难达到预期的目标。例如，如果公众认为某次减税只是暂时的，那么，他们就不会由于这次减税而增加消费或投资，减税也就起不到刺激总需求的作用。再假定，如果公众认为未来的经济会发生严重衰退，这样，即使政府减税，公众也不会增加消费或投资，减税也起不到刺激总需求的作用。只有当公众认为政策是长期的，并与政府有大致相近的经济预期时，他们才会配合政策，使政策发挥作用，从而达到预期的效应。但要公众做出正确的预期、自动配合政府又是十分困难的，这就使政策在实施中有时得不到公众的配合，从而难以完全达到政府预期的目标。

（三）非经济因素对政策的影响

经济政策不是孤立的，它要受到许多因素，特别是国内外政治因素的影响。这首先在于制定政策时所应考虑的不仅有经济因素，还有政治因素，有时政治因素甚至比经济因素还重要。例如，在大选前夕，尽管经济中已出现通货膨胀，但本届总统为了连选连任，一般不会采取紧缩性政策。因为紧缩性政策会使失业增加，经济萧条会给他的当选带来不利的影响。其次，在政策的实施中也会由于受各种因素的影响，政策难以达到预期的目标。例如，减少政府支出的政策会遇到被减少了订货的企业集团与工人，以及接受政府补助的穷人的反对或抵制。政府出于政治上的考虑，也会中止或减少这种政策，从而使原定政策难以达到预定的目标。此外，国际政治关系的变动、某些重大事件的发生，甚至意想不到的自然灾害，都会影响政策的实施与效应。

本章小结

本章主要讲授国家为什么必须干预经济，以及应该如何干预经济，即要为国家干预经济提供理论依据与政策指导。国家干预和指导宏观经济一般分为财政政策和货币政策。财政政策是指国家运用财政手段通过政府购买、税收、政府转移支付等手段调整国民经济。货币政策是指国家通过调整法定准备率、贴现率和公开市场业务来调整国民经济。

关键概念

财政政策 乘数效应 挤出效应 货币政策 存款的创造 贴现率 公开市场业务

思维导图

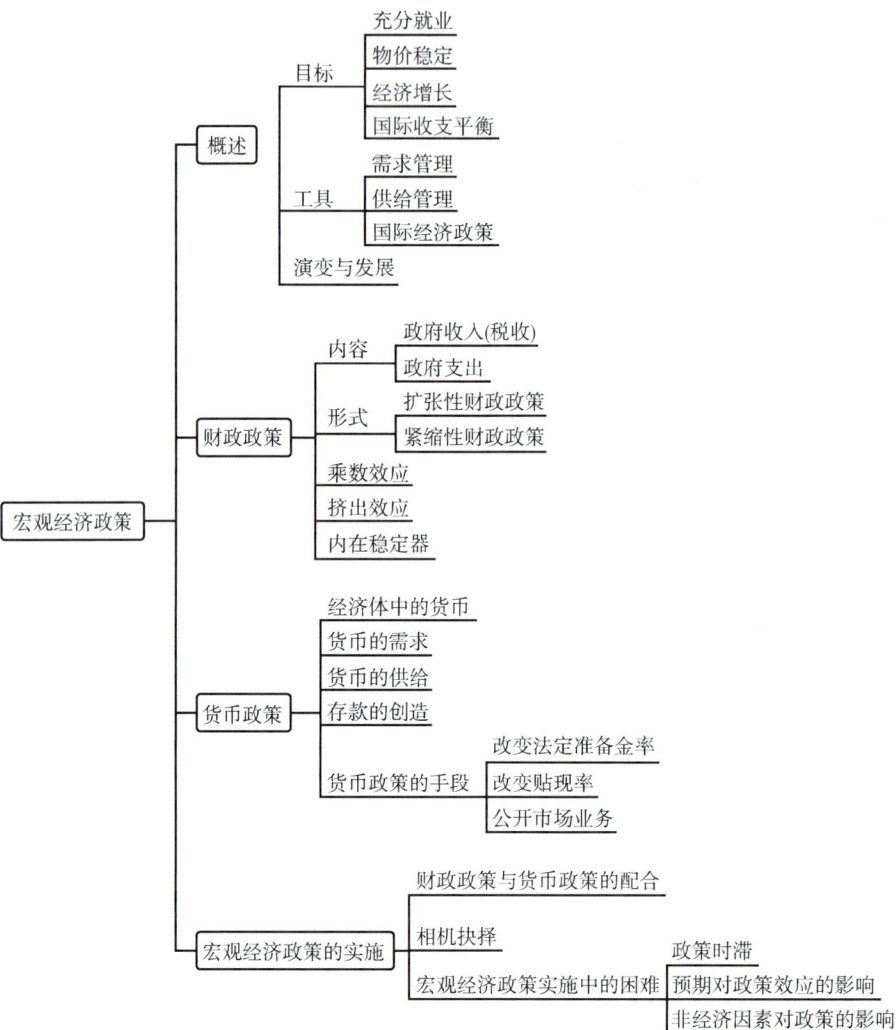

复习思考题

一、名词解释

财政政策　乘数效应　挤出效应　货币政策　存款的创造

二、选择题

1. 下列选项中，（　　）不是宏观经济政策的主要目标。

A. 失业率为自然失业率　　　　　　B. 稳定的实际 GDP 增长率

C. 国际收支平衡　　　　　　　　　D. 政府预算盈余

2. 当政府为克服经济衰退采用扩张性财政政策而出现挤出效应时，可以配合使用以消除挤出效应的政策手段是（　　）。

A. 增加货币供给　　　　　　　　　B. 减少货币供给

C. 增加个人所得税　　　　　　　　D. 增加政府转移支付

3. 经济中存在失业时，应采取的财政政策工具是（　　）。

A. 减少政府支出　　　　　　　　　　B. 降低个人所得税

C. 提高个人所得税　　　　　　　　　　D. 增加货币发行

4. 当经济过热时，政府应采取（　　）的财政政策。

A. 减少财政支出　　　　　　　　　　B. 增加政府支出

C. 扩大财政赤字　　　　　　　　　　D. 减少税收收入

5. 中央银行最常用的政策工具是（　　）。

A. 调整法定准备率　　　　　　　　　　B. 公开市场业务

C. 调整贴现率　　　　　　　　　　　　D. 道义劝告

6. 中央银行在公开的证券市场上买入政府债券会使货币供给量（　　）。

A. 增加　　　　　B. 减少　　　　　C. 不变　　　　　D. 难以确定

7. 公开市场业务是指（　　）。

A. 商业银行的信贷活动

B. 商业银行在公开市场上买进或卖出政府债券

C. 中央银行增加或减少对商业银行的贷款

D. 中央银行在公开市场上买进或卖出政府债券

8. 中央银行提高体现率会导致（　　）。

A. 货币供给量增加、利率提高　　　　　　B. 货币供给量减少、利率提高

C. 货币供给量增加、利率降低　　　　　　D. 货币供给量减少、利率降低

9. 面对经济萧条，政府最可能采取的宏观政策是（　　）。

A. 扩大支出、减税，以及实施从紧的货币政策

B. 扩大支出、减税，以及实施从宽的货币政策

C. 削减支出、增税，以及实施从宽的货币政策

D. 削减支出、增税，以及实施从紧的货币政策

10. 紧缩性财政政策和紧缩性货币政策的共同实施将使利率（　　）。

A. 提高　　　　　B. 下降　　　　　C. 不变　　　　　D. 不确定

三、问答题

1. 宏观经济政策的目标是什么？它们之间有没有矛盾？应如何解决矛盾？

2. 什么是财政政策？这一政策是如何调节宏观经济运行的？

3. 什么是自动稳定器？它是如何发挥作用的？

4. 请说明商业银行体系使原始存款扩大若干倍的过程。

5. 何为公开市场业务？如何运用这一货币政策手段？

6. 财政政策和货币政策应如何配合使用？

三、阅读材料

阅读材料一：疫情期间的美国量化宽松货币政策

　　量化宽松主要是指中央银行在实行零利率或近似零利率政策后，通过购买国债等中长期债券，增加基础货币供给，向市场注入大量流动性资金的干预方式，以鼓励开支和借贷，也被简化地形容为间接增印钞票。量化指的是扩大一定数量的货币发行，宽松即减少银行的资金压力。当银行和金融机构的有价证券被央行收购时，新发行的钱币便被成功地投入私有银行体系。量化宽松政策所涉及的政府债券，不仅金额庞大，而且周期也较长。一般来说，只有在利率等常规工具不再有效的情况下，货币当局才会采取这种极端做法。

在经济发展正常的情况下，央行通过公开市场业务操作，一般通过购买市场的短期证券对利率进行微调，从而将利率调节至既定目标利率；而量化宽松则不然，其调控目标即锁定为长期的低利率，各国央行持续向银行系统注入流动性，向市场投放大量货币。即量化宽松下，中央银行对经济体实施的货币政策并非是微调，而是开了一剂猛药。

当地时间 2020 年 3 月 23 日早上，美联储宣布，因为新冠病毒大流行对社会各界造成"巨大困难"，美联储宣布采取新措施（Extensive New Measures）来支持经济，包括了开放式的资产购买，扩大货币市场流动性便利规模。也就是当年所谓的"无限量量化宽松政策"。

美联储称，本周每天都将购买 750 亿美元国债和 500 亿美元机构住房抵押贷款支持证券，每日和定期回购利率报价利率将重设为 0%。为确保市场运行和货币政策传导，将不限量按需买入美债和 MBS。

与此同时，美联储将开始为家庭、小企业和主要雇主提供前所未有的信贷支持。美联储在声明中表示，采取这些措施是因为"我们的经济将面临严重的混乱，这一点已经变得很明显"。

美联储表示，在这个充满挑战的时期，他们将致力于使用各种工具来支持美国工人、企业和美国经济。"新冠病毒大流行正对美国和世界各国造成巨大的困难。我们国家的首要任务是照顾那些受感染的人，并限制病毒的进一步传播。尽管存在巨大的不确定性，但我们的经济显然将面临严重的混乱。我们必须在公共和私营部门采取积极措施，将损失限制在就业和收入方面，并在短暂的中断后促进经济迅速复苏。"

阅读材料二：为何英国应实施定量宽松政策？

制定英国宏观经济政策的责任落到了英国央行身上。英国财政大臣乔治·奥斯本旗帜鲜明地表明了自己对财政纪律的立场："正如我的同事克里斯·贾尔斯上周指出的那样，下周的财政预算案无论提议什么，都不会对当前的情况有多大帮助。不过，这并不意味着预算案无足轻重。"伦敦财政研究所所长保罗·约翰逊也指出，一套缺乏原则、充满欺骗的税收体制是不可预测的，因此也造成了具有破坏性的不确定性。但遗憾的是，这种情况不太可能得到改变。

关于宏观经济的重大疑问是"定量宽松"政策是否有效。定量宽松涉及的金额令人吃惊。在完成第三轮资产购买后，英国央行将拥有 3 250 亿英镑的金融资产，其中大部分是政府债券（即英国国债），英国央行将用新创造的货币来购买。英国央行持有的英国国债将占国债市场总量的近三分之一。没错，这就是债务货币化。那么，它会奏效吗？又或者，它会造成危害吗？

英国央行的观点是，定量宽松是货币政策的自然延伸，有必要在短期利率低至 0.5%（为英国央行成立 318 年以来的最低水平）的时候实施。随着传统手段的用尽，英国央行与美联储和欧洲央行一样，不得不尝试非常规手段。英国央行辩称，当标准机制（银行放贷）失效时，资产购买可以通过恢复信心、发出未来政策信号、迫使投资者对投资组合进行再平衡、改善流动性和增加货币供给来发挥作用。英国央行的分析表明，整体而言，规模为 2 000 亿英镑的首轮定量宽松将国内生产总值（GDP）推高了 1.5%~2%，将通货膨胀推高了 0.75%~1.5%。如果果真如此，那么它阻止了一次"双底"衰退，同时加剧了业已高企的通货膨胀水平——这是一种合理的取舍。如果随后 1 250 亿英镑的定量宽松（2011 年 10 月敲定的 750 亿英镑加上 2012 年 2 月敲定的 500 亿英镑）产生相应比例的影响，或许能将 GDP 推高 1%~1.25%——这当然不错，但并非决定性的增长。当总需求、信贷供应和企业信心全都遭受重创时，英国央行任重而道远。

对定量宽松有效性的一种切实担忧是，英国央行的政策对中小企业没有帮助。可以理解的是，这个担忧一直是英国下议院财政委员会热议的话题之一。英国央行指出，承担信用风险是财政部的责任。美国和欧元区的形势有所不同：它们的财政部陷入了瘫痪。英国央行的主张无疑是合理的。如果英国政府要承担信用风险，它应该在一个合法和精心设计的框架下承担。

定量宽松会造成危害吗？我们常听到的一种极端说法是，定量宽松让英国走向了恶性通货膨胀。如果真是如此，那么问题不在于定量宽松的影响过小，而在于它的影响会极大，并且不可能及时逆转。这两种观点似乎都没有道理。在当今银行体系下，储备金与放贷之间不存在一对一的联系。真希望存在这种联系，那样推动复苏就相当简单了。一旦放贷最终复苏、收紧货币政策变得符合时宜，就可以通过让部分国债到期，并将其余国债重新向市场出售，来轻易扭转定量宽松政策。这就是英国央行应该保留英国国债而不是让它们被勾销的原因。说这种政策非常危险，就像说化疗非常危险一样。危险的病症需要大胆的疗法。担心无法管理这些政策是在自暴自弃。

一种不同的观点是，这种政策不公平，因为它伤害了谨慎的储户。然而，所有货币政策都具有分配效应，这些效应无法避免。比如，危机前累积的大量金融债权在很大程度上是房地产价格飙升的结果。卖家及其遗赠对象受益，那些被迫借钱购买昂贵房地产的人则遭受了损失。这种结果没有什么公道可讲，也没有谁能保证人们能从这些人为吹大的资产负债表中获得收入。如果现在利率大幅上升，经济会更为疲弱，房价会下跌，个人会出现一波破产潮，甚至金融资产都会出现风险。即使对那些所谓的谨慎储户而言，这也不是更佳的结果。

另一个看起来更有道理的观点是，超低利率政策有可能产生"僵尸"公司，并因此导致"僵尸"经济。在最坏的情况下，英国央行极为廉价的资金或许无法在短期内使经济恢复健康，从而在长期产生一个由僵尸企业组成的经济。必须避免出现这种结果，而解决办法在于迫使银行增加资本和核销不良贷款。

的确，定量宽松是一项令人不安的必要政策。但重点在于它是必要的。我们真正应该担心的是它的效果可能不够好，而不是它会具有破坏性。

（资料来源：FT 中文网 作者：英国《金融时报》首席经济评论员马丁·沃尔夫，2012 - 03 - 20. ）

第十二章

合作共赢——开放型世界经济

知识目标

1. 理解绝对优势理论的概念。
2. 掌握比较优势理论的概念。
3. 理解不同贸易政策措施的概念和特征。
4. 理解目前世界上主要的国际贸易与区域经济组织。
5. 掌握对外贸易发展战略的选择。

能力目标

1. 能够使用绝对优势理论和比较优势理论对简单的两国贸易模型进行分析。
2. 能够分辨不同贸易政策的特征和作用。
3. 能够使用国际贸易理论分析我国当前的对外贸易战略。

德育目标

1. 理解我国进行改革开放的历史意义，树立全球观念，具有国际视野。
2. 理解我国在国际竞争中面临的机遇与挑战，明白只有国家强大了，在世界上才能拥有立足之地及更大的话语权。

学习建议

本章的中心是国际贸易分工理论、对外贸易政策理论以及当今世界开放经济的发展局势。本章建议学习时间为 6~8 课时。

导入案例

韩国经济腾飞之谜

韩国经济起飞始于 20 世纪 60 年代初期，尔后 30 年，一直保持高速增长的势头。据世界银行《1992 年世界发展报告》统计，自 1965 年至 1990 年韩国人均国民生产总值（GNP）年增长率为 7.1%，列世界各国之首。按美国斯坦福大学教授莫克尔斯提出的现代国家主要指标剖析，韩国 1990 年人均 GNP 为 5 400 美元，第三产业在 GNP 中所占比重为 46%，非农业就业人口比例、受过基础教育人口比例、适龄青年接受高等教育人数、城市人口比重、平均人口预期寿命、人口自然增长率等均已达标，可见 20 世纪 90 年代韩国已进入国民经济现代化阶段。对外开放进而实现市场经济国际化，被认为是韩国经济起飞过程中成功的因素之一。国际舆论称之为"韩国奇迹在战争的废墟上出现"。

第二次世界大战后，在一片废墟上诞生的韩国，一直到 20 世纪 60 年代初，其 GNP 才达到 24 亿美元。为摆脱战后的经济困境，提高本国的生产力水平，最初实施进口替代战略，对本国生产需要的原材料和生产资料的进口征收低关税，对准备由本国产品替代的消费品进口征收高关税，对替代进口的国内产业给予财政、金融优惠等，在一定程度上起到了稳定经济和发展生产的积极作用。

但是进口替代不仅限制了某些国外产品的进口，同时也限制了本国产品的出口，造成既缺乏资源和资本，又缺乏技术和设备的局面，加深了国民经济对外依赖程度，导致国际收支状况进一步恶化，使国内的工业化进展非常缓慢。

20 世纪 50 年代与 60 年代之交，世界上发生了以电子科学为核心的第四次科技革命，推动了新技术和新产品的不断问世，大大提高了劳动生产率，世界经济结构发生了重大变化，世界经济发展呈现强劲的势头，促使国际市场容量日益扩大，刺激了各国之间贸易的持续增长。加上美、日等国出于全球战略的考虑，对韩国在资金、技术、物质等方面给予援助，为韩国发展出口导向型经济提供了较宽阔的发展空间。据此，从 1964 年开始，韩国从进口替代战略转向出口导向战略，把经济活动的重心由国内市场转向国际市场，采取外贸多边化和自由化的政策，参与国际分工和世界市场竞争，以外贸出口带动整个国民经济发展。随后，韩国出口额开始逐年扩大，年均增长 40% 以上。在出口贸易的带动下，韩国的国内生产总值（GDP）、国民收入及就业率有了大幅度的增长，到 1990 年韩国的 GDP 已高达 2 364 亿美元，30 年来增长了 99 倍。

（资料来源：搜狐网，2016－10－04.）

通过前面的学习，我们已经对一个封闭国家的经济模型有了系统性的认识。然而如今我们生活在一个更为开放的世界，各国的经济、政治、科技、文化相互交织，国际的竞争与合作也在广泛发展。本章将重点讨论在开放经济下我们的生活是如何发生联系的、商品是如何在世界各地被制造并进行流通的，即国际贸易分工理论；一国的对外贸易政策与措施有哪些；当今世界的经贸形势及我国的对外经贸发展战略。

第一节　国际贸易的产生

学习本节时我们首先需要知道什么是国际贸易、为什么会存在国际贸易。国际贸易是指在世界各国（或地区）之间进行商品和服务方面的交换活动。这一活动是以国际分工为基础进行的。通过国际分工与国际贸易，各国可以获取相应的利益。本节首先对国际分工的相关理论进行介绍，之后分析各国通过国际贸易可获取的利益，即为什么会产生国际贸易的问题。

一、国际贸易的基础——国际分工

国际分工理论是社会分工跨越民族、国家界限而形成的国与国之间的分工，是社会分工发展到一定历史阶段的产物。它是国际贸易和世界市场的基础，决定着国际贸易总量、构成、方向，即决定国际贸易的模式，同时也是制定贸易政策的理论依据。

什么是
国际分工？

（一）绝对优势理论

我们通过一个最简单的模型来说明为什么会产生国际贸易。假设世界上只存在两个人——农夫和裁缝，且他们只能生产两种产品——面包和衣服，他们既需要吃面包来充饥，也需要穿衣服来御寒。我们已知农夫和裁缝居住的地方相隔很远，没有往来，那么他们必须自己生产面包和衣服来维持生活。他们二人每周工作 40 小时，生产效率见表 12 – 1。

表 12 – 1　农夫和裁缝的生产效率

人	生产 1 单位所需时间/小时		40 小时的产量/单位	
	面包	衣服	面包	衣服
农夫	1	10	40	4
裁缝	10	5	4	8

从表 12 – 1 可知，农夫因为擅于制作面包，而不擅于缝补衣服，他生产 1 单位面包仅需 1 小时，而缝补 1 单位衣服却需要 10 小时。因此，他每周可以制作 40 单位的面包，或缝补 4 单位的衣服。同理，裁缝每周可以制作 4 单位的面包，或缝补 8 单位的衣服。因为此时没有发生贸易，农夫与裁缝均需要单独制作这两种产品，他们决定各花费一半时间进行这两种产品的生产，即农夫每周可以生产 20 单位的面包及 2 单位的衣服；裁缝每周可以生产 2 单位的面包及 4 单位的衣服。

终于有一天，农夫与裁缝见了面，他们发现对方恰好擅长彼此的薄弱点。农夫提出了一个建议，农夫专门生产面包，裁缝专门制作衣服，并进行贸易交换，这样双方的生活都将改善。为了证明这一观点，农夫写下了他的计划。农夫和裁缝一周生活改善计划见表 12 – 2。

表 12 – 2　农夫和裁缝一周生活改善计划

人	分工前		分工后		贸易后	
	生产面包	生产衣服	生产面包	生产衣服	生产面包	生产衣服
农夫	20	2	40	0	20	4
裁缝	2	4	0	8	20	4

从表 12 – 2 中可以发现，当农夫与裁缝进行了专业化分工与贸易后，两种产品的总产量都增加了，且与之前独自进行生产相比，两人的生活质量均有所提高。这就是亚当·斯密在《国民财富的性质和原因的研究》中所提出的绝对优势理论。每个国家都存在适宜生产某类特定产品的有利条件，如该国所拥有的气候、地理、土壤、矿产、林木等自然资源条件；或该国国民拥有生产某种产品的技术或工艺技巧，正如例子中的农夫与裁缝。正是由于各国的生产条件存在差异，各国选择专门生产自己具有绝对优势的产品并进行贸易，最终实现了总体社会福利的提升。

（二）比较优势理论

还有另一种方法可以考察生产面包的成本，在不比较所需要的投入，而比较机会成本时，1

机会成本指为得到某种产品而选择放弃的东西。我们已知农夫生产1单位面包所花费的时间里，可以生产0.1单位的衣服，即农夫生产1单位面包需要放弃生产0.1单位衣服的可能性，这就是机会成本。同理可知，裁缝生产1单位面包需花费10小时，这期间他能制作2单位的衣服，即裁缝生产1单位面包的机会成本为2单位衣服。农夫和裁缝的机会成本见表12-3。

表12-3　农夫和裁缝的机会成本

人	1单位的机会成本	
	面包（根据放弃的衣服）	衣服（根据放弃的面包）
农夫	0.1	10
裁缝	2	0.5

比较二者的机会成本，可以使用"比较优势"这个概念，即生产这种产品的机会成本较少的生产者在这件物品的生产上具有比较优势。我们发现，农夫生产面包的机会成本相较于裁缝更低（0.1单位衣服对2单位衣服），即农民在面包生产上具有比较优势，而裁缝缝补衣服的机会成本较农夫更低（0.5单位面包对10单位面包），裁缝在衣服生产上具有比较优势。

那么为何机会成本和比较优势的差别带来了贸易上的好处呢？我们从农夫的角度来看，农夫以5∶1的比例用面包交换衣服，即他购买衣服的价格是5单位面包，该价格低于他制作衣服的机会成本（10单位面包），他因为用更优惠的价格获得衣服而获益。而从裁缝的角度看，他以0.2单位的衣服去交换面包，低于他自己生产面包所花费的机会成本（2单位衣服），因此他更愿意制作衣服去交换面包而不是自己生产。由此可以看出：贸易可以使社会上每个人都获益，是因为它使人们可以专门从事他们具有比较优势的活动。这就是大卫·李嘉图的比较优势理论。扩展到国家间的贸易同样也是如此，不同经济发展水平的国家都可以参与到国际分工和贸易中去，并从中获取利益。比较优势理论的提出对各国进行贸易互市进行了有力论证，也有助于世界贸易的扩大和整个社会生产力的提高。

相关链接

国际分工理论模型的推广

我们通过一个简单的农夫与裁缝的例子推导出在只有2个国家、2种产品的状况下，国际分工与贸易是如何实现国家利益的。但是，现实中的情况往往会比理论复杂得多，可能有 M 个国家、N 种产品在共同参与贸易，此时的利益是如何实现的？请试着推导。

提示：我们可以有两种思路，一种是假定世界上仅有2个国家，但存在多种产品，用同一种货币将多个产品的价格表示出来，依照前文的方法重复做多次推导，最后得出结论；另一种思路是假定世界只有2种产品，却存在多个国家，依照产品价格将国家分成两类，即可简化成只有A、B两个国家的模型，再进行进一步讨论。

延伸阅读

国际贸易分工理论的新发展

1919年，瑞典经济学家埃利·赫克歇尔提出了要素禀赋论，并在1930年被他的学生伯尔蒂尔·俄林进一步论证，形成了生产要素禀赋理论，又称为 H−O 理论。相较于原有的古典主义贸易模型，该理论认为由于两国间各自生产要素（即经济资源）和要素密集度（投入生产要素的组合比例）不同，产品生产存在着比较成本差异，进而导致了国际分工与国际贸易。如越南劳动资源丰富，应集中生产劳动密集型商品，出口到劳动力资源相对稀缺的国家。而美国资本资源相对丰富，则应集中生产资本密集型商品，出口给资本相对稀缺的国家。虽然生产要素禀赋理论仍然属于比较成本理论的范畴，使用比较成本理论的分析方法，但生产要素禀赋理论的分析更接近经济运行的现实，增强了理论的实用性。

20 世纪 50 年代初，美籍苏联经济学家里昂惕夫根据 H−O 理论，用美国 1947—1951 年 200 个行业的统计数据对其进出口贸易结构进行计算时发现，美国进口商品的资本密集度反而比出口商品的资本密集度高 30%，即美国进口的是资本密集型商品，出口的是劳动密集型商品，这一结果与 H−O 理论完全相反，被称为"里昂惕夫之谜"。它的出现对原有的国际贸易分工理论提出了严峻的挑战，引发了学术界的反思，推动了第二次世界大战后新的国际贸易理论的诞生。

第二次世界大战后，随着国际贸易量的增加，贸易结构深化，产业领先地位不断转移，跨国公司内部化和对外直接投资兴起，新的贸易理论应运而生，如新生产要素理论、偏好相似理论、动态贸易理论、产业内贸易理论、国家竞争优势理论等，为当今世界国际贸易的新现象提供了很好的解释与补充。

二、国际贸易的动态利益

动态利益是指在国际贸易发生后所产生的一系列经济效益作用于国内的经济部门，并推动经济增长的益处。相较于可直接从贸易中获取的利益，动态利益则是间接带来的有益影响，它一般表现为以下几方面。

（一）促使市场竞争机制充分发挥作用，刺激企业素质的提高，增强企业的国际竞争力

一旦政府参与到国际贸易中，国内的企业就不得不同进口产品竞争，而步入海外市场的企业也必须参与到更多更大规模的企业竞争中去。在这种环境下，为了生存，并进一步获取利润，企业就不得不提高自身竞争力，改进生产效率，优化企业结构，降低生产成本。从以往的事实来看，凡是能够在激烈的国际市场竞争中生存下来的企业，都取得了显著的进步与发展。

（二）有利于开拓新市场，促进经济增长

企业的发展离不开市场，当企业规模发展到一定程度时，必然需要寻求新的消费市场。一方面，国际贸易的出现为国内企业所生产的产品提供了新的消费需求，有助于企业扩大生产，并利用规模经济效应降低成本，最终带动就业，促进国内经济增长。另一方面，从国外引入新的产品满足国内市场的需求并因此获得利润，会促使许多国内企业进行替代品的生产，并因此诞生新的产业，这一过程被称为进口替代。实践证明，进口替代是许多国家特别是发展中国家走向工业化的第一步，如果条件成熟，进口替代的企业还能进一步发展成出口企业，我国的冰箱、电视、手机等产业就是这样发展起来的。

（三）有利于加速资金积累

当国家为经济发展和产业升级积累资金时，一般而言，对外出口相较于在国内贸易更能汇集资金，提高资金积累率。此外，国家积极进行外贸，塑造开放宽松的对外经贸环境，有利于引进外资，从而加速发展。

（四）有利于激发企业的创新机制，推动技术增长

国际贸易使企业间的竞争越发激烈，企业为提高产品质量、降低生产成本，就需要提高生产技术，推动创新机制。从进口来看，先进技术和产品进入国内有助于国内企业消化、学习，并加以改进、再创新。而从出口来看，产品的出口有助于弥补科研创新产生的支出，并进一步激发企业的创新动力。同时，海外市场更为激烈的竞争环境、最前沿的产品科研信息，也为企业创新提供了良好的平台。

（五）有利于促进一国产业结构、经济结构的转变

所谓的产业结构、经济结构的优化，是指一国的第一、二、三产业之间的比例协调发展，并能够符合市场发展，各产业从劳动密集型逐渐向资本密集型、技术密集型转移的过程。在封闭的市场环境下，一国很难均衡地发展三大产业，而国际市场很好地协调了这一发展过程。当国内某产业生产过剩时，可以通过出口来解决，而当某产业的发展需要资源或技术时，则可以通过进口来解决。国际贸易对优化本国资源配置、促进产业结构升级和技术进步有着重要作用。

（六）有利于开展国际交流，带动文化、思想的传播，最终对一国的政治、文化和社会产生积极影响

国际贸易除了能带来物质上的利益外，对人民的思想进步、思维方式的转变和观念的更新，尤其是对现代商品经济和社会化大生产孕育出来的精神文明成果，诸如效率观念、效益观念、服务观念、冒险精神、开拓进取精神等方面的作用更大。

第二节　贸易政策及国际贸易政策措施

我们通过国际贸易分工理论了解到，国家可以从对外贸易中获取利益，从对动态利益的学习中也不难发现，国家经济的发展与对外贸易发展的情况有重要联系。因此，为了经济发展、社会进步、人民福利提高，一国需要综合考虑各方面因素，就对外贸易制定一系列政策，从而达到想要实现的效果。本节就对外贸易政策的含义及影响因素展开讨论，介绍具体的贸易政策措施，有助于我们更好地了解现实中的国际贸易。

一、贸易政策

（一）贸易政策含义及形式

贸易政策是指各国或地区间进行商品和服务的交换时所采取的政策。它是该国国内经济政策的延伸，从本国、本民族的利益出发，以维持国内经济稳定增长、保持国际收支平衡、充分就业和维持物价稳定为目标，这与宏观经济政策的目标是一致的。

一般而言，在实践中，贸易政策可分为两种基本形式，即自由贸易政策和保护贸易政策。

自由贸易政策是指国家取消对进出口贸易的限制和障碍，取消本国进出口商品各种优待和特权，对进出口商品不加干涉和限制，使商品自由进出口，在国内市场上自由竞争的贸易政策。

保护贸易政策是指国家广泛利用各种措施对进口和经营领域与范围进行限制，保护本国的产品和服务在本国市场上免受外国产品和服务的竞争，并对本国出口的产品和服务给予优待与补贴。国家对贸易活动进行干预，限制外国商品、服务和有关要素参与本国市场竞争。

需要指出的是，这两种贸易政策都不是绝对的。许多发达国家标榜实行自由贸易政策的同

时，也在明里暗里对某些产业进行保护。同样，实行贸易保护政策也并不意味着与世界完全隔绝，一些发展中国家实行贸易保护主义是为了给予自身薄弱的民族产业发展空间，随着产业的成熟和国家经济地位的提高，最终能更好地参与国际贸易。总而言之，一国实行哪种形式的贸易政策是受国内外多种因素影响的，其目的都是使本国经济与社会更好地发展。

相关链接

管理贸易政策

管理贸易政策，又称协调贸易政策，是指国家对内制定一系列的贸易政策、法规，加强对外贸易的管理，实现一国对外贸易有序、健康的发展；对外通过谈判签订双边、区域及多边贸易条约或协定，协调与其他贸易伙伴在经济贸易方面的权利与义务。管理贸易政策是20世纪80年代以来，在国际经济联系日益加强而新贸易保护主义重新抬头的双重背景下逐步形成的。在这种背景下，为了既保护本国市场，又不影响国际贸易秩序，保证世界经济的正常发展，各国政府纷纷加强了对外贸易的管理和协调，从而逐步形成了管理贸易政策。管理贸易政策是介于自由贸易政策和保护贸易政策之间的一种对外贸易政策，是一种协调和管理兼顾的国际贸易体制，是各国对外贸易政策发展的方向。

（二）贸易政策的演变与发展

贸易政策的演变与发展见表12-4。

表12-4 贸易政策的演变与发展

时间	贸易政策	特征	代表国家
资本主义生产方式准备时期（16至18世纪）	贸易保护政策	限制货币输出，扩大贸易顺差来积累财富	意大利、西班牙、英国、法国
资本主义自由竞争时期（18世纪末至19世纪70年代）	自由贸易政策	降低关税税率、简化税法；取消外贸公司特权；废除航海法；与外国签订贸易条约	英国、荷兰
垄断资本主义时期（19世纪70年代至20世纪30年代）	超保护贸易政策	保护国内高度发展起来的或正在衰落的垄断工业；巩固和加强对国内外市场的垄断，不限于关税，广泛采用各种非关税壁垒	英国、德国、美国
贸易自由化时期（第二次世界大战后至20世纪70年代）	贸易自由化	大幅度减让关税；尽力降低或撤销非关税壁垒	美国、西欧国家、日本
20世纪70年代	新贸易保护主义	被保护的商品范围不断扩大；限制进口的措施从关税壁垒转向以非关税壁垒为主；提出限入措施的重点由限制进口转向鼓励出口；由贸易保护制度转向系统化的管理贸易制度；贸易上的歧视性有所增强	美国

续表

时间	贸易政策	特征	代表国家
20世纪80年代至20世纪90年代	战略性贸易政策	利用关税抽取外国垄断厂商的垄断利润；以进口竞争产业的保护来促进出口；以出口补贴为本国寡头厂商夺取市场份额	主要发达国家
20世纪90年代以后	竞争政策	保护和促进市场竞争，确保竞争机制在相关市场发挥作用，从而提高生产效率和资源配置效率，增进消费者福利	世界大部分国家

延伸阅读

什么影响了贸易政策的制定？

对外贸易政策演变的历史总结，实际上也说明了不同的贸易政策在各国经济发展的过程中曾有不同的作用，同一国家在不同的历史阶段也曾选择了不同的贸易政策。一个国家在一定时期采取何种贸易政策，主要取决于以下因素。

1. 经济发展水平及其在世界市场上的地位和力量对比

这一点包含两个方面的含义。一方面是指一个国家在经济发展的不同阶段，其国内的生产力水平和发展目标不同，制约着对外贸易政策。一般来说，处于工业经济发展初期阶段的国家，采取保护贸易政策；而处于工业经济发达阶段的国家，采取自由贸易政策。另一方面是指一个国家在世界市场上的地位和力量对比制约着对外贸易政策。一般来说，处于劣势地位、商品竞争力弱的国家，采取保护贸易政策；而处于优势地位、商品竞争力强的国家，采取自由贸易政策。上述两个方面互相联系，但不完全一致。第一方面仅从自身发展所处的阶段考察，第二方面强调的是国与国之间的实力对比。由于经济发展不平衡规律的作用，各国的对外贸易政策会随着各国经济实力和力量对比的变化而调整变化。20世纪70年代，美国经济虽然处于发达阶段，且为世界头号经济强国，但由于面临日本和欧洲国家强有力的竞争，转向采取贸易保护政策就是证明。

2. 国内经济状况和经济政策

从资本主义经济发展的规律来看，资本主义各国的经济发展总是呈周期性变化、波浪式前进的。在不同阶段，国内经济状况不同，总经济政策不同，必然引起对外贸易政策的调整。一般来说，在资本主义经济发展的繁荣阶段，各国经济普遍高涨，如19世纪中叶和20世纪中叶，贸易自由化倾向就占上风；在资本主义经济发展的危机、萧条阶段，如20世纪30年代和20世纪70年代，贸易保护倾向就会蔓延和加强。

3. 统治集团内部的矛盾和斗争

一个国家的对外贸易政策是代表统治阶级中占上风的利益集团的利益的。因此，统治集团内部的矛盾和斗争、政权的更迭，也会带来对外贸易政策的变化。一般说来，商品市场主要在国外的一些资产阶级利益集团主张贸易自由化；相反，商品市场主要在国内，并受到进口商品激烈竞争的资产阶级利益集团，则主张限制进口，实行保护贸易政策。

二、国际贸易政策措施

当一国综合考虑各影响方面因素，制定了适合本国发展的对外贸易政策后，所执行的一系列的国际贸易措施就是该国贸易政策的具体体现。如偏向贸易保护政策的国家会选择提高关税，降低海外进口产品的竞争力，借以达成扶持国内弱小企业的目的。而偏向自由贸易政策的国家则会选择降低关税，通过签订贸易合作协议、设立经贸特区等方式促进对外贸易发展。在世界经贸联系越发密切而地方保护主义再次抬头的今天，国家可以实现其贸易政策的具体措施也在不断推陈出新，目前常见的国际贸易措施可以归为以下几大类：关税、非关税壁垒、出口鼓励政策及其他措施。

（一）关税

相关链接

2020 年伊始，中国送出一份降关税"大礼包"

冻猪肉的进口关税税率从 12% 降至 8%，大包装非冷冻橙汁的进口关税由 30% 降至 15%，对治疗哮喘的药品及生产新型糖尿病药品的原料实施零关税……自 2020 年 1 月 1 日起，中国将对 859 项商品实施进口暂定税率扩大开放再推新举措。

近年来，中国多措并举扩大进口。2018 年，中国四次自主降税，关税总水平从 2017 年度的 9.8% 下降至 7.5%，减轻企业和消费者税负约 700 亿元；2019 年 11 月举办的第二届中国国际进口博览会共有 181 个国家、地区和国际组织参会，3 800 多家企业参展，成为促进中国进口和国际交易的重要平台；培养一批进口贸易促进创新示范区，发挥对扩大进口的示范和带动作用。2020 年中国继续主动扩大进口，对外开放的步伐不停止，不仅造福中国，也惠及世界。

下调进口关税将更好地满足中国发展需求。此次下调关税商品范围涵盖日用消费品、农副产品、医药、半导体零部件、汽车、资源性产品等多个领域。除了降低冻猪肉、水果等关税税率，还对涉及民生领域的猪饲料、药品原料等实行零关税，有效缓解国内供需压力，为老百姓生活带来实惠。与此同时，适当降低先进技术、设备和零部件及原材料的进口关税，将助力中国高新技术产业发展，推动企业转型升级，促进中国经济结构调整，不断向高质量发展。

下调进口关税将推动中国外贸多元发展。近年来，中国与"一带一路"沿线国家和地区经贸合作日趋密切。2019 年前三季度，中国与"一带一路"沿线国家进出口增长 9.5%，占比提升至 29%。2020 年中国继续对原产于 23 个国家或地区的部分商品实施协定税率，其中，涉及秘鲁、新加坡、格鲁吉亚、智利、巴基斯坦等众多"一带一路"沿线国家和地区。在当前复杂多变的经贸环境下，中国外贸更加多元化，有助于进一步扩大中国外贸"朋友圈"，释放中国外贸潜力，有效应对外部风险和挑战。

下调进口关税将向世界释放更多中国发展红利。当今世界单边主义和保护主义等逆全球化思潮抬头，在世界经济增速持续放缓的国际背景下，中国始终以开放求发展，坚持"拆墙"而不是"筑墙"。中国有约 14 亿人口，人均 GDP 约 1 万美元，拥有世界上最大规模的中等收入群体，这都意味着中国正在成为全球最大消费市场之一。继续下调关税在推动中国更高对外开放水平的同时，将让更多国家享受中国发展机遇。

再次下调关税水平，中国用实际行动推进贸易自由化和经济全球化，为全球经济增长注入源源不断的新动力。

（资料来源：人民日报海外网，2020 - 01 - 02.）

关税是一个国家的海关对进出口其关境的物品所征收的一种税。它一般有两方面作用：第一，为国家增加财政收入；第二，保护本国产业。目前，随着世界经济的发展，各国联系越发紧密，关税的财政收入作用相对下降，在更多情况下，国家调整关税是为了提高进口商品的成本，降低国内同类企业的竞争压力，进而促进国内企业发展，最终实现产业结构的转型升级。

什么是关税？

从征收方向来看，关税可分为进口税、出口税、过境税。进口税按差别待遇，又可分为进口附加税、差价税、特惠关税和普遍优惠制关税。需要注意的是，经过关贸总协定主持下的八轮多边贸易谈判，世界整体的平均关税水平呈逐渐下降趋势，关税对进口国市场的保护作用较以往已大大下降，而非关税措施的使用与影响日益增强。

（二）非关税壁垒

非关税壁垒，又称非关税贸易壁垒，是指一国政府采取除关税以外的各种办法来对本国的对外贸易活动进行调节、管理和控制的一切政策与手段的总和，其目的是试图在一定程度上限制进口，以保护国内市场和国内产业的发展。

与关税相比，非关税壁垒有三大明显特点。第一，相较于关税，非关税壁垒具有更大的灵活性。关税的制定需要通过一系列的法律程序，且不能随意变更，并且是无差别地对所有贸易国进行限制。而非关税壁垒就灵活得多，通常采用行政审批的程序，比较快速简单，且可以实行具有针对性的贸易政策，达到针对某国或某种商品的限制目的。第二，非关税壁垒的贸易手段更多样、效果更强。关税政策仅能通过征收税金的方式提高商品成本，进而达到限制、保护的目的。非关税壁垒采取的进口配额，预先限定进口的数量和金额，超过限额就直接禁止进口等手段，可以更直接有效地扼杀竞争产品。第三，非关税壁垒更具隐蔽性。关税税率的制定与征收办法都是透明的，也更易受到双边关系和国际多边贸易协定的制约。而非关税壁垒往往难以准确定量，给贸易纠纷的裁决带来困难，也更具隐蔽性。

相关链接

日韩的"半导体"之战

从 2019 年 7 月 4 日起，日本对韩国实施半导体材料出口管制。早已伤痕累累的日韩关系又被划出一道新的伤口。据《日本经济新闻》报道，日本的"管制令"将分两步走。第一步，从 7 月 4 日起，向韩方出口氟聚酰亚胺、抗蚀剂和高纯度氟化氢这三种半导体产业原材料前，日本企业必须向日本政府申请批准。审批过程需要大约 90 天。第二步，计划从 8 月开始把韩国从"白色清单"中删除。所谓"白色清单"，是指日本经济产业省开列的一份友好对象国清单，清单上的国家是日方从国家安全方面认定的友好国家。当日本向这些国家出口高科技产品或可转用于军事的产品时，可以简化相关手续。现有超过 20 个国家名列"白色清单"，包括美国和英国。一旦被除名，意味着韩方将将不再享有"白色清单"优待。据《日本经济新闻》报道，未来向韩国出口这类产品就须得到日本经济产业省的批准，电子零部件、精密零部件、机床等都属于管制对象。

日本这次出手可谓蛇打七寸，正中要害。被管制出口的氟聚酰亚胺、抗蚀剂和高纯度氟化氢是智能手机、芯片等产业的重要原材料，主要用于有机 EL 面板生产。日本企业的产量占全球产量大半江山。其中，氟聚酰亚胺和抗蚀剂分别占全球产量约 90%，氟化氢约占 70%。而半导体工业是韩国主要产业，日方施行出口管制后，将冲击三星电子、LG 电子等韩国电子产品企业巨头。韩国即使想从其他国家采购，也很可能找不到替代品。

韩国《中央日报》报道，由于被限制产品的货源大部分依靠日本，替代货源并不好找，相关韩国企业将被迫进入"紧急状态"。韩国《朝鲜日报》称，禁止出口的三种化学品都难以长期保存和保管，此前的出口频率都在每个月数次的程度。韩国国内的库存可能最多只能维持一个月左右的生产。"对半导体和有机 EL 面板的影响可能将从 8 月份开始显现。"

（资料来源：上观新闻，2019 - 07 - 04.）

（三）出口鼓励政策

关税、非关税壁垒侧重于对进口产品的限制，但其实出口贸易的发展在一国的贸易政策中占有更加重要的地位。发达国家非常重视通过各类政策措施来刺激出口，而发展中国家也希望通过出口来促进本国的工业化和现代化。一般而言，国家使用的出口鼓励政策有以下几种：多形式的出口补贴政策、商品倾销、外汇倾销、经济特区。

（四）其他措施

在前面提到的限制进口和保护出口贸易保护政策措施，虽然形式各异，但目的都是保护和促进国内生产，增进本国福利。而在现实生活中，各国为了达到特定的经济或政治目的，往往还采用了一些其他的国际贸易政策。

第三节　开放型世界经济

前两节都是从一国进行对外贸易的角度展开分析。现在，我们将视角放到整个世界，学习当今全球的贸易形势，以及如何基于此形势实现对外贸易对经济增长的刺激作用，了解我国的对外贸易发展战略。

一、世界市场

世界市场是指通过国际分工和贸易，将各国的商品与服务相互连接交换的国内与国际市场的总和。由于世界联系日益加深，各国对世界市场的依赖也在不断提高。与此同时，世界市场也在加速促进国际商品与服务的流动，为推动各国社会经济的进步发挥越来越大的作用。

世界市场萌芽于资本主义生产方式准备时期，西欧国家通过航海大发现、战争、殖民、签署贸易条约等手段强行与落后国家实现了国际分工与国际贸易，并作为资本的主导方攫取了巨大的物质财富。到了 20 世纪初，第二次工业革命极大地促进了交通与通信技术的发展，资本主义的网络遍及世界的各个角落，国际分工大大深化。此时，世界市场基本形成。

如今，随着数字网络技术的发展、电子商务的出现，现代市场的概念突破了传统地域的限制，国际与国内市场的壁垒在逐渐消除，信息的传递速度在加快，交易效率在提高，各国间的经济联系空前加深，并进一步深化了国际分工与合作。同时，另一大主要趋势在于，跨国公司崛起并成为推动经济全球化的中坚力量，哪里的市场条件适合，哪里的成本低廉、潜力巨大，它们就往哪里推进。这些企业往往在子市场设立分公司，并针对不同市场的特点采取针对性的经营方针。出于成本最小化和利益最大化的考虑，产品的研发、生产、销售也往往在不同区域同时进行。跨国公司的出现，使我们的现代化生活更为紧密地联系在一起。

二、国际经济组织

除经济的全球化外，统一的国际经济秩序与区域间的经济合作也是当今世界经济发展又一个重要趋势。当今世界，经贸在世贸组织的规范与领导下，对各国的约束力度逐渐增强，同时，各国也在寻求在开放完善的贸易规则下进行更深层次的贸易合作。欧洲、北美、东亚是当今世界最重要也最活跃的三大区域经济板块，这三大市场相互交叉、竞争、合作，并带动与影响世界其他区域经济体的活跃与发展。

（一）从 GATT 到 WTO

GATT（General Agreement on Tariffs and Trade）指有关关税和贸易规则的多边国际协定，简称关贸总协定。它于 1947 年 10 月 30 日在日内瓦签订，旨在通过削减关税和其他贸易壁垒，消除国际贸易中的差别待遇，促进国际贸易自由化，以充分利用世界资源，扩大商品的生产与流通。

从 1947 年至 1993 年年底，通过主持八轮多的多边贸易谈判，特别是第八轮的乌拉圭回合多边贸易谈判，GATT 最终使发达国家的平均关税率从 1948 年的 36% 降低至 20 世纪 90 年代的 3.8%，发展中国家和地区的平均关税降至 12.7%，极大地减轻了关税壁垒。除此之外，通过达成《技术性贸易壁垒协议》《进口许可证制度协议》等一系列协议，非关税壁垒的作用也受到了一定限制。在解决贸易纠纷、制定国际贸易规章、研究与促进缔约国各方经济和贸易的发展等方面，GATT 也发挥了极大的作用。

但是，由于 GATT 并不是一个正式的国际组织，对世界贸易的运行缺乏法律层面的约束和监管，如协议中存在着某些"灰色区域"，即缔约国为绕开总协定的某些规定，设置了在总协定法律规则和规定的边缘或之外的歧视性贸易政策措施；又如在发生争议时解决机制不够健全，以调节为主，缺乏强制性手段等。总而言之，随着世界经济化的快速发展，GATT 已不能满足各国经贸往来的需要，急需一套更能为各国所广泛接受，有着法律约束，涵盖面更广且权利义务更为平衡的争端解决机制。

在这一情况下，WTO 应运而生。WTO（World Trade Organization）指世界贸易组织，简称世贸组织。WTO 在 1994 年 4 月 15 日的关贸总协定乌拉圭回合部长会议上取代 GATT，并于 1995 年 1 月 1 日正式开始运作。

WTO 的宗旨为：

（1）提高生活水平，保证充分就业和大幅度、稳步提高实际收入和有效需求，扩大货物和服务的生产与贸易。

（2）坚持走可持续发展之路，各成员应促进对世界资源的最优利用、保护和维护环境，并以符合不同经济发展水平下各成员需要的方式，加强采取各种相应的措施。

（3）积极努力确保发展中国家，尤其是最不发达国家在国际贸易增长中获得与其经济发展水平相适应的份额和利益；建立一体化的多边贸易体制；通过实质性削减关税等措施，建立一个完整的、更具活力的、持久的多边贸易体制。

（4）以开放、平等、互惠的原则，逐步调降各成员关税与非关税贸易障碍，并消除各成员在国际贸易上的歧视待遇。

在处理该组织成员之间的贸易和经济事业的关系方面，以提高生活水平、保证充分就业、保障实际收入和有效需求的巨大持续增长、扩大世界资源的充分利用以及发展商品生产与交换为目的，努力达成互惠互利协议，大幅度削减关税及其他贸易障碍和国际贸易中的歧视待遇。

相关链接

中国与 WTO

中国是 1948 年成立的关贸总协定（世贸组织的前身）的创始缔约方之一，于 1986 年正式申请恢复关贸总协定缔约方地位。1987 年，关贸总协定成立中国工作组，处理中国复关事宜。1994 年 9 月，中国提出一揽子谈判方案，并以此为基础与各方进行了全面谈判，但未能实现复关的目标。关贸总协定中国工作组共开过 19 次会议。

1995 年 1 月 1 日，世贸组织成立。中国于同年 7 月 11 日正式成为世贸组织观察员，中国复关谈判工作组也于同年 12 月改为加入世贸组织工作组，并于 1996—2001 年举行了共 18 次工作组会议。中国在加入世贸组织谈判过程中，始终坚持三项原则，即：世贸组织作为一个国际组织，没有中国这个最大的发展中国家的参加是不完整的；中国只能作为一个发展中国家参加；中国加入世贸组织，其权利和义务一定要平衡。中国的立场得到了绝大多数国家的支持。2001 年 9 月 17 日，中国工作组第 18 次会议通过了中国加入 WTO 的法律文件，这标志着中国加入 WTO 的谈判全部结束。11 月 9—14 日，WTO 第四届部长级会议在卡塔尔首都多哈举行。11 月 10 日，会议通过了批准中国加入 WTO 的决定。11 日，中国签署了加入议定书。根据 WTO 有关规定，中国于 12 月 11 日正式成为 WTO 成员。

（二）区域经济一体化

区域经济一体化也称贸易集体化，指部分国家为应对不断加剧的国际竞争形势、适应国际贸易发展的需要，进而组成区域性贸易集团的一种社会经济政策。这一现象在 20 世纪 60 年代的西欧首次出现，并迅速在世界各地取得飞速发展。它旨在内部消除贸易壁垒，深化分工合作；在外部汇聚力量参与国际竞争，提高贸易竞争力。根据商品和生产要素自由流通的差别及各国合作机制的不同，可以将区域经济一体化分为以下六种形式。

1. 特惠贸易协定

特惠贸易协定指成员国通过签订协议或其他合作方式，对进行贸易的全部或部分商品行使优惠关税政策，而对非成员国保持关税及其他贸易壁垒，是最为松散和低级的区域经济合作形式。东南亚国家联盟（东盟）就属于典型的特惠贸易协定的经济组织。

2. 自由贸易区

自由贸易区与特惠贸易协定的区别在于参与成员国彻底取消了贸易中的关税及其他壁垒，商品可以在区域内自由流通，但成员国仍各自保持对非成员国的贸易限制。目前，北美自由贸易区是世界上最大的自由贸易区。2018 年 10 月 16 日，国务院发布《国务院关于印发中国（海南）自由贸易试验区总体方案的通知》，我国将建设覆盖海南岛全岛的、全国最大的自由贸易试验区和自由贸易港。

3. 关税同盟

各成员国除在贸易区内取消任何关税和贸易壁垒，实现商品的自由流通外，还统一了对外的贸易政策，实行一致对外的关税和贸易壁垒。巴林、阿曼、科威特、卡塔尔、沙特阿拉伯和阿拉伯联合酋长国于 2003 年成立的海湾关税联盟，是关税同盟的一个典型例子。

4. 共同市场

共同市场相较于关税同盟，不仅取消了对商品在区域的流通限制，还允许资本、服务、劳动力等生产要素在成员国之间自由流动。比较典型的共同市场是欧洲经济共同体（现为欧洲联盟）。

5. 经济联盟

除商品、资本、服务、劳动力等生产要素可自由流动外，经济政策（货币政策、财政政策）和社会政策（劳动就业政策、社会保险政策等）可以在成员国间协调一致地进行。目前，欧洲联盟已基本处于这种形式。

6. 完全经济一体化

完全经济一体化是区域经济一体化的最高形式，要求成员国拥有统一的行政和执行机构，基本等同于一个扩大化的国家。目前世界上尚未形成此类经济体。

课程思政导读

为"一带一路"注入中国动力

中国深入贯彻创新、协调、绿色、开放、共享的发展理念，实现持续发展，为"一带一路"注入强大动力，为世界发展带来新的机遇。这表明，中国不仅是"一带一路"建设的倡议者，更是负责任的参与者、有担当的行动者。

中国动力，是携手共进的合力。当今世界，经济增长需要新动力，发展需要更加普惠平衡，贫富差距鸿沟有待弥合。推动"一带一路"建设，中国强调共商共建共享，众人拾柴火焰高。向丝路基金新增资金 1 000 亿元人民币，鼓励金融机构开展人民币海外基金业务，建设"一带一路"自由贸易网络，启动"一带一路"科技创新行动计划……这些实实在在的举措，将释放出巨大的发展动能，也将形成强大的示范效应，带动更多国家参与"一带一路"建设，共同谱写互利共赢新篇章。这样的"中国行动"向世界表明，中国愿同世界各国分享发展经验，但不会强加于人；不会重复地缘博弈的老套路，而将开创合作共赢的新模式，建设和谐共存的大家庭。

中国动力，是民生改善的红利。"国之交在于民相亲，民相亲在于心相通。""一带一路"建设不仅是经济的、贸易的，也是文化的、民生的；不仅是经济层面的互利共赢，更是文化和社会层面的相遇相知。向南南合作援助基金增资 10 亿美元，在沿线国家实施 100 个"幸福家园"、100 个"爱心助困"、100 个"康复助医"等项目，开展科技人文交流、共建联合实验室、科技园区合作、技术转移 4 项行动等。这些掷地有声的承诺，为的就是让"一带一路"建设成果惠及沿线各国人民。4 年来，"一带一路"在带给其他国家实实在在收益的同时，也让中国百姓享受到了发展的红利。当陕西韩城的苹果畅销俄罗斯、哈萨克斯坦，当浙江义乌的贸易公司搭上"一带一路"的快车，当重庆的跨境电商把生意做到欧亚非，买家和卖家的互惠共赢真正把"一带一路"铺进沿线民众心中，为"一带一路"建设奠定更加深厚的民意基础。

不做清谈馆，要当行动队。在推动"一带一路"建设和全球治理变革中，中国崇尚实干的精神是推石上坡的重要引擎。当前，制约世界经济复苏和增长的，是阻碍创新的壁垒没有突破，是隔断要素的沟坎没有联通。"一带一路"建设旨在打造包容开放的国际合作平台，是中国为世界提供的重要公共产品。这一倡议之所以能够得到这么多国家欢迎，正是因为做的是好事、干的是实事。

有国际媒体说，"一带一路"建设正书写经济全球化的新篇章。与参与各方携手同行，中国努力开掘推动世界经济持续增长的动力源泉，为构建和平繁荣的人类命运共同体提供动力支撑。沿着这条充满希望的道路走下去，人类必将迎来一个更加美好的明天。

（资料来源：人民日报，2017 - 05 - 19.）

三、基于开放经济的国家贸易发展战略

从过往六七十年间的世界经济全球化发展趋势中，我们可以看到，各国通过制定顺应时代潮流且适合本国国情的经贸发展战略，实现了对外贸易对经济的促进作用。如在本章的开篇导入案例中，韩国顺应复杂的国际政治经济环境，果断将本国的进口替代战略转变为出口导向战略，最终实现了经济腾飞。

但我们也应看到，经济全球化并不是绝对有益的。多边贸易使贫富差距逐渐拉大；作为贸易主导方的发达国家故意制定不公正不合理的贸易规则；甚至经济全球化对发达国家自身也带来了一定危害，如产业转移、产业结构空心化、失业人口增加等。因此，以美国为首，目前世界又出现了一股反经济全球化的浪潮。

相关链接

三种贸易发展战略

1. 初级产品出口导向战略

初级产品出口导向战略强调发展中国家通过开发本国的农、矿、特产等初级产品用以出口创汇，这是由该国薄弱的工业基础、落后的生产力决定的。因此，对大多数贫困国家而言，通过初级产品出口导向战略带动经济增长是被迫也是必然的。

2. 进口替代的贸易战略

进口替代的贸易战略强调优先发展本国产业，保护幼稚工业，减少进口与依赖，逐渐以本国产品替代进口产品，依靠国内市场实现经济发展。该战略多出现于刚刚从殖民地解放的发展中国家，它们采取高关税和配额的保护政策，在一定程度上限制了发达国家对国内市场的冲击，实现了本国初级的工业化。

3. 出口导向的贸易战略

当一国积累了足够的工业基础，可逐渐放开对外贸易的保护和限制，选择以扩大出口的方式来带动本国的进一步工业化与经济的持续增长。经研究证明，出口导向的贸易战略比进口替代的贸易战略更有利于发展中国家的经济发展，且世界上大多数国家也在采取这种战略。但就目前的世界经济形式而言，实施出口导向的贸易战略面临着一系列的困难。

自改革开放以来，中国积极参与世界经济贸易，开展国际的经济交流与合作，经过40多年的改革开放，中国已经成为全球第二大经济体、第一大贸易国、第二大对外投资国，在近十年保持着5.8%的贸易增长量。

然而，中国的对外贸易形势也面临着严峻挑战：百年不遇的经济危机使全球经济衰退，西方国家贸易保护主义势力抬头；地区热点此起彼伏，周边乱象丛生，中国外部安全环境风险和隐患增多；意识形态因素对国际关系的影响上升，国际仍对中国的和平发展抱有种种疑虑，充满误解和偏见，甚至鼓吹形形色色的"中国威胁论"。从技术限制、贸易壁垒到经济制裁，我国的贸易发展在近几年受到了极大的限制与打击。在当前情况下，应该制定怎样的贸易发展战略？

（一）提高国家核心竞争力

所谓国家核心竞争力，就是指一国产业所独有的创新研发与升级能力，在与他国产业竞争时具有持续抗衡且进一步提高的能力。面对来自各国势力的贸易限制乃至制裁，国家必须以提高核心竞争力为首要原则，不断推进产业结构优化升级，在世界市场的竞争中始终处于领先地位，最终才能使经济发展进入良性循环。

（二）顺应世界发展的总体趋势

国家的经济发展不仅取决于国内的产业结构、经济基础等内部环境，国际市场环境与区域发展同样重要。制定贸易发展战略需要把握当前世界发展的总体趋势，推动区域贸易发展，积极参与全球经济化的进程。

相关链接

推动建设开放型世界经济

建设开放型世界经济，是为了拓展发展空间，实现世界经济的繁荣。国际金融危机后，国际贸易保护主义抬头，拉动世界经济增长的贸易与投资低迷，逆全球化思潮在全球蔓延。党的十八大以来，习近平总书记在多种场合提出要建设开放型世界经济。

总的来看，建设开放型世界经济，一是维护开放型世界经济，即倡导二十国集团"做开放型世界经济的倡导者和推动者，恪守不采取新的贸易保护主义的承诺，加强投资政策协调合作，采取切实行动促进贸易增长"。要旗帜鲜明地反对各种形式的贸易保护主义，维护自由、开放、非歧视的多边贸易体制，不搞排他性贸易标准、规则、体系，避免造成全球市场分割和贸易体系分化。二是发展开放型世界经济，即在多边贸易谈判停滞、区域和跨区域经济一体化迅猛发展的情况下，确保区域自由贸易安排对多边贸易体制形成有益的补充，而不是造成新的障碍。三是构建开放型世界经济，即在全球经济治理中，针对新兴经济体与发展中国家对世界经济增长贡献的加大，提出应适应形势变化，鼓励各方积极参与和融入，不搞排他性安排，以平等为基础，增加新兴市场国家和发展中国家在国际治理体系中的代表性和发言权，推动形成更加合理的全球治理体系，促进国际经济秩序朝着平等公正、合作共赢的方向发展。在推动全球经济增长中，明确创新是使世界经济走出困境、实现复苏的动力，在 G20 杭州峰会上发布的《二十国集团创新增长蓝图》，提出通过创新、结构性改革、新工业革命、数字经济等方式，为世界经济开辟新道路，拓展新边界。针对推动世界经济发展的两大引擎贸易、投资不振，在 G20 杭州峰会上制定《二十国集团全球贸易增长战略》和《二十国集团全球投资指导原则》，推动贸易与投资自由化。四是共享开放型世界经济，即在逆全球化思潮阻碍世界经济发展的背景下，提出要适应和引导好经济全球化，消解经济全球化的负面影响，让经济全球化更好惠及每个国家、每个民族。"一花独放不是春，百花齐放春满园"，要在谋求自身发展中促进各国共同发展，实现互利共赢和共同繁荣。

（资料来源：赵瑾. 推动建设开放型世界经济 [N]. 经济日报，2018－04－07.）

本章小结

在开放的宏观经济环境下，中国正逐步融入世界经济体系，特别是在当今错综复杂的国际形势下，对外经济贸易活动更加频繁，也遇到了更多困难与挑战。本章结合当前世界经济和国际贸易发展的现状，主要论述了一国为何需要参与国际贸易，即国际贸易分工理论；进行国际贸易的政策与措施的选择；当今世界的贸易形势及我国的对外贸易发展战略。

关键概念

绝对优势理论　比较优势理论　贸易保护政策　关税　非关税壁垒　WTO　贸易发展战略

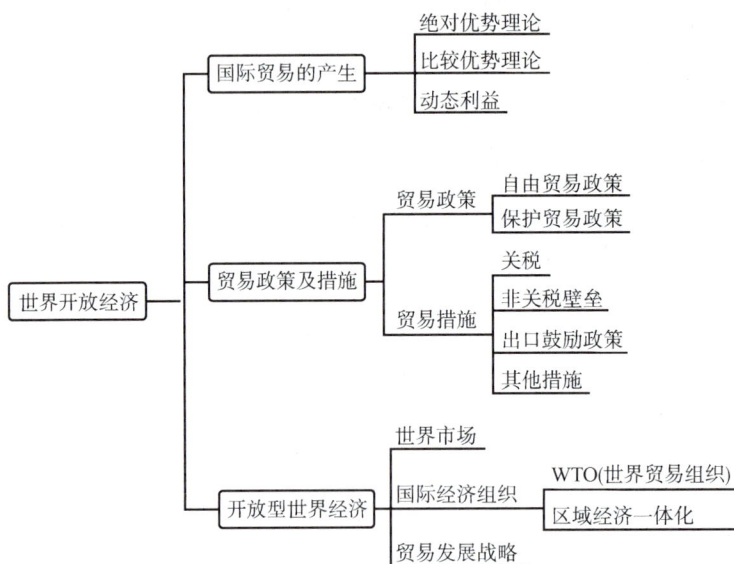

思维导图

复习思考题

一、名词解释

绝对优势理论　比较优势理论　动态利益　贸易保护政策　自由贸易政策　关税　非关税壁垒　贸易发展战略

二、选择题

1. 大卫·李嘉图的比较优势理论指出（　　）。

A. 贸易不会导致专业户分工

B. 即使一个国家不具有绝对优势，也可以通过出口机会成本相对较少的产品获益

C. 只有具有比较优势的国家才能从贸易中获益

D. 具有比较优势的国家获益多于具有绝对优势的国家

2. 国际贸易中，新贸易保护主义的出现是在（　　）。

A. 第二次世界大战后初期　　　　　　　B. 20 世纪 60 年代

C. 20 世纪 70 年代　　　　　　　　　　D. 20 世纪 80 年代

3. 非关税壁垒的特点是（　　）。

A. 隐蔽性较强　　　B. 透明度较高　　　C. 针对性较差　　　D. 不能有效限制进口

4. 关贸总协定的第八次多边贸易谈判称为（　　）。

A. 狄龙回合　　　B. 东京回合　　　C. 西雅图回合　　　D. 乌拉圭回合

5. 下列不属于区域经济一体化形式的是（　　）。

A. 自由贸易区　　　B. 自由贸易协定　　　C. 关税同盟　　　D. 经济联盟

三、问答题

1. 比较优势理论的主要内容是什么？相较于绝对优势理论有了哪些发展？

2. 如何评价贸易保护政策？它分别有哪些合理和不合理之处？

3. 什么是关税？非关税壁垒与关税的区别在哪里？

4. 选择贸易发展战略时应考虑的因素有哪些？

四、阅读思考题

81 个经济体支持，WTO 却被曝不承认中国市场经济地位？

2020 年新冠疫情这只"黑天鹅"的降临，让全球各国暂时"闭关"，对世界产业链造成连锁冲击，这使全球化更加步履艰难，也给逆全球化留下了不少口实。但要肯定的是，全球化是世界经济发展的大趋势，疫情持续蔓延之下出现阶段性回潮也只是短期的。不过作为世界第二大经济体的中国，正是在全球化的过程中崛起，并取得了众多举世瞩目的成就。因此，在逆全球化浪潮抬头之际，对中国莫须有的"不良声音"也在隐蔽处传来。

81 个经济体表示支持，中欧世贸争端案却被错误解读？

据每日经济新闻报道，2020 年 6 月 15 日，我国决定终止诉欧盟反倾销"替代国"做法世贸争端案诉讼程序。这原本只是一起普通的世贸争端案，但有"不良声音"试图将此案解读为 WTO 不承认中国的市场经济地位，声称中国输掉了与欧盟之间的世贸争端。对此，7 月 11 日，我国做出权威回应，表示此类报道与事实不符，存在明显法律错误。

据中国方面表示，第一，此案诉讼程序终止后，WTO 并不存在任何生效裁决，没有输赢之说；第二，此案与中国是不是市场经济国家、是否具备市场经济地位无关。据了解，按照 WTO 的规则，2001 年加入世贸组织的中国，2016 年就理应自动获得完全市场经济地位。目前，全球已有 81 个经济体承认中国市场经济地位，包括俄罗斯、巴西、瑞士、新西兰等国，而包括英国及荷兰在内的国家也都支持中国获得市场经济地位。

然而，欧美部分国家为了保护自家薄弱的产业，不肯承认我国市场经济地位，因为一旦承认了，当这些国家为了加收费用对原产于中国的产品启动调查时，就必须依照我国国内实际成本和价格来衡量是否存在低价销售的问题，而不是采用与中国毫不相关的第三国（替代国）的市场价格来计算。这样一来，欧美部分国家对中国产品加收费用的"利剑"，就会失去必要的效果。这也不难理解，为何有上述与事实不符的声音出现。

中欧贸易额达 48 600 亿之际，双方合作再迈一步！

值得一提的是，中国加入世贸组织后积极履行了承诺，成为一个负责任的大国，世贸组织前总干事拉米称赞中国履行 WTO 承诺可以打分 A +。一方面，中国入世取得诸多成就，目前，中国长期稳居世界第一货物贸易大国，成为全球 120 多个国家和地区的最大贸易伙伴。除了世界第一大贸易国，中国还是世界第一大吸引外资国和世界第二大对外投资国。另一方面，中国忠实遵守了入世承诺，开放了 9 大类、100 余小类服务部门。特别是 2020 年 1 月 1 日生效的新的外资法和最新负面清单，规定外资银行保险公司可以在华设立独资营业机构。足以见得，中国对外开放的大门越开越大的方向从未变过。

事实上，中欧合作远超过竞争。数据显示，2019 年中欧双边贸易额为 4.86 万亿元人民币，增速达 8%；中国在欧盟直接投资设立的企业超过 3 200 家，雇用外方员工近 26 万人，覆盖了欧盟所有成员国。另据新华网报道，6 月 22 日中欧关键人士均表态，2020 年将达成中欧投资协定。可以预见，在这一共同目标指引下，中欧合作将会更加默契，成为驱散疫情雾霾的一道光亮。

（资料来源：腾讯网，"金十数据"企鹅号，2020 - 07 - 14.）

问题 1：运用所学知识，分析中国未获得完全市场经济地位的影响。

问题 2：谈一谈在新形势下中国的外贸发展战略应如何转型。

参考文献

［1］［美］加里·贝克尔.人类行为的经济分析［M］.王业宇，陈琪，译.上海：三联书店，2003.

［2］［美］阿·马歇尔.经济学原理［M］.朱志泰，陈良璧，译.北京：商务印书馆，1965.

［3］［英］亚当·斯密.国民财富的性质和原因的研究［M］.郭大力，王亚南，译.北京：商务印书馆，2005.

［4］［美］小罗伯特·B.埃克伦德，［美］罗伯特·F.赫伯特.经济理论和方法史［M］.4版.杨玉生，张凤林，译.北京：中国人民大学出版社.2001.

［5］蒋自强，史晋川.当代经济学流派［M］.上海：复旦大学出版社，2001.

［6］高鸿业.西方经济学［M］.7版.北京：中国人民大学出版社，2018.

［7］高鸿业.西方经济学学习与教学手册［M］.7版.北京：中国人民大学出版社，2018.

［8］俞宪忠，吴雪花，张守凤.微观经济学［M］.北京：中国人民大学出版社，2010.

［9］尹伯成.西方经济学简明教程［M］.上海：上海人民出版社，1995.

［10］厉以宁.西方经济学［M］.4版.北京：高等教育出版社，2015.

［11］［美］哈里·范里安.微观经济分析（第3版）［M］.曹乾，译.纽约：诺顿公司，1992.

［12］［美］科斯《社会成本问题》句读［M］.高建伟，牛小凡，译.北京：经济科学出版社，2019.

［13］［美］布坎南.公共物品的需求和供给［M］.马珺，译.上海：上海人民出版社，2009.

［14］宋承先，许强.现代西方经济学［M］.3版.上海：复旦大学出版社，2005.

［15］梁小民.西方经济学［M］.3版.北京：中国统计出版社，2014.

［16］吴志清.经济学基础［M］.北京：机械工业出版社，2006.

［17］［美］保罗·萨缪尔森，［美］威廉·诺德豪斯.经济学［M］.北京：华夏出版社，2000.

［18］平狄克.微观经济学［M］.9版.北京：中国人民大学出版社，2020.

［19］宋承先.现代西方经济学［M］.上海：复旦大学出版社，1997.

［20］康静萍，李国民，饶晓辉，等.西方经济学［M］.北京：经济管理出版社，2016.

［21］王海滋.西方经济学［M］.武汉：武汉理工大学出版社，2006.

［22］王菲，李庆利.西方经济学基础教程［M］.杭州：浙江大学出版社，2013.

［23］吴宗奎.西方经济学［M］.北京：中国人民大学出版社，2015.

［24］杨卫军，陈昊平.经济学基础［M］.北京：北京理工大学出版社，2018.

［25］厉以宁.经济与改革［M］.北京：中国大百科全书出版社，2019.

［26］尹伯成.西方经济学简明教程［M］.上海：上海人民出版社，2003.

［27］何璋.西方经济学［M］.北京：中国财政经济出版社，2006.

［28］刘平.西方经济学概论［M］.北京：机械工业出版社，2012.

［29］李晓蓉.经济学说史［M］.北京：北京大学出版社，2014.

［30］［美］保罗·萨缪尔森，［美］威廉·诺德豪斯.微观经济学［M］.19版.萧琛，译.北

京：人民邮电出版社，2014.

　　［31］［美］迈克尔·帕金. 微观经济学［M］. 梁小民，译. 北京：人民邮电出版社，2003.

　　［32］［美］安德鲁·马斯·克莱尔，［美］迈克尔·温斯顿. 微观经济理论［M］. 曹乾，译. 北京：中国人民大学出版社，2014.

　　［33］［美］格里高利·曼昆. 经济学原理［M］. 8 版. 北京：北京大学出版社，2018.

　　［34］［英］海韦尔·G. 琼斯. 现代经济增长理论导引［M］. 北京：商务印书馆，1994.

　　［35］［美］罗伯特·戈登. 美国增长的起落［M］. 张林山，刘现伟，孙凤仪，译. 北京：中信出版社，2018.

　　［36］黎旨远. 西方经济学［M］. 北京：高等教育出版社，2002.

　　［37］张明. 宏观中国：经济增长、周期波动与资产配置［M］. 北京：东方出版社，2019.

　　［38］杨伯华，缪一德. 西方经济学原理［M］. 成都：西南财经大学出版社，2002.

　　［39］蔡继明. 宏观经济学［M］. 北京：人民出版社，2002.

　　［40］余少谦. 宏观经济分析［M］. 北京：中国金融出版社，2004.

　　［41］华桂宏. 经济学基础［M］. 北京：中国人民大学出版社，2012.

　　［42］冯瑞. 经济学基础［M］. 北京：高等教育出版社，2014.

　　［43］陈福明. 经济学基础［M］. 2 版. 北京：高等教育出版社，2014.

　　［44］缪代文. 微观经济学与宏观经济学［M］. 5 版. 北京：高等教育出版社，2014.